电力工程造价与定额管理总站
CHINA ELECTRIC POWER PROJECT COST ADMINISTRATION

U0657856

电力工程造价专业执业资格考试与继续教育培训教材

配电网工程

电力工程造价与定额管理总站 编

中国电力出版社
CHINA ELECTRIC POWER PRESS

内 容 提 要

《电力工程造价专业执业资格考试与继续教育培训教材》根据电力工程造价员执业需要的知识结构要求，结合 2013 年版电力建设工程定额、费用计算规定及电力建设工程量清单计价规范编写而成。

本册为《电力工程造价专业执业资格考试与继续教育培训教材 配电网工程》，全书共分为十一章。第一章介绍了配电网基础知识；第二章介绍了配电网工程设计；第三章介绍了配电网主要设备及材料；第四章介绍了配电网工程施工；第五章介绍了配电网工程预算编制概述；第六章介绍了建筑工程；第七章介绍了电气设备安装工程；第八章介绍了架空线路工程；第九章介绍了电缆工程；第十章介绍了调试工程；第十一章介绍了通信及自动化工程。

本丛书作为电力工程造价专业执业资格考试指定用书，同时作为电力工程建设、设计、施工、监理、咨询等单位的工程造价人员岗位技能学习、继续教育用书，还可作为高校相关专业教学指导用书。

图书在版编目（CIP）数据

配电网工程/电力工程造价与定额管理总站编. —北京：中国电力出版社，2014.8（2023.1重印）
电力工程造价专业执业资格考试与继续教育培训教材
ISBN 978-7-5123-6263-5

Ⅰ.①配… Ⅱ.①电… Ⅲ.①电力工程-配电系统-工程造价-中国-教材②电力工程-配电系统-定额管理-中国-教材 Ⅳ.①F426.61

中国版本图书馆 CIP 数据核字（2014）第 164510 号

中国电力出版社出版、发行
（北京市东城区北京站西街 19 号 100005 http://www.cepp.sgcc.com.cn）
三河市百盛印装有限公司印刷
各地新华书店经售

＊

2014 年 8 月第一版 2023 年 1 月北京第七次印刷
889 毫米×1194 毫米 16 开本 18.25 印张 524 千字
印数 11001—12000 册 定价 95.00 元

电力工程造价专业执业资格考试与继续教育培训教材

编　委　会

本册编审人员

序 言

　　"十二五"期间是我国全面建设小康社会的关键时期，2014 年是调整产业结构、稳定经济增长的起步之年。当前我国宏观经济运行总体平稳，全社会总供给和总需求大体相当，但也存在经济下行的压力。近年来随着城镇化建设进程加快，工业化程度提高，电源结构趋于合理，电网规模不断扩大，电力消费呈现持续增长态势，电力行业发展处于良好的发展时期，但也面临着体制改革、机制创新、不断提升劳动生产率和管理水平等诸多问题和挑战。这些前进中的困难需要我们全行业的同仁们齐心努力，以与时俱进精神，锐意进取，为我国电力事业的发展贡献一己之力。

　　电力工业之所以成为国民经济重要的基础性行业，是因为电力产品的价格与国家建设和百姓日常生活息息相关，电价的合理与否直接关系到经济的发展和社会的稳定。又因为电价的正确核定有赖于电力建设工程造价的科学合理确定，这就更加凸显出电力工程造价管理的重要性。做好电力工程造价管理工作，一方面要有科学合理的计价依据和计价规范，另一个关键就是要培养和造就一批业务能力强、综合素质高的专业人才队伍。基于以上两方面的需要，电力工程造价与定额管理总站组织编制了这套教材。该套教材以电力工程造价相关知识为基础，结合国家能源局最新批准的电力定额及费用计算规定、电力建设工程工程量清单计价规范的内容和要求，图文并茂、案例丰富，力求内容全面，知识要点清晰，便于电力工程造价专业人员系统掌握电力工程造价基础理论和专业技能等方面知识，做到能识图、懂工艺、会计算、知管理。

　　本套教材凝聚了电力行业建设管理、设计、施工、监理和工程咨询等领域和高校几十位专家、学者的智慧和汗水，希望它的出版能为电力工程造价管理工作、电力工程造价从业人员队伍建设的规范化、专业化、系统化建设起到积极的推动作用。

魏晓峰

前　言

　　为贯彻实施国家人才强国战略，培养电力工程造价管理领域高级技术专业人才，规范电力工程造价管理从业人员专业执业资格考试和持证人员继续教育培训工作，促进相关工作的健康有序与可持续性发展，电力工程造价与定额管理总站组织编写了本套教材。

　　本套教材在体现国家最新有关电力工程造价管理方面的法律、法规、政策及规程和规范的基础上，还将新近国家能源局批准颁布实施的 2013 版计价定额与费用计算规定、新版电力建设工程工程量清单计价规范一并编入。其内容涵盖了火力发电工程、电网及配电网工程，分为综合知识、电力建筑工程、热力设备安装工程、电气设备安装工程、输电线路工程、通信工程和配电网工程七册。各册教材均采用系统模块化的编写设计，主要内容包括基础知识、设备材料、工程设计、工程施工、计量与计价等。

　　本套教材编写工作于 2014 年年初启动，成立了编辑委员会，组建了相应的编制组和审查组，由来自于各电力建设管理、设计、施工、监理、咨询以及高校等单位的几十位专家、学者参与了教材策划和编撰工作。经过编制组成员的辛勤努力，在各方的通力合作与密切配合下，历经多次集中编写、审查与审定，并经多方征求意见，历时半年多，完成了教材的编制与出版。

　　本套教材在充分借鉴以往各版教材精华的前提下，努力创新，增加了诸多亮点板块内容，不仅密切结合电力工程造价管理工程的实际工作，还较为全面地介绍了有关管理理论和专业技术与方法。本教材力求完整、系统，点面结合，强调可操作性，但又不失其深邃性。既可作为电力工程造价执业考试教材，也可兼作专业人员继续教育的培训学习和日常工作的工具用书，同时，还可作为电力行业高校工程经济类教学用书。

　　本套教材在编撰过程中得到国家电网公司、中国南方电网有限责任公司、中国华能集团公司、中国大唐集团公司、中国华电集团公司、中国国电集团公司、中国电力投资集团公司、神华集团公司、中国电力建设集团公司、中国能源建设集团公司和电力规划设计总院等单位的大力支持，在此一并表示衷心感谢！同时，对为本套教材付出辛苦努力的编写专家、提供基础素材和参与审查的各位领导及所有专家表示诚挚的谢意！

　　本套教材在编撰过程中，虽有各方大力支持与帮助，编审专家亦十分认真努力，但由于时间紧、任务重，疏漏和不足之处在所难免，恳请广大读者批评指正。

电力工程造价与定额管理总站

2014 年 6 月

目　录

电力工程造价专业执业资格考试与继续教育培训教材
配电网工程

第一篇　基础知识

配电网基础知识

第一节 配电网概述

一、配电网概念

连接并从输电网（或本地区发电厂）接收电力，就地或逐级向各类用户供给和配送电能的电力网称为配电网（如图 1-1 所示）。配电网主要起分配电能的作用。配电网设施主要包括配电变电站、配电线路、断路器、负荷开关、配电（杆上）变压器等。配电网及其二次保护、监视、控制、测量设备组成的整体称为配电系统。

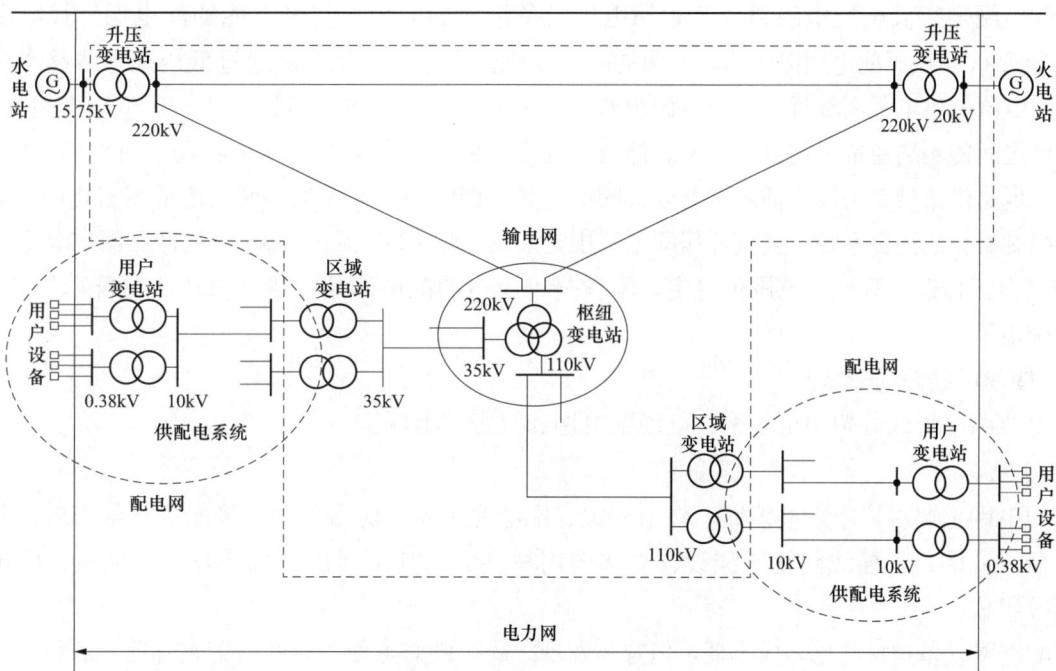

图 1-1　配电网示意图

对配电系统的基本要求是供电安全、可靠，电能质量合格，投资合理，运行维护成本低，电能损耗小，配电设施与周围环境相协调。

二、配电网的分类及特点

我国配电网供电范围基本上按行政建制地级城市和县（市）所辖的管理区域划分。少数地区存在跨行政区域供、受电，但销售量及收入仍按行政区域分归统计。我国对配电网有多种称谓，根据配电网电压等级的不同，可分为高压配电网、中压配电网和低压配电网；根据配电线路的不同，可分为架空配电网、电缆配电网以及架空电缆混合配电网。根据供电区域特点不同或服务对象不同，可分为城市配电网和农村配电网。

（一）按电压等级分

根据配电网电压等级的不同，可分为高压配电网、中压配电网和低压配电网。如图 1-2 所示。

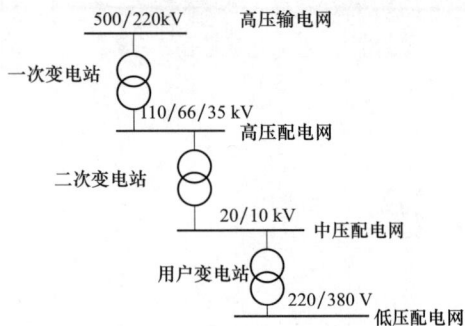

```
500/220kV    高压输电网

一次变电站
        110/66/35 kV    高压配电网

二次变电站
            20/10 kV    中压配电网

用户变电站
                220/380 V
                         低压配电网
```

图 1-2　电网结构示意图

1. 高压配电网

高压配电网指由高压配电线路和相应等级的配电变电站组成的向用户提供电能的配电网。其功能是从上一级电源接收后，直接向高压用户供电，或通过变压器为下一级中压配电网提供电源。高压配电网分为 110、66、35kV 三个电压等级，城市配网一般采用 110kV 作为高压配电电压。高压配电网具有容量大、负荷重、负荷节点少、供电可靠性要求高等特点。

2. 中压配电网

中压配电网指由中压配电线路和配电变电站组成向用户提供电能的配电网。其电压等级包括 20、10kV，其功能是从输电网或高压配电网接收电能，向中压用户供电，或向用户用电小区负荷中心的配电变电站供电，再经过降压后向下一级低压配电网提供电源。中压配电网具有供电面广、容量大、配电点多等特点。目前我国绝大多数地区的中压配电网电压等级是 10kV。有些新开发的工业园区，如苏州新加坡工业园区的中压配电网采用 20kV 供电。

3. 低压配电网

低压配电网是指低压配电线路及其附属电气设备组成的向用户提供电能的配电网。其电压等级为 0.38kV，0.22kV。低压配电网以中压配电网的配电变压器为电源，将电能通过低压配电线路直接送给用户。低压配电网的供电距离较近，低压电源较多，一台配电变压器就可以作为一个低压配电网的电源，两个电源点之间的距离通常不超过几百米。低压配电线路供电容量不大，但分布面广，除一些集中用电的用户外，大量是供给城乡居民生活用电及分散的街道照明用电等。低压配电网主要采用三相四线制、单相和三相三线制组成的混合系统。我国低压配电网规定采用单相 220V、三相 380V 的低压额定电压。

根据电力工程造价管理的范围的界定，本教材中所指的配电网均指中压及以下的配电网，即 20kV 及以下的配电网。

（二）按配电线路的形式分

按配电线路的形式分架空配电网、电缆配电网和混合配电网。

1. 架空配电网

架空配电网主要由架空配电线路、柱上开关、配电变压器、防雷保护、接地装置等构成。其配电线路是用电杆（铁塔）将导线路悬空架设、直接向用户供电。其主要由基础、杆塔、导线、横担、绝缘子、金具等组成。

架空配电网设备材料简单，成本低，但容易发现故障，维修方便，因而目前在郊区、农村等使用最为广泛。由于架空配电网容易受到外界因素影响，因而供电可靠性差，并且需要占用地表面积，影响市容。

2. 电缆配电网

电缆配电网是指以地下配电电缆和配电变电站组成的向用户供电的配电网。其电缆配电线路一般直接埋设在地下，也有架空敷设，沿墙敷设或水下敷设。主要由电缆本体、电缆中间接头、电缆终端头等组成，还包括相应的土建设施，如电缆沟、排管、隧道等，电缆线路一般设在地下，与架空配电网相比，其受外界的因素影响较小。但建设投资费用大，运行成本高，故障地点较难确定，有时造成检修复电时间长。因此只有在不准架设架空线和架空走廊有困难的地方，以及负荷密度高、采用架空线不能满足要求时，才采用电缆线路。原来采用架空配电网的城市，在发展过程中，随着负荷密度增高，会逐步增加电缆线路比重，并趋向将架空线入地，成为电缆配电网。

3．混合配电网

混合配电网是指其配电线路由架空配电线路和电缆配电线路共同组成。以下情况多采用混合配电网。

（1）城市中受街道、树林、建筑限制，使架空线路无法架设，而城市周边的线路仍然以架空线路为主时，如图1-3所示。

（2）随着变电站容量的增加，出线增多，如果全部采用架空形式将无法出线时。

（三）按供电区域或服务对象分

按供电区域或服务对象分为城市配电网和农村配电网。

1．城市配电网

城市配电网的主要特点包括：

（1）深入城市中心地区和居民密集点，负荷相对集中，发展速度快，因此在规划时应留有发展余地。

（2）用户对供电质量要求高。

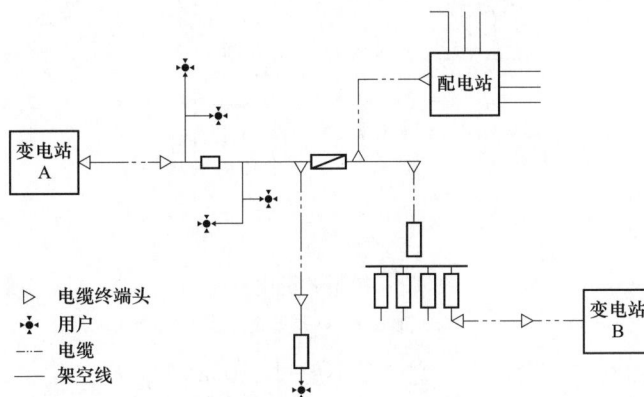

图1-3　混合配电网示意图

（3）配电网的设计标准较高，在安全与经济合理平衡下，要求供电有较高的可靠性。

（4）配电网的接线较复杂，要保证调度上的灵活性、运行上的供电连续性和经济性。

（5）随着配电网自动化水平的提高，对供电管理水平的要求越来越高。

（6）对配电设施要求较高，因为城市配电网的线路和变电站要考虑占地面积小、容量大、安全可靠、维护量小及城市景观等诸多因素。

2．农村配电网

农村配电网的主要特点包括：

（1）供电线路长，分布面积广，负荷小而分散。

（2）用电季节性强，设备利用率低

（3）农电用户多数是乡镇企业、农业排灌和农民生活用电，用户安全用电知识贫乏，严重影响安全供用电。

第二节　配电网结构

配电网结构是指配电网中各主要电气元件的电气连接形式，基本分为放射式、树干式、环网式及混合式等几大类。环网式结构又可分为多回路和环式等。

一、放射式配电网

放射式配电网是指一路配电线路自配电变电站引出，按照负荷的分布情况，呈放射式延伸出去，线路没有其他可连接的电源，所有用电的电能只能通过单一的路径供给。这种网络主要由降压变电站6～10kV侧引出许多单独线路组成。每一种单独线路均向一个或几个配电变电站供给，如图1-4所示。

放射式配电网的特点是配电线可根据用户随时扩展，就近接电，维护方便、保护简单，但缺点是供电可靠性不高和灵活性较差，总线路长、不经济，线路及设备发生故障或检修时，需要中断供电。因而放射式配电网一般适用于负荷密度不高、用户分布较分散或供电用户属一般用户的地区。例如一般居民区、小城市近郊、农村地区等。

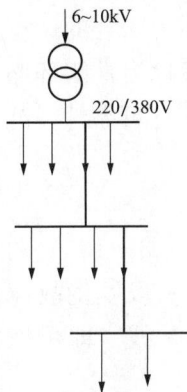

图1-4　放射式配电网

二、树干式配电网

树干式配电网是指高压电源母线上引出的每路出线，沿线要分别连接到若干个负荷点或用电设备。

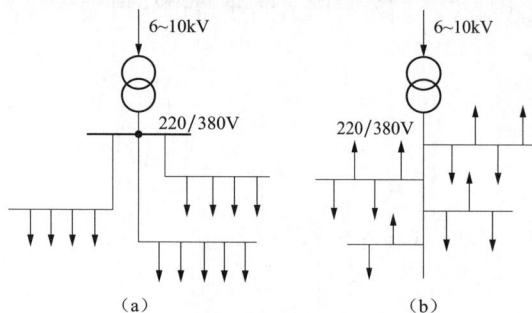

图 1-5　树干式配电网

(a) 形式 1；(b) 形式 2

这种网络是由降压变电站 6～10kV 侧引出一条或几条主干线路，每条主干线路可供几个配电变电站，如图 1-5 所示。

树干式配电网的特点是接线比较灵活，易于增加或减少配电变电站的数目，比放射式配电网使用的设备少，可使网络简化。任何一个配电变电站中的变压器均有切断设备，当某一台配电变压器故障时，并不影响其他配电变电站的供电。当主干线上发生故障时，连接这条主干线上的负荷均要停电。通常用来配电给Ⅲ级负荷，每条干线上安装的变压器约在 5 台以内，总容量不超过 2000kVA。

三、环网式配电网

(一) 多回路式

多回路式配电网是指自配电变电站引出多回配电线路（一般是平行敷设的）连接到受电端，正常时各条配电线路并列运行，平均分担全部负荷。当一条配电线路有故障时，可自动将其切断隔离，其余的配电线路有足够容量承担全部负荷，如图 1-6 所示。

多回路式配电网至少有两回配电线路，但一般为 3～4 路或更多回路。多回路式配电网比放射式配电网可靠性高，一回配电

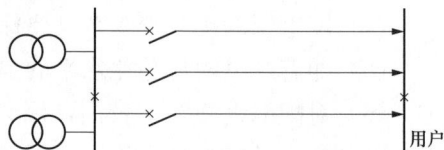

图 1-6　多回路式配电网

线路故障时，不会造成用户停电，有需要时还可达到在第二回配电线路故障时不造成用户停电的要求。由于电缆配电网故障测寻和故障修复时间较长，故常采用这种多回线的结构。多回路式配电网的主要缺点是继电保护配置比放射式配电网的复杂。

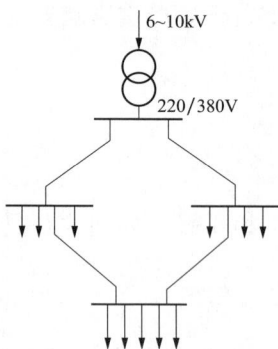

图 1-7　环式配电网

(二) 环式

环式配电网是指配电变电站引出的配电线路连接成环形，每个用电点各自环上不同部位接出，如图 1-7 所示。

简单的环式配电网是两回配电线路自同一（或不同）配电变电站的母线引出，利用联络断路器（或分段断路器）连接成环，每个用电点自环上 T 形或 Ⅱ 形支接。当环路上某区段发生故障时，利用分段断路器切换隔离后，其他区段上的负荷可继续供电，这是环式配电网的特点。环式配电网的联络断路器平时断开，只有当某区段发生故障或停电作业时才倒换为闭合的运行方式，称为常开环路方式，而联络断路器经常闭合的运行方式称为常闭环路方式。环网正常运行时一般采用开环方式，其优点是可提高供电可靠性，减少短路电流，降低线损。

四、混合式配电网络

这种网络的接线具有公共备用干线和工作干线的混合式配电网络。正常运行时由 3～10kV 的各条干线供电给各配电变电站，公共备用干线经常处于不带电状态。当工作干线的每一段发生故障或检修时，将分段断路器 QF1 和该段进线端断路器 QF2 断开，手动或自动投入备用干线，即可恢复供电。

具有公共备用干线的混合式配电网络的特点是供电可靠，可满足Ⅱ级负荷的需要，如果备用干线由另一电源供电，而且采用自动投入装置时，可满足Ⅰ级负荷的需要。其缺点是敷设线路和建造配电变电站需要的投资很大。

第三节　配电网供电方式

一、供电要求

1. 基本要求

（1）保证持续配电。因为电能的生产、供应和用电几乎是瞬间同时完成的，电能的中断或减少会直接影响国民经济生产各部门及人们生活需要。因此必须对配电设备和用户实施不间断配电。

（2）及时发现网络的非正常运行情况和设备存在的缺陷情况。因为网络处于异常运行情况或设备存在某些缺陷时，配电网还是可以继续运行一段时间，但是不及时发现这些问题就会使用运行环境的恶化，导致发生电力事故。

（3）能够迅速隔离故障、最大限度地缩小停电范围，满足灵活供电需要。因为一回线路发生故障（如短路），断路器就会跳闸，如果重合闸不成功就会造成较大面积的停电，此时，需要迅速发现并隔离故障，缩小停电范围。保证其他用户可以继续安全、可靠用电。

2. 电能质量要求

让用户接受合格的电能是对配电网提出的电能质量要求。衡量电能质量的指标通常是电压、频率和波形，在配电网中电压和波形显得尤为重要。

（1）频率。我国频率的额定值是 50Hz，频率的偏差一般允许为 ± 0.2Hz，维持电网频率的任务应该由发电厂的一次调频和二次调频系统来完成，但这是指电网在最大出力（即供应电能的能力）的情况下进行，一旦电网出现过载，超过调频系统的承受范围时，变电站内就会启动按频率自动减负荷装置，分级、有效地切除负荷以保证频率在额定值附近。因为，频率偏差大，将影响用户的产品总产量和质量，影响电子设备工作的准确性，增大变压器和异步电机的励磁无功损耗，将影响发电厂的出力和电网稳定，甚至造成汽轮机叶片损伤或断落事故。

（2）电压。各级电压等级应维持在额定值附近，但允许有一个偏差。

1）20～10kV 的中压配电网和电力用户为 $\pm 5\%$。

2）380V 的低压配电网和电力用户为 $\pm 7\%$。

3）220V 的电力用户为 $-10\% \sim +7\%$。

理想的供配电电压应该是幅值恒为额定值的三相对称正弦波电压。由于供配电系统存在阻抗、用电负荷变化和负荷性质差异等因素，实际供配电电压总是与理想电压之间存在偏差，而实际用电设备均按额定电压设计，电压过低时，电动机绕组中电流增大，温升增加，效率降低，寿命缩短，甚至烧坏电动机；客户的电热设备会减少发热量而引起产量和质量的降低；白炽灯泡发光效率降低，电子设备不能正常工作。电压过高时，危及电气设备的绝缘，使其遭受损坏；在某种情况下，由于变压器的铁芯饱和还可能引起高频谐振，引起事故。无论电压偏高还是偏低都将影响用电设备运行的技术指标和经济指标，甚至不能正常工作。

（3）波形。三相电压和三相电流的波形应该是对称的正弦波形。但高频负荷、冲击负荷和晶闸管整流装置的不断出现使得波形畸变产生高次谐波，使电气设备过热、振动；使电子设备的效率降低，继电保护、自动装置误动；还可能引起对通信设备的干扰；同时增加了附加损耗，降低了电气设备的效率和利用率，电网谐振不断增加甚至引发事故。因此要对负荷性质进行掌控，对波形进行有效检测，从技术和管理上坚决抵制和有效治理电网的高次谐波，为用电设备提供一个清洁的能源。

3. 经济运行要求

在保证持续供电、用户接受合格电能的同时，要求配电网在最经济的状态下运行，这样可以使得配电网的网损最小，不仅可以降低运行成本，还可以提高供电能力。可以从下列几个方面加以考虑：

（1）根据负荷变化情况改变配电网络的供电方式。

（2）根据负荷变化情况改变变压器的运行方式，使之处于经济运行状态。

（3）降低变压器的铁芯损耗，使用节能型变压器。

（4）结合工程改变供电路径，使用节能设备、器材，避免迂回供电。

总之，配电网络的经济运行要在符合实际需要和可能的基础上加以考虑。

二、供电方式类型

根据电力负荷对供电可靠性的要求，确定其供电形式，供电形式一般分为单电源、双电源供电形式。

（一）单电源供电形式

如图 1-8 所示，这种供电形式主要是由降压变电站引出许多线路组成，电力用户由其中的一路线路供电（一般该线路沿线满足供电要求的电力用户都由该线路供电）。

单电源供电形式特点是维护方便、保护简单、便于发展，但可靠性较差。单电源供电形式适用于三级负荷。

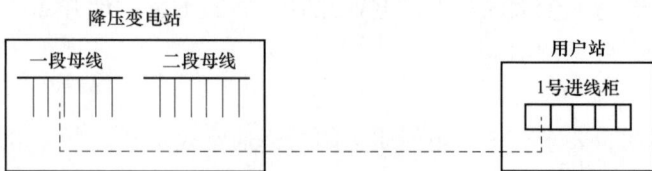

图 1-8　单电源供电形式

（二）双电源供电形式

（1）不同母线供电形式。如图 1-9 所示，这种供电形式的电力用户由同一降压变电站不同母线的两路线路供电。这种供电形式特点是供电可靠性高。这种供电形式适用于二级及以上的重要负荷。

（2）不同电源供电形式。如图 1-10 所示，这种供电形式的电力用户由不属于同一降压变电站的两路线路供电。这种供电形式特点是供电可靠性高。这种供电形式适用于二级及以上的重要负荷。

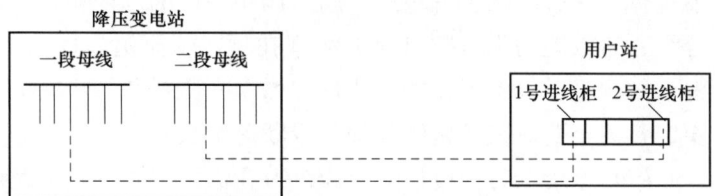

图 1-9　不同母线供电形式

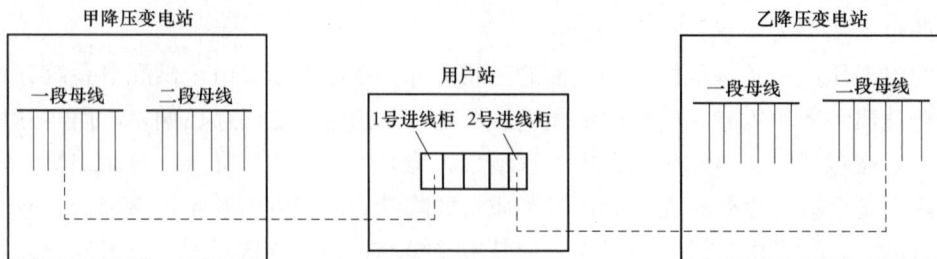

图 1-10　不同电源供电形式

三、配电网的发展趋势

配电网的发展趋势主要表现为以下几个方面。

1. 简化电压等级

尽量减少降压层次，有利于配电网的管理和经济运行。我们国家降压层次常用的有 220/110/35/10kV、220/110/10kV、220/66/10kV 三种。

2.减小线路走廊和占地

随着城市的建设，配电网的占地矛盾日益突出，采用窄基铁塔、钢管塔、多回路线路可有效减小线路走廊，同时将配电装置向半地下和地下及小型成套发展。电缆隧道和公用事业管道共用将进一步推广。

3.配电线路绝缘化

采用架空绝缘线路可有效解决树线矛盾，减少事故率、触电伤亡和短路事故，同时架设空间可缩小，减少线路损耗。但架空绝缘导线也有许多缺点，比如雷击易断线，强度较低，检修挂接地线困难等。

4.节能型金具

在线路通过电流的情况下，不产生或只有非常少的电能损耗（相对于老的金具而言）的金具称为节能型金具。节能型金具并不只是在材料上以铝合金代替铸铁，而是从结构上完全改变，结构上轻巧，通用性强，表面不易氧化，使物理连接可靠度大大提高。例如：新型楔型铝合金耐张线夹，不但材料采用铝合金，而且结构上采用楔块紧固，楔块与导线的接触使导线更紧固，表面不易氧化，在各种自然环境下不会锈蚀。

5.配电网自动化

所谓配电网自动化是指利用现代电子、计算机、通信及网络技术，将配电网在线数据、离线数据、用户数据、电网结构和地理图形进行信息集成，构成完整的自动化系统，实现配电网及其设备正常运行及事故状态下的监测、保护、控制、用电和配电管理的现代化。配电自动化可减少停电时间，提高供电可靠性，改善供电服务质量，降低电能损耗，提高设备的利用率。

6.智能配电网

智能配电网是将先进的传感测量技术信息通信技术、分析决策技术和自动控制技术与能源电力技术以及电网基础设施高度集成而形成的新型配电网。与传统配电网相比，智能配电网将进一步优化各级电网控制，构架结构扁平化、功能模块化、系统组态化的柔性体系架构，通过集中与分散相结合的模式灵活变换网络结构、智能重组系统架构、优化配置系统效能、提升配电网服务质量，实现与传统配电网截然不同的配电网的运营理念和体系。

第四节 配电自动化

一、配电自动化系统的含义

1.配电自动化

配电自动化以一次网架和设备为基础，以配电自动化系统为核心，综合利用多种通信方式，实现对配电系统的监测与控制，并通过与相关应用系统的信息集成，实现配电系统的科学管理。

2.配电自动化系统

配电自动化系统是利用现代电子技术、通信技术、计算机及网络技术，将配电网实时信息、离线信息、用户信息、电网结构参数、地理信息进行集成，构成完整的自动化管理系统，实现配电系统正常运行及事故情况下的监测、保护、控制和配电管理。

二、配电自动化的基本功能

配电自动化的基本功能可分为运行自动化功能和管理自动化功能两方面。数据采集与监控、故障自动隔离及恢复供电、高压及无功管理、负荷管理、自动读表等，称为配电网运行自动化功能；设备管理、检修管理、停电管理、规划及设计管理、用电管理等，称为配电网管理自动化功能。

1. 配电网运行自动化功能

（1）数据采集与监控。数据采集与监控又称为 SCADA，是远动"四遥"（遥测、遥信、遥控、遥调）功能的深化和扩展，使调度员能够从主站系统计算机界面上，实时监视配电网设备运行状态，并进行远程操作和调节。SCADA 是配电自动化的基础功能。

（2）故障自动隔离及恢复供电。国内外中压配电网广泛采用"手拉手"环网供电方式，并利用分段开关将线路分段。在线路发生永久故障后，该功能自动定位线路故障点，断开故障点两侧的分段开关，隔离故障区段，恢复非故障线路的供电，以缩小故障停电范围，加快故障抢修速度，减少停电时间，提高供电可靠性。

（3）高压及无功管理。该功能通过高级应用软件对配电网的无功进行全局优化，自动调整变压器分接头档位，控制无功补偿设备的投切，以保证供电电压合格、线损最小。由于配电网结构很复杂，并且不可能收集到完整的在线及离线数据，实际上很难做到真正意义上的无功分布优化，因而更多的是采用现场自动装置，以某控制点（通常是补偿设备接入点）的电压及功率因数为控制参数，就地调整变压器分接头档位、投切无功补偿电容器。

（4）负荷管理。该功能监视用户电力负荷状态，并利用降压减载、对用户可控负荷周期性投切、故障情况下拉闸限电三种控制方式削峰、填谷、错峰，改变系统负荷曲线的形状，以提高电力设备利用率，降低供电成本。

传统的负荷管理主要是供电企业控制用户的负荷，而在需求侧管理（DSM）下，供电企业不再是单方面的管理用户负荷，而是调动需方积极性，根据用户不同用电设备的特性、用电量并结合天气情况及建筑物的供暖特性，依据市场化的电价机制，如分时电价、论质电价等，对用户负荷及其经营的分布式发电资源进行直接或间接控制，供需双方共同进行供电管理，以节约电力、降低供电成本、推迟电源投资、减少电费支出，形成双赢局面。

（5）自动读表。自动读表（AMR）是通过通信网络，读取远方用户电能表的有关数据，并对数据进行存储、统计及分析，生成所需报表和曲线，支持分时电价的实施，并加强对用户用电的管理和服务。

2. 配电网管理自动化功能

（1）设备管理。配电网包括大量的设备，遍布于整个供电区域，传统的人工管理方式与不能满足日常管理工作的需求。设备管理（FM）功能在地理信息系统（GIS）平台上，应用自动绘图（AM）工具，以地理图形为背景绘出并可分层显示网络接线、用户位置、配电设备及属性数据等，支持设备档案的计算机检索、调阅，并可查询、统计某区域内设备数量、负荷、用电量等。

（2）检修管理。该功能在设备档案管理的基础上，制订科学的检修计划，对检修工作票、倒闸操作票、检修过程进行计算机管理，提高检修水平和工作效率。

（3）停电管理。该功能对故障停电、用户电话投诉（TC）以及计划停电处理过程进行计算机管理，能够减少停电范围，缩短停电时间，提高用电服务质量。

（4）规划及设计管理。配电自动化系统对配电网规划所需的地理、经济、负荷等数据进行集中存储、管理，并提供负荷预测、网络拓扑分析、短路电流计算等，不仅可以加速配电网设计过程，而且还可使最终得到的设计方案经济、高效、低耗。

（5）用电管理。该功能对用户信息及其用电申请、电费缴纳等进行计算机管理，提高业务处理效率及服务质量。

三、配电自动化系统及构成

（一）配电自动化系统

我们把完成配电网运行与管理自动化功能的集成系统称为配电网综合自动化系统，简称配电管理系统（DMS）。如图 1-11 所示，DMS 包括若干个自动化子系统，而这些子系统又分为配电网运行自动化系统和配电网管理自动化系统两大类。

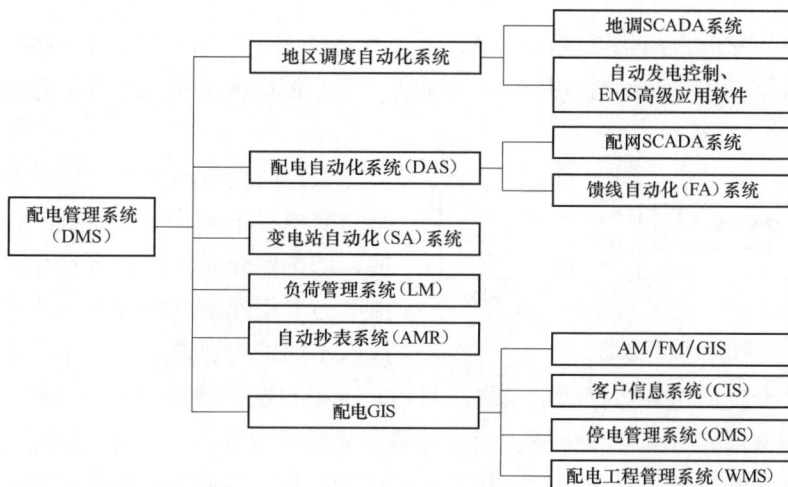

图 1-11　DMS 及子系统之间的关系

（二）配电自动化系统构成

配电自动化系统一般由配电主站，配电子站、通信网络及各种配电终端组成，其结构示意图如图 1-12 所示。

1. 配电主站

配电主站（MS）是配电自动化系统的核心部分，主要实现配电网数据采集与监控等基本功能和电网分析应用等扩展功能，并对配电网进行分析、计算与决策，是整个配电自动化系统的监控、管理中心。

配电主站系统主要由服务器、工作站和数据采集网 3 部分组成，其结构示意图如图 1-13 所示。其中，服务器的类型包括 DMS 应用服务器、SCADA 服务器、历史数据服务器、DTS 服务器、Web 服务器等；工作站主要有调度员工作站、远程维护工作站、报表工作站、配电工作管理工作站等；数据采集网主要由数据采集服务器、终端服务器和网络交换机组成，终端服务器用于连接串行通信的配电终端设备，网络交换机用于连接网络型的配电终端设备。

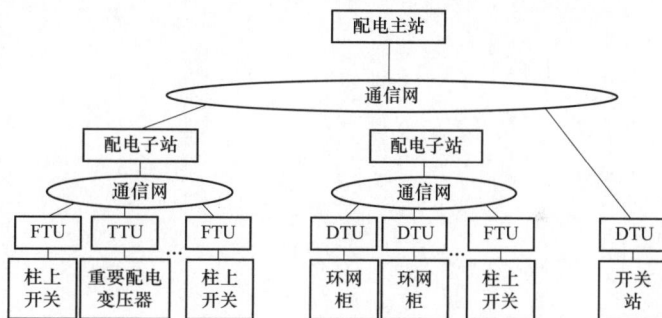

图 1-12　配电自动化结构示意图

2. 配电子站（SS）

配电子站（SS）也称为配电自动化系统中间监控单元，是为分布主站功能、优化信息传输及系统结构层次、方便通信系统组网而设置的中间层，实现所管辖范围内的信息汇集、处理及故障处理、通信监视等功能。

3. 配电终端

配电终端为各开关、配电变压器、开关站等设置在各被监测设备旁边的各种远方监测、控制

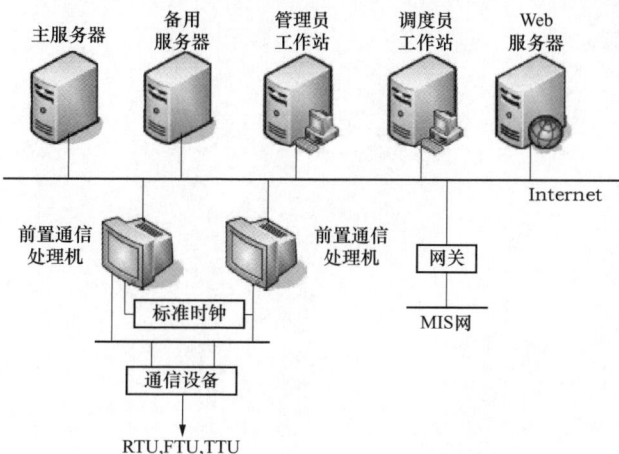

图 1-13　配电主站系统结构示意图

单元的总称，主要包括配电开关监控终端（即 FTU，馈线终端）、配电变压器监测终端（即 TTU，配电变压器终端）、开关站和公共及用户配电站的监控终端（DTU，站所终端）等。

4. 通信网络

通信网络的建设是配电自动化系统的关键之一。如图 1-12 所示，主站和子站间、子站和现场监控单元间均需通信网络进行相互间的数据传输。一般情况下，配电网通信系统由数据传输通道和数据终端设备等组成，如图 1-14 所示。

图 1-14　通信系统示意图

（1）数据传输通道。通道是配电自动化系统主站与变电站自动化、现场监控终端的数据传输通道，即传输介质。配电自动化通道中通信线路主要由电力专用通信网络提供。节点数据量和通信距离远近不同，对通道的要求不一样。按照节点间的连接方式，通信可分为专线通道和数据通信网络。目前，配电自动化终端与主站之间的通信应用最多的是专用通道，按载体传输形式分为有线传输、无线传输和光纤通道等。由于光纤通道具有投资小，可靠性高的优点，在我国各地的配电自动化工程中获得了广泛的应用。按数据传输形式分，专用通道有模拟信道和数字信道。

（2）数据传输设备。数据传输设备的主要作用是将数据终端设备送来的基带数字信号转变成远距离传送的数字载波信号。常见的数据传输设备有调制解调器、复接分接器、数传电台、载波机和光端机。

配 电 网 工 程 设 计

工程图纸作为工程界的技术语言，是表达工程设计和指导工程施工必不可少的重要依据，也是确定工程造价、进行工程款结算的基础性依据。建筑安装工程计价，除了应该了解，熟悉建筑的结构构件、组成和部位、相互间的关系和作用外，还需掌握工程读图、识图的基本方法。

第一节 配电网工程设计概述

一、概述

配电网工程的设计一般分为初步设计和施工图设计两个阶段（用户工程的设计分方案设计、初步设计和施工图设计）。对于技术要求简单的配电工程，经有关部门同意，并且合同中有不做初步设计的约定，可在可行性研究报告审批后直接进入施工图设计。配电网的设计按专业又可分变配电设计、架空配电线路设计和电缆配电线路设计。而变配电设计又分建筑设计和电气设计。

1. 设计在建设项目管理中地位

设计工作是工程建设中的关键环节。做好设计工作，对工程程建设的工期、质量、投资费用和建成投产后的运行安全可靠性和生产的综合经济效益，起着决定性的作用。设计文件是安排工程建设项目和组织施工安装的主要要依据。设计阶段的造价管理也是工程造价管理的"龙头"。

2. 设计工作的基本任务

设计工作的基本任务是根据国家和行业技术经济法律、法规、标准、政策及业主的要求，提供切合实际、安全适用、技术先进、综合经济效益好的设计服务。

3. 配电网工程设计的基本原则

（1）安全性原则。在电能的供应、使用和分配检修中，不应发生人身事故和设备事故。

（2）可靠性原则。应满足电能用户对连续供电的要求。

（3）优质性原则。应满足电能用户对频率质量和电压质量等方面的要求。

（4）经济性原则。应使供电系统的投资少、运行费用低，并尽可能地节约有色金属和电能。

（5）技术规范性原则。技术规范是有关开发产生技术的知识、领域、方法和规定的总和。技术规范是持续发展的。技术规范有强制性的标准，也有推荐性的。

（6）可持续发展原则。可持续发展的原则是指配电工程的设计既要满足当前发展的需求，又要考虑未来一定时间发展的需要。

二、可行性研究、初步设计及施工图设计

（一）可行性研究

当前，配电网工程建设项目管理中项目决策阶段主要内容如图 2-1 所示。

可行性研究应遵循国家法律法规和行业相关规程规范，对项目建设条件进行调查和必要勘测，在可靠翔实资料的基础上，对项目建设的技术、经济、环境、节能、施工及运行管理等进行分析论证和方案

比较，提出可行性研究报告。项目可行性报告应对工程建设的必要性，建设规模、技术方案、建设条件、投资估算及经济评价等进行充分论证。

图 2-1　项目决策阶段主要内容

(二) 初步设计

初步设计是工程设计的一个关键阶段，也是整个设计构思基本形成的阶段。一些重要问题，如设计原则的确定，确定负荷等级和各级容量、配电线路不同路径方案的综合经济比较、最佳路径的选择及有关协议的取得，针对工程特点及设计实际情况的科学研究及成果应用。各项设计的优选等都要在这一阶段解决。除此之外，工程所需的各项资金和主要设备材料的数量的估计、工程施工合理组织等问题也要加以考虑。各种设计方案应经过充分的论证和选择。

初步设计文件的内容应包括设计说明书、初步设计图纸、设备材料清册、拆旧物资清册、工程概算书、勘测报告（必要时）及相应附件等。

1. 初步设计说明书

初步设计说明书一般应包括以下内容：

（1）工程设计的主要依据。

1）政府和上级有关部门批准的文件。

2）可行性研究批复文件。

3）设计中标通知书或委托文件。

4）设计依据的有关规程、规范。

（2）工程建设规模和设计范围。

1）配电部分应明确工程的电压等级，配电设备型号、数量，变压器容量、台数（包括本期及远期规模），无功补偿装置容量，各电压等级出线回路数及土建配套等；说明工程设计的起止界限，应包含的内容和范围。对改扩建工程，还应说明原有工程情况及其与本期工程的衔接和配合。

2）线路部分应说明线路起止点、额定电压、导线型号、线路长度和回路数及引接方式，接入系统概况（简述必要性和建设规模），说明系统中性点运行方式，线路的本体设计及工程概算，线路走廊清理等。

（3）站址概况。站址概况一般包括站址自然条件、工程地质、水文地质和水文气象条件等。

（4）主要经济技术指标。

（5）拆旧情况说明。拆旧情况说明一般包括对拆旧工程范围及概况的说明，并列表给出拆旧物资清册。

另外，线路设计说明书还应包括线路路径、气象条件、导（地）线选择、防雷和接地、绝缘子串和金具柱上设备、导线对地和交叉跨越距离、杆塔和基础、环境保护和劳动安全、主要设备材料表、附件等内容。

2. 初步设计图纸

配电工程设计图纸按专业划分可分为电气专业、线路专业和土建专业三类。

（1）电气专业。配电工程电气专业所需图纸如表 2-1 所示。

表 2-1　　　　　　　　　　　　　　　　电气专业初步设计图纸

序　号	图纸名称	序　号	图纸名称
1	电气主接线图	4	二次原理及端子排图
2	高低压配电装置配置接线图	5	直流系统图
3	电气平面布置图	6	通信通道组织图

（2）线路专业。线路专业所需图纸如表 2-2 所示。

表 2-2 　　　　　　　　　　　**线路专业初步设计图纸**

序号	图纸名称	序号	图纸名称
1	线路路径图	4	导线特性曲线或表
2	杆塔型式一览图	5	接地装置图
3	导线特性曲线或表		

必要时，线路部分需补充变电站进出线规划图、拥挤地段平面图和走廊清理平面图、与线路路径方案相关的其他图等图纸。

（3）土建专业。土建专业所需图纸如表 2-3 所示。

表 2-3 　　　　　　　　　　　**土建专业初步设计图纸**

序号	图纸名称	序号	图纸名称
1	土建总平面布置图	3	基础型式一览图
2	土建平、立、剖面图		

3．初步设计概算

初步设计概算主要包括概述、编制原则和依据、投资分析、概算表和附件等内容。

（1）概述中应对工程概况、工程资金来源、建设场地情况、施工条件、项目业主、项目建设工期、可行性研究标准或批复的总投资、主要设计特点等做相应说明。

（2）在编制原则和依据中应说明采用的工程量、指标、定额、人工费调整及材机费调整、设备及装置性材料价格、建筑工程材料价格、设备运杂费、编制年价差、特殊项目、建设场地征用及清理费等各种费用的取用原则、调整方法和计算依据。

（3）投资分析中，对工程初步设计概算与可行性研究估算投资进行简要的分析比较，阐述其增减原因，并与通用造价进行对比分析。

（4）概算表包括概算编制说明、总概算表、专业汇总概算表、安装工程概算表、建筑工程概算表、其他费用计算表、建设场地征用及清理费用计算表、主要技术经济指标表。

（5）初步设计概算附件包括建设期贷款利息计算表、编制年价差（设备、材料、机械价差）计算表、勘测设计费计算表、可行性研究投资估算与概算投资对比表、本工程概算与通用造价对比分析表、外委设计项目的概算表、特殊项目的依据性文件及建设概算表等。

（三）施工图设计

配电工程施工图设计中应包括施工图设计说明书、电气专业施工图图纸、线路专业施工图图纸、土建专业施工图图纸、施工图预算书等。

1．施工图设计说明书

施工设计说明书一般应包括以下内容。

（1）设计依据。

1）执行的主要法规和采用的主要标准。

2）初步设计批复文件。

3）其他依据性文件。

（2）建设规模和设计范围。配电专业应说明本配电工程设计的起止界限、应包含的内容和范围。对改扩建工程，还应说明原有工程情况及其与本期工程的衔接和配合；明确工程的电压等级、配电设备型号、数量，变压器容量、台数，无功补偿装置台数、容量，各电压等级出线回路数及土建配套等。线路专业应说明配电线路的本体设计、线路走廊清理设计、施工组织设计（有特殊要求时）、预算编制（如合同有要求）及对初步设计评审意见执行情况的简要说明。线路专业还应包括线路路径、设计气象条件、导（地）线选择、绝缘配合、防雷和接地、导线防振、绝缘子及金具、杆塔和基础、对地距离及交叉跨越、环境保护、劳动安全、施工运行注意事项、附件等内容。

另外，设计说明书中配电专业还应包括主要电气设备选型、电气设备接地、消防通风，施工图目录应列出工程所有图纸，并写明所属专业、卷册索引号、卷册名称等内容。

2. 施工图设计图纸及深度要求

（1）电气专业。电气专业所需图纸及深度要求如表 2-4 所示。

表 2-4　　　　　　　　　　　　　　电气专业施工图纸及设计深度要求

序号	图纸名称	深度要求
1	电气总平面布置图	（1）主要电气设备、站区建（构）筑物、电缆沟（隧）道、避雷针及道路等的布置； （2）各级电压屋内外配电装置的间隔配置及进出线排列；布置图应标明方位，标注位置尺寸，并附必要的说明及图例
2	电气主接线图	（1）各级电压电气主接线方式以及断路器（负荷开关）、电流互感器、电压互感器、避雷器、隔离开关、接地开关、无功补偿装置等的配置； （2）各级电压进出线回路名称（或编号）、排列； （3）变压器型号、参数、中性点接地方式及补偿设备； （4）其他设备型号及参数，并标注图中设备和导体的型号，母线及引线型号、参数等
3	高低压配电装置配置接线图	应与主接线中设备、参数一致，详细标注各间隔名称、设备参数、母线编号等
4	电气平面布置图	（1）应力求紧凑合理，出线方便，减小占地面积，并符合 GB 50053 的要求； （2）应与总平面中进出线方向一致； （3）应标注设备、构架、墙体等中心线之间的距离，标注纵向、横向总尺寸； （4）应预留配电自动化设备及线路的位置
5	电气断面布置图	（1）应表示该设备断面示意图（可不标注设备型号、参数）； （2）应详细标注设备、构架、墙体等中心线之间的距离，标注断面总尺寸； （3）应标注进出线、母线的标高、设备安装支架高度，需要时标注设备高度； （4）应标注设备、导体等的编号，并应与设备材料表对应； （5）设备材料表中的设备材料应注明编号、名称、型号及规格、单位、数量及备注
6	接地网布置图	（1）应说明接地设计原则； （2）应说明主接地网的埋设深度和与建筑物、设备的距离要求； （3）应绘出屋内配电装置、建筑物接地干线的走向布置、与主接地网的连接点及引接方式； （4）应绘出临时接地端子的设置、设备及接地体的图例说明； （5）应表示出各接地点位置及接地材料要求等； （6）设备材料表中的设备材料应注明编号、名称、型号及规格、单位、数量、图例及备注
7	照明安装施工图	（1）应表示照明箱、灯具位置，照明回路、照明灯数量、容量、安装高度、导线和电缆敷设路径、导线根数及截面，穿管及电缆敷设的图例说明； （2）设备材料表中的设备材料应注明编号、名称、型号及规格、单位、数量及备注； （3）整个工程的图例符号应统一； （4）施工说明中注明消防设施的选择
8	二次原理及端子排图	应表示相应的交直流电源、电流电压采样、跳闸出口、开入开出、信号、对时和通信方式等
9	配电自动化图	绘制配电自动化屏柜及相关端子排的外部去向
10	直流系统图	应表示直流系统的接线方式，蓄电池型号和数量、端电池的设置、充电、浮充电设备及馈线数量等，并应表示系统图有关的主要设备规范
11	电缆清册	应表示出每回电缆的编号、规格、始点位置、终点位置、长度；当有敷设路径要求时，应标识电缆敷设路径的关键节点
12	设备材料汇总表	设备材料汇总表应按间隔开列设备及材料并汇总，并注明名称、型号及规格、单位、数量及备注；对已中标的设备材料应注明生产厂商

（2）线路专业。线路专业所需图纸及深度要求如表 2-5 所示。

表 2-5　　　　　　　　　　　　　　　线路专业施工图纸及设计深度要求

序号	图纸名称	深度要求
1	电力系统地理接线图	本工程设计改造的电力系统接线图（涉及系统变化时需要）
2	线路路径图	（1）一般宜采用 1：500、1：1000、1：2000 或 1：5000 比例地形图； （2）标出起讫点及转角位置； （3）标出影响线路走向的保护区、厂矿设施、主要道路及规划设施等障碍物情况； （4）标出与本线路交叉或平行接近的主要输配电线路情况（路径、名称、电压等级）； （5）标出指北针及新增标示的图例
3	杆塔平面图或 杆塔明细表	（1）序号、塔号、塔型及杆高（呼称高）、档距、耐张段长与代表档距、转角度数； （2）接地装置、导线横担、绝缘子、设备、导线防振锤、拉线代号和数量； （3）档内导线不允许接头、耐张串倒挂及交叉跨越及处理情况等内容； （4）当地形条件复杂或塔位高程受控（与规划道路同步建设）时应包含塔位里程、桩顶高程、施工基面
4	平断面定位图	（1）对线路应进行优化排位及综合技术经济比较； （2）计算对地及交叉跨越距离、风偏净空距离和开方量； （3）对杆塔使用条件、K 值、导地线悬点应力、直线及悬垂转角塔绝缘子串摇摆角、绝缘子金具串强度、耐张绝缘子串倒挂、悬垂角、导地线上拔内容进行计算校核
5	架线施工图	架线施工图应包括连续档导（地）线架线弧垂安装曲线（表）、孤立档架线表、连续倾斜档线夹安装位置调整表
6	绝缘子及金具 串组装图	绝缘子及金具组装图应包含耐张绝缘子及金具、直线悬垂（或支持）绝缘子、跳线绝缘子（或跳线串）
7	线路避雷器及 杆上装置安装图	杆上设备应包含杆上联络开关、分段开关、负荷隔离开关、隔离开关、断路器等
8	接地装置图	接地装置图应示例不同的接地装置型式及元件连接方式
9	导（地）线 防振锤安装图	标明各个防振锤安装距离；采用特殊型式的防振锤时，应说明防振锤的安装方法；采用其他防振方案时，应绘制相应的安装图和说明
10	杆塔施工图	杆塔施工图包含铁塔或钢管杆等结构图图纸较多时，应单独成册出图并有分册目录

（3）土建专业。土建专业所需图纸及深度要求如表 2-6 所示。

表 2-6　　　　　　　　　　　　　　　土建专业施工图纸及设计深度要求

序号	图纸名称	深度要求
1	总平面布置图	应包含站区范围内已有地物及需拆除的地物；测量坐标网、坐标值、场地范围的测量坐标（或定位尺寸）、进站道路及站区征地范围；规划容量的站区用地范围、分期建设的建（构）筑物；主要建筑物及构筑物的位置、名称、层数、建筑间距；坐标（或定位尺寸）、站区围墙的坐标及设计地面标高；站内道路的布置、连接及主要坐标（或定位尺寸），上下水管及电缆沟的布置，控制点及排放出口标高，挡土墙、护坡等设施的布置；指北针；主要技术经济指标表、图例和站区建构筑物一览表（标明建构筑物名称、分期建设项目、占地面积）；说明栏内注写：尺寸单位、比例、地形图的测绘单位、日期，坐标及高程系统名称（如为场地建筑坐标网时，应说明其与测量坐标网的换算关系），补充图例及其他必要的说明等
2	建筑平、立、剖面图	（1）应绘出建筑物平面和立面外形图，各个方向的立面应绘全；如差异极小，简单的立面可以省略，也可附带在相关剖面图上表示；如剖面图未能完全表示时，则需要单独绘出； （2）各向立面图仅需标出建筑两端轴线编号
3	配电装置基础 土建详图	绘出基础的平面及剖面、配筋、基础梁、基础垫层，标注总、分尺寸，标高及轴线关系
4	设备留孔、埋件及 设备基础图	根据工艺要求设置预留孔、预埋件，标注预留孔、预埋件的定位尺寸及大小
5	铁塔、钢管杆 基础施工图	包括基础明细表、基础施工图、铁塔基础根开表、基础施工说明、基础计算书

（4）施工图设计预算。施工图设计预算应包括编制说明、工程概况、编制原则和依据等、预算表及附表、附件。

预算表及附表、附件包括：

1）施工图预算的表格形式及分类，按照现行《20kV及以下配电网工程建设预算编制与计算标准》、《20kV及以下配电网工程定额及费用标准》的规定执行；

2）施工图预算包括预算编制说明、总预算表、专业汇总预算表、安装工程预算表、建筑工程预算表、其他费用预算表、建设场地征用及清理费用预算表；

3）施工图预算附表、附件包括编制年价差（设备、人工、材料、机械）计算表、调试费用计算表、特殊项目的依据性文件及建设预算表；

4）附表、附件不限于以上内容，为清晰完整地表达施工图中的各项工程量，可以补充工程量统计、计算表格。

第二节　架空配电线路设计

一、架空配电线路的组成及设计原则

架空配电线路的作用是输送、分配电能。架空配电线路在运行中要承受自重、风力、温度变化、覆冰、雷雨、污秽等自然条件的影响。架空配电线路利用杆塔的固定和支撑把导线布置在离地面一定的高度。空气是架空配电线路导线之间及导线对地的绝缘介质，导线在杆塔上则通过绝缘子与杆塔、横担保持一定的电气隔离，绝缘子又通过金具分别和导线、横担相连接并固定在杆塔上。

10kV及以下架空配电线路是电压等级较低的架空电力线路，应用极为普遍，它的结构主要包括杆塔及其基础、导线、绝缘子、拉线、横担、金具、防雷设施、接地装置和杆上设备等。

10kV架空配电线路的设计原则如下。

（1）心须认真执行国家的技术经济政策，并做到保障人身安全，供电可靠，技术先进和经济合理。

（2）应根据工程特点，规格和发展规划，正确处理近期建设和远期发展的关系，做到远近期结合，以近期为主，一般10kV架空电力线路宜按5～10年发展规划确定。

（3）必须坚持节约用地的原则，并尽量不占良田，少占农田。

（4）应符合现行的有关国家标准和规范的规定，主要包括：规范性引用文件如下：

1）GB 50061—1997 66kV及以下架空电力线路设计规范

2）DL/T 599—2005 城市中低压配电网改造技术导则

3）DL/T 601—1996 架空绝缘配电线路设计技术规程

4）DL/T 602—1996 架空绝缘配电线路施工及验收规程

5）DL/T 5220—2005 10kV及以下架空配电线路设计技术规程

6）其他与架空配电线路有关的规程、标准、规定等。

二、架空配电线路专业术语

（1）档距。相邻两基杆塔之间的水平直线距离（两相邻杆塔导线悬挂点的水平距离或相邻两杆塔中心桩之间的水平距离），称为档距，如图2-2所示。

（2）弧垂。指一档架空线内，导线与导线悬挂点所连直线间的最大垂直距离。对于水平架设的线路来说，导线相邻两个悬挂点之间的水平连线与导线最低点的垂直距离，称为弧垂或弛度，如图2-2所示。

（3）限距。指导线对地面或对被跨越设施的最小距离。一般指导线最低点到地面的最小允许距离。

（4）水平档距。相邻两档距之和的一半，称为水平档距，水平档距用来计算杆塔承受导线横向风压荷载。

（5）垂直档距。相邻两档距间导线最低点之间的水平距离，称为垂直档距，垂直档距用来计算杆塔承受导线的垂直荷载。

（6）代表档距。一个耐张段里，除弧立档外，往往有多个档距。由于导线跨越的地形、地物不同，各档距的大小不相等，导线的悬挂点标高也不一样，各档距的导线受力情况也不同。而导线的应力和弧垂跟档距的关系非常密切，档距变化，导线的应力和弧垂也变化，如果每个档距一一计算，会给导线力学计算带来困难。但一个耐张段里同一相导线，在施工时是一道收紧起来的，因此，导线的水平拉力在整个耐张段里是相等的，即各档距弧垂最低点的导线应力是相等的。把大小不等的一个多档距的耐张段，用一个等效的假想档距来代替，这个能够表达整个耐张力学规律的假想档距，称为代表档距或称为规律档距。

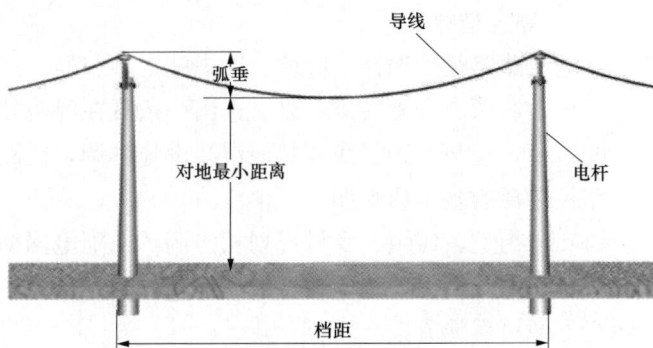

图 2-2　架空线路的档距与弧垂示意图

（7）杆塔呼称高度。杆塔最下层横担（横梁）至地面的垂直距离称为杆塔呼称高度，简称呼称高。

（8）悬挂点高度。导线悬挂点至地面的垂直距离，称为导线悬挂点高度。

（9）线间距离。两相导线之间的水平距离，称为线间距离。配电线路导线最小间距如表 2-7 所示。

表 2-7　　　　　　　　　　　　　　　　配电线路导线最小间距　　　　　　　　　　　　　　　　　　（m）

线路电压	档距						
	40 及以下	50	60	70	80	90	100
1～10kV	0.6（0.4）	0.65（0.5）	0.7	0.75	0.85	0.9	1.0
1kV 以下	0.3（0.3）	0.4（0.4）	0.45	—	—	—	—

注　括号内为绝缘导线数值。1kV 以下配电线路靠近电杆两侧导线间水平距离不应小于 0.5m。

（10）根开。两电杆根部或塔脚（中心线）之间的水平距离，称为根开。

（11）杆塔埋深。电杆（塔基）埋入土壤中的深度称为杆塔埋深。基础图中埋深为计算埋深，即必须满足的最小埋深。

（12）跳线。连接承力杆塔（耐张、转角和终端杆塔）两侧导线的引线，称为跳线。

（13）耐张段。为了控制线路断线事故的范围，需要用耐张杆塔将线路分成若干段，相邻两耐张杆塔自成区间，成为耐张段。

（14）配电线路的设计用气象条件。广义上是指那些与架空线路的电气强度和机械强度有关的气象参数，如风速、覆冰、气温、湿度、雷电等。但对线路力学计算影响较大的主要因素是风速、覆冰及气温，因此这三要素称为设计用气象条件的三要素。

1）历年极端最高气温。用以计算导线最大弧垂和导线发热。

2）历年极端最低气温。用以计算杆塔强度，检验导线上拔力等。

3）历年年平均气温。用于确定年平均气温，计算导线的年平均气温时的应力，以确定导线的防振设计。

4）历年最大风速及最大风速月的平均气温。这是线路设计气象条件的主要资料。最大风速是计算杆塔和导线机械强度的基本条件之一。

5）地区最多风向及其出现频率。用于考虑导线防振设计、防腐及绝缘子串的防污设计。

6）导线覆冰厚度。用于计算杆塔和导线的机械强度以及验算不均匀覆冰时，垂直排列的导线间接近距离。

三、路径的选择与杆塔定位

（一）路径选择

配电线路路径的选择，应综合考虑施工、交通、运行、城镇总体规划、城市配网规划和路径长度等因素，统筹兼顾、合理安排，以求选出一条既在经济技术上合理又在施工运行上可行的线路路径。配电线路的路径，应与各种管线和其他市政设施协调，线路杆塔位置应与城镇环境美化相适应。

路径选择的基本原则如下：

（1）与街道、城镇、乡村规划相协调，与配电网络规划相结合。

（2）线路路径尽量选取长度最短，转角少且角度小，特殊跨越少，水文和地质条件好，投资少，施工运行方便可靠的方案。

（3）应避开低洼地、易冲刷地带、易被车辆碰撞和影响线路安全运行的其他地段。

（4）乡镇地区配电线路路径应与道路、河道、灌渠相协调，不占或少占农田。

（5）应避开储运易燃、易爆物的区域。

（6）与有火灾危险性的生产厂房和库房、易燃易爆材料场以及可燃或易燃、易爆液（气）体储罐的防火间距不应小于杆塔高度的 1.5 倍。

（7）避免引起交通和机耕的困难。

（8）尽量避开和不穿越高大树木，尽量不通过经济林区。

（二）杆塔定位

在已经选好的线路路径上，合理地配置杆塔的位置，称之定位。定位是设计工作中的一个重要内容，定位的质量关系到线路施工和运行的安全。

1. 塔位的选定原则

（1）应尽量少占耕地和好地；减少土石方量。

（2）塔位应尽可能避开洼地、泥塘、冲沟、断层等水文和地质条件不良的处所，对于带拉线的杆塔还应考虑打拉线的条件。

（3）应具有较好的施工条件。

2. 档距的配置

（1）最大限度地利用杆塔强度。

（2）相邻档距的大小不应差距悬殊，以免过大的增加纵向不平衡力。

（3）如不同的杆型或不同的导线排列、方式相邻时，档距的大小应考虑到档距中导线的接近情况。

（4）尽量避免出现孤立档，特别是小档距孤立档。

（5）配电线路的档距，宜采用表 2-8 配电线路的档距所列数值。耐张段的长度不应大于 1km。

表 2-8　　　　　配电线路的档距　　　　　（m）

地段	电压	
	1～10kV	1kV 以下
城镇	40～50	40～50
空旷	60～100	40～60

注　1kV 以下线路当采用集束型绝缘导线时，档距不宜大于 30m。

四、导线的选择与使用

导线的选择指导线截面的确定、导线类型的选取、导线安全系数的选取、导线间距的计算。

对于架空导线的选择，要求导线具有足够的导电能力与机械强度；在最高环境温度和最大负荷情况下，导线温升不超标，导线中通过的持续电流始终不超过允许电流；在最大负荷条件下，线路电压损耗不超过允许值；保证投资、运行费用综合性指标最优。

（一）导线截面的选择

对于导线截面的选择，应满足经济电流密度条件、满足导线发热条件、满足电压损耗条件、满足机械强度条件。

（1）按经济电流密度选择导线截面。电流密度是指单位导线截面所通过的电流值，其单位是 A/mm²。

经济电流密度是指通过各种经济、技术方面的比较而得出的最合理的电流密度，采用这一电流密度可使线路投资、电能损耗、运行维护费用等综合效益为最佳。我国现在采用的经济电流密度值见表2-9。

表 2-9　　　　　经济电流密度值

导线材质	年最大负荷利用小时数 T_{max}（h）		
	3000 以下	3000～5000	5000 以上
铜线（A/mm²）	3.00	2.25	1.75
铝线（A/mm²）	1.65	1.15	0.90

按经济电流密度选择导线截面时，必须首先确定计算负荷（千瓦或安培）及相应的年最大负荷利用小时数。在确定负荷容量时，一般应考虑投运后5～10年发展的需要，年最大负荷利用小时数一般根据负荷的性质确定。当已知最大负荷电流 I_L 和相应的年最大负荷利用小时数 T_{max} 后，可在表2-9中查出不同材料导线的经济电流密度 J，并按式（2-1）计算导线经济截面 S，即

$$S = I_L/J \tag{2-1}$$

根据计算所得的导线截面，再选择最适当的导线标称截面。

（2）按发热条件校验导线截面。当导线通过电流时，会产生电能损耗，使导线发热、温度上升。如果导线温升过高，超过其最高容许温度，将出现导线连接处加速氧化，导线的接触电阻增加，接触电阻的增大又使连接处温升更高，形成恶性循环，致导线烧断，发生断线事故。对于架空导线，温度过高将使导线弧度过大，致导线对地安全距离不足，危及安全；对于绝缘导线或电缆，温度过高将加速导线周围介质老化、绝缘损坏。因此，为使电网安全可靠运行，对按经济电流密度选择的导线截面，还应根据不同的运行方式以及事故情况下的线路电流，按发热条件进行校验。

（3）按允许电压损失校验导线截面。按允许电压损失选择导线截面应满足下列原则条件，即线路电压损失不大于允许电压损失。

（4）按机械强度求导线最小允许截面。架空导线在运行中除了要承受导线自重，还要承受环境温度及运行温度变化产生的应力、风力、覆冰重力等作用力。当作用力过大时，可能造成断线事故。导线截面越小，承受作用力的能力越小。因此，为了保证安全，应使导线有一定的抗拉强度，在大风、覆冰或低温等不利气象条件下不致造成断线事故。从保证导线机械强度出发，架空配电线路不允许采用单股的铝线或铝合金线，10kV配电线路也不得采用单股铜线。

结合地区配电网发展规划和对导线截面确定，每个地区的导线规格宜采用3～4种。

（二）导线类型的选择

（1）架空电力线路的导线，可采用钢芯铝绞线或铝绞线。

（2）乡村、山区等空旷地区原则上采用裸导线。

（3）城镇配电线路如遇线路走廊狭窄的地段、高层建筑邻近地段、繁华街道或人口密集地区、游览区和绿化区、空气严重污秽地段、建筑施工现场等情况应采用架空绝缘导线。

（三）导线排列及布置

1. 导线排列

通常10kV（20kV）导线的排列方式有水平排列、垂直排列、三角形排列及鼓形排列等。

单回路比较普遍的型式有水平排列、三角形排列两种，如图2-3所示。导线排列形式必须符合线路设计规程和过电压保护规程有关线间距离与绝缘配合的要求，同时要考虑经济效益原则。

双回路比较普遍的排列方式有双三角形排列及鼓形排列两种，如图2-4所示。

2. 其他常用杆型的杆头布置图例

（1）高压线路常用杆头布置形式如图2-5所示。

（2）低压线路常用杆头布置形式如图2-6所示。

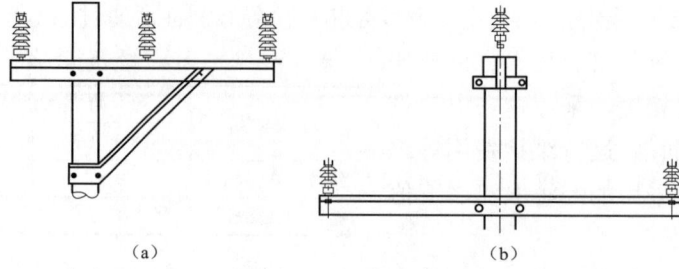

图 2-3　10kV 单回排列

（a）水平排列；（b）三角形排列

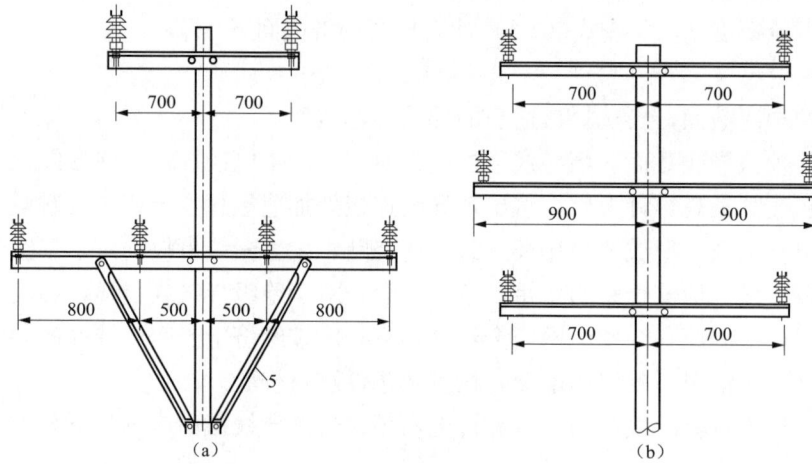

图 2-4　10kV 双回排列

（a）三角形；（b）鼓形

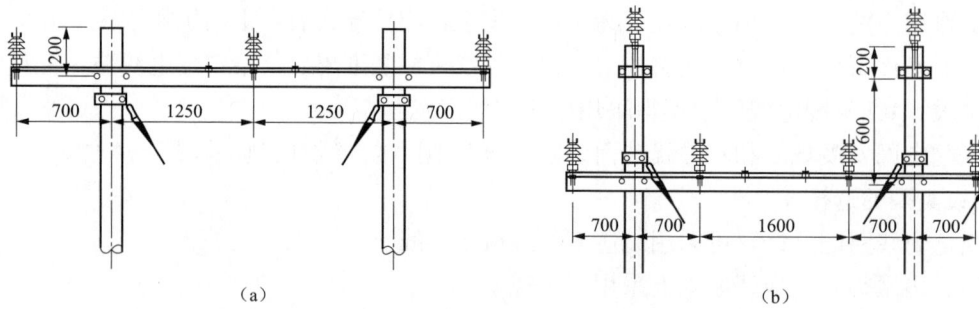

图 2-5　高压线路常用杆头布置形式

（a）10kV 单回双杆水平排列；（b）10kV 双回双杆双三角排列

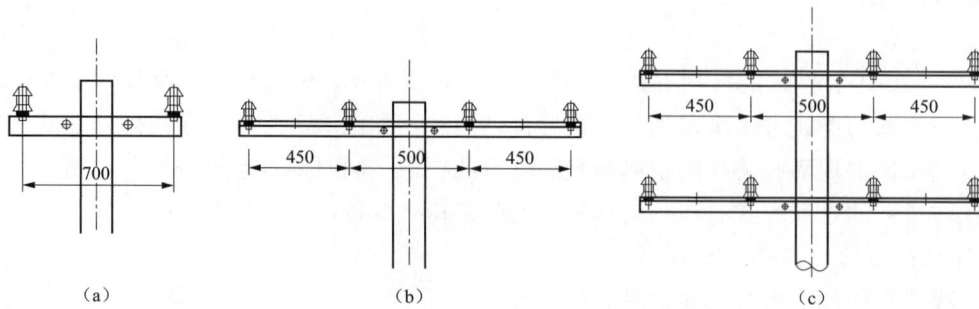

图 2-6　低压线路常用杆头布置形式

（a）0.4kV 二线；（b）0.4kV 单回四线；（c）0.4kV 双回四线

五、杆塔型的选择与使用

杆塔是架空配电线路的重要组成部分，其作用是支持导线和其他附件，并使导线对地面、建筑物、电力线、通信线以及其他被跨物之间保持一定的安全距离。

（一）杆塔的种类及使用特点

（1）电杆按其材质分为环形钢筋混凝土电杆、钢壁混凝土电杆、钢管电杆、铁塔和木杆。架空配电线路用的最多是环形钢筋混凝土电杆，在城市景观道路、道路狭窄和无法安装拉线的地方，可以选用承受较大的应力、杆型美观的钢管电杆，山区及地形复杂地区，可选用铁塔。

（2）杆塔按线路上作用可以分为直线杆塔、耐张杆塔、转角杆塔、终端杆塔、跨越杆塔、分支杆塔等，各种杆塔的作用如下。

1）直线杆塔。直线杆塔主要用于线路直线段中。在正常运行情况下，直线杆塔一般不承受顺线路方向的张力，而是承受垂直荷载即导线、绝缘子、金具、覆冰的重量，以及水平荷载即风压力等。只有在电杆两侧档距相差悬殊或一侧发生断线时，直线杆才承受相邻两档导线的不平衡张力。杆型如图2-7所示。

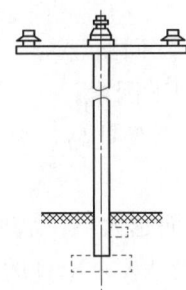

2）耐张杆塔。耐张杆塔又称承力杆塔，主要用于路线分段处。在正常情况下，耐张杆除了承受与直线杆塔相同的荷载外，还承受导线的不平衡张力。在断线情况下，耐张杆还要承受断线张力，并能将线路断线、倒杆事故控制在一个耐张段内，便于施工和检修。杆型如图2-8所示。

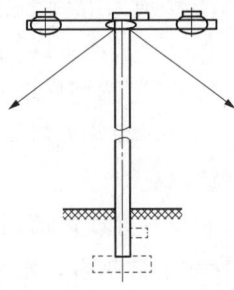

图2-7 直线杆塔　　图2-8 耐张杆塔　　图2-9 转角杆塔

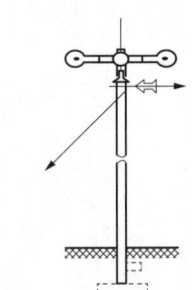

3）转角杆塔。转角杆塔主要用于线路转角处，线路转向内角的补角称为线路转角。转角杆塔除承受导线等的垂直荷载和风压力外，还要承受导线转角的合力，合力的大小决定于转角的大小和导线的张力，由于转角杆塔两侧导线拉力不在一条直线上，一般用拉线来平衡转角杆的不平衡张力。杆型如图2-9所示。

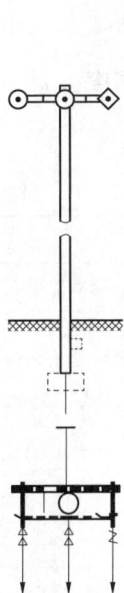

4）终端杆塔。终端杆塔位于线路首、末端，发电厂或变电站出线的第一基杆塔是终端杆塔，线路最末端一基杆塔也是终端杆塔，它是一种能承受单侧导线张力的杆塔。杆型如图2-10所示。

5）跨越杆塔。跨越杆塔一般用于架空配电线路跨越公路、铁路、河流、山谷、电力线、通信线等场所。杆型如图2-11所示。

6）分支杆塔。分支杆塔一般用于架空配电线路的分支。杆型如图2-12所示。

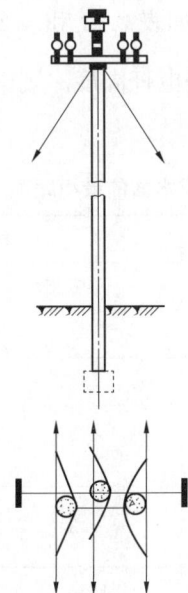

图2-10 终端杆塔　　图2-11 跨越杆塔　　图2-12 分支杆塔

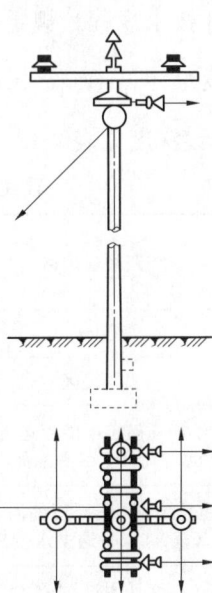

23

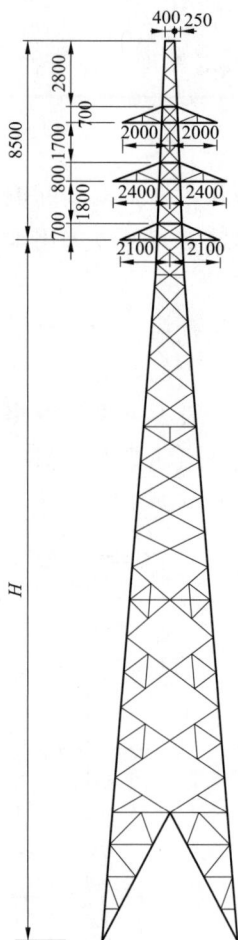

图 2-13　自立式铁塔

（3）铁塔类型按是否有拉线分，可分为以下两种。

1）不用拉线的杆塔，又称自立式杆塔，其全部荷载由杆、塔及其他基础所承受，如图 2-13 所示。

2）带拉线的杆塔，此类杆塔依靠拉线装置保持竖立并承受外力，用料经济，造价便宜。但由于其占地面积大等因素，目前较少应用。

（4）杆塔代号。杆塔的代号即杆（塔）型式，用符号来表示，目前配电线路中杆塔代号无标准规定，但存在习惯标识，通常表示杆塔的材质、用途、回路数、电压等级等。

1）按杆塔作用可表示为：Z——直线；N——耐张；J——转角；ZJ——直线转角；D——终端；K——跨越；F——分支。

2）按杆塔的材质表示为：G——钢筋混凝土电杆、钢管杆；T——铁塔；Y—预应力混凝土电杆。

3）其他：D—低压；S—双回路。

（5）选用杆塔时应考虑以下因素。

1）线路电压等级。电压等级越高，则导线对地的距离要求越大，所选电杆就越高。

2）导线风荷载。导线截面越大，在水平档距相同时，则导线的风荷载越大，导线条数越多，水平档距越大，要求电杆的检验弯矩越大。

3）使用地点。在城市中，由于电力负荷密度大、导线截面粗、水平张力大，由于美化市容的需要，不允许打拉线，这时必须选用高检验弯矩钢管电杆；在山区，运输困难，可采用自立式铁塔，以方便运输。

4）被跨越物。要考虑导线最大弧垂时对被跨越物最上端的安全距离。如：不具备设置拉线、跨越铁路等特殊情况，也将影响到电杆选用。

综上所述，电杆的选择，不外乎考虑电杆的材质、杆高和强度这些因素。

（6）电杆高度的选择。图 2-14 是杆型尺寸图，图中 h_1 是杆头长度，在导线为三角排列的杆型上，一般取 0.5～0.7m。h_2 是导线弛度与绝缘子高度之差。h_3 是导线对地面的高度，称为限距。按 DL/T 5220—2005《10kV 及以下架空配电线路设计技术规程》规定，其值如表 2-10 和表 2-11 所示。h_4 是电杆的埋设深度，根据运行经验及计算结果，一般 $h_4 = \dfrac{h}{10} + 0.7$（m），$h$ 是电杆高度。则电杆的高度：$h = h_1 + h_2 + h_3 + h_4$。DL/T 5220—2005 规定的电杆埋设深度见表 2-12。

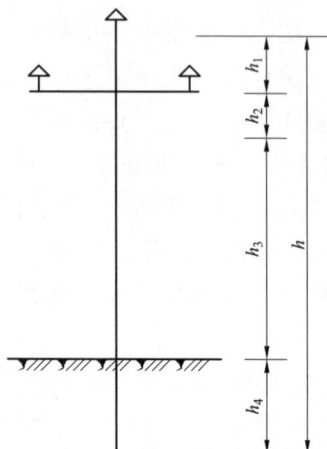

图 2-14　杆型尺寸

表 2-10　　　　　　　　　　导线与地面或水面的最小距离　　　　　　　　　　（m）

线路经过地区	线路电压	
	1～10kV	1kV 以下
居民区	6.5	6
非居民区	5.5	5
不能通航也不能浮运的河、湖（至冬季冰面）	5	5
不能通航也不能浮运的河、湖（至 50 年一遇洪水位）	3	3
交通困难地区	4.5（3）	4（3）

注　括号内为绝缘线数值。

表 2-11　导线与山坡、峭壁、岩石之间的最小距离　（m）

线路经过地区	线路电压	
	1～10kV	1kV 以下
步行可以到达的山坡	4.5	3.0
步行不能到达的山坡、峭壁和岩石	1.5	1.0

表 2-12　单回路电杆埋设深度　（m）

杆高	8.0	9.0	10.0
埋设深度	1.5	1.6	1.7
杆高	12.0	13.0	15.0
埋设深度	1.9	2.0	2.3

（二）横担的选择

横担安装在电杆的上部，用于安装绝缘子以架设导线，并使导线之间保持一定的安全距离。横担有时还用于安装配电设备，如负荷开关、隔离开关、避雷器、跌落式熔断器等。常用的横担主要有木横担（已很少用）、铁横担和瓷横担等。

1. 铁横担

铁横担一般采用等边角钢制成，要求热镀锌，锌层推荐不小于 60μm。因其为型钢，造价较低，便于加工，所以使用最为广泛。

DL/T 5220—2005《10kV 及以下架空配电线路设计技术规程》规定："配电线路采用的横担应按受力情况进行强度计算，选用应规格化。采用钢材横担时，其规格不应小于：∠63×6mm。横材的钢担及附件应热镀锌。"在实际工作中，由于横担架设导线条数多、导线截面大，且档距大，有时也采用槽钢横担。

根据受力情况，横担可分为直线型、耐张型和终端型等。在线路正常运行情况下，直线型横担只承受导线的垂直荷载；耐张型横担主要承受两侧导线的拉力差；终端型横担主要承受单侧导线的拉力。耐张型横担、终端型横担一般应为双担，当架设大截面导线或大跨越档距时，双担平面间应加斜撑板，或采用梭形双横担。

2. 瓷横担

瓷横担具有良好的绝缘性能，它可同时起到绝缘子和横担的双重作用。瓷横担安装简单、维护方便、造价较低，故在农村配电网发展的初期发挥了重要的作用。

随着配电网建设标准的提高和用电负荷的增加，造成导线截面加大，由于瓷横担抗弯破坏负荷较低，因此限制了它的使用范围。但对于导线截面较小的农村配电网，仍可选用。

（三）拉线

1. 拉线的作用

拉线是架空配电线路的重要组成部分。电杆安装拉线是为了平衡电杆的受力，以抵抗风压、导线张力，防止电杆倾倒，保证安全供电。

2. 拉线形式

拉线按其作用可分为张力拉线（如转角、耐张、终端、分支杆塔拉线等）和风力拉线（如在土质松软的线路上设置拉线，增加电杆稳定性）两种；按拉线的形式，又可分为普通拉线、水平拉线、弓形拉线、共同拉线和 V 形拉线等。

（1）普通拉线。普通拉线用于线路的转角、耐张、终端、分支杆塔等处，起平衡拉力的作用。普通拉线如图 2-15 所示。

（2）水平拉线。当电杆距道路太近，不能就地装设拉线时，一般采用水平拉线，水平拉线距通车道路边缘路面的垂直距离不得小于 6m，以确保交通安全。水平拉线如图 2-16 所示。

（3）弓形拉线。因地形限制不能装设拉线，可以采用弓形拉线，在电杆中部加以自柱，在其上下加装拉线，以防电杆弯曲。弓形拉线如图 2-17 所示。

（4）共同拉线因地形限制不能装设拉线时，可将拉线固定在相邻电杆上，以平衡拉力。

（5）V 形拉线。当电杆较高、横担较多、导线多回时，常在拉力的合力点上、下两处各装设一条拉线，其下部则合为一条，构成 V 形，如图 2-18 所示

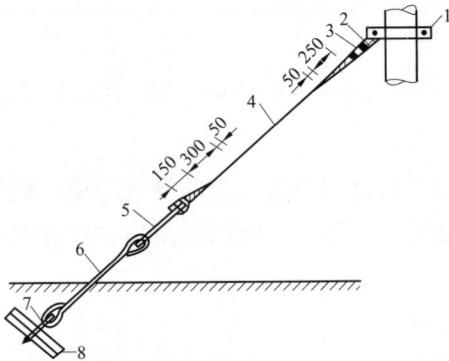

图 2-15　普通拉线

1—拉线抱箍；2—延长环；3—楔型线夹；4—钢绞线；
5—UT 型线夹；6—拉线棒；7—地锚拉环；
8—拉线盘

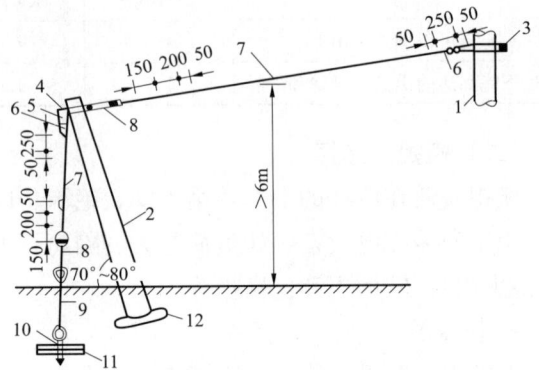

图 2-16　水平拉线

1、2—水泥杆；3、4—拉线抱箍；5—延长环；6—楔型线夹；
7—钢绞线；8—UT 型线夹；9—拉线棒；10—拉环；
11—拉线盘；12—底盘

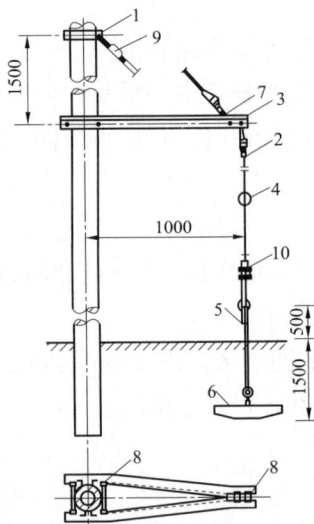

图 2-17　弓形拉线

1—拉线抱箍；2—钢绞线；3—自身拉横担；4—拉线绝缘子；
5—拉线棒；6—拉线盘；7—连板；8—螺栓；
9—楔型线夹；10—楔型 UT 线夹

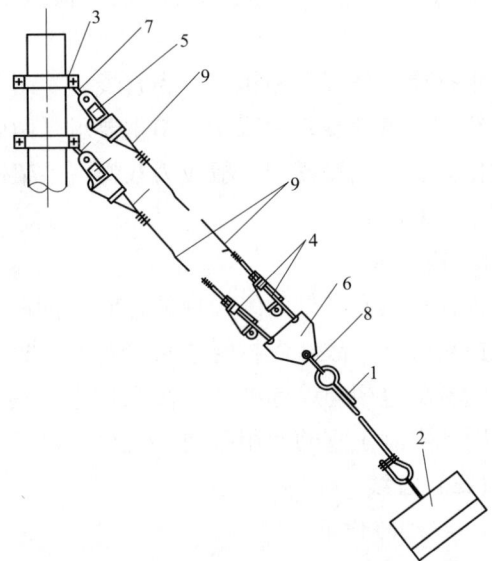

图 2-18　V 形拉线

1—拉线棒；2—拉线盘；3—拉线抱箍；4—UT 线夹；
5—楔型线夹；6—双拉线用连板；7—平行挂板；
8—U 型挂环；9—钢绞线

六、杆塔基础选择

杆塔基础是指架空配电线路杆塔地面以下部分的设施。其作用是保证杆塔稳定，防止杆塔产生上拔、下压或倾覆。基础设计参数为基础形式与基础埋深。基础设计影响因素包括地形、施工条件、地质特点及杆塔类型等。基础按杆塔形式分电杆基础和铁塔基础，按施工方法分预制基础、现浇基础、掏挖基础、岩石基础、桩基础。

（一）电杆基础

预制钢筋混凝土基础是指底盘、卡盘、拉线盘（俗称三盘）基础，通常是事先在工厂预制好，使用时运到施工现场组装，较为方便，钢筋混凝土电杆一般采用预制基础。

底盘是垫在电杆底部的方（圆）形盘，承受电杆的下压力并将其传递到地基上，以防电杆下沉；卡盘是紧贴杆身埋入地面以下的长形横盘，采用 U 形抱箍与电杆卡接，以承受线路的横向力，提高电杆的抗倾覆力，防止电杆倾斜；拉线盘是埋置于土中的钢筋混凝土长方形盘，在盘的中部设置安装 U 型挂环或拉线棒的孔洞，与拉线棒及金具相连接，以承受拉线的上拔力，是拉线的锚固基础。钢筋混凝土电杆基础如图 2-19 所示。

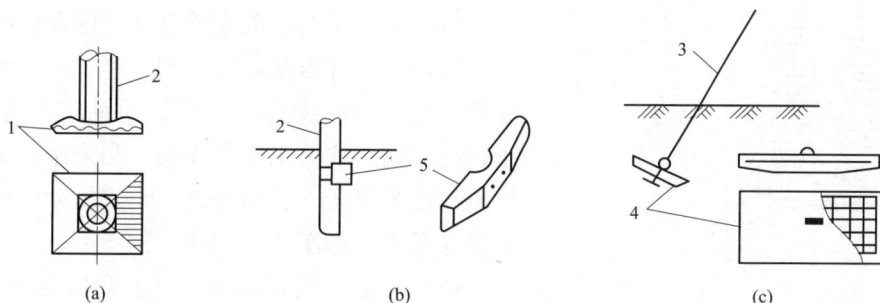

图 2-19　钢筋混凝土电杆基础示意图
(a) 底盘基础；(b) 卡盘基础；(c) 拉线盘基础
1—底盘；2—电杆；3—拉线；4—拉线盘；5—卡盘

钢管杆基础与铁塔基础基本相同，一般采用现浇钢筋混凝土基础或钢管桩基础等

（二）铁塔基础

铁塔基础一般根据铁塔类型、地形、地质和施工条件的实际情况确定。常用的铁塔基础有以下几种类型。

（1）现浇混凝土基础。这种基础在施工季节暖和，沙、石、水来源方便的情况下可以考虑采用。现浇混凝土基础按施工方式又分为普通现浇混凝土基础和掏挖混凝土基础；按是否有钢筋分为素混凝土基础和钢筋混凝土基础；按受力方式分为重力式和板式，如图 2-20 所示。

（2）预制（装配）钢筋混凝土基础（见图 2-21）。这种基础适用于沙、石、水的来源距塔位较远，或者因在冬季施工，不宜在现场浇筑混凝土基础时采用，但预制件的单件质量应适应现场运输条件。

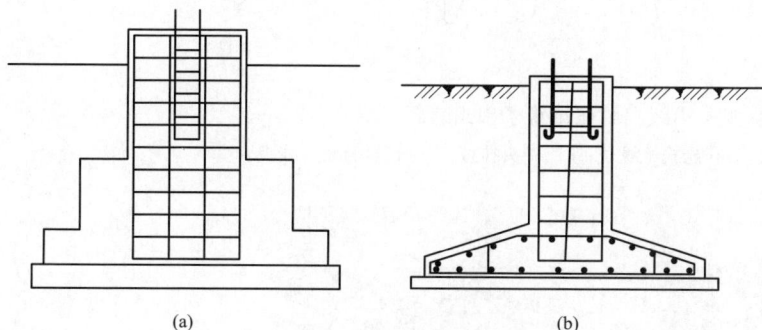

图 2-20　现浇钢筋混凝土基础
(a) 重力式；(b) 板式

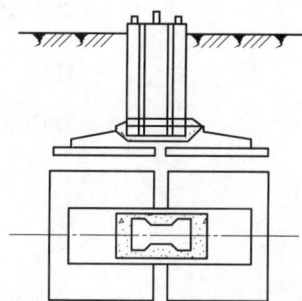

图 2-21　预制钢筋混凝土基础

（3）灌注桩式基础。它分为等径灌桩和扩底短桩两种基础。当塔位处于河滩时，考虑到河床冲刷或飘浮物对铁塔的影响，常采用等径灌注桩深埋基础。扩底短桩基础适用于黏性土或其他坚实土壤的塔

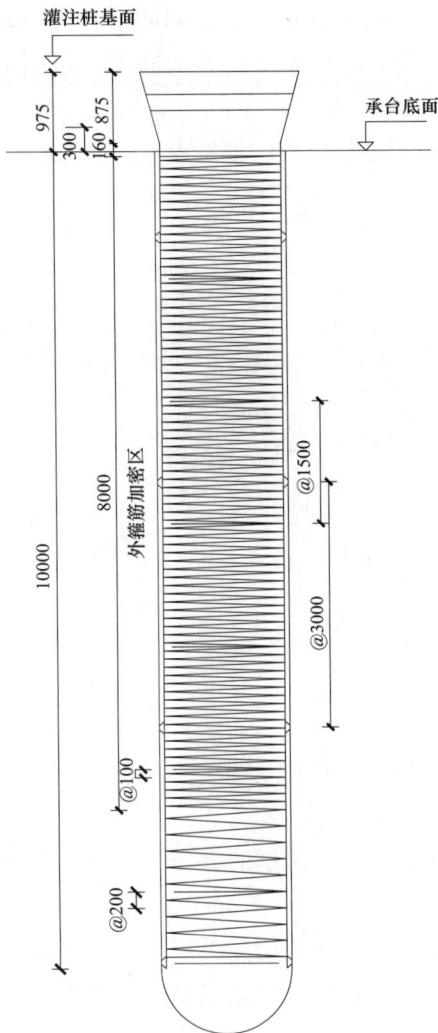

图 2-22　灌注桩基础示意图

位。由于这类基础埋置在近原装的土壤中，因此它变形较小，抗拔能力强，并且采用它可以节约土石方工程量，改善劳动条件。图 2-22 为灌注桩基础示意图。

七、绝缘子、金具的选择

配电线路选配绝缘子或绝缘金具串时主要考虑以下几方面因素。

（1）绝缘子的性能应符合现行国家标准。

（2）考虑杆塔及导线类型。1～10kV 配电线路：①直线杆。当采用裸绞线时，应采用针式绝缘子或柱式绝缘子，小截面导线可采用瓷横担；当采用绝缘线时，应采用放电箝位绝缘子。②耐张杆。宜采用两个悬式绝缘子组成的绝缘子串，如图 2-23 所示。

（3）考虑中性点接地方式。10kV 中性点采用消弧线圈接地系统宜选用 p-15 型绝缘子；10kV 中性点采用低电阻接地系统，可选用 p-10 型绝缘子。

（4）考虑大气环境影响。空气污秽地区，应根据运行经验和污秽等级，适当提高绝缘子的爬电比距或采取其他防污措施。

八、杆上变配电设备

为了在线路发生故障时隔离故障点，减小停电范围，在配电线路较长的主干线或分支线应装设分段或分支开关设备，环形供电网络应装设联络开关设备，在线路的管区分界处宜装设开关设备。

线路上常用的杆上设备有断路器、负荷开关、隔离开关、跌落式熔断器、避雷器等，其典型布置如图 2-24 所示。

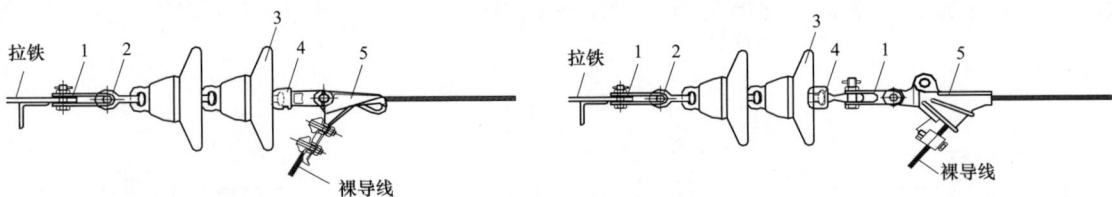

图 2-23　典型配电线路耐张绝缘子串组装图

1—直角挂板；2—球头挂板；3—悬式绝缘子；4—碗头挂板；5—铝合金耐张线夹

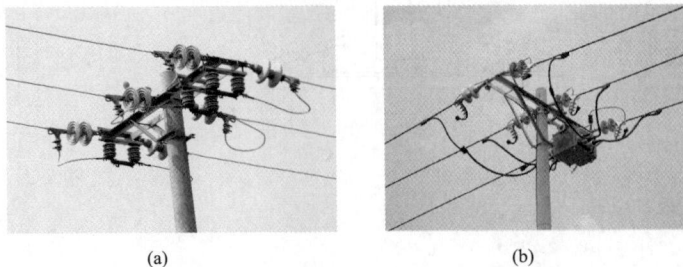

(a)　　　　　　　　　　(b)

图 2-24　杆上设备典型布置示意图（一）

（a）柱上隔离开关安装图；（b）柱上断路器安装图

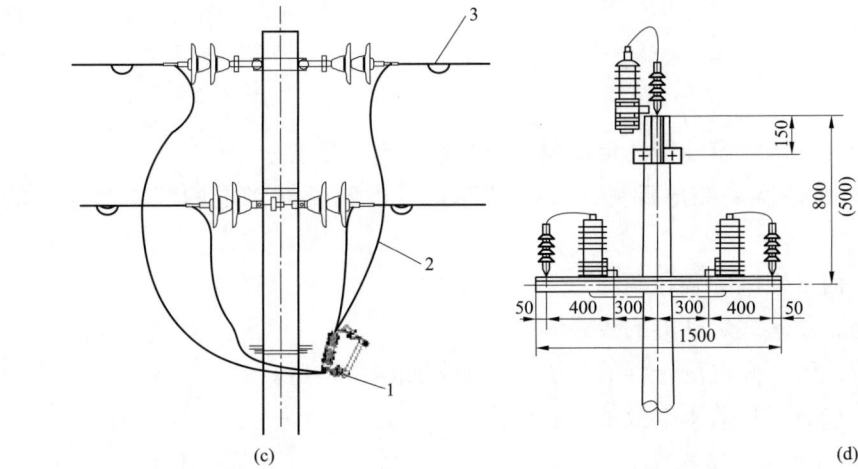

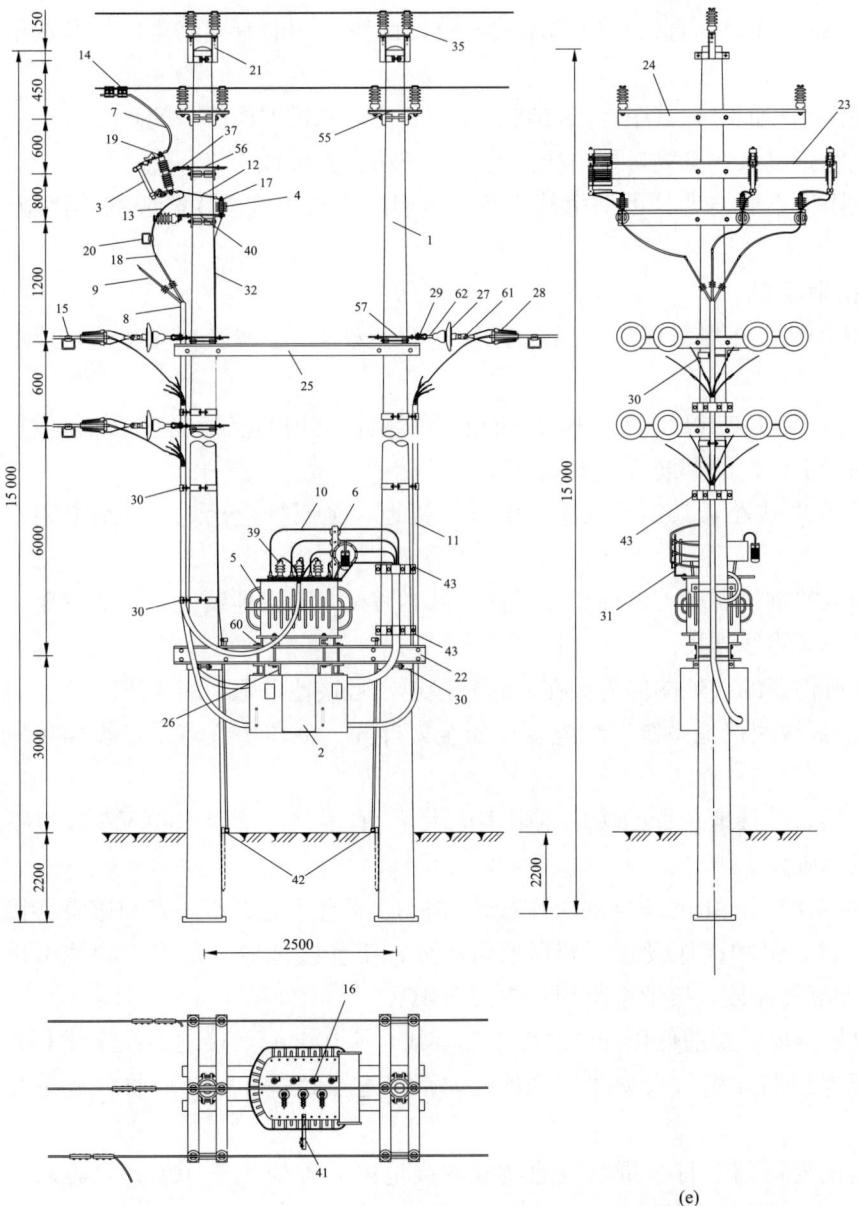

(c)

(d)

序号	材料名称	规格型号
	材 料 表	
1	混凝土杆	190×15m
2	柱上式低压综合配电箱	WSJ—2
3	PRWG1系列高压熔断器	PRWG1—12F/100A
4	氧化锌避雷器	HY5WS—17/50
5	S11-M型变压器	S11-M 400/10
6	蝶式绝缘子	ED-2
7	绝缘导线	JKLYJ—10—1×50
8	高压电缆	YJV22—8.7/15—3×70
9	10kV户外电缆终端	10kV 3×70
10	铜芯低压电缆	YJV—0.4/1—1×240
11	铜芯低压电缆	YJV22—0.4/1—4×150
12	铜塑线	BV-25
13	铜塑线	BV-50
14	高压穿刺线夹	JJC/10—3/1
15	低压穿刺线夹	JJCF1—240/95
16	设备线夹	ST-3
17	DT型铜接线端子	DT-25
18	DT型铜接线端子	DT-50
19	DTL型铜铝接线端子	DTL-50
20	高压接地挂环	JJCF10—95/35
21	单杆顶绝缘子架	-6×60 D190
22	变压器台架	[16×3000
23	横担	L63×6×1800
24	横担	L63×6×1500
25	横担	L63×6×3000
26	变压器固定横担	L63×6×800
27	低压耐张绝缘子	SL-15/30
28	耐张线夹	JNX-1/240
29	Z型直角挂板	Z-7
30	抱箍	φ320
31	角尺扁铁	-10×50×1010
32	钢绞线	φ35
33	钢绞线	φ50
34	抱箍	D240-6×60
35	棒式绝缘子	PS-15/300
36		
37	熔丝具扁铁	6×60×150
38	纽扣式熔断丝	10kV/40A
39	变压器绝缘护罩	
40	支持绝缘子跳铁	L70×7×480
41	高压电缆固定支架	L5×50×330
42	角钢接地线	L5×50/φ12
43	8字形电缆抱箍	
44		
45	镀锌螺栓	12×35
46	镀锌螺栓	16×40
47	镀锌螺栓	16×90
48	镀锌螺栓	12×130
49	镀锌螺栓	16×200
50	镀锌螺栓	16×260
51	镀锌螺栓	16×280
52	镀锌螺栓	16×300
53	镀锌螺栓	16×320
54	镀锌螺栓	20×380
55	断连铁板	-6×60×260
56	断连铁板	-6×60×280
57	断连铁板	-6×60×300
58	断连铁板	-6×60×320
59	断连铁板	-6×60×340
60	低压开关箱固定横担	
61	碗头挂板	
62	球头挂环	
63		

(e)

图 2-24　杆上设备典型布置示意图（二）

（c）跌落式熔断器安装图；（d）柱上避雷器安装图；（e）柱上变压器10kV电缆引下式和柱上无功补偿成套装置杆型图（双杆）

1—跌落式熔断器；2—导线引线；3—验电接地环

九、防雷和接地

（一）架空配电线路及设备防雷

1. 必须装设避雷器的线路设备

（1）配电变压器的高压侧（装在跌落式熔断器的负荷侧，应尽量靠近变压器）。

（2）柱上断路器（经常闭合的断路器装在电源侧，经常开路运行而又长期带电的装在断路器的两侧）。

（3）隔离开关（经常开路运行而又带电的装在两侧）。

（4）户外电缆头（装在断路器、跌落式熔断器的线路侧）。

（5）城市郊区（无建筑物屏蔽地区）配电变压器的低压侧应加装低压避雷器。

（6）空载线路（线路带电而未接负荷）的末端应装设避雷器。

2. 架空配电线路及设备应采取的其他防雷措施

（1）10kV 配电线路，当采用绝缘导线时，直线杆应选用放电箝位绝缘子，旧有线路上应加装放电线夹。

（2）如配电变压器低压侧中性点不接地时，其中性点可装设金属氧化物避雷器或保护间隙。

（3）为防止雷电波沿低压配电线路侵入建筑物，接户线上的绝缘子铁脚宜接地。

（4）土壤电阻率较高，接地电阻值不合格者，可采用其他接地体型式或换土或采用降阻剂等措施，降低接地电阻。

（二）架空配电线路及设备的接地原则

（1）无避雷线的 1～10kV 配电线路，在居民区的钢筋混凝土电杆宜接地，金属管杆应接地，接地电阻均不宜超过 30Ω。

中性点直接接地的 1kV 以下配电线路和 10kV 及以下共杆的电力线路，其钢筋混凝土电杆的铁横担或金属杆，应与零线连接，钢筋混凝土电杆的钢筋宜与零线连接。

中性点非直接接地的 1kV 以下配电线路，其钢筋混凝土电杆宜接地，金属杆应接地，接地电阻不宜大于 50Ω。

沥青路面上的或有运行经验地区的钢筋混凝土电杆和金属杆，可不另设人工接地装置，钢筋混凝土电杆的钢筋、铁横担和金属杆也可不与零线连接。

（2）柱上断路器的金属外壳和避雷器的接地端应连接在一起并接地，且接地电阻不应大于 10Ω。

（3）10kV 中性点不接地或经消弧线圈接地系统，配电变压器金属外壳、低压中性点及避雷器接地端应连接在一起共同接地。

总容量为 100kVA 以上的变压器，其接地装置的接地电阻不应大于 4Ω；总容量为 100kVA 及以下的变压器，其接地装置的接地电阻不应大于 10Ω。

（4）10kV 中性点经低电阻接地系统，配电变压器的工作接地和保护接地（变压器外壳和避雷器接地）原则上应分别独立设置接地装置，保护接地设置在变压器台区处；工作接地应采用绝缘导线引出 5m 以外接地，两个接地体之间应无电气连接，接地电阻均不应大于 4Ω。

（5）配电变压器低压中性点直接接地系统的低压配电线路中的零线，应在电源点接地。在干线和分干线终端处，应重复接地。低压配电线路在引入大型建筑物处，如距接地点超过 50m，应将零线重复接地。

变压器总容量为 100kVA 以上的变压器，每个重复接地装置的接地电阻不应大于 10Ω；总容量为 100kVA 及以下的变压器，每个重复接地装置的接地电阻不应大于 30Ω，且重复接地不应少于 3 处。

（6）当低压接户线上的绝缘子铁脚接地时，其接地电阻不宜大于 30Ω。

（7）悬挂架空绝缘导线（电缆）的钢绞线两端应接地，其接地电阻不应大于 30Ω。

（8）1～10kV 绝缘导线的配电线路在干线与分支线、干线分段线路处宜装有接地线挂环及故障显示器。

（9）防雷接地和设备金属外壳接地，接地电阻不应大于 10Ω。

（三）接地装置设计

（1）接地装置概念。为了达到接地的目的，人为的在地面下敷设直接与土壤接触的金属体或金属体组，称之为"接地体"或"接地极"。连接于接地体与电气设备之间的导线称之为"接地线"。接地体与接地线组合后称之为"接地装置"。接地装置按其作用分为防雷接地、工作接地、保护接地和重复接地等。接地装置的接地电阻计算是线路设计工作的重要内容之一。

（2）降低接地电阻的措施。如果接地电阻过高，达不到设计要求，通常采取换土、利用接地电阻降阻剂、深埋接地极、深井接地、利用水或与水接触的钢筋混凝土体作为流散介质等措施来降低接地电阻。

（3）常用的杆塔接地装置。

1）垂直接地。垂直接地也称接地极，其材质为角钢、圆钢、钢管。通过耕地时，接地体应埋设在耕作深度以下，且不宜小于 0.6m。接地体和埋入土壤内接地线的规格不应小于表 2-13 所列数值，布置如图 2-25 所示。

表 2-13　　　　　　　　接地体和埋入土壤内接地线的最小规格

名　称		地上	地下	名　称	地上	地下
圆钢直径（mm）		8	10	角钢厚（mm）	—	4
扁钢	截面积（mm²）	48	48	钢管壁厚（mm）	—	3.5
	厚（mm）	4	4	镀锌钢绞线（mm²）	25	50

注　电器装置设置的接地端子的引下线，当采用镀锌钢绞线时，截面积不应小于 25m²，腐蚀地区上述截面积应适当加大，并采取防腐措施。

2）水平接地。水平接地也称接地带，其材质为圆钢、扁钢。埋深要求同垂直接地，布置形式如图 2-26 所示。

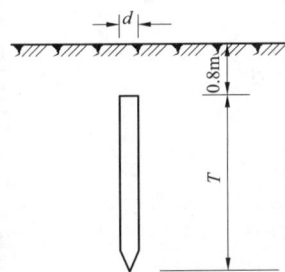

图 2-25　垂直接地极示意图

十、架空配电线路施工图组成及识图常用杆型

（一）组成

架空电力线路的结构虽然不复杂，但所占空间位置较大。一份完整的架空线路工程图纸，既要表明线路的某些细部结构，又要反映线路的全貌，如线路经过地域的地理、地质情况，杆位的布置情况，导线的松紧程度等。一般 10kV 以下的架空电力线路工程图主要由以下图纸组成：线路路径图、线路平面图、线路纵断面图、线路平断面图、杆塔明细表、安装曲线（即放线曲线）图、杆塔安装图及相应标准图集，通用图集。

其中杆塔安装图主要表现电杆上横担、绝缘子、金具、拉线等元件的组装情况，与一般机械工程图无多大区别，安装曲线图是施工人员使用的，这里就不详细说明了，下面主要介绍线路路径图、线路断面图，杆位明细表的阅读方法。

（二）识图

1. 线路路径图

架空线路路径图一般直接在普通地图上或有关部门提供的地形图或规划图上描绘。阅读线路路径图，可以对线路总体有一个大概的了解，如线路大概长度，电杆的数量，跨越的电力线路、通信线路、铁路、公路、河流等情况，如图 2-27 所示。线路路径图是架空线路施工不可缺少的图纸。

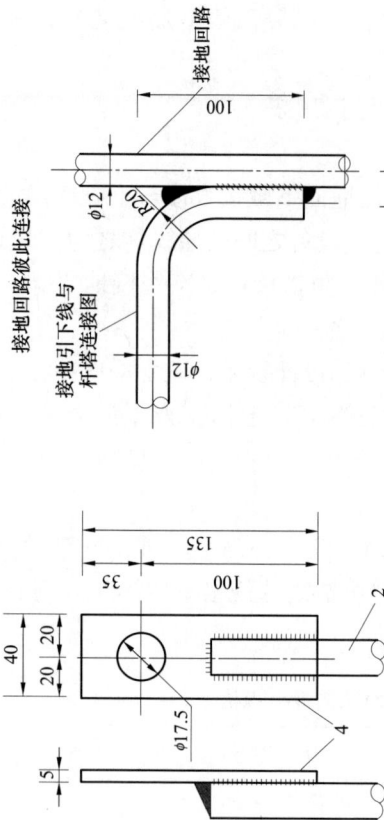

联接板加工图

材 料 表

序号	名称	规格	长度(mm)	单位	数量	备注
1	接地引下铁	φ12	5000	副	2	热镀锌 按塔型及基础尺寸调整
2	接地圆钢	φ12	调整	根	1	热镀锌
3	接地线	φ12	设计选配	根	4	热镀锌
4	联接板	-5×40	135	块	2	热镀锌
	螺栓	M16×40	5	只	1	热镀锌

图2-26 水平接地装置示意图

杆 塔 接 地 装 置

图号	土壤电阻率 ρ(Ω·cm)	接地装置形式	接地射线长L/埋深H m	塔类	φ2圆钢 长度(m)/重量(kg)	土方量(m³)	验收时工频电阻(Ω/φ)
T1	ρ<1×10⁴		4×5/0.8	拉线塔	52/46.2	15.7	10/φ
				自立塔	48/42.6	14.1	
T2	1×10⁴≤ρ<5×10⁴		4×10/0.8	拉线塔	73/64.8	16.6	15/φ
				自立塔	69/61.3	15.4	
T3	5×10⁴≤ρ<10×10⁴		4×25/0.6	拉线塔	135.2/120.1	31.0	20/φ
				自立塔	129.2/114.8	30.0	
T4	10×10⁴≤ρ<20×10⁴		4×35/0.6	拉线塔	175/155.5	40.6	25/φ
				自立塔	169/150.0	39.4	
T5	ρ>20×10⁴		4×60/0.6	拉线塔	275/244.4	32.3	30/φ
				自立塔	269/238.9	31.7	

2. 线路断面图

对穿越高山江河地段的架空线路,一张平面图还不够,还应有纵向断面图。

架空线路的纵向断面图是沿线路中心线的剖面图。通过纵向断面图可以看出线路经过地段的地形断面情况,各杆位之间地坪面相对高差,导线对地距离,弛度及交叉跨越的立面情况。20kV以下的线路,为了使图面更加紧凑,常常将平面图与纵向断面图合为一体。这时的平面图是沿线路中心线的展开平面图。平面图和断面图结合起来称为平断面图,如图 2-28 所示。

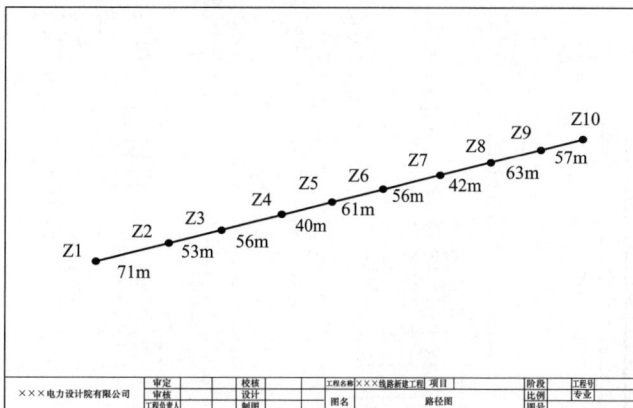

图 2-27 线路路径图

3. 杆位明细表

平面图与断面图虽然比较清楚地表现架空线路的一般情况,但对杆位情况却表现得不够充分。通常采用杆位明细表标明电杆的规格、杆型、挖坑深度、底盘、拉线坑等情况。图 2-29 所示是对应图 2-28 中一段线路的杆位明细表,它是对图 2-28 的重要补充,根据不同情况,可以对其中的项目进行删减和补充。

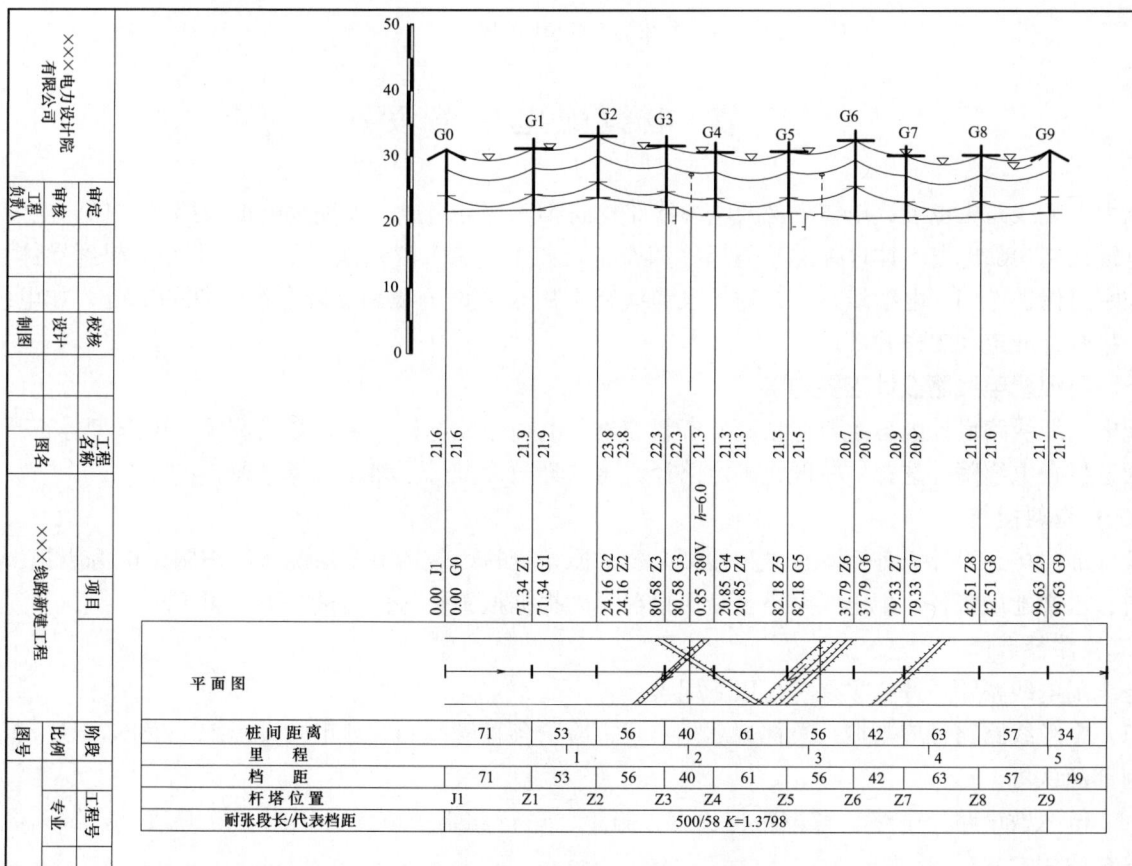

图 2-28 线路平断面图

耐张段长(m)/代表档距(m)	杆塔编号	杆塔桩号	杆塔位移(m)	杆塔型号	水平转角(度'分"秒")	导地线型号/最大使用张力	档距(m)	防震锤(只) 导线/地线	导线绝缘子串 图纸代号* 串数	避雷线金具串 图纸代号* 串数	悬挂重量(kg)	跳线绝缘子串 图纸代号* 串数	低压线	10kV电力线	35kV电力线	110kV电力线	220kV电力线	通信线	机耕路	铁路	公路	溪或河流	房屋棚	导线防震锤安装距离(m)	地线防震锤安装距离	备注说明
				110kV××变电站																						
	G0	D1		DLSGD-230/12	0°00'00"				XWP-70*6																	
500/58	G1	Z2		ZBSG-190/12		LGJ-240/30 最大使用张力10262.71N	71		PSQ-15T*12																	
	G2	Z3		ZBSG-190/12			53		PSQ-15T*12																	
	G3	Z4		ZBSG-190/12			56		PSQ-15T*12																	
	G4	Z5		ZBSG-190/12			40		PSQ-15T*12				1							1		1				
	G5	Z6		ZBSG-190/12			61		PSQ-15T*12				1							1		1				防风拉一组
	G6	Z7		ZBSG-190/15			56		PSQ-15T*12																	
	G7	Z8		ZBSG-190/12			42		PSQ-15T*12												1					
	G8	Z9		ZBSG-190/12			63		PSQ-15T*12																	
	G9	D10		DSG-230/12			57		XWP-70*6																	大号侧绝缘子倒挂

×××电力设计院有限公司	审定		校核		工名程称	×××线路新建工程	项目		阶段		工程号	
	审核		设计						比例		专业	
	工程负责人		制图		图名	杆塔明细表			图号			

图 2-29　杆位明细表

第三节　电缆配电线路设计

电力电缆线路由电缆、电缆附件及电缆线路构筑物三部分组成。电缆是电缆线路的主体。电缆附件是指电缆线路中除电缆本体以外的其他部件和设备，如中间头、终端头等，这些附件可起到导体连接、绝缘和密封保护作用。电缆线路构筑物是电缆线路中用来敷设电缆和安装电缆附件的部分，如电缆沟、浅槽、排管、隧道和工作井等。

一、电缆配电线路设计主要内容

配电电缆线路设计内容主要包括原始资料搜集、电缆路径选择、敷设方式选择、电缆型号选择、电缆截面选择、电缆附件选择。一般先确定路径，再选择敷设方式，然后选择电缆。

（一）资料搜集

设计部门接到设计任务后，首先是搜集必要的原始资料，包括负荷情况、用户附近电源点情况、气象资料、水文地质资料、配电线路路径沿途情况等。根据搜集资料情况进行下一步工作。

（二）路径选择

电缆配电线路路径选择主要考虑以下因素：

（1）电缆线路路径应与城镇总体规划相结合，应与各种管线和其他市政设施统一安排，且应征得城市规划部门认可。

（2）电缆敷设路径应综合考虑路径长度、施工、运行和维护方便等因素，统筹兼顾，做到经济合理、安全适用。

（3）电缆敷设路径应避开可能挖掘施工的地方，应避免电缆遭受机械外力、过热、腐蚀等危害，且应便于敷设与维修、电缆接头及终端的布置与施工。

（4）在符合安全性的要求下，电缆敷设路径应有利于降低电缆及其构筑物的综合投资。

（三）敷设方式

电缆的敷设方式，应视工程条件、环境特点、电缆数量等因素确定，且按满足运行可靠、便于维护的要求和技术经济合理的原则来选择。一般采取直埋敷设、沟槽敷设、排管敷设及隧道敷设等方式。

1. 直埋敷设

直埋敷设即指电缆直接埋于地下，主要用于室外或野外。当沿同一路径敷设的室外电缆根数为 6 根及以下，距离较短或城郊等不易有经常性开挖的地段，宜采用直埋；在城镇人行道下较易翻修情况或道路边缘，也可采用直埋，如图 2-30 所示。

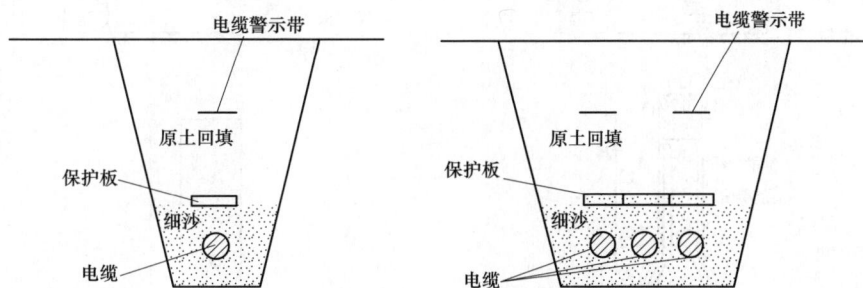

图 2-30 直埋敷设电缆示意图

电缆直埋敷设时，宜沿电缆全长敷设保护板，保护板制作方法如图 2-31 所示。

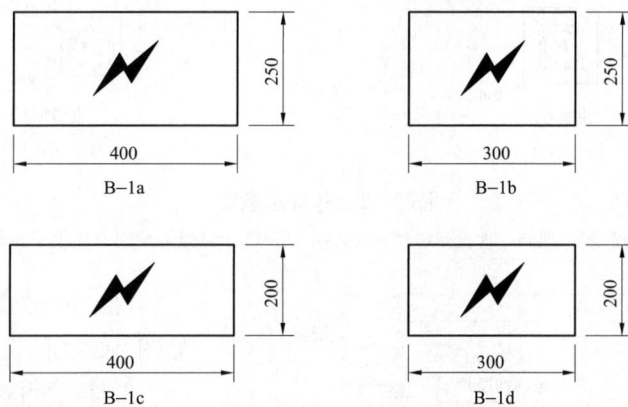

	保护板型号	B-1a	B-1b	B-1c	B-1d
尺寸	长（mm）	400	300	400	300
	宽（mm）	250	250	200	200
	厚（mm）	35	35	35	35
混凝土 C20（mm³）		0.003 5	0.002 6	0.002 8	0.002 1
构件质量（kg）		7.7	5.7	6.2	4.6

图 2-31 电缆直埋保护板

电缆直埋敷设时，宜在保护板上层铺设醒目标志带。位于城郊或空旷地带，沿电缆路径的直线间隔 100m、转弯处或接头部位，应竖立明显的方位标志或标桩。标桩制作安装方法如图 2-32 所示。

2. 室外电缆沟敷设

电缆沟敷设一般适用于变电站出线，小区道路，多种电压等级、电缆较多，道路弯曲，地坪高程变化较大且无机动车负载的通道。同一路径的电缆根数为 21 根及以下时，宜采用电缆沟敷设。

（1）电缆沟类型与构造。

1）类型。电缆沟按支架形式分为单侧支架、双侧支架；按砌筑方式分为砖砌形式、混凝土现浇形式。

2）构造。电缆沟由垫层、底板、沟壁、盖板、支架等部分组成，设计时应根据电缆大小、电缆数量、远景规划、地质条件等选择合适的电缆沟形式。

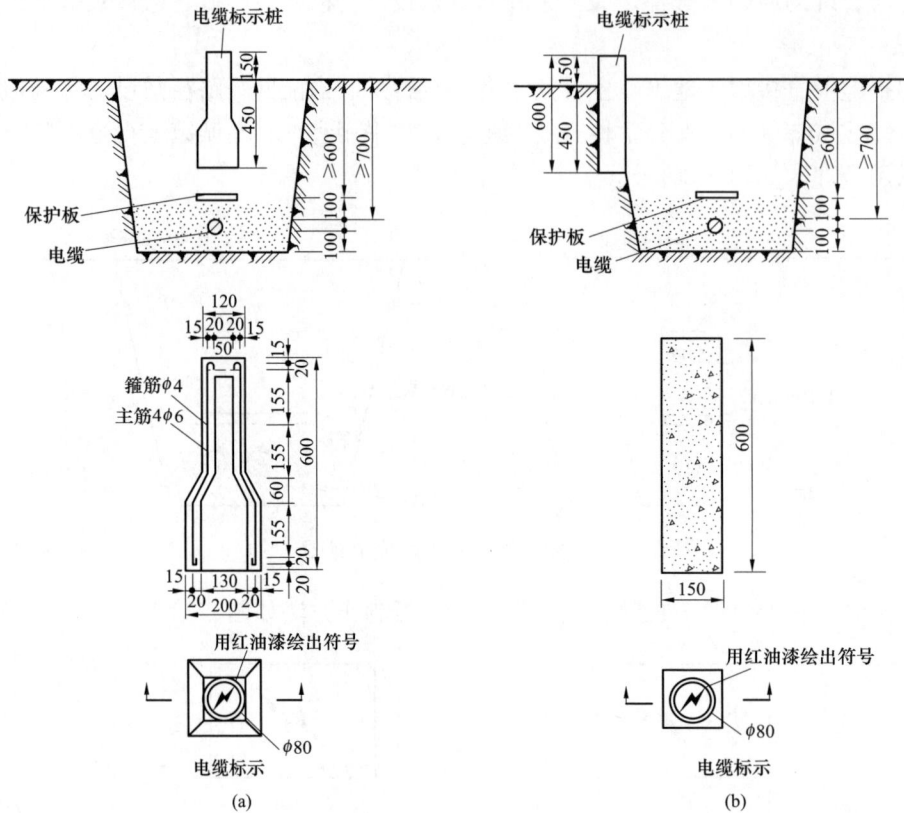

图 2-32 标桩示意图

（a）C15 钢筋混凝土预制，埋设于电缆沟中心；（b）C15 混凝土预制，埋设于送电方向右侧

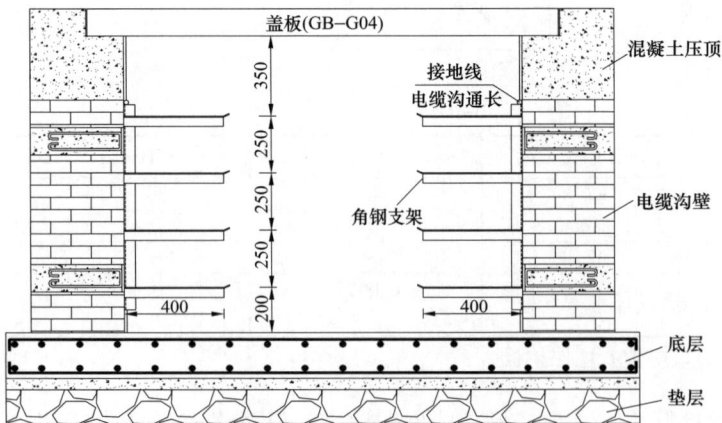

图 2-33 砖砌电缆沟实例

（2）电缆沟实例。砖砌电缆沟实例如图 2-33 所示。

3. 排管内敷设

电缆排管敷设，适用于城市道路边人行道下、电缆与各种道路交叉处、广场区域及小区内电缆条数较多、敷设距离长且电缆数量不超过 21 根的电缆线路。

（1）排管类型与选用。

1）电缆排管材料包括 PVC-U 双壁波纹管、PVC-C 管、预制多孔水泥导管、MPP 管、玻璃钢管、镀锌钢管、涂塑钢管等通过国家相关技术部门检测可以用于电力排管的各种材质的管材。

2）电缆过路、过河道等不宜开挖地段可以采用 MPP 管，利用非开挖工艺进行敷设。

3）电缆排管按孔径可分为 DN100、DN150、DN200 系列。

4）按管材可分为钢管敷设、混凝土封包排管敷设、非开挖拖拉管敷设。

设计时应根据电缆大小、电缆数量、沿线地质、负载情况、相关管线规划等选择相应管材、孔径、孔数及敷设方式。

（2）电缆保护管敷设实例。

1）PVC-C管。图 2-34 所示为 PVC-C 管电缆排管，为四孔，双排布置。

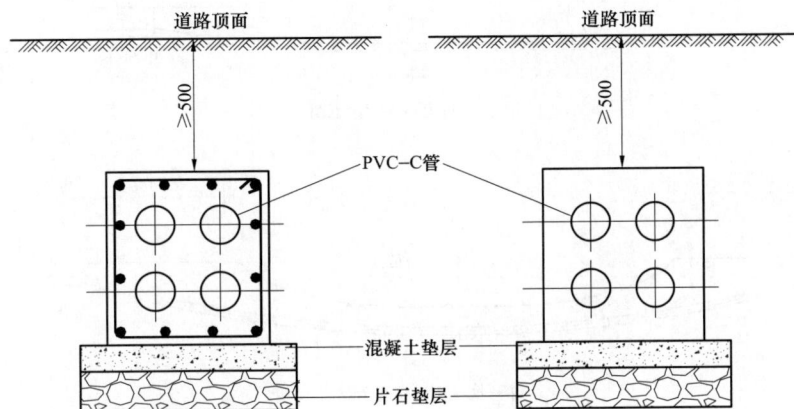

图 2-34　PVC-C 管电缆排管实例

2）多孔水泥导管。图 2-35 所示为多孔水泥导管工程实例。

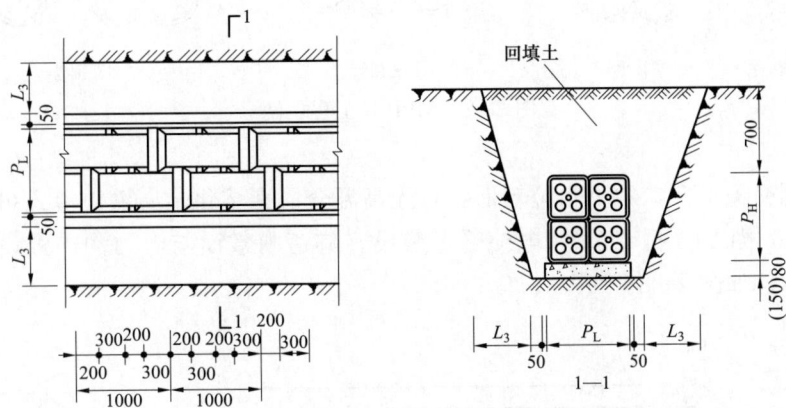

图 2-35　多孔水泥导管工程实例

（3）钢管。图 2-36 所示为钢管电缆排管工程实例。

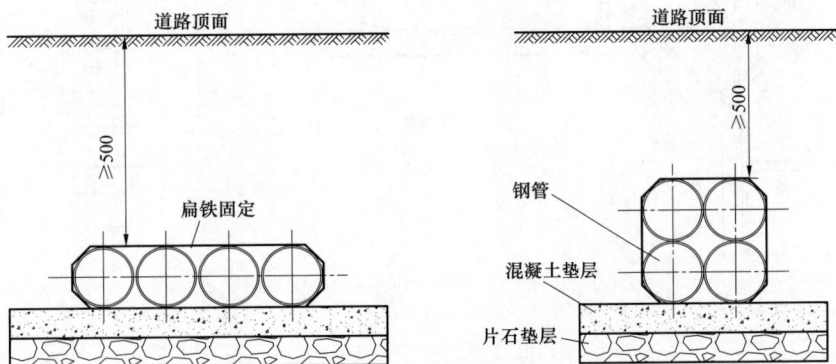

图 2-36　钢管电缆排管工程实例

（4）MPP 管（非开挖拖拉管）。图 2-37 所示为 MPP 管（非开挖拖拉管）工程实例。

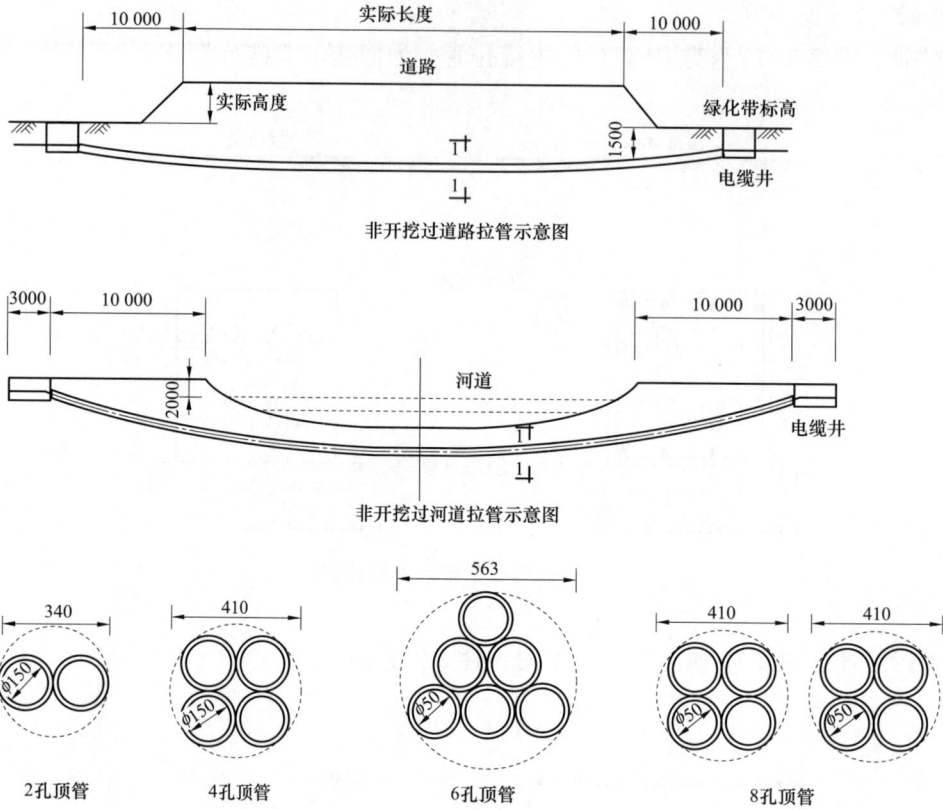

非开挖过道路拉管示意图

非开挖过河道拉管示意图

2孔顶管　　4孔顶管　　6孔顶管　　8孔顶管

图 2-37　MPP 管工程实例

4. 隧道内敷设

电缆与地下管网交叉不多，地下水位较低，且无高温介质和熔化金属液体流入可能的地区，同一路径的电缆根据数为 16 根以上时，宜采用电缆隧道敷设。隧道内敷设与电力沟内敷设类似，具体可参照电缆沟敷设。隧道示例如图 2-38 所示。

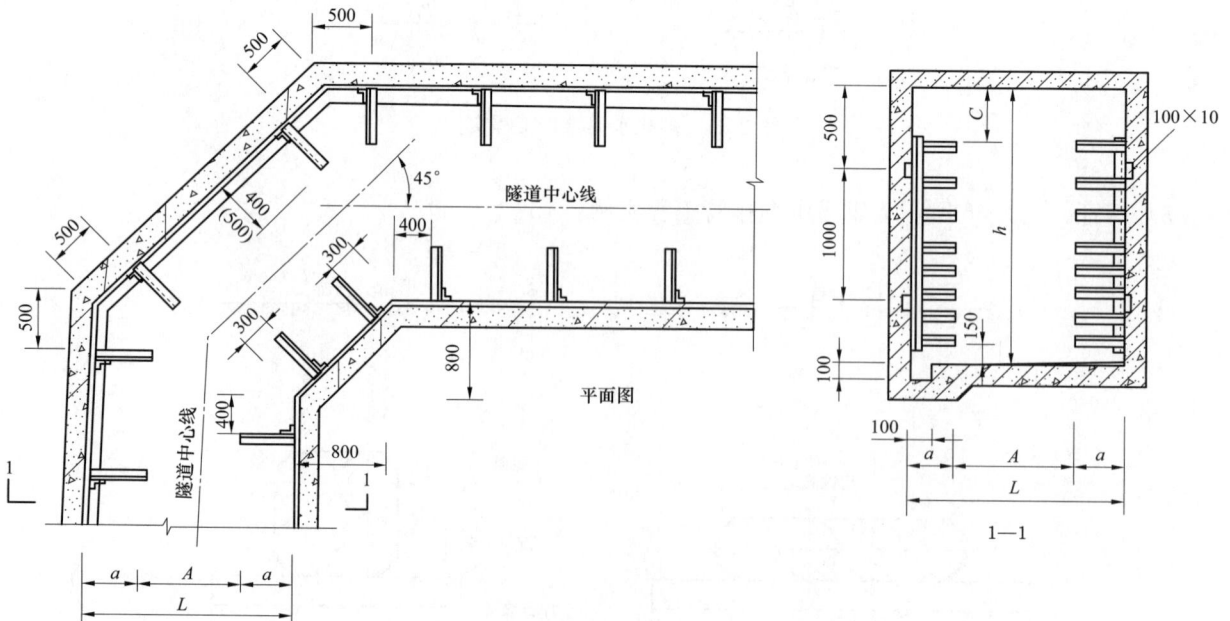

平面图

1—1

图 2-38　电缆隧道示意图

5．电缆工作井

电缆排管在转角、分支、敷设方向发生变化或敷设标高变化时宜设置电缆工作井，在直线段上为便于牵引电缆也应适当地设置工作井。

（1）电缆工作井类型。

1）电缆工作井按施工方式可分为砖砌形式、混凝土现浇形式；

2）电缆工作井按作用可分为直线工作井、转角工作井、T型工作井。

设计时应根据排管孔数、沿线地质、负载情况等选择相关工作井。

（2）电缆工作井实例。

1）直线工作井。图 2-39 所示为直线工作井工程实例。

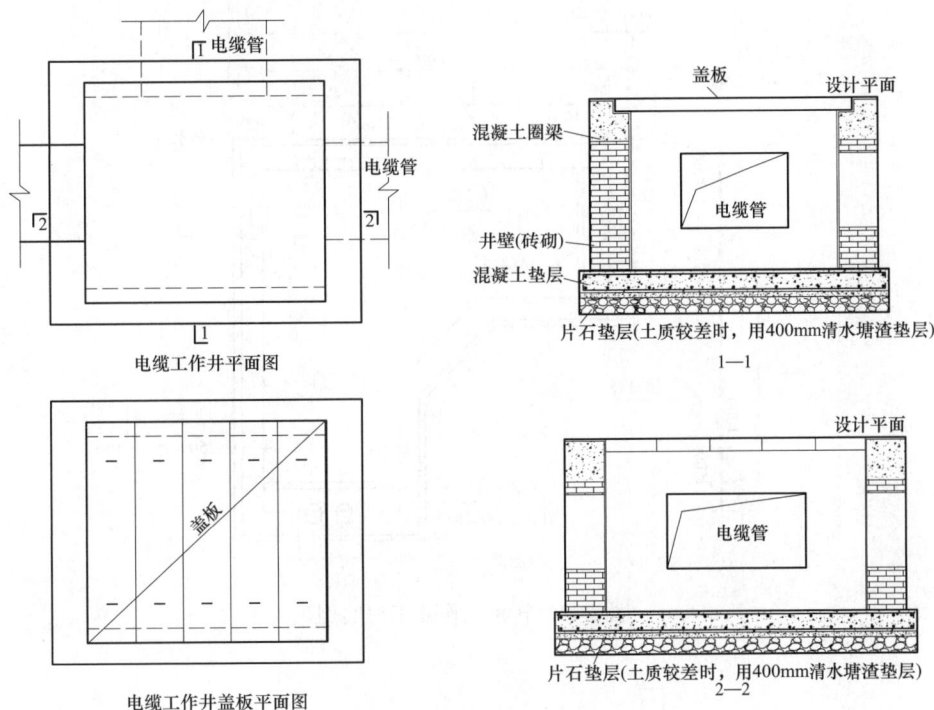

图 2-39　直线工作井工程实例

2）转角工作井。图 2-40 所示为转角工作井工程实例。

3）T 型工作井。图 2-41 所示为 T 型工作井工程实例。

二、电力电缆及其附件的选择

电力电缆的选择包括正确选择电缆的型号、电压等级和线芯截面等。这对电缆投入使用后能否确保安全运行十分重要。

（一）电力电缆型号的选择

电力电缆型号的选择一般包括电缆导体材质选择、电力电缆芯数选择、电缆绝缘类型选择及电缆护层选择。实际选择时应根据电压等级、环境条件、敷设方式、用电设备的要求、产品技术数据、施工和维护的简便性与造价的综合经济性等因素来确定。

（二）电力电缆截面的选择

（1）电缆截面的选择一般按电缆长期允许载流量和允许电压损失确定，并考虑环境温度的变化、多根电缆的并列以及土壤热阻率等，分别根据敷设的条件进行校正。若选出的截面为非标准截面时，应按上限选择标准截面。

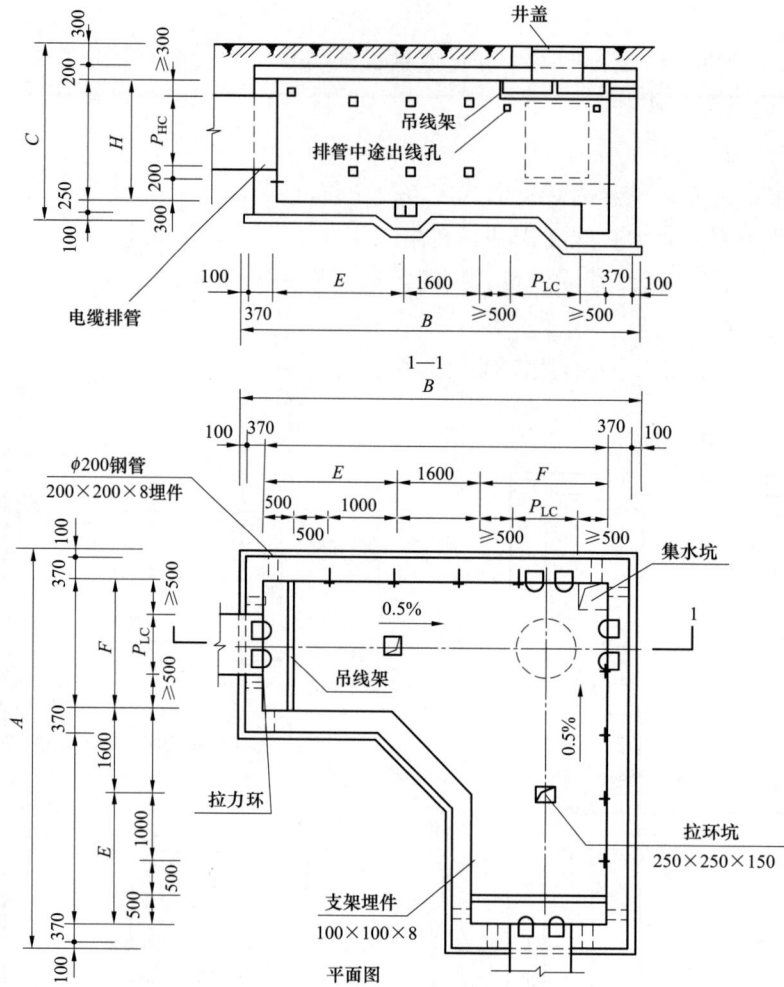

图 2-40　转角工作井工程实例

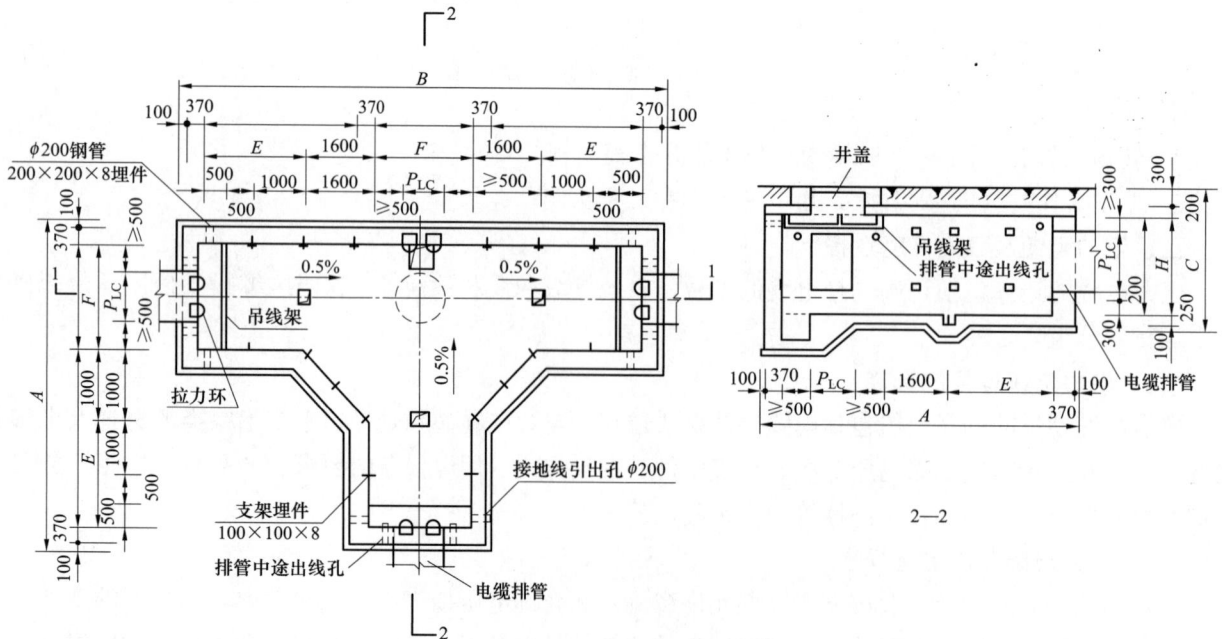

图 2-41　T型工作井工程实例

（2）10、20kV 主干线一般选用截面在 $3 \times 240mm^2$ 及以上电缆，分支线一般选用截面在 $3 \times 300mm^2$ 及以下电缆，但最小不宜低于 $3 \times 50mm^2$ 电缆。

（3）0.4kV 线路一般选用截面在 $4 \times 240mm^2$ 及以下电缆；住宅小区内从 0.4kV 及以下电缆分支箱至单元电表箱的电缆截面不小于 $25mm^2$。

（三）电力电缆附件的选择

电缆附件常见的有户内、户外终端头，中间接头、接入箱式变压器时的肘型头等，应根据电缆的型号，规格，使用环境及运行经验综合考虑确定。

1. 电缆终端

目前最常用的终端类型有热缩型、冷缩型及绕包型，在使用上需根据现场实际情况并考虑工程造价等因素选择合适的终端类型。

在不受阳光直接照射和雨淋的室内环境应选用户内终端；受阳光直接照射和雨淋的室外环境应选用户外终端。对电缆终端有特殊要求的（如 RM6 环网柜），需选用专用的插拔式终端（肘型终端）。

2. 电缆中间接头

目前最常用的电缆中间接头类型有热缩型、冷缩型及绕包型。考虑电缆敷设环境及施工工艺等因素，宜选用冷缩型。

三、电缆线路和护层的过电压保护

（一）电缆线路的过电压保护

电缆线路的过电压保护是指为防止电缆和电缆附件的主绝缘遭受过电压损坏，其保护措施有：

（1）露天变电站内的电缆终端，必须在站内的避雷针或避雷线保护范围以内。

（2）电缆线路与架空线相连的一端应装设避雷器。

（3）当电缆一端与架空线相连，而线路长度小于其冲击特性长度以及电缆两端均与架空线相连时，两端应分别装设避雷器。

（二）电缆护层的过电压保护

三芯电缆的金属护层一般采用两端直接接地，如图 2-42（a）所示。

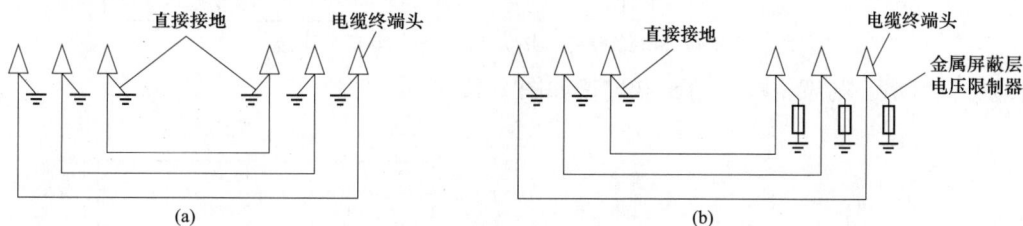

图 2-42　电缆护层的过电压保护

（a）两端直接接地；（b）一端直接接地

实行单端接地的单芯电缆线路，为防止护层绝缘遭受过电压损坏，应按规定安装金属护套或屏蔽层电压限制器，并满足规范要求，如图 2-42（b）所示。

四、电缆登杆（塔）

（一）电缆登杆（塔）的有关要求

（1）电缆终端和架空线相连，可通过电缆登杆（塔）与架空线直接连接或经熔断器连接。

（2）电缆登杆（塔）应设置电缆终端支架（或平台）、避雷器、接地箱及接地引下线。

（3）在电缆登杆（塔）处，凡露出地面部分的电缆应套入具有一定机械强度的保护管加以保护。露出地面的保护管总长不应小于 2.5m，单芯电缆应采用非磁性材料制成的保护管。

（二）电缆登杆（塔）实例

1）电缆登杆（塔）与架空线直接连接如图 2-43 所示。

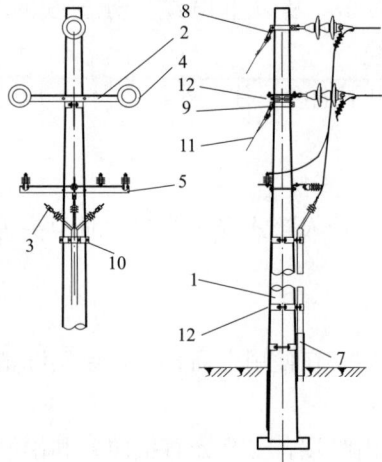

材 料 表	
序号	名称
1	水泥杆
2	横担
3	电缆终端头
4	耐张绝缘子串
5	氧化锌避雷器
6	铜铝接头
7	电缆保护管
8	半圆抱箍
9	半圆抱箍
10	电缆抱箍
11	拉线
12	挂线联铁

图 2-43 电缆登杆（塔）与架空线直接连接

2）电缆登杆（塔）与架空线经开关连接如图 2-44 所示。

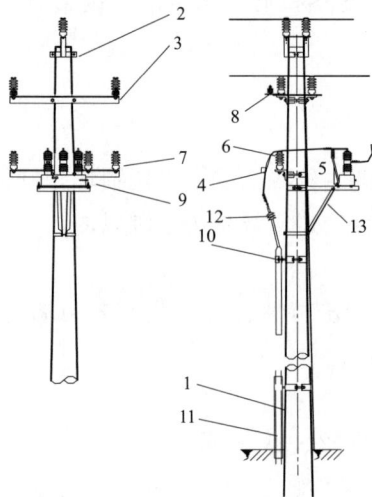

材 料 表	
序号	名称
1	水泥杆
2	双面顶头抱箍
3	横担
4	穿刺绝缘接地挂环
5	半圆抱箍
6	氧化锌避雷器
7	棒式绝缘子
8	避雷器跳铁
9	真空开关
10	电缆抱箍
11	电缆保护管
12	电缆终端头
13	开关支架

图 2-44 电缆登杆（塔）与架空线经开关连接

3）电缆登杆（塔）与架空线经熔断器连接如图 2-45 所示。

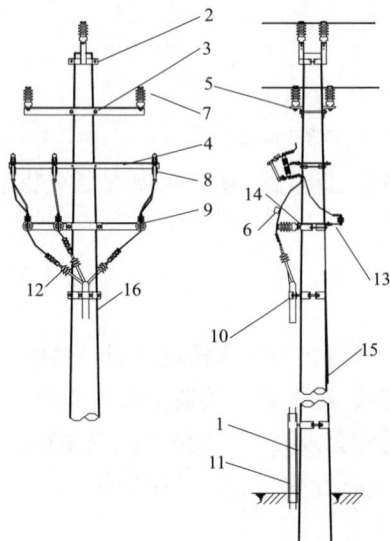

材 料 表	
序号	名称
1	水泥杆
2	双面顶头抱箍
3	横担
4	横担
5	半圆抱箍
6	穿刺绝缘接地挂环
7	棒式抱缘子
8	跌落熔具
9	氧化锌避雷器
10	电缆抱箍
11	电缆保护管
12	电缆终端头
13	避雷器跳板
14	铜铝接头
15	接地引下线

图 2-45 电缆登杆（塔）与架空线经熔断器连接

五、电缆工程图纸识读

电缆工程的施工图比较简单，主要由电缆线路平面图，电缆管，电缆沟、电缆隧道和电缆井的建筑施工图组成。平面图上主要标示电缆的走向，电缆的型号和数量，井的位置和形式等。

（一）系统接入图

系统接入图如图 2-46 所示。

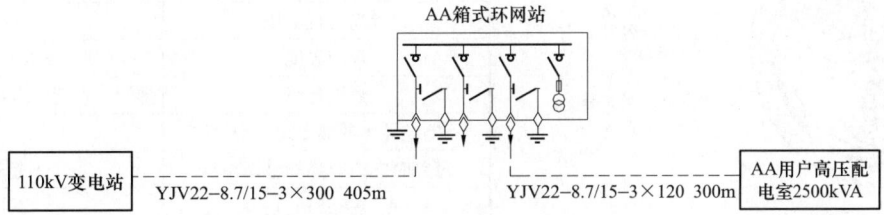

图 2-46　系统接入图

（二）线路路径图

与架空线路路径图类似，路径图中需出现电缆线路路径，电缆型号、长度，电缆工作井位置、大小，排管型号，相应电气设备位置，如图 2-47 所示。

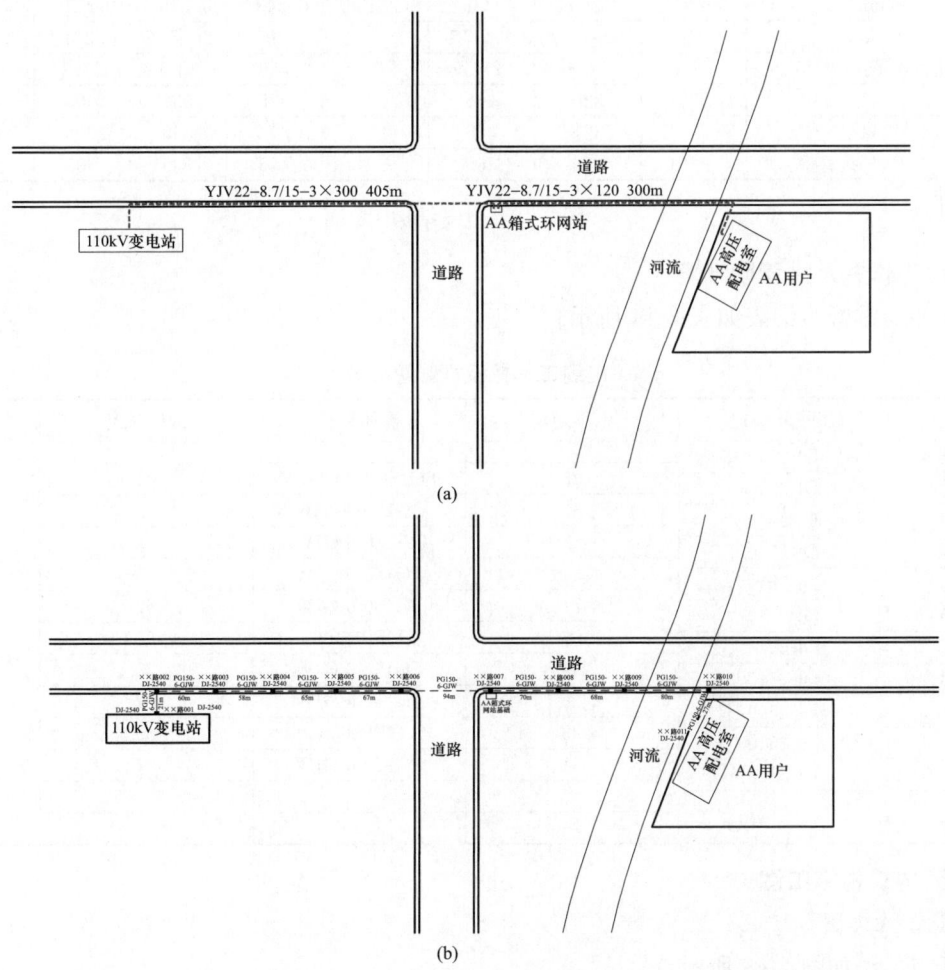

图 2-47　路径图

（a）线路路径图；（b）线路土建示意图

（三）电缆结构图

电缆结构图如图 2-48 所示。

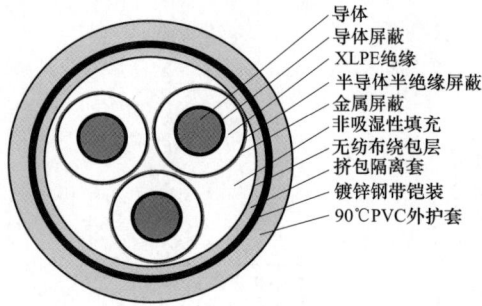

导体
导体屏蔽
XLPE绝缘
半导体半绝缘屏蔽
金属屏蔽
非吸湿性填充
无纺布绕包层
挤包隔离套
镀锌钢带铠装
90℃PVC外护套

使用条件	
标称电压	15kV
标称频率	50Hz
最高运行电压	17.5kV
环境温度	$-20℃\sim+45℃$
敷设环境	排管、直埋。电缆可能局部浸于水中
电缆导体的额定运行温度	90℃
短路时电缆导体的最高温度	不超过250℃
短路时间	不超过5s

YJV_{22}-8.7/15-3×X 电缆参数									
标称截面	70	120	150	185	240	300	400	500	600
导体参考直径（mm）	9.9	12.9	14.5	16.1	18.5	20.6	23.5	26.6	30.4
绝缘标称厚度（mm）	4.5	4.5	4.5	4.5	4.5	4.5	4.5	4.5	4.5
电缆近似外径（mm）	59.4	66.9	70.5	74.4	80.4	86.9	93.7	101	109.8
电缆近似重量（kg/km）	5200	7161	8335	9564	11 686	14 684	17 847	18 683	19 738
每相参考电容（μF/km）	0.216 7	0.260 3	0.283 4	0.312 3	0.343 9	0.375 5	0.421 3	0.461 3	0.509 9
每回参考电感（mH/km）	0.344 5	0.317 8	0.307 1	0.300 9	0.290 4	0.281 7	0.271 4	0.264 1	0.251 4
导体计算允许最大短路电流（1s）	10.2	17.4	21.7	26.7	34.6	43.1	57.4	71.7	88.8
参考载流量（A） 25℃土壤中	235	320	365	410	475	535	605	685	795
40℃空气中	235	320	365	410	475	535	605	695	805
PVC排管中	235	320	365	410	475	535	605	685	795

图 2-48　电缆结构图

（四）电缆工作井及排管明细表

电缆工作井及排管明细表如表 2-14 所示。

表 2-14　　　　　　　　　　　　电缆工作井及排管明细表

井编号	工作井型式	中心距离	沟体型式	沟体长度	备注
XX 路 N001	DJ-2540				
XX 路 N002	DJ-2540	25	PG150－6－GJW	21	
XX 路 N003	DJ-2540	35	PG150-6-GJW	31	
XX 路 N004	DJ-2540	62	PG150-6-GJW	58	
XX 路 N005	DJ-2540	54	PG150-6-GJW	50	
XX 路 N006	DJ-2540	71	PG150-6-GJW	67	
XX 路 N007	DJ-2540	98	MPP160-6	94	
XX 路 N008	DJ-2540	39	PG150-6-GJW	35	
XX 路 N009	DJ-2540	56	PG150-6-GJW	52	
XX 路 N010	DJ-2540	93	MPP160-6	89	
XX 路 N011	DJ-2540	31	PG150-6-GJW	27	

（五）电缆构筑物施工图

1. 电缆排管施工图

电缆排管施工图如图 2-49 所示。

2. 环网站基础施工图

环网站基础施工图如图 2-50 所示。

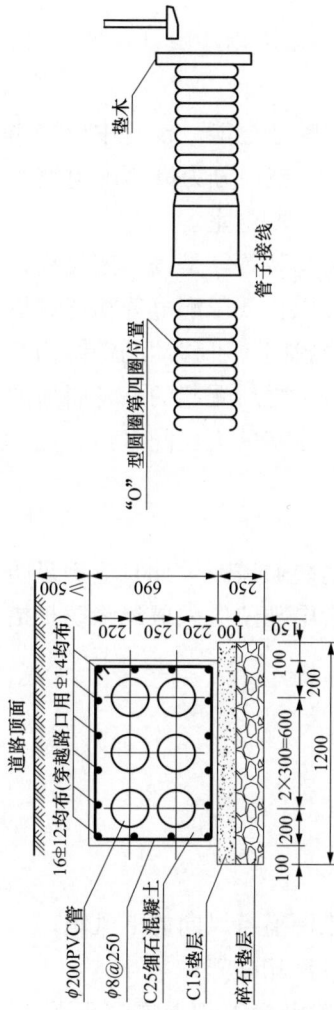

图 2-49 电缆排管施工图

外形、地基尺寸图：

代号	尺寸(mm)
A	3020
B	1420
L	2900
W	1300
H	2060

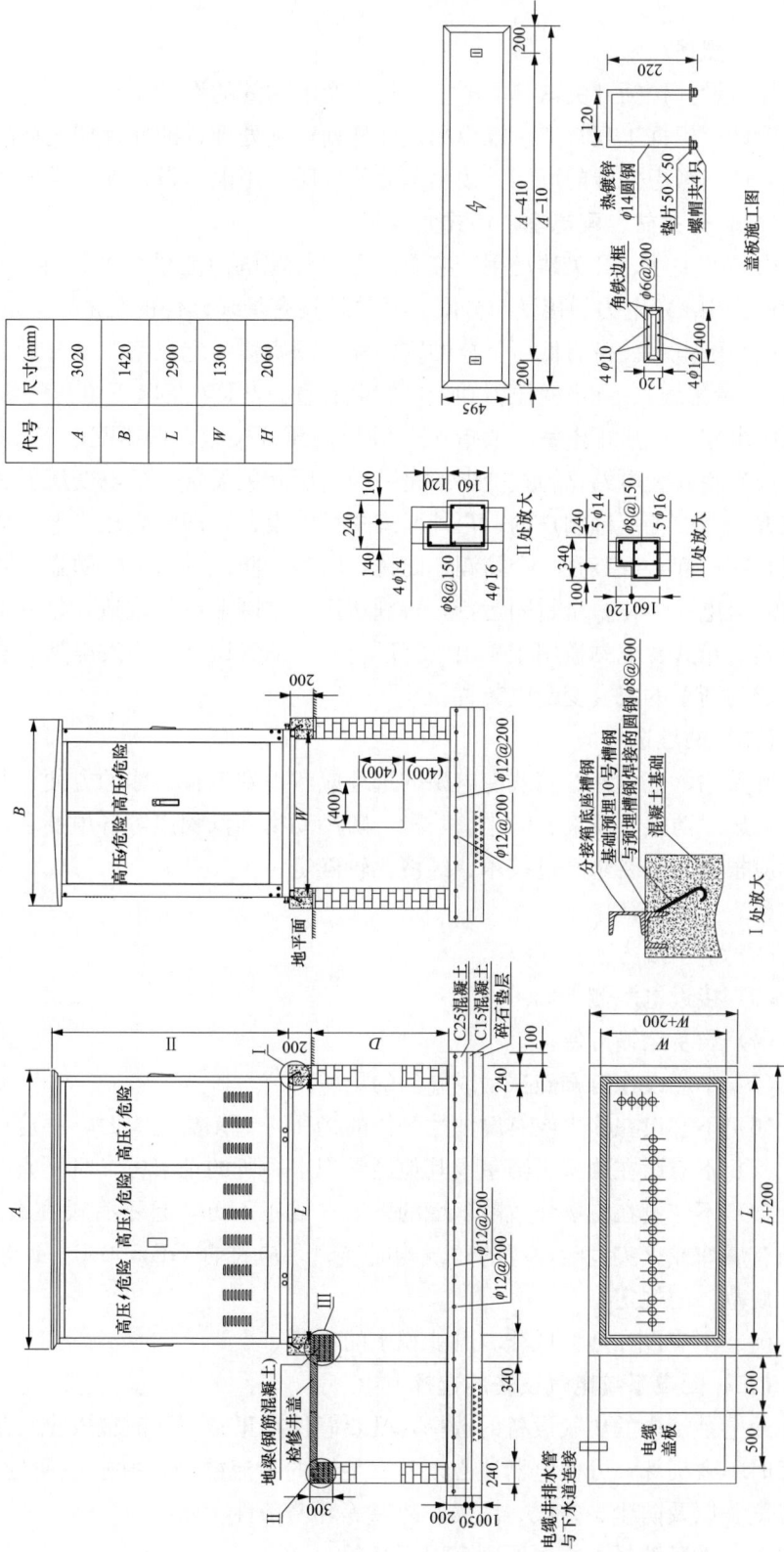

图 2-50 环网站基础施工图

第四节 配 电 设 计

一、概述

配电设计包括开关站、配电室、箱式变电站等的设计。

设计应根据工程特点、规模和发展规划正确处理近期和远期发展的关系，做到远近期结合，以近期为主，适当考虑发展的可能，按照负荷的性质、用电容量、地区供电条件，合理确定设计方案。

（一）开关站、配电室、箱式变电站

（1）开关站。开关站是用于接受电力并分配电力的供配电设施，位于电力系统中变电站的下一级，一般用于10kV电力的接受与分配。开关站具有母线延伸的功能。

（2）配电室。带有低压负荷的室内配电场所称为配电室，主要为低压用户配送电能，设有中压进线（可有少量出线）、配电变压器和低压配电装置。10kV及以下电压等级设备的设施，分为高压配电室和低压配电室。高压配电室一般指6～10kV高压开关室；低压配电室一般指400V配电室。

（3）箱式变电站。箱式变电站是一种高压开关设备、配电变压器和低压配电装置，是按一定接线方案排成一体的工厂预制户内、户外紧凑式配电设备，即将高压受电、变压器降压、低压配电等功能有机地组合在一起，安装在一个防潮、防锈、防尘、防鼠、防火、防盗、隔热、全封闭、可移动的钢结构箱体内，机电一体化，全封闭运行，特别适用于城网建设与改造，是继土建变电站之后崛起的一种崭新的变电站。箱式变电站适用于矿山、工厂企业、油气田和风力发电站，它替代了原有的土建配电房、配电室，成为新型的成套变配电装置。

（二）站址选择

开关站、配电室、箱式变电站的选址应考虑到设备运输的方便，并留有消防通道，设计时应满足防火、通风、防洪、防潮、防尘、防毒、防小动物和低噪声等各项要求，裸露带电部位应采取绝缘防护措施。应根据下列要求经过技术、经济比较确定。

（1）接近负荷中心；

（2）进出线方便；

（3）接近电源侧；

（4）设备运输方便；

（5）不应设在有剧烈振动或高温的场所；

（6）不宜设在多尘或有腐蚀性气体的场所，当无法远离时，不应设在污染源盛行风向的下风侧；

（7）不应设在厕所、浴室或其他经常积水场所的正下方，且不宜与上述场所相贴邻；

（8）不应设在有爆炸危险环境的正上方或正下方，且不宜设在有火灾危险环境的正上方或正下方，当与有爆炸或火灾危险环境的建筑物毗连时，应符合GB 50058—1992《爆炸和火灾危险环境电力装置设计规范》的规定；

（9）不应设在地势低洼和可能积水的场所。

（三）配电系统电气设备的选择

配电系统中的电气设备的选择，既要确保在正常工作时能安全可靠运行，同时还要满足在发生短路故障时不致损坏，开关电器还必须具有足够的断流能力，并适应所处的位置（户内或户外）、海拔、环境温度，以及防尘、防火、防爆、防腐等环境条件。

电气设备选择的主要原则有以下几条。

（1）按工作环境及正常工作条件选择。

1）按设备所在位置（户内或户外）、工作条件和使用环境选择电气设备型号。

2）按工作电压选择电气设备的额定电压。

3）按最大负荷电流选择电气设备的额定电流。

（2）按短路条件校验电气设备的动稳定和热稳定。动稳定是指电气设备在冲击短路电流所产生的电动力作用下，电气设备不致损坏。热稳定是指电气设备载流导体在最大稳态短路电流作用下，其发热温度不超过载流导体短时的允许发热温度。

（3）开关电器断流能力校验。断路器和熔断器等电气设备担负着可靠切断短路电流的任务，因此开关电器还必须校验断流能力，开关设备的断流容量应不小于安装地点最大三相短路容量。

二、配电室的设计

配电室的设计包括主接线设计、变压器及配电装置选择及布置等。

（一）主接线设计

1. 主接线的基本要求

（1）配电室的主接线应根据电源情况、负荷性质及大小供电范围等具体情况，经过经济、技术分析而定，要求接线简单、运行灵活、供电可靠。

（2）配电室的高、低压母线，宜采用单母线或单母线分段，当供电连续性要求较高时，高压母线可采用分段但母线带旁路或双母线接线。

2. 主接线方式及特点

母线系统一般分为单母线制、双母线制和无母线制三种形式。

（1）单母线制。如图 2-51 所示，单母线制又分为单母线不分段、单母线分段接线、单母线带旁路母线接线，以及其他单母线派生的接线等形式。

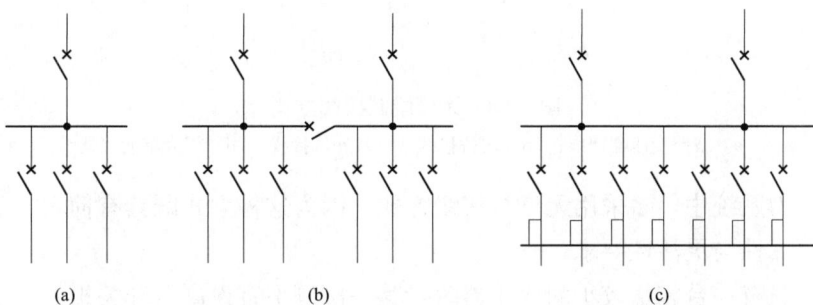

图 2-51　单母线制接线方式

(a) 单母线不分段接线；(b) 单母线分段接线；(c) 单母线带旁路母线接线

单母线不分段接线方式灵活性较低，当母线发生故障时，母线功能完全丧失，使供电系统遭到破坏，用户供电全部中断。将母线分段后，其可靠性大为改善，当母线发生故障或线路检修时，可以保证系统具有 50% 的供电能力。

（2）双母线制。如图 2-52 所示，双母线制又可分为双母线不分段接线、双母线分段接线、双断路器双母线接线，以及其他双母线派生接线等形式。

为了克服单母线系统的缺点，提高电力系统运行的可靠性和灵活性，解决母线定期检修的困难和检修时与该母线相连接用户的停电等问题，提出了双母线制连接方式。不分段双母线连线方式是在分段单母线连线的基础上发展起来的，将两段直线布置的母线改为两段平行布置，并对每个回路的断路器都安装两组母线隔离开关，分别接到两组母线上，通过倒闸操作，解决转换回路问题。再加上双母线具有两种正常运行方式，即一组工作，另一组备用；两组同时工作，互为备用，使得双母线接线系统具有较高的灵活性和适应性。另外，通过采用相应的电气连锁技术措施后，基本可以避免倒闸操作事故的发生。但是，当电源或工作母线出现故障时，还需要经过倒闸操作才能恢复供电。双回路、双母线线路是双母线系统中最为完善、可靠的接线方式，然而，这种接线方式的显著的特点是系统价格昂贵、维护较为复杂。

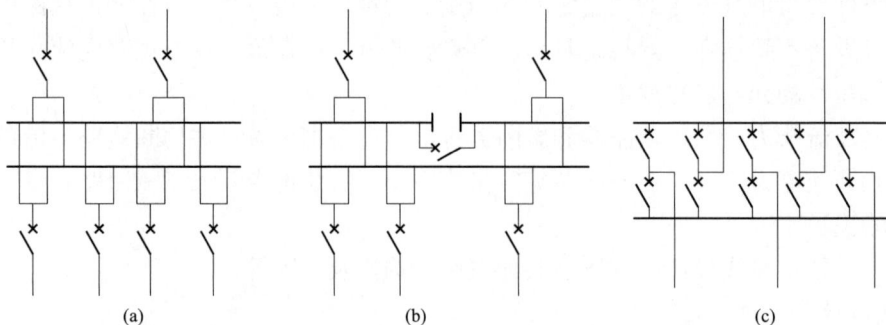

图 2-52 双母线制接线方式

（a）双母线不分段接线；（b）双母线分段接线；（c）双断路器双母线接线

（3）无母线制。如图 2-53 所示，无母线制又可分为线路变压器接线、桥形接线（分为内桥接线和外桥接线两种方式，一般应用于 35kV 以上供电线路中）以及扩大单元接线等几种形式。

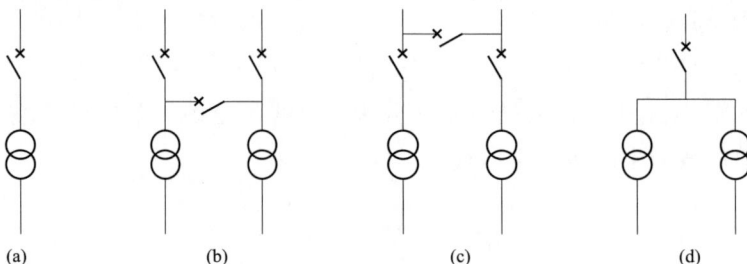

图 2-53 无母线制接线方式

（a）线路变压器接线；（b）内桥接线；（c）外桥接线；（d）扩大单元接线

在相对简单的电力系统中，多采用无母线接线方式，因为这种方式既具有简单、经济的特点，又能满足一定条件下的可靠性与灵活性要求。

全厂（或全区）只有一台容量较小的变压器时，其一次侧不宜设高压开关柜。

3. 主接线设备的选型原则

（1）配电室专用电源线的开关宜采用断路器或带熔断器的负荷开关；当无继电保护或自动装置要求时，且出线回路少无需带负荷操作时，可采用隔离开关或跌落式熔断器做保护电器。

（2）总配电室以放射状向各分配电室供电时，分配电室的电源进线开关宜采用隔离开关或隔离触头，当分配电室需要带负荷操作或继电保护、自动装置有要求时，应采用断路器。

（3）配电室的 10kV 非专用电源的进线侧，应装设带保护的开关设备。

（4）10kV 母线的分段处宜装设断路器，当不需带负荷操作且无继电保护和自动装置要求时，可装设隔离开关或隔离触头。

（5）配电室的引出线宜装设断路器。当满足继电保护和操作要求时，可装设带熔断器的负荷开关。

（6）向频繁操作的高压用电设备供电的出线开关兼做操作开关时，应采用具有频繁操作性能的断路器。

（7）10kV 固定式配电装置的出线侧，在架空出线回路或有反馈可能的电缆出线回路中，应装设线路隔离开关。

（8）采用 10kV 或 6kV 熔断器负荷开关固定式配电装置时，应在电源侧装设隔离开关。

（9）接在母线上的避雷器和电压互感器，宜合用一组隔离开关，配电室架空进、出线上的避雷器回路中，可不装设隔离开关。

（10）由地区电网供电的配电站电源进线处，宜装设供计费用的专用电压、电流互感器。

4. 变压器一次侧开关的配置原则

（1）以树干式供电时，应装设带保护的开关设备或跌落式熔断器。

（2）以放射式供电时，宜装设隔离开关或负荷开关。当变压器在本配电室内时，可不装设开关。

（3）变压器低压侧电压为 0.4kV 的总开关时，宜采用低压断路器或隔离开关。当有继电保护或自动切换电源要求时，低压侧总开关和母线分段开关均应采用低压断路器。

（4）当低压母线为双电源，变压器低压侧总开关和母线分段开关采用低压断路器时，在总开关的出线侧及母线分段开关的两侧，宜装设闸刀开关或隔离触头。

（二）配电室的总体布置设计

配电室的总体布置应符合下列要求：

（1）带可燃性油的高压配电装置，宜装设在单独的高压配电室内。当高压开关柜的数量为 6 台及以下时，可与低压配电屏设置在同一房间内。

（2）不带可燃性油的高、低压配电装置和非油浸的电力变压器，可设置在一同一房间内。为保证运行的安全，室内变电站的每台油量为 100kg 及以上的三相变压器，应设在单独的变压器室内。

1. 变压器的选择

（1）主变压器台数的选择。

1）应满足用电负荷对供电可靠性的要求。对供电有大量一、二级负荷的变电站，宜采用两台变压器，以便当一台故障或检修时，另一台能对一、二级负荷继续供电。对只有二级而无一级负荷的变电站，也可以只采用一台变压器，但在低压侧应敷设与其他变电站相连的联络线作为备用电源。

2）对季节负荷或昼夜负荷变动较大，宜采用经济运行方式的配电室，也可考虑采用两台变压器。

3）除上述情况外，一般车间变电所宜采用一台变压器，但集中负荷较大者，虽为三级负荷，也可采用两台及以上变压器。

4）在确定配电室主变压器台数时，应适当考虑负荷的发展，留有一定的余地。

（2）主变压器容量的选择。

1）只装有一台主变压器的变电站。主变压器容量应满足全部用电设备总计算负荷的需要。

2）装有两台主变压器的变电站。当任一台变压器单独运行时，每台变压器的容量宜满足总计算负荷大约 70% 的需要。当任一台变压器单独运行时，应满足全部一、二级负荷的需要。

3）适当考虑负荷的发展。

2. 高压电气设备的选择

（1）一般原则。

1）应满足正常运行、检修、短路和过电压情况下的要求，并考虑远景发展。

2）应按当地使用环境条件校验。

3）应力求技术先进和经济合理。

4）与整个工程的建设标准应协调一致。

5）同类设备应尽量减少品种。

6）选择的新产品均具有可靠的试验数据，并经正式鉴定合格。

（2）高压电气设备选择应考虑的因素。为了保障高压电气设备的可靠运行，高压电气设备选择与校验的一般条件有：按正常工作条件包括电压、电流、频率、开断电流等选择；按短路条件包括动稳定、热稳定校验；按环境工作条件包括温度、湿度、海拔等选择。

1）按正常工作条件选择。

a. 额定电压和最高工作电压。高压电气设备所在电网的运行电压因调压或负荷的变化，常高于电网的额定电压，故所选电气设备允许最高工作电压不得低于所接电网的最高运行电压。

b. 额定电流。电气设备的额定电流 I_N 是指在额定环境温度下，电气设备的长期允许通过电流。I_N 应不小于该回路在各种合理运行方式下的最大持续工作电流 I_{max}。

2）按短路条件校验。

a. 短路热稳定校验。短路电流通过电气设备时，电气设备各部件温度（或发热效应）应不超过允许值。

b. 电动力稳定校验。电动力稳定是电气设备承受短路电流机械效应的能力，也称为动稳定。

c. 短路电流计算条件。为使所选电气设备具有足够的可靠性、经济性和合理性，并在一定时期内适应电力系统发展的需要，作校验用的短路电流应按下列条件确定：

（a）容量和接线按本工程设计最终容量计算，并考虑电力系统远景发展规划（一般为本工程建成后5～10年）；其接线应采用可能发生最大短路电流的正常接线方式，但不考虑在切换过程中可能短时并列的接线方式（如切换厂用变压器时的并列）。

（b）短路种类一般按三相短路验算，若其他种类短路较三相短路严重时，则应按最严重的情况验算。

（c）选择通过电器的短路电流为最大的那些点为短路计算点。

3）按环境工作条件选择。在选择电气设备时，还应考虑电气设备安装地点的环境（尤其须注意小环境）条件，当气温、风速、温度、污秽等级、海拔、地震烈度和覆冰厚度等环境条件超过一般电气设备使用条件时，应采取措施。

3. 低压电气设备的选择

（1）按正常工作条件选择。

1）电器的额定电压应与所在回路的标称电压相适应。电器的额定频率应与所在回路的标称频率相适应。

2）电器的额定电流不应小于所在回路的负荷计算电流。切断负荷电流的电器应校验其断开电流。接通和断开启动尖峰电流的电器应校验其接通、分断能力和每小时操作的循环次数。

3）保护电器还应按保护特性选择。

4）低压电器的工作制通常分为 8h 工作制、不间断工作制、断续周期工作制、短时工作制及周期工作制等几种，应根据不同要求选择其技术参数。

（2）按短路工作条件选择。

1）可能通过短路电流的电器应满足在短路条件下短时耐受电流的要求。

2）断开短路电流的保护器应满足在短路条件下分断能力的要求。

（3）按使用环境条件选择。

1）多尘环境。对于存在非导电灰尘的一般多尘环境，宜采用防尘型电器。对于多尘环境或存在导电性灰尘的一般多尘环境，宜采用尘密型电器。对于导电纤维环境，应采用 IP65 级电器。

2）化工腐蚀环境。腐蚀环境类别的划分应根据化学腐蚀性物质的释放严酷度、地区最湿月平均最高相对湿度等条件而定。

3）高原地区。高原地区应采用相应的高原型电器。

4）热带地区。湿热带地区宜选用湿热带型产品。干热带地区宜选用干热带型产品。

5）爆炸和火灾危险环境。应根据最新国家标准的要求选择。

（三）常见配电室配电装置的布置和主接线

1. 常用一台变压器的 10kV 配电室形式

此类配电室包括一台变压器，无高压柜、低压单母线接线，有室内低压配电室。

这种类型配电室适用三级负荷，是农村、城镇无重要负荷区块最常用的变电站。适用范围广，形式方便灵活，在低压配电室设备平面布置不变的情况下，变压器间隔可采用不同安装形式，如杆架式，双杆落地式，户内式，可组成不同形式的变电站，如独立式，外附式，内附式等，落地式变压器可用硬母线和配电柜连接，杆架式可用电缆和配电柜连接。

一次主接线如图 2-54 所示。

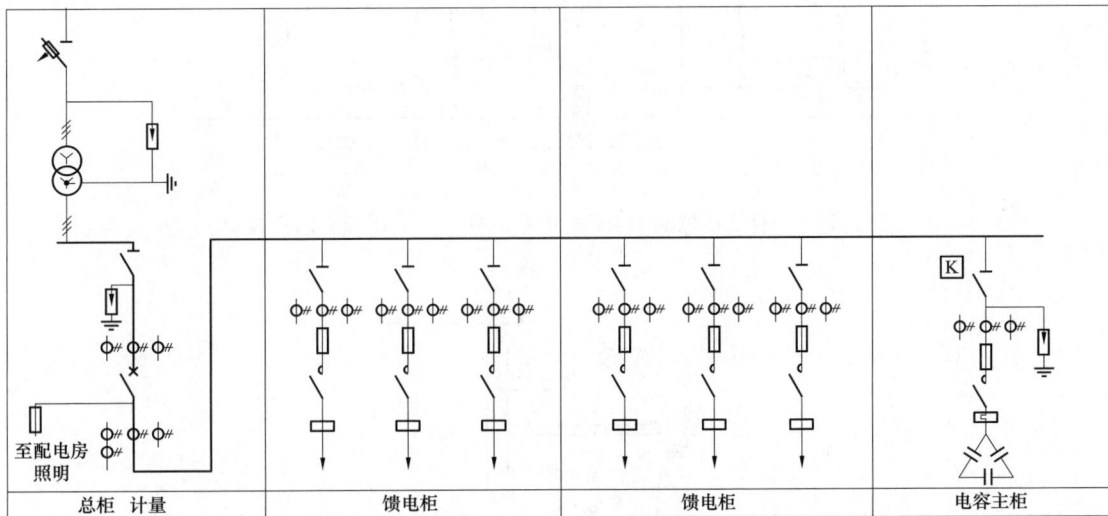

图 2-54　一台变压器的 10kV 配电室一次主接线图

一台变压器的 10kV 配电室平面布置如图 2-55 所示。变压器室在左、右、后均可，如电缆分支离配电室较远，应在户内墙上装设墙装式负荷隔离开关。

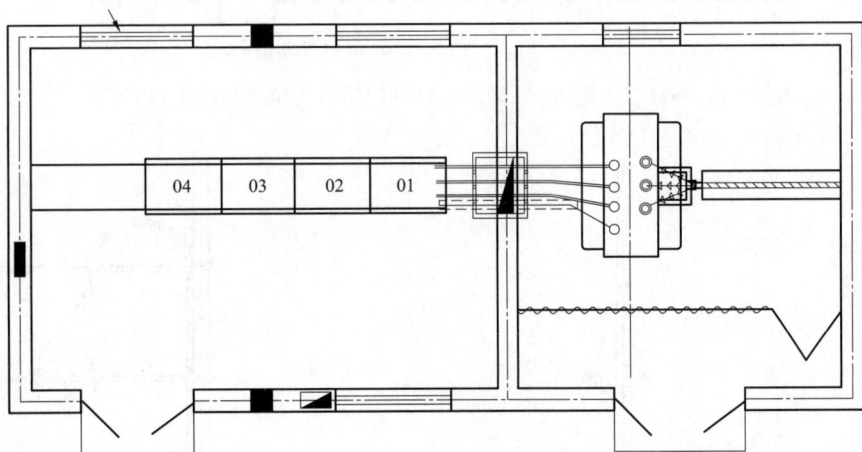

图 2-55　一台变压器的 10kV 配电室平面布置（变压器室内安装）

一台变压器的 10kV 配电室剖视图如图 2-56～图 2-58 所示。

2. 常用 2 台变压器的 10kV 配电室形式

此类配电室安装 2 台变压器，高压柜采用 10kV 环网柜，10kV 母线可采用单母线接线、两个独立的单母线或单母线分段接线，可以有两路或更多的 10kV 进线、低压采用单母线分段接线，供电可靠性较高，可用在城市普通住宅小区，小高层，普通公寓等场合。

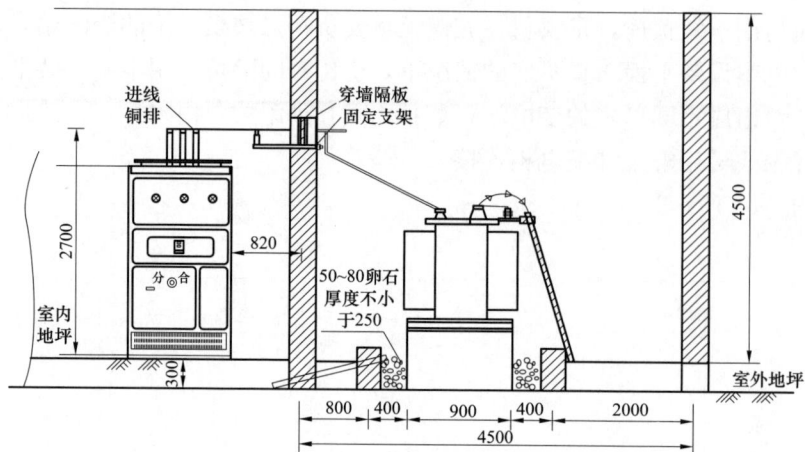

图 2-56　一台变压器的 10kV 配电室剖视图（变压器室内安装）

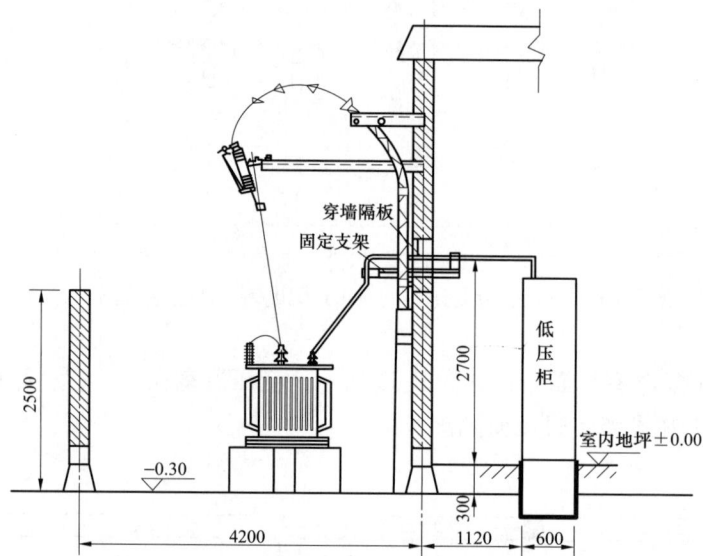

图 2-57　一台变压器的 10kV 配电室剖视图（变压器户外落地安装）

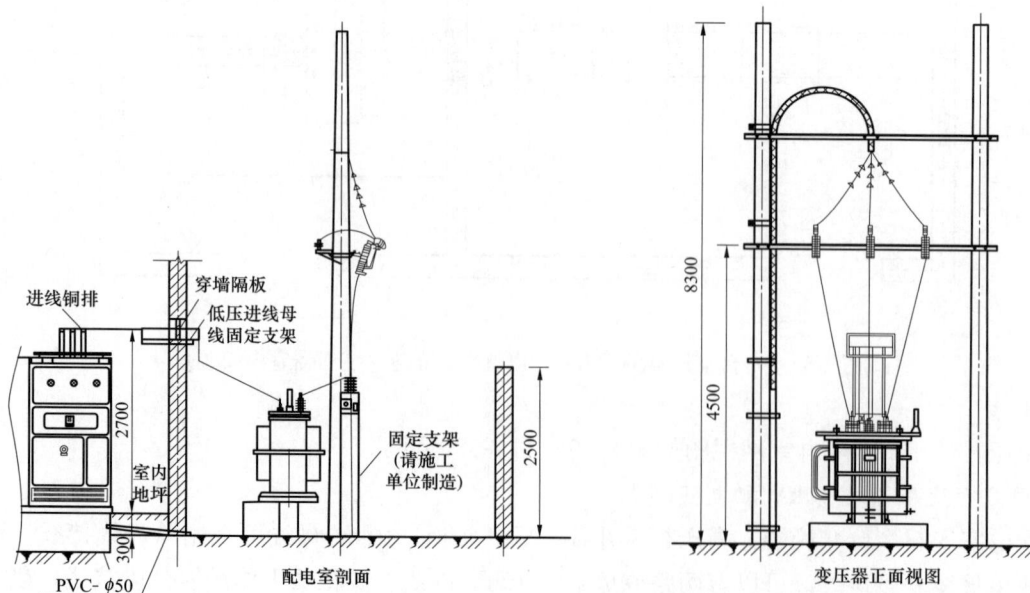

图 2-58　一台变压器的 10kV 配电室剖视图（变压器户外双杆落地安装）

配电房可采用独立配电室形式，也可装设在建筑物地下层，当采用油浸变压器时，变压器应安装在两个独立的变压器室，当采用干式变压器时，变压器和低压配电柜可安装在同一个房间内，当高压环网柜较少时，也可安装在同一房间内。

一次主接线图如图 2-59 所示。其设备平面布置如图 2-60 所示。

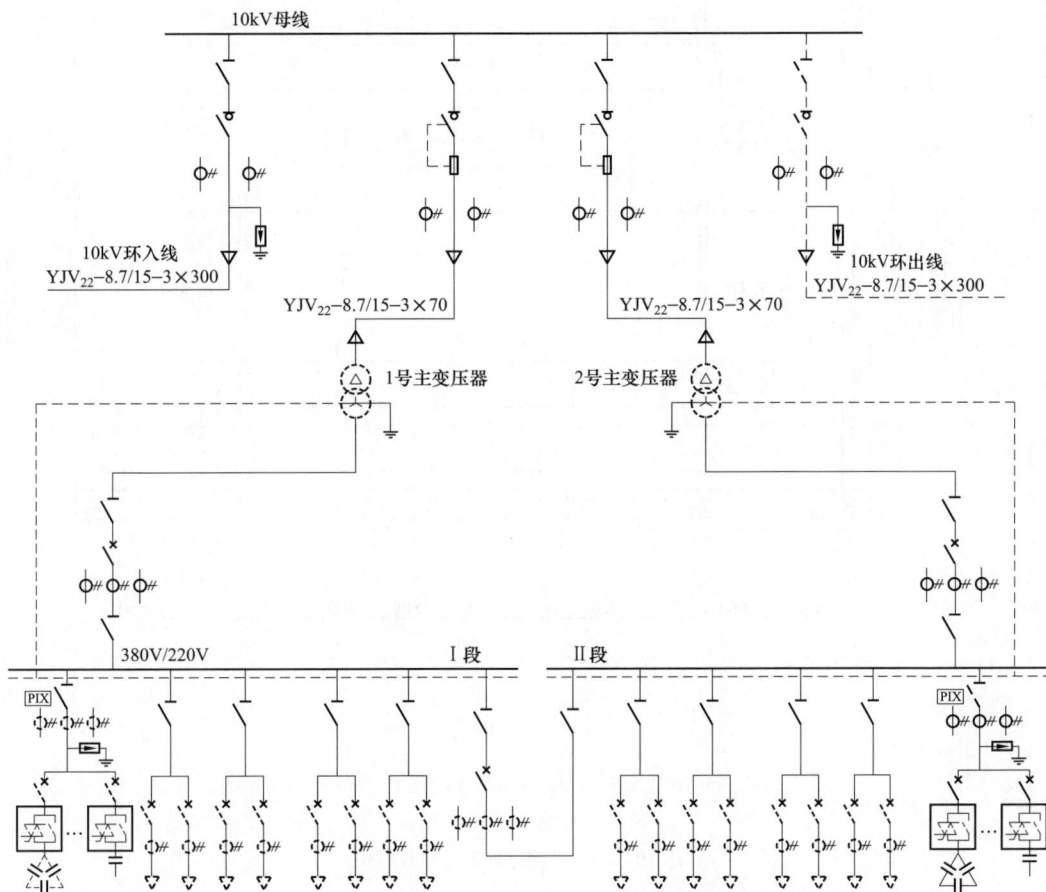

图 2-59　两台变电器的 10kV 配电室一次主接线图

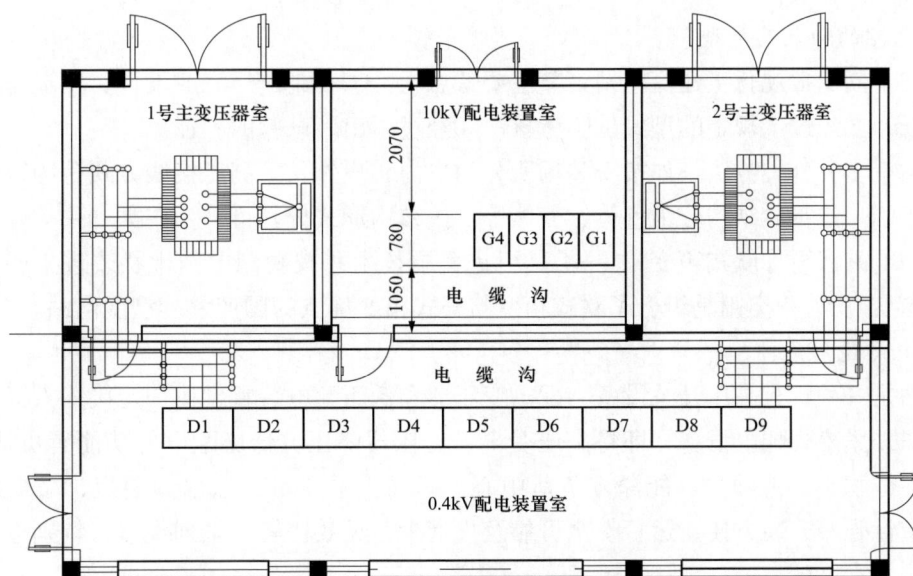

（a）

图 2-60　两台变压器的 10kV 配电室设置平面布置图（一）

（a）采用油浸变压器

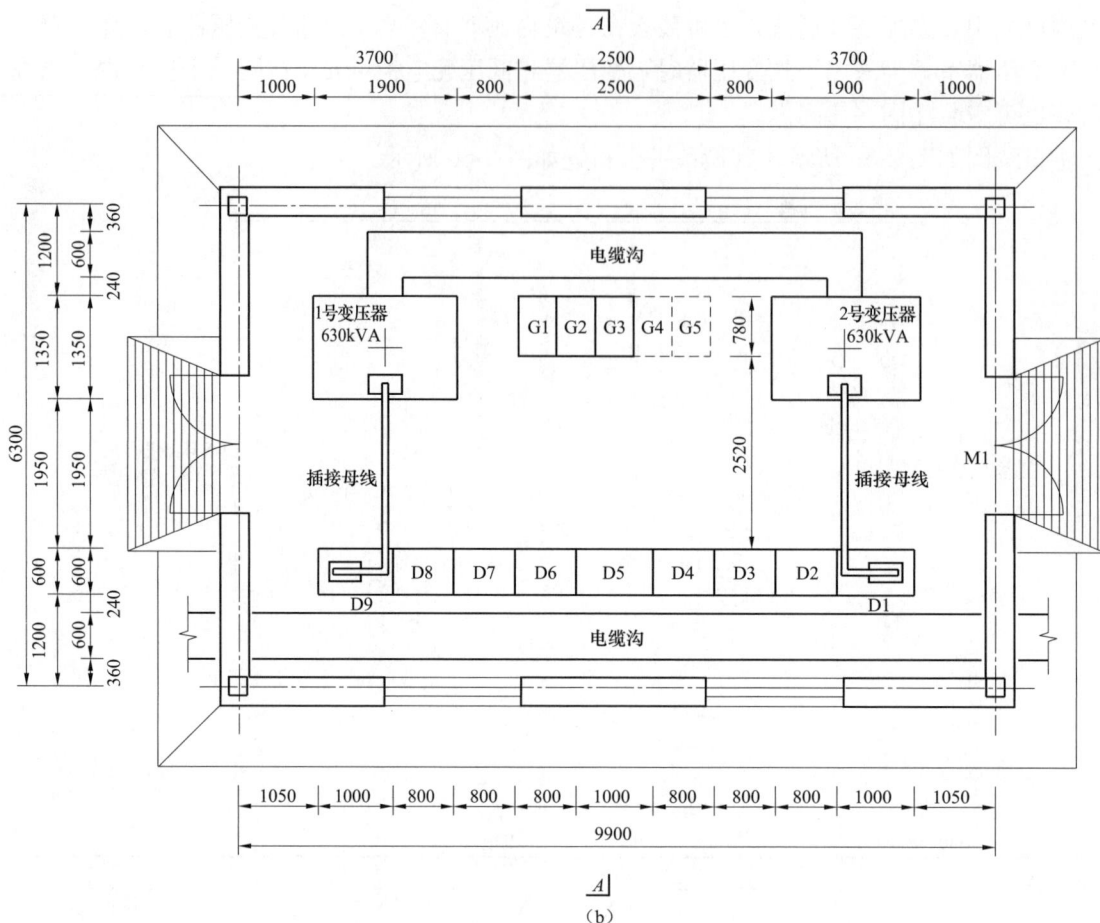

图 2-60 两台变压器的 10kV 配电室设置平面布置图（二）

（b）采用带外壳干式变压器

注：变压器低压连接可采用密集型母线。

三、箱式变电站的设计

1. 箱式变电站的特点及类型

箱式变电站不同于常规化土建变电站，其主要特点为：①在制造厂完成设计、制造与安装，并完成其内部电气接线；②经过了规定的型式试验考核；③经过了出厂试验的验证。

箱式变电站有多种分类方法，如按安装场所分为户内、户外。按高压接线方式分为双电源接线、终端接线和环网接线。按箱体结构分为整体、分体等。按结构形式分，可分为三类：一类是引进欧洲技术生产的预装式变电站（简称欧式箱变）；一类是引进美国技术并按我国电网现状改进生产的组合式变电站（简称美式箱变）；另一类则是组合了欧式箱变与美式箱变优点的国产紧凑型变电站。

2. 箱式变电站适用条件

箱式变电站是一种具有高压开关设备、配电变压器和低压配电装置，按一定接线方案排成一体的工厂预制户内、户外紧凑式配电设备，即将高压受电、变压器降压、低压配电等功能有机地组合在一起。具有成套性强、体积小、占地少、能深入负荷中心、提高供电质量、送电周期短、减少损耗、选址灵活、对环境适应性强、安装方便、运行安全可靠及投资少、见效快等一系列优点，特别适用于城网建设与改造。

箱式变电站有着广阔的使用范围，适用于城市公共配电、住宅小区、高层建筑、公园，还适用于油田、工矿企业及施工场所等。

3. 箱式变电站的设计特点

设计时，只要设计人员根据变电站的计算负荷、出现回路数和必要的保护、测量、计量装置的实际要求，作出一次主接线图和箱外设备的设计，就可以选择由厂家提供的箱变规格和型号，由厂家进行二次设计，设备在工厂一次安装、调试合格，真正实现变电站建设工厂化，缩短了设计制造周期。

4. 箱式变电站的工程实例

(1) 美式箱式变电站实例如图 2-61 所示。

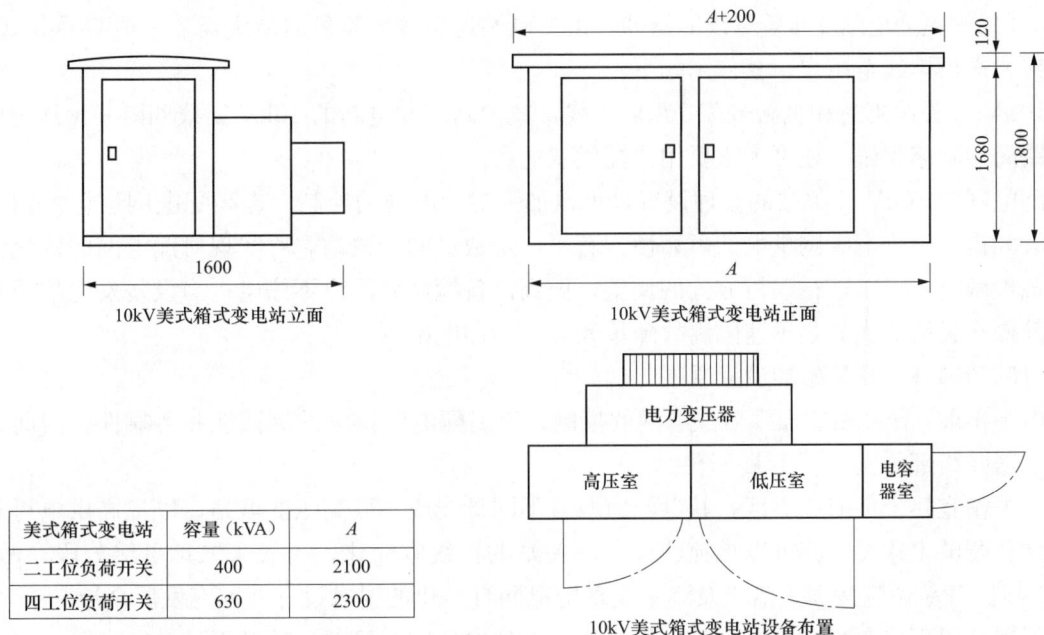

10kV美式箱式变电站立面

10kV美式箱式变电站正面

10kV美式箱式变电站设备布置

美式箱式变电站	容量（kVA）	A
二工位负荷开关	400	2100
四工位负荷开关	630	2300

图 2-61　美式箱式变电站工程实例

(2) 欧式箱式变电站实例如图 2-62 所示。

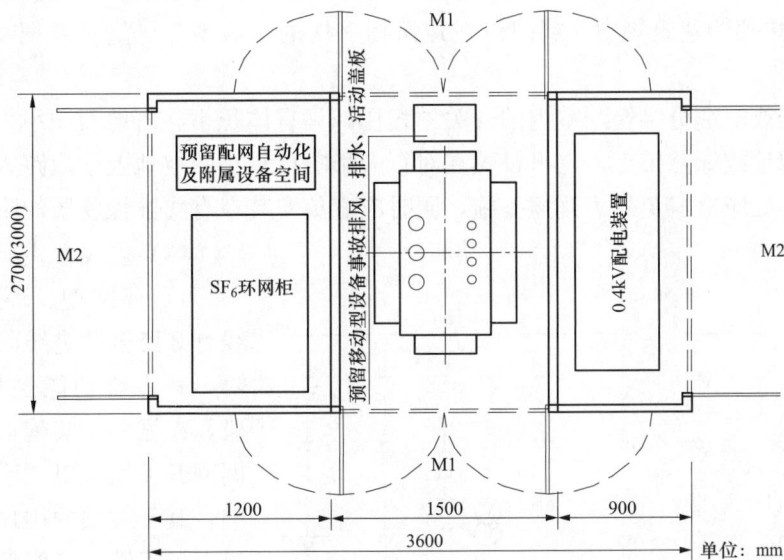

图 2-62　欧式箱式变电站工程实例

四、开关站的设计

开关站从严格意义上讲是"高压配电"站，仅仅起配电作用，没有变压器，是为解决高压变电站中压配电出线开关柜数量不足、出线走廊受限等问题。为了减少相同路径的线路条数，建设开关站有时是必要的。

开关站内设有中压配电进出线、对功率进行再分配的配电装置。用于中压电缆线路分段、联络及分接负荷。按使用场所分为户内开关站、户外环网站，按接线方式分为环网型和终端型。

（一）10（20）kV 开关站的功能

10kV 开关站是变电站 10kV 母线的延伸，由变电站送出较大容量的馈线至开关站，再由 10kV 开关站按用户需要送出馈线至用户。其作用如下：

（1）10kV 开关站接受和重新分配 10kV 出线，减少高压变电站的 10kV 出线间隔和出线走廊，可用作配电线路间的联络枢纽，还可为重要用户提供双电源。

（2）配电网中 10kV 开关站的合理设置，可以加强对配电网的控制，提高配电网运行及调度的灵活性，从而大大提高整个配电网供电的可靠性。有了一定数量的开关站，可实现对配电网的优化调度，部分城网设备检修时，可以进行运行方式的调整，做到设备检修时用户不停电；当设备发生故障时，开关站可发挥其操作灵活的优势，迅速隔离故障单元，减小停电范围。

（二）10（20）kV 开关站的设置原则

（1）由于 10kV 开关站能加强对配电网的控制，提高配电网供电的灵活性和可靠性，因此在重要用户附近或电网联络部位应设立 10kV 开关站。

（2）开关站宜建于负荷中心区，其电源应取自不同母线或不同高压变电站，以提高供电可靠性。开关站可以结合配电室建设，亦可以单独建设。开关站的接线宜简化，一般采取单母线分段，两路进线，6～10 路出线。开关站应按无人值班及逐步实现配电网自动化的要求设计并留有发展余地。

（3）下述情况下应考虑建设开关站。①高压变电站中压馈线开关柜数量不足；②高压变电站出线走廊受限；③为减少相同路径的电缆条数；④为大型住宅区若干个拟建配电室供电。

（三）开关站设计要求

（1）由于 10kV 开关站内有大量的 10kV 开关柜等中压设备，这些设备对环境的要求比较高，为了便于管理，要求 10kV 开关站设置在通道顺畅、巡视检修方便、电缆进出方便的位置。一般情况下要求 10kV 开关站设置在单独的建筑物中，或附设在建筑物一楼的裙房中，尽量不要把 10kV 开关站设置在大楼地下室内。

（2）室外环网柜或电缆分接箱与室内的开关站相比，具有体积小、占地面积小、设置比较灵活等优点，一般可设置在绿地或绿化带上，也可设置在对行人影响比较小的空地上或道路人行道侧。室外环网柜及电缆分接箱安装处应有避免外力碰撞措施，同时应避免安装在有腐蚀性物质的附近。

（3）接线方式。

1）环网型。环网型开关站每段母线有 2 路电源进线间隔，其他为出线间隔，其主要功能是功率交换和线路分段，在城网中实施运行方式的调整。环网型开关站常以"手拉手"方式进行环网，其开关站的用户或分支线有较高的供电可靠性。环网型开关站又可分为单母线接线和双母线接线（见图 2-63）两种，前者为单环运行的开关站，后者为

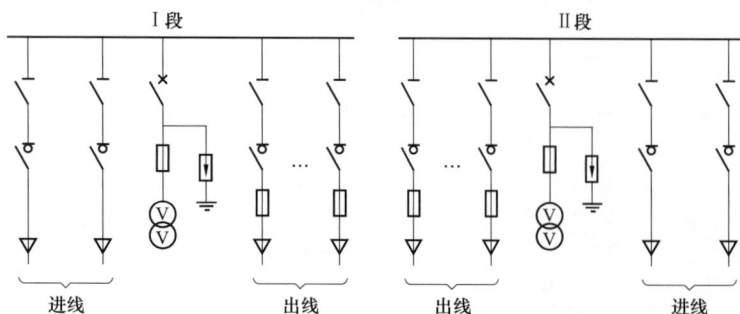

图 2-63 环网型双母线接线

双环运行的开关站。

2）终端型。终端型开关站每段母线一般只有一路电源进线间隔，其他为出线间隔，其主要功能是向周边用户及公用变压器提供电源。终端型开关站又可分为单母线接线、双母线接线（见图2-64）和单母线分段接线三种。

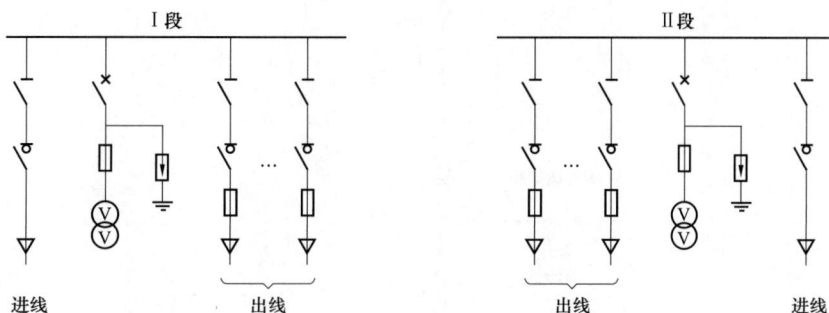

图 2-64　终端型双母线接线

五、配电工程施工图的组成与识读

配电工程施工图一般按专业可分电气工程施工图和建筑（土建）工程施工图，这里主要介绍电气工程施工图。

（一）电气工程施工图

电气工程施工图一般有电气设计说明、电路图、接线图、电气平面布置图、安装大样图、电缆清册、图例及设备材料表等。

1. 电路图和接线图

（1）电路图。用导线把电源及各电气设备按一定的顺序连接起来，就构成电路。将电路中各元件用规定的图形符号和文字符号画成的图叫做电路图。常用的电路图有主接线图（也称一次主接线）、二次原理图和二次安装图。

1）电气主接线（主接线图）。电气主接线也称一次主接线，是配电工程中最重要的接线图。主接线图所连接的设备是配电室的主设备，如变压器、配电线路，以及必须配置的高低压开关电器、互感器和母线等。因此，电气主接线是由高压电器通过连接线，按其功能要求组成接受和分配电能的电路，用来传输强电流、高电压的网络。

电气主接线按绘制方式不同又分为系统式主接线和装置式主接线。

a. 系统式主接线。它是按照电力输送的顺序依次安排其中的设备和线路相互连接关系而绘制的一种简图。其特点是：能全面系统地反映出主接线中电力的传输过程，即相对电气连接关系，但是它并不反映其中各成套配电装置之间相互排列的位置。这种主接线图多在变电站的运行中使用。通常变电站主接线均为这一形式，如图2-65所示。

b. 装置式主接线。它是按照主接线中高压或低压成套配电装置之间相互连接关系和排列位置而绘制的一种简图，通常按照不同电压等级绘制，如图2-66所示。其特点是：可以一目了然地看出某一电压级的成套配电装置的内部设备连接关系以及装置之间的相互排列位置。这种主接线图多在变电站施工图中使用，以便于配电装置的采购和安装施工。

2）二次原理图和二次安装图。二次原理图是用来表示二次回路各元件动作原理的图形，它又可分为归总式原理图和展开式原理图。归总式原理图简称原理图，它是以元件的整体形式表示二次设备间的电气联系，并且与一次设备画在一起，这种原理图易于了解各元件之间相互关系和作用，便于形成整体概念。通常为了安装施工的需要，有时需要将二次回路中各元件（设备）的安装位置及布线方式表示出来，这样的图叫做二次安装图，二次安装图包括屏面布置图和屏后接线图，如图 2-67 所示。

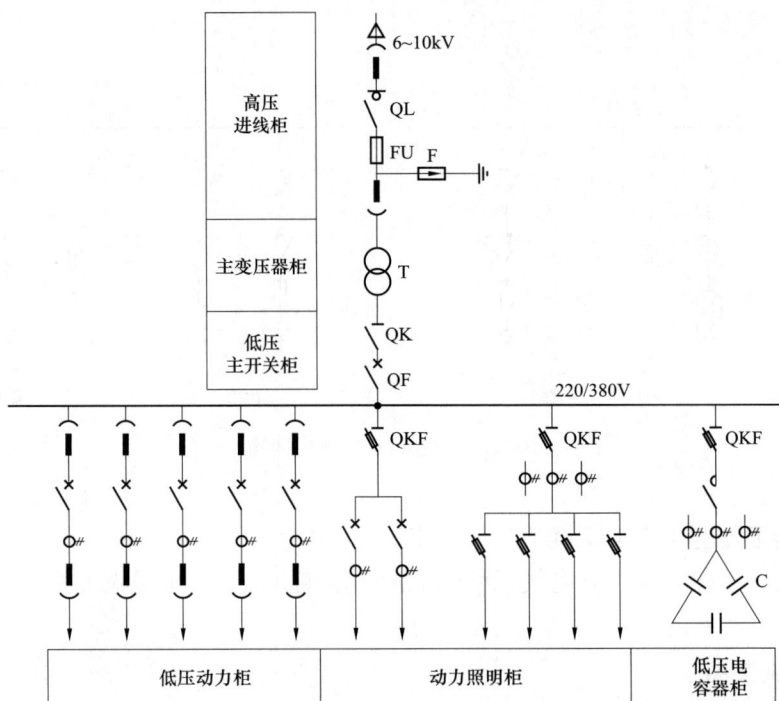

图 2-65　变电站系统式主接线图

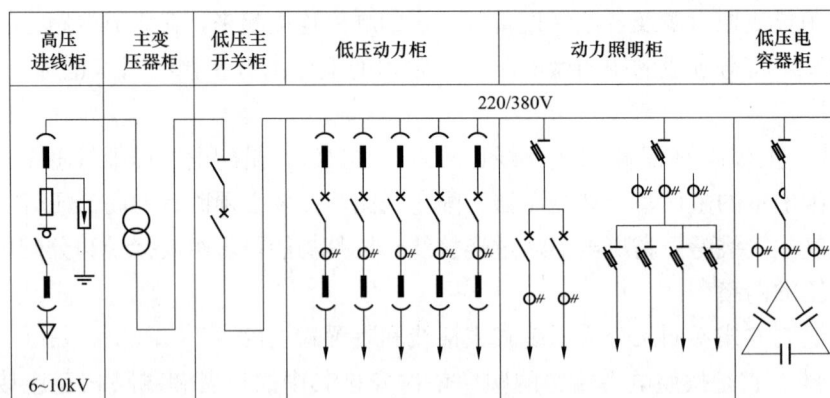

图 2-66　变电站装置式主接线图

由于目前配电工程中二次设备大都是与一次设备成套组装的，因此二次图大都由设备厂家提供。

（2）接线图。接线图是与电路图配套的图样，用来表示设备元件外部接线以及设备元件之间的接线。通过接线图可以知道系统控制的接线方式和控制电缆、控制线的走向及其布置等。

2．电气平面布置图

电气平面布置图是在建筑物的平面图上标出电气设备、元件、管线实际布置的图样，主要表示其安装位置、安装方式、规格型号数量及防雷装置、接地装置等。通过平面图可以知道其各个不同的标高上装设的电气设备、元件及其管线等。电气平面图用得很多，变配电装置、微机监控、自动化仪表、防雷接地等都要用到平面图。

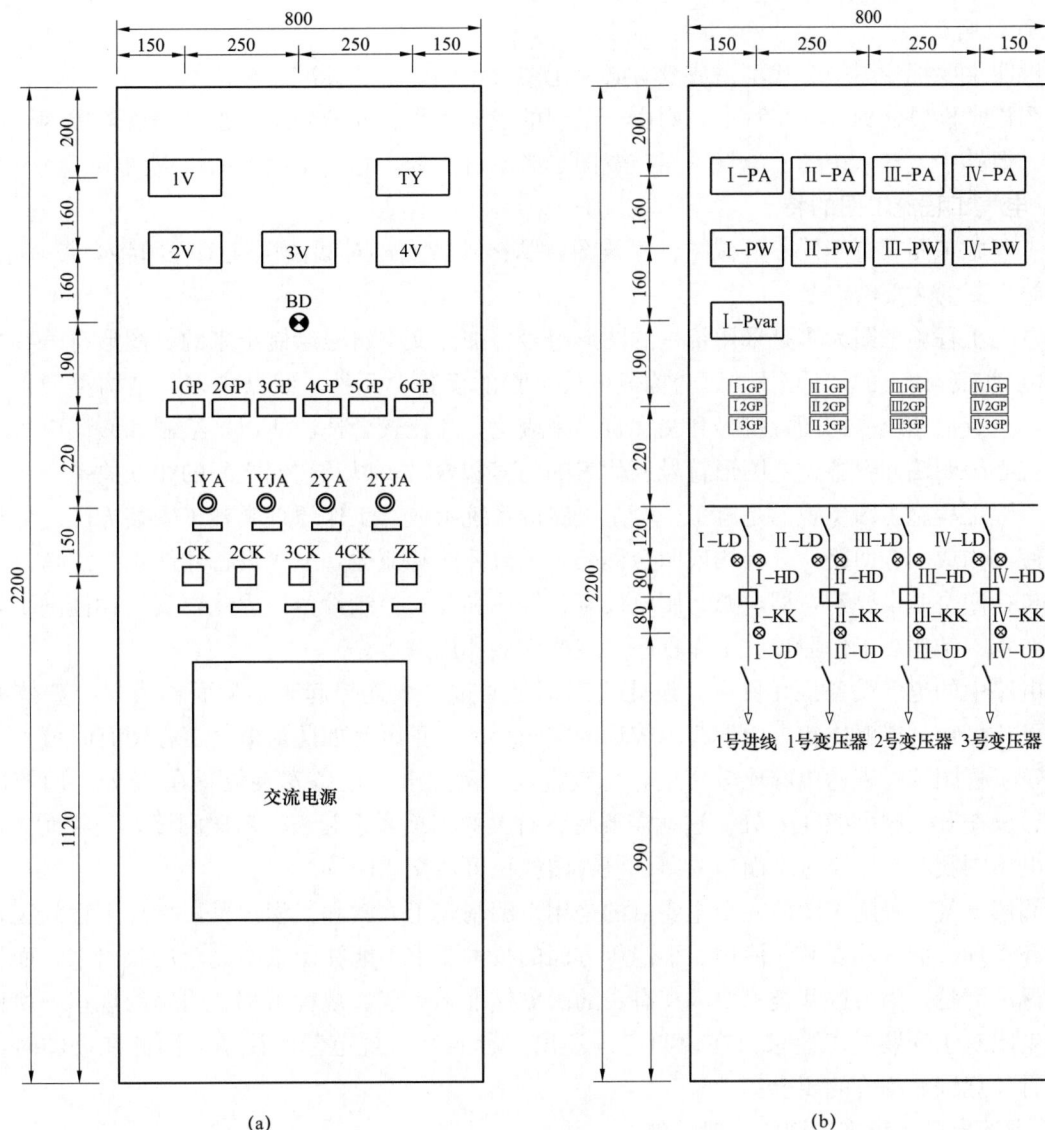

图 2-67　二次安装图

（a）控制柜屏面布置图；（a）控制柜屏后接线图

3. 安装大样图

安装大样图一般是用来表示某一具体部位或某一设备元件的结构或具体安装方法的图样，通过大样图可以了解该项工程的复杂程度。一般变压器、控制柜等的制作安装及非标准的配电箱都要用到大样图，大样图通常均采用标准通用图集。其中剖面图也是大样图的一种。

4. 电缆清册

电缆清册是用表格的形式来表示该系统中电缆的规格、型号、数量、走向、敷设方法、头尾接线部位等内容的图样。通常使用电缆较多的工程有电缆清册，而简单的工程没有电缆清册。

5. 图例

图例是用表格的形式列出该系统中使用的图形符号或文字符号，其目的是使读图者容易读懂图样。

6. 设备材料表

设备材料表一般都要列出系统主要设备及主要材料的规格、型号、数量、具体要求或产地，但是表中的数量一般只作为概算估计数，不作为设备和材料的供货依据。

7. 设计说明

设计说明主要标注图中交代不清或没有必要用图表示的要求、标准、规范等。

上述图样类别具体到某一工程上，则由于工程的规模大小、安装施工的难易程度等原因，而并非全部都存在，但其中电气系统图、电气平面布置图是必不可少的，它们是读图的重点内容。

（二）电气工程施工图的特点

电气工程施工图具有不同于机械图、建筑图，掌握其特点，对阅读电气工程图将会带来很多方便。电气工程施工图的主要特点是：

（1）电气工程施工图大多是采用统一的图形符号并加注文字符号绘制出来的。图形符号和文字符号就是构成电气工程语言的"词汇"。因为构成电气工程的设备、元件、线路很多，结构类型不一，安装方式各异，只有借用统一的图形符号和文字符号来表达，才比较合适。所以，绘制和阅读电气工程施工图，首先就必须明确和熟悉这些图形符号所代表的内容和含义，以及它们之间的相互关系。

（2）电气工程施工图反映的是电工、电子电路的系统组成、工作原理和施工安装方法。分析任何电路都必须使其构成闭合回路，只有构成闭合回路，电流才能够流通，电气设备才能正常工作。一个电路的组成，包括四个基本要素，即电源、用电设备、导线和开关控制设备。因此要真正读懂图纸，还必须了解设备的基本结构、工作原理、工作程序、主要性能和用途等。

（3）电路中的电气设备、元件等，彼此之间都是通过导线连接起来，从而构成一个整体的电气通路，导线可长可短，能够比较方便地跨越较远的空间距离。正因为如此，电气工程图有时就不像机械工程图或建筑工程图那样表达内容比较集中，比较直观；例如电气设备安装位置在 A 处，而控制设备的信号装置、操作开关则可能在 B 处。这就需要将各有关的图纸联系起来，对照阅读。一般而言，应通过系统图、电路图找联系，通过平面布置图、接线图找位置，交错阅读。

（4）阅读电气工程施工图的一个主要目的是用来编制施工方案和工程预算，指导工程施工，指导设备的维修和管理。而一些安装、使用、维修等方面的技术要求不能在图纸中完全反映出来，而且也没有必要一一标注清楚，因为这些技术要求在有关的国家标准和规范、规程中都有明确的规定，所以有的电气工程施工图对于安装施工要求仅在说明栏内注出"参照××规范"的说明。因此在读图时，尚应了解、熟悉有关规程、规范的要求。

（三）阅读电气工程施工图的一般程序

一套电气工程施工图所包括的内容比较多，图纸往往有很多张，一般应按以下顺序依次阅读，有时还有必要进行相互对照阅读。

（1）看图纸目录及标题栏。了解工程名称项目内容、设计日期、工程全部图纸数量、图纸编号等。

（2）看总设计说明。了解工程总体概况及设计依据，了解图纸中未能表达清楚的各有关事项。如供电电源的来源、电压等级、电缆线路敷设方式，设备安装高度及安装方式，补充使用的非国标图形符号，施工时应注意的事项等。有些分项局部问题是在各分项工程的图纸上说明的，看分项工程图纸时，也要先看设计说明。

（3）看电路图和接线图。电气主接图的看图顺序可按照电能输送的路径进行，即按电源进线——母线——开关设备——馈线（开关柜向用电设备进行供电的线路称为馈线）的顺序进行。若能熟悉电路中各电器的性能和特点，对读懂图纸将是一个很大的帮助。如图 2-68 所示为 10kV 配电室主接线图，从中可读到：母线上方是电源和进线，本配电室采用两路进线，一个是 10kV 架空线引入的外电源，另一个是独立的发电机组自备电源，系统中共有 5 个开关柜（配电屏）。架空线路进入系统式先是经过 FU（户外跌开熔断器，俗称跌落保险），10kV 的电压经过降压变压器变为 0.4kV，经 3 号开关柜送到低压Ⅱ段母线，再经 2 号联络柜（装有Ⅰ、Ⅱ段母线的联络开关）送到Ⅰ段母线。在变压器的高压侧同样装有避雷器（FS-10 型）。自备电源经 2 号开关柜送到母线，可以在外电源故障或检修时保证重要负荷的供电。

3号柜中隔离开关分别用来隔断变压器和自备电源的供电。低压侧是单母线分段放射式供电。

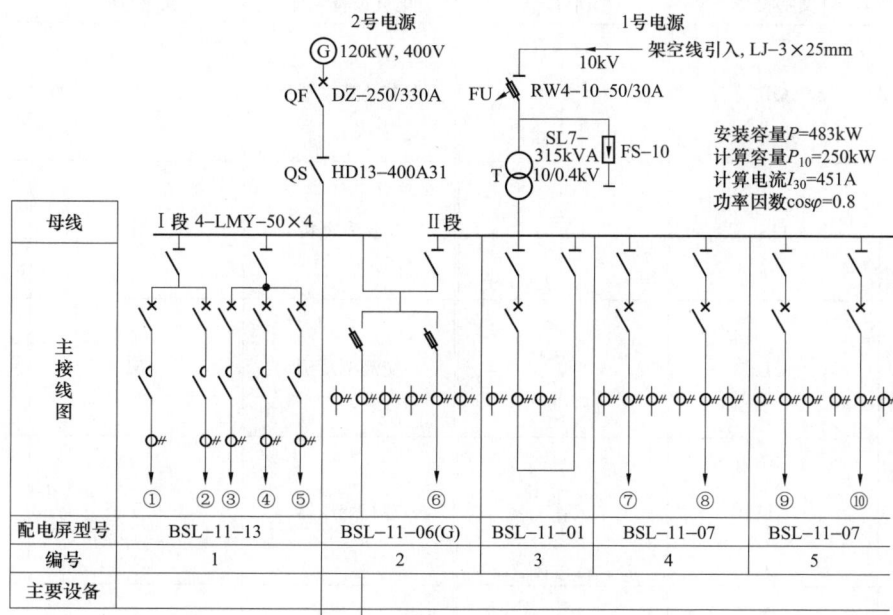

图 2-68　10kV 配电室主接线图

（4）看电气平面布置图。平面布置图是电气工程施工图中的重要图纸之一，如变配电站设备安装平面图（还应有剖面图）、电力平面图、照明平面图、防雷与接地平面图等，它们都是用来表示设备安装位置、线路敷设部位、敷设方法以及所用导线型号、规格、数量、管径的，是安装施工、编制工程预算的主要依据图纸。

（5）看安装大样图。安装大样图是按照机械制图方法绘制的用来详细表示设备安装方法的图纸，也是用来指导施工和编制工程材料计划的重要图纸。

（6）看设备材料表。设备材料表提供了该工程所使用的主要设备、材料的型号、规格和数量，是编制工程预算、编制购置主要设备及材料计划的重要参考资料。

严格地说，阅读工程图纸的顺序并没有统一的硬性规定，可以根据需要，自己灵活掌握，并应有所侧重。有时一张图纸需反复阅读多遍。为更好地利用图纸指导施工，使之安装质量符合要求，阅读图纸时，还应配合阅读有关施工及检验规范、质量检验评定标准以及全国通用电气装置标准图集，以详细了解安装技术要求及具体安装方法。

常用电气图例见表 2-15。

表 2-15　　　　　　　　　　　　　　常用电气图例

电气设备名称	文字符号	图形符号	电气设备名称	文字符号	图形符号
刀开关	QK		母线（汇流排）	W 或 WB	
熔断器或刀开关	QKF		导线、线路	W 或 WL	

续表

电气设备名称	文字符号	图形符号	电气设备名称	文字符号	图形符号
断路器（自动开关）	QF		电缆及其终端头		
隔离开关	QS		交流发电机	G	
负荷开关	QL		交流电动机	M	
熔断器	FU		单相变压器	T	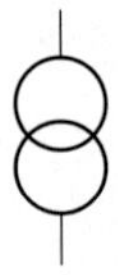
熔断器式隔离开关	FD		电压互感器	TV	
熔断器式负荷开关	FDL		三绕组变压器	T	
阀式避雷器	F		三绕组电压互感器	TV	
三相变压器	T	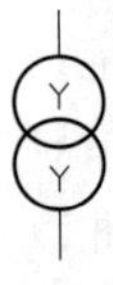	电抗器	L	
电流互感器（具有一个二次绕组）	TA		电容器	C	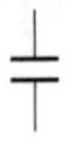
电流互感器（具有两个铁芯和两个二次绕组）	TA	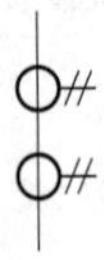	三相导线		

（四）配电工程施工图实例

图 2-69～图 2-73 所示为某 10kV 配电室施工图。该工程为 10kV 单回路进线，配置两台变压器，容量为 $1 \times 315kVA + 1 \times 1250kVA$，高供高进，高压侧配置详见接线配置图，高压设备设置于室内，详见平面布置图。变压器为油变压器，详见剖面示意图。

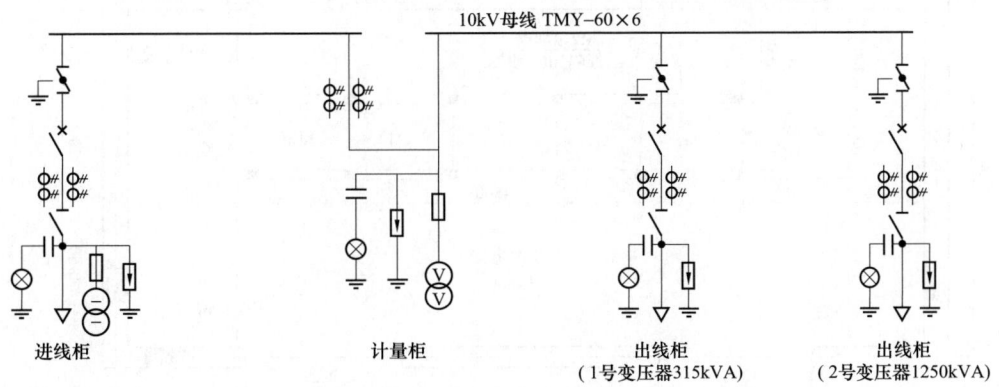

图 2-69　一次主接线图

柜体尺寸(宽×深) (mm×mm)	800×600	1000×1000		800×1000		1000×1000		1000×1000	
序号		G1		G2		G3		G4	
方案编号		XGN66A–12 15G		HXGN11–12(F)–22		XGN66A–12 15		XGN66A–12 15	
主母线: TMY–60×6 一次主接线图	UPS AC220V 1kVA								
电器名称		规格型号	数量	规格型号	数量	规格型号	数量	规格型号	数量
隔离开关		GN30–12/630 GN19–12C/630	1 1			GN30–12/630 GN19–12C/630	1 1	GN30–12/630 GN19–12C/630	1 1
真空开关		ZN18–12/800–20	1			ZN18–12/800–20	1	ZN18–12/800–20	1
真空负荷开关+ 熔断器组合电器									
熔断器		XRNP–10/1A 31.5kA	2	XRNP–10/1A 31.5kA	2				
熔断器XRNT–12									
电流互感器		LZZJB6–10 0.2/10P 300/5	2	LZZJB6–10 0.2/10P 150/5	2	LZZJB6–10 0.2/10P 100/5	2	LZZJB6–10 0.2/10P 150/5	2
电压互感器		DC–1.0/10 10/0.22kV 1kVA	2	JDZ–10 0.2级 10/0.1kV	2				
避雷器		HY5WG–17/50	3	HY5WS–17/50	3	HY5WS–17/50	3	HY5WS–17/50	3
带电显示器		GSN–12Q	1	GSN–12Q	1	GSN–12Q	1	GSN–12Q	1
备注	UPS柜	进线柜		计量柜		出线柜1号 变压器		出线柜2号 变压器	

图 2-70　接线配置图

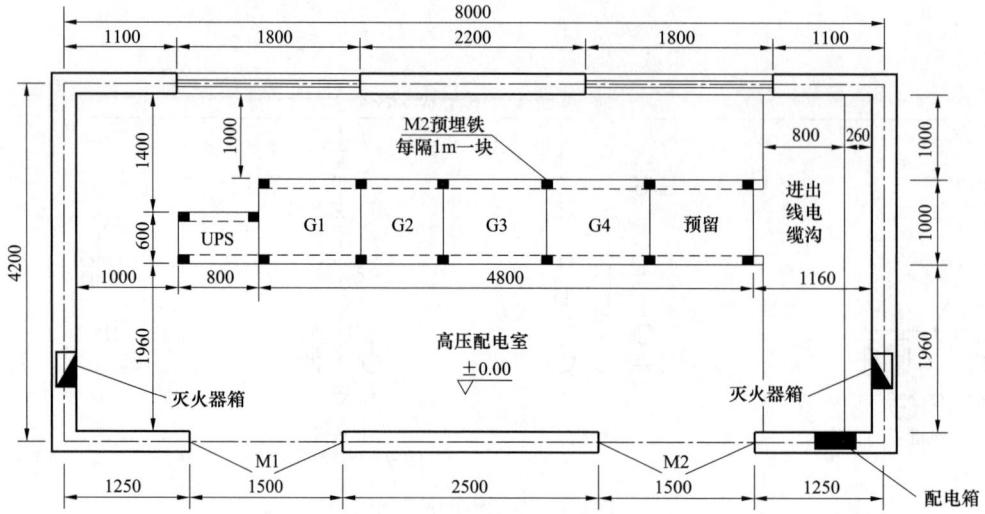

图 2-71　设备布置平面图

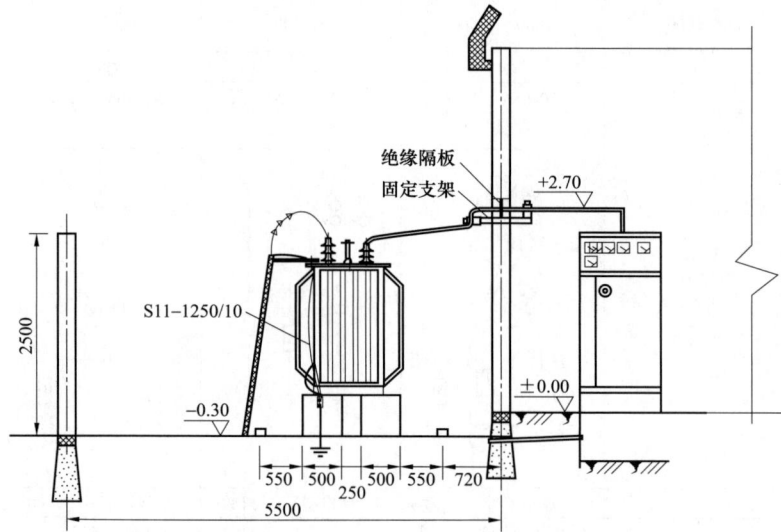

图 2-72　设备布置剖面示意图

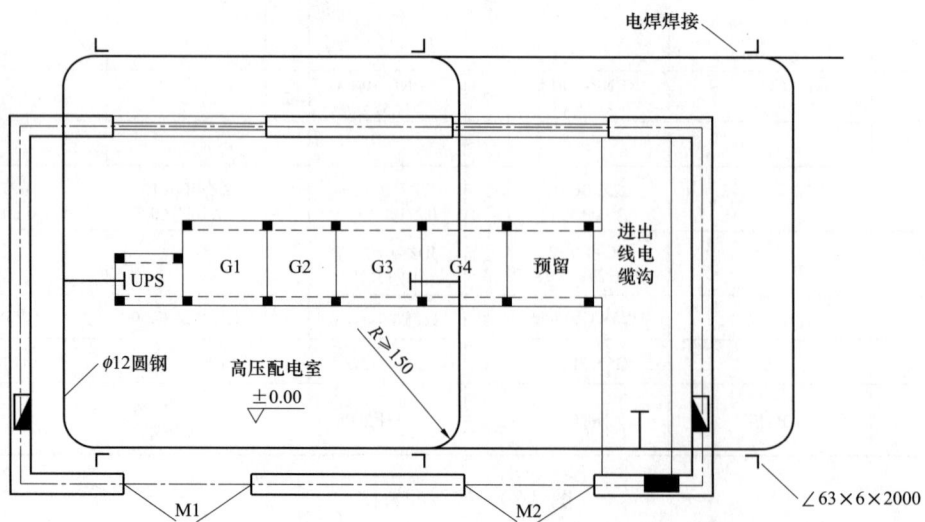

图 2-73　接地系统图

配电网主要设备及材料

第一节 主 要 材 料

配电网工程主要材料分为安装材料和建筑材料，其中安装材料包括导线、母线、电缆及附件、绝缘子、金具、绝缘材料等，建筑材料包括混凝土和钢材等。

一、导线

导线主要是用于传导电流、输送电能的。因此，制造导线的材料不仅要求具有良好的导电性能，同时还要求具有足够的机械强度和较好的耐震、抗腐蚀性能，密度要尽可能小，并应考虑其经济性。为此，导线一般采用铜、铝、铝合金和钢等材料制造。

导线线芯结构一般可将其分为单股导线、多股导线两种；若按导线的整体结构则又可将其分为裸导线、绝缘导线两种。

（一）裸导线

裸导线是架空配电线路最常用的一种导线，它的型号是用制造导线的材料、导线的结构和截面积三部分表示的。其中导线的材料和结构用汉语拼音首字母表示，即"T"表示铜线、"L"表示铝线、"G"表示钢线、"J"表示多股绞线或加强型、"Q"表示轻型、"H"表示合金、"F"表示防腐。例如"TJ"表示铜绞线、"LJ"表示铝绞线、"GJ"表示钢弹簧线、"LHJ"表示铝合金绞线、"LGJ"表示钢芯铝绞线、"LGJJ"表示加强型钢芯铝绞线、"LGJQ"表示轻型钢芯铝绞线。导线的截面用数字表示，它的单位为平方毫米。例如"LJ-240"表示标称截面为 $240mm^2$ 的铝绞线。

1. 铜绞线（TJ）

铜绞线具有优良的导电性能和较高的机械强度，耐腐蚀性强，是一种理想的导线材料。但由于铜在工业上用途极其广泛，资源少而价格高，因此，铜绞线一般只用于电流密度较大或化学腐蚀较严重地区的配电线路。

2. 铝绞线（LJ）

铝绞线的导电性能和机械强度不及铜导线，铝和铜比较，铝的导电系数比铜小 1.6 倍。铝的机械强度也比较小，抗化学腐蚀能力也比较差。但铝的质量小，并且铝的储量高而价格低，因此，铝也是一种比较理想的导线材料。铝的性质决定了铝线一般用于档距比较小的架空配电线路，但在沿海地区或化工厂附近不宜采用铝线。

3. 镀锌钢绞线（GJ）

镀锌钢绞线的导电性能很差，但钢绞线的机械强度高，但由于钢绞线的导电性能很差，因此除特殊的特大跨越外，架空配电线路是不采用钢绞线作为导线的。它多用于架空配电线路中的杆塔拉线，以及用作绝缘导线、通信线等的承力索。

4. 钢芯铝绞线

为了充分利用铝和钢两种材料的优点以补其不足，而把它们结合起来制成钢芯铝绞线，如图 3-1 所示。钢芯铝绞线具有较高的机械强度，它所承受的机械应力是由钢芯线和铝线共同分担的，并且交流电流的集肤效应可以使钢芯线中通过的电流几乎为零，电流基本上是由铝线传导的。因此，钢芯铝绞线的导电和机械性能均比较良好，适用于大档距架空配电线路。钢芯铝绞线一般分为普通型（LGJ）、轻型（LGJQ）和加强型钢芯铝绞线（LGJJ）三种。LGJ-240/30。

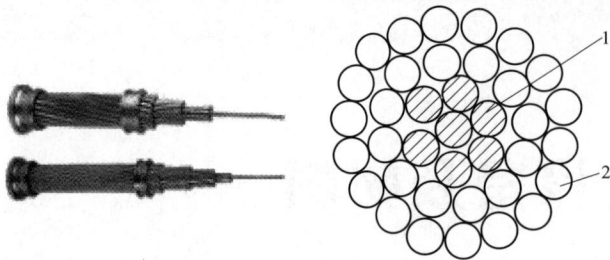

图 3-1　钢芯铝绞线截面示意图
1—钢芯；2—铝线

5. 铝合金线及稀土铝导线

铝合金含有 98％ 的铝和少量的镁、硅、铁、锌等元素，它的密度与铝基本相同，导电率与铝接近，机械强度与铜绞线接近，在价格和电气、机械性能方面兼有铝和铜的特点，也是一种比较理想的导线材料。但铝合金线的需震性能比较差，不宜在大档距易震动的架空配电线路上使用。

稀土铝导线是将普通铝经稀土优化综合处理后制成的，它具有导电率比较高、耐腐性能强的特点。稀土铝导线，在 20℃时的直流电阻率可以从普通铝导线的 $0.028\,264\Omega \cdot mm^2/m$ 下降到 $0.282\,40\Omega \cdot mm^2/m$ 以下，它的机械强度可提高 1％～3％，耐腐蚀能力可提高 1.2～1.8 倍，从而可较大幅度导线的使用寿命。

（二）绝缘导线

在导线外围均匀而密封地包裹一层不导电的材料，如树脂、塑料、硅橡胶、PVC 等，形成绝缘层，防止导电体与外界接触造成漏电、短路、触电等事故发生的电线叫绝缘导线，如图 3-2 所示。绝缘导线在通电以后，会有发热现象，因此，比较理想的绝缘材料应有良好的绝缘和热导电性能，应该在耐热、抗老化性、机械性能等方面具有良好优越性。

图 3-2　绝缘导线示意图

绝缘导线与裸导线相比，具有以下优点：

（1）可解决架空配电线路的走廊问题。架空绝缘导线由于多了一层绝缘层，绝缘性能比裸导线优越，可减少线路相间距离，降低对线路支持件的绝缘要求，提高同杆架设线路的回路数。

（2）可大幅度降低因外力影响而引发的事故，提高供电可靠性。绝缘导线可防外力破坏，减少受树木、飞飘物、金属膜和灰尘等外在因素的影响，减少相间短路及接地事故。

（3）可方便施工，减少维修工作量等。

架空配电线路用绝缘导线，按其结构型式一般可分为高、低压分相式绝缘导线、低压集束型绝缘导线、高压集束型半导体屏蔽绝缘导线、高压集束型金属屏蔽（或称全屏蔽）绝缘导线等。

绝缘导线按所采用的绝缘材料分聚氯乙烯、聚乙烯、高密度聚乙烯、交联聚乙烯等绝缘导线。

绝缘导线的材料和结构特征代号为："JK"表示架空系列（铜导体省略）；"TR"表示软铜导体；"L"表示铝导体；"HL"表示铝合金导体；"V"表示聚氯乙烯绝缘；"Y"表示聚乙烯；"GY"表示高密度聚乙烯；"YJ"表示交联聚乙烯；"/B"表示本色绝缘；"/Q"表示轻型薄绝缘结构（普通绝缘结构省略）；承力束为钢绞线时用"（A）"表示。例如铝芯、交联聚乙烯绝缘（本色）、额定电压10kV、4芯，其中 3 芯为导体，标称截面为 $120mm^2$，承力束为 $50mm^2$ 钢绞线的绝缘导线，可表示为：JKLYJ-10　3×120＋50（A）。常用绝缘导线型号、名称及用途如表 3-1 所示。

表 3-1 常用绝缘导线型号、名称及用途表

额定电压 kV	型 号	名 称	主要用途
1	JKV，JKLV	铜（铝）芯聚氯乙烯绝缘架空电缆	架空固定敷设，引户线等
	JKY，JKLY	铜（铝）芯聚乙烯绝缘架空电缆	
	JKYJ，JKLYJ	铜（铝）芯交联聚乙烯绝缘架空电缆	
10	JKYJ，JKLYJ	铜（铝）芯交联聚乙烯绝缘架空电缆	架空固定敷设，架设时应考虑电缆和树木保持一定距离，电缆运行时允许和树木频繁接触
	JKY，JKLY	铜（铝）芯聚乙烯绝缘架空电缆	
	JKLYJ/B	铝芯本色交联聚乙烯绝缘架空电缆	
	JKLYJ/Q	铝芯轻型交联聚乙烯薄绝缘架空电缆	架空固定敷设，架设时应考虑电缆和树木保持一定距离，电缆运行时只允许和树木短时接触
	JKLY/Q	铝芯轻型聚乙烯薄绝缘架空电缆	

1. 分相式绝缘导线

分相式绝缘导线是采用单芯绝缘导线分相架设于架空配电线路上的。它的架设方法与裸线的架设方法基本相同。低压分相式绝缘导线的结构为在线芯上直接挤包绝缘层；高压分相式绝缘导线的结构是线芯上直接挤包有一层半导体内屏蔽层，半导体层外挤包绝缘层。分相式绝缘导线的结构如图 3-3 所示。

分相式绝缘导线的线芯一般采用经紧压的圆形硬铜、硬铝或铝合金导线。线芯紧压的目的是降低绝缘导线制造过程中所产生的应力；防止水渗入绝缘导线而引起应力断线。

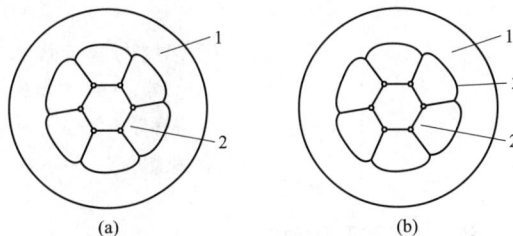

图 3-3 分相式绝缘导线
（a）低压分相式绝缘导线；（b）高压分相式绝缘导线
1—绝缘层；2—导体；3—屏蔽层

然而，对于不承力的绝缘导线，如柱上变压器引线及利用承力束承力的绝缘导线等，可以采用软铜线作线芯，并且这类导线的线芯没有必要进行紧压。

2. 低压集束型绝缘导线

低级集束型绝缘导线（LV-ABC 型），又称为低压绝缘互绞线，可分为承力束承载、中性线承载和整体自承载三种。对于中性线承载的低压集束型绝缘导线，其中性线可分为绝缘和非绝缘两种。这类绝缘导线除中性线外，相线可以采用未经紧压的软铜线作线芯。而自承载的低压集束型绝缘导线的线芯，必须采用经紧压的硬铜硬铝或铝合金线作线芯。低压集束型绝缘导线如图 3-4 所示。

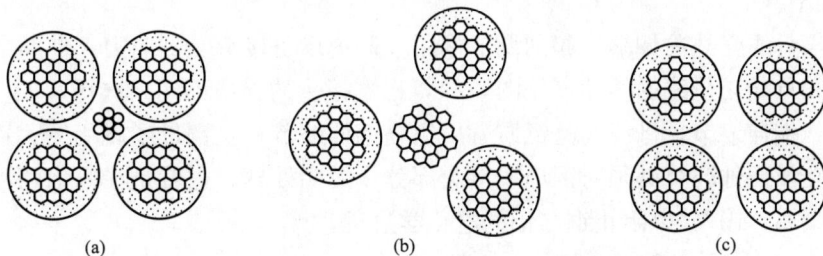

图 3-4 低城市集束型绝缘导线
（a）承力束载荷；（b）中性线载荷；（c）整体载荷

3. 高压集束型绝缘导线

高压集束型绝缘导线（HV-ABC 型），又称为高压绝缘互绞线，它可分为集束型半导体屏蔽、金属屏蔽绝缘导线两种类型。

（1）集束型半导体屏蔽绝缘导线。集束型半导体屏蔽绝缘导线又称为集束型非金属绝缘导线或半导体外屏蔽绝缘互绞线，它可分为承力束承载和自承载两种类型。集束型半导体屏蔽绝缘导线如图 3-5 所示。

（2）集束型金属屏蔽绝缘导线。集束型金属屏蔽绝缘导线，又称为全屏蔽绝缘互绞线。这类绝缘导线一般带承力束。这类绝缘导线一般带承力束，如图 3-6 所示。

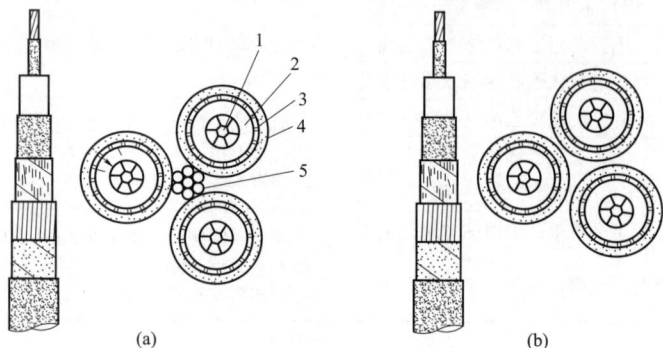

图 3-5　集束型半导体屏蔽绝缘线

（a）带承力束；（b）自承载

1—导体；2—半导体导线屏蔽；3—绝缘体；

4—半导体绝缘屏蔽；5—承力束

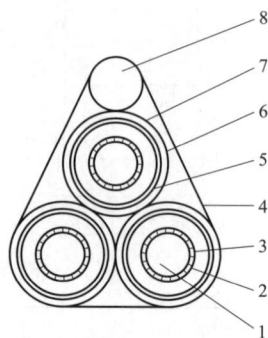

图 3-6　集束型金属型屏蔽绝缘导线

1—导体；2—导线屏蔽；3—绝缘体；

4—绕扎线；5—半导体绝缘屏蔽；

6—集束屏蔽；7—外护套；8—承力束

二、母线及附件

在配电室中各级电压配电装置的连接，以及变压器等电气设备和相应配电装置的连接，大都采用矩形或圆形截面的裸导线或绞线，这统称为母线。母线的作用是汇集、分配和传送电能。由于母线在运行中，有巨大的电能通过，短路时，承受着很大的发热和电动力效应，因此，必须合理的选用母线材料、截面形状和截面积以符合安全经济运行的要求。母线分软母和硬母。

（一）软母线

软母线截面是圆的，容易弯曲，制作方便。常用的就是铝绞线（由很多铝丝缠绕而成），有的为了加大强度，采用钢芯铝绞线，按截面积分类，软母线有 50、70、95、120、150、240mm² 。

（二）硬母线

硬母线是由金属管或金属型材组成并用支柱绝缘子支撑的母线，如图 3-7 所示。母线可以是自支持的桥形结构。硬母线就像一块长条木板，有铝母线、铜母线之分，制作较麻烦。常用的型号有 50×5、60×6、80×8、100×10、120×12mm² 。

（三）母线伸缩节

母线伸缩节补偿母线受热冷伸缩，起到调节作用，避免设备接头受到应力。伸缩节据使用场合分为母线与设备的伸缩和母线与母线的伸缩（见图 3-8），根据接头的材质不同来选择，如母线是铝质、设备接头是铜质就用铝—铜伸缩节，母线间是铝质就用铝—铝伸缩节、是铜母线就用铜—铜伸缩节。铝和铜不宜直接搭接，实在没部件时，必须对铜母线接头部分作烫锡处理，也就是在铜铝两种金属之间用一层不易被腐蚀的过度金属"锡"，以阻止铜与铝的电化学过程。

图 3-7　硬母线

图 3-8　母线与母线伸缩节

（四）铜铝过渡板

铜铝过渡板是防止铜质端子与铝质端子相连接产生电化学腐蚀作用的过渡接触板件，如图 3-9 所示。

（五）绝缘热缩管

绝缘热缩管（见图 3-10）主要用于配电室母线，高、低压开关柜母线的绝缘防护，可以使开关柜的结构紧凑化（相间距离缩短），防止偶发性的短路事故。绝缘热缩管可分 1kV 热缩管、10kV 热缩管，具体有以下作用：

图 3-9　铜铝过渡板　　　　　　　　图 3-10　绝缘热缩管

（1）杜绝老鼠、蛇等小动物引起的短路故障。

（2）防止酸、碱、盐等化学物质对母排的腐蚀。

（3）防止检修人员误入带电间隙造成意外事故。

（4）适应开关小型化的发展趋势。

（5）解决母线槽的相间绝缘问题。

（六）低压封闭式母线槽

封闭式母线槽（简称母线槽，见图 3-11）是由金属材质的（钢板或铝板）保护外壳、导电排、绝缘材料及有关附件组成的母线系统。它可制成每隔一段距离设有插接分线盒的插接型封闭母线，也可制成中间不带分线盒的馈电型封闭式母线。

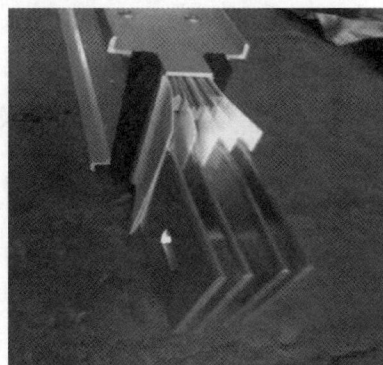

图 3-11　低压封闭式母线槽

（七）封闭式母线槽分接箱

封闭式母线槽分接箱是由母线向外引线箱，内有开关等附件，如图 3-12 所示。

三、电缆及附件

用以传输电（磁）能、信息和实现电磁能转换的线材产品统称为电缆。电缆按作用分为电力电缆、控制电缆、通信电缆及光缆。电缆附件是指电缆线路中各种中间连接和终端连接件。

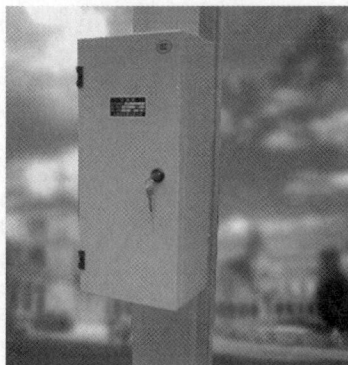

（一）电缆

1. 电力电缆

电力电缆是指用以传输和分配大功率电能的电缆。

（1）电缆的结构。一般的电力电缆结构（见图 3-13）有导体芯线、绝缘层和保护层。导体芯线用于传输电能；绝缘层保证电能沿导电线芯传输，在电气上使导电线芯与外界隔离；保护层起保护密封作用，使绝缘层不受外界潮气浸入，不受外界损伤，保持绝缘性能。

图 3-12　封闭式母线槽分接箱

（2）电缆的分类。

1）按电压等级：可分为低压电缆（1kV 以下）和高压电缆（10kV 以上）。

2）按电缆导线芯截面积：我国电力电缆标称截面系列为 2.5、4、6、10、16、35、50、70、95、120、150、185、240、300、400、500、625mm² 等。

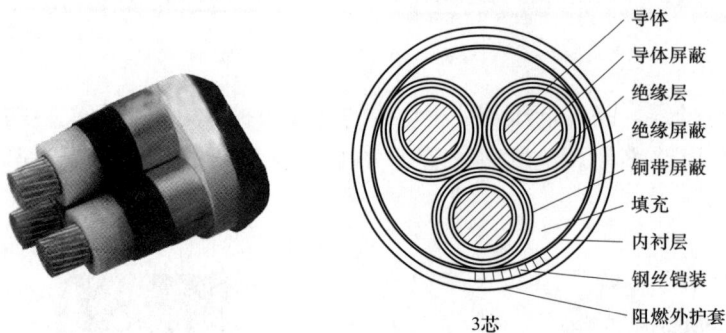

图 3-13　电缆结构示意图

导体
导体屏蔽
绝缘层
绝缘屏蔽
铜带屏蔽
填充
内衬层
钢丝铠装
阻燃外护套

3芯

3）按导电线芯数：可分为单芯、二芯、三芯和多芯。

4）按绝缘材料：可分为油浸纸绝缘、塑料绝缘、橡皮绝缘、阻燃聚氯乙烯绝缘，其中塑料绝缘电缆又可分为聚氯乙烯绝缘、聚乙烯绝缘、交联聚乙烯绝缘。

5）按结构特征：可分为统包型、分相型、钢管型、扁平型、自容型等。

（3）电缆型号。电力电缆的型号说明了电缆的结构特征，同时也表明电缆的使用场合。我国电力电缆产品型号及其表示方法如下：

①—②③④⑤⑥⑦⑧—⑨

其中

①：ZR——阻燃，NH——耐火；

②：用途，电力电缆不用表示，K——控制电缆，P——信号电缆，DJ——计算机电缆；

③：绝缘层，Z——纸，V——聚氯乙烯，Y——聚乙烯，YJ——交联聚乙烯，X——橡皮；

④：导体，T——铜芯（一般不表示），L——铝芯；

⑤：内护层（护套），Q——铅包，L——铝包，V——聚氯乙烯，Y——聚乙烯，H——橡套，HF——非燃性橡套，LW——皱纹铝套，F——氯丁胶，N——丁腈橡皮护套；

⑥：特征，统包型不用表示，F——分相铅包分相护套，D——不滴油，CY——充油，P——屏蔽，C——滤尘器用，Z——直流；

⑦：铠装层，0——无，2——双钢带（24——钢带、粗圆钢丝），3——细圆钢丝，4——粗圆钢丝（44——双粗圆钢丝）；

⑧：外被层，0——无，1——纤维层，2——聚氯乙烯护套，3——聚乙烯护套；

⑨：额定电压，以数字表示，kV。

电缆产品用其型号和规格表示。其方法是在型号后再加上说明芯数和截面积、额定电压、长度的数字。如 YJLV22-10-3×120 表示 10kV 铝芯交联聚乙烯绝缘钢带铠装聚氯乙烯护套三芯电力电缆，单芯截面为 120mm²。

2. 控制电缆

控制电缆是应用于开关控制、仪表、保护装置等方面的信号、控制导线。主要承担信号传输、机构操作、元件控制等作用。

控制电缆的结构如图 3-14 所示，其结果与分类方面与电力电缆在大致相同，在型号方面有所不同。例如，KVV-2×2.5 表示铜—聚氯乙烯绝缘及护套二芯控制电缆，单芯截面为 2.5mm²；KVVP2-4×1.5 表示铜—聚氯乙烯绝缘及护套铜带屏蔽四芯控制电缆，单芯截面为 1.5mm²；KVV22P2-5×10 表示铜—聚氯乙烯绝缘及护套铜带屏蔽钢带铠装五芯控制电缆，单芯截面为 10mm²。

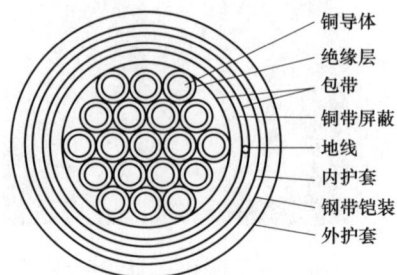

铜导体
绝缘层
包带
铜带屏蔽
地线
内护套
钢带铠装
外护套

图 3-14　控制电缆结构示意图

3. 通信电缆

通信电缆是传输电信信息的电缆。通信电缆按结构分为对称电缆、同轴电缆和光缆三种。常用的通信电缆的型号为：

① ② ③ ④ ⑤ ⑥ ⑦—⑧

其中

①：用途，H—市内电话电缆，HB—通信线，HE—长途通信电缆，HD—干线同轴电缆，HH—海底铜芯电缆，HJ—局用电缆，HO—同轴电缆，HR—电话软线，HP—配线电缆，HU—矿用电缆，HW—岛屿通信电缆，HZ—电话软线，CH—船用话缆，S—射频同轴电缆，P—信号电缆，HS—电视电缆；

②：导体，T—铜芯（也可以不表示），L—铝芯，G—铁芯；

③：绝缘，Z—纸，V—聚氯乙烯，Y—聚乙烯，YF—泡沫聚乙烯，F—聚四氯乙烯，B—聚苯乙烯，X—橡皮；

④：内护层（护套），Q—铅包，L—铝包，V—聚氯乙烯，Y—聚乙烯，H—橡套，CW—皱纹铜管，LW—皱纹铝管，A—铝-聚乙烯，S—钢-铝-聚乙烯；

⑤：特征，C—自承式，D—带形，E—耳机用，J—交换机用，P—屏蔽，S—水下，Z—综合型，W—尾巴电缆，B—扁（平行）；

⑥：铠装层，0—无，2—双钢带（24—钢带、粗圆钢丝），3—细圆钢丝，4—粗圆钢丝（44—双粗圆钢丝）；

⑦：外被层，0—无，1—纤维层，2—聚氯乙烯护套，3—聚乙烯护套；

⑧：派生，1—第一种，2—第二种，252—252kHz 等。

例如，HYAC—200×2×0.4 表示导线截面为 $0.4mm^2$，对数为 200 对的实心聚烯烃绝缘、涂塑铝带黏接屏蔽聚乙烯护套市内通信电缆。

4. 光缆

光缆是一定数量的光纤按照一定方式组成缆心，外包有护套用以实现光信号传输的一种通信电缆，如图 3-15 所示。

光缆的型号表示方法为：

① ② ③ ④ ⑤

其中

①：分类代号，GY—通信用室（野）外光缆；

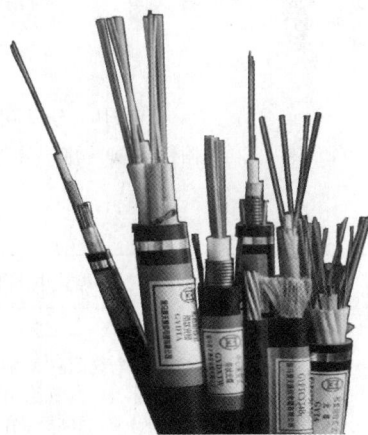

图 3-15 光缆结构示意图

②：加强构件，金属不表示，F—非金属；

③：结构特征，层绞结构不表示，D—光纤带状，S—光纤松套被覆，J—光纤紧套被覆，G—骨架槽式，X—中心束管式，T—填充式，C—自承式，B—扁平形状，Z—阻燃；

④：护套，A—铝-聚乙烯，S—钢-铝-聚乙烯，V—聚氯乙烯，Y—聚乙烯，W—夹带钢丝及钢-聚乙烯粘接，G—钢；

⑤：外护层，23—钢带绕包铠装聚乙烯护套，53—轧纹纵包钢带铠装聚乙烯护套，33—单层细圆钢丝铠装聚乙烯护套，333—双层细圆钢丝铠装聚乙烯护套。

例如，GYSTA53 表示单层钢带皱纹纵包铠装聚乙烯外被层、填充式结构、铝—聚乙烯粘结护套通信用室（野）外光缆。

（二）电缆附件

电缆附件包括电缆终端头、中间接头等。

1. 概念及作用

电缆终端头和电缆中间接头，是电缆本体芯线、绝缘、屏蔽和护层四个结构层的延续。电缆终端头是安装在电缆末端，以保证电缆与系统的其他部分电气连接，并维持绝缘到连接点的终端装置。电力电缆与控制电缆都有两个终端头。电缆中间接头是指电缆与电缆之间相互连接的装置。因此电缆附件的作用就是恢复电缆原有的导电线芯，恢复绝缘、屏蔽、密封保护等功能。因此对电缆附件的基本要求是导电性能好、绝缘可靠、机械强度足够高、密封性能好、防腐、阻燃及热性能良好。

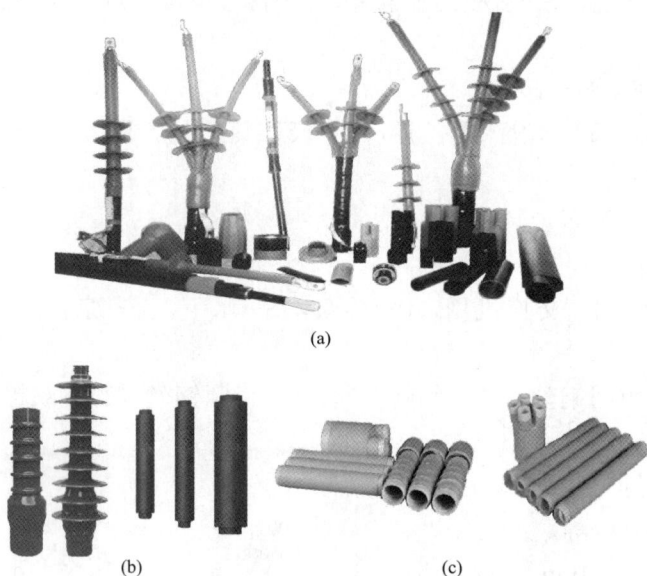

图 3-16 中压电缆附件

（a）热缩式电缆附件；（b）预制式电缆附件；（c）冷缩式电缆附件

2. 电缆附件的分类

（1）按安装位置分类：终端有户外和户内，中间接头有直通接头、绝缘接头和分支接头。

（2）按安装方式和使用材料分：绕包式、瓷套式、浇注式、热缩式、预制式、冷缩式。

由于目前中低压配电网大量采用交联聚乙烯绝缘电力电缆，所以预制式、热缩式和冷缩式的附件用得较多。有些场合，交联聚乙烯绝缘电力电缆与配电设备（如电缆分支箱、充气柜、紧凑型箱变等）之间需要全绝缘、全密封连接，必须使用预制式电缆附件；在有些场合，电力电缆与配电设备（如架空导线、空气绝缘开头柜或箱式变压器等）之间不一定需要全绝缘、全密封连接，因此既可以使用预制式电缆附件，也可以使用冷缩式或热缩式电缆附件。三种类型中压电缆附件如图 3-16 所示，其对比如表 3-2 所示。电缆中间接头示意图如图 3-17 所示。

表 3-2 中压电缆附件对比

种类	热缩式电缆附件	冷缩式电缆附件	预制式电缆附件
结构特征	将具有电缆附件所需要的各种性能的热缩管材，分支套和雨罩（常用于户外终端头）套装在经过处理后的电缆末端或接头处，加热收缩而形成的电缆附件	利用橡胶材料，将电缆附件的增强绝缘和应力控制部件在工厂内模制成型，再扩径加以支撑物，现场套装在经过处理后的电缆末端或接头处，抽出支撑物，收缩压紧在电缆上而形成的电缆附件	利用橡胶材料，将电缆附件里的增强绝缘和屏蔽层在工厂内模制成一个整体或若干部件，现场套装在经过处理后的电缆末端或接头处面形成的电缆附件
优点	（1）型号规格较少； （2）安装快捷、简单； （3）价格便宜	（1）型号规格较少； （2）安装快捷、简单	（1）结构紧凑，安全可靠，可拆卸、重复使用，安装简单； （2）无存储期限； （3）可以 100% 出厂检验以控制质量
缺点	（1）安装时需要热源； （2）质量很大程度上取决于安装工艺； （3）与电缆绝缘的界面易产生间隙、放电、影响寿命	（1）冷缩预扩张件有一定的存储期限（一般不超过 12 个月）； （2）出厂试验不能 100% 的全检	每种导体截面需要有专门的配件，型号多

3. 电缆支架及桥架

（1）电缆支架（见图 3-18）。常用的电缆支架有装配式和现场角钢制作支架。

（2）电缆桥架（见图3-19）。分为槽式、托盘式、梯式、组合式，由托架、支吊架和附件构成。

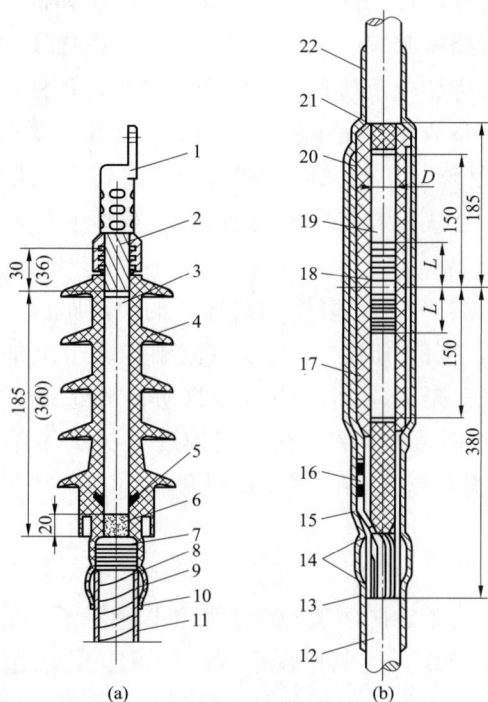

图 3-17 电缆中间接头示意图

（a）电缆终端头；（b）电缆中间头

1—接线端子；2—线芯；3—XLPE绝缘；4—预制件；5—应力锥；6—外半导电层；7—包装半导体带；8—铜带屏蔽；9—填充数；10—尼龙带；11—铠装；12—电缆外护套；13—钢带铠装；14—焊点；15—过渡钢编织线接地线；16—连接器；17—附加绝缘；18—连接金具；19—电缆绝缘；20—半导电层；21—绝缘半导电屏蔽；22—外密封热缩护套

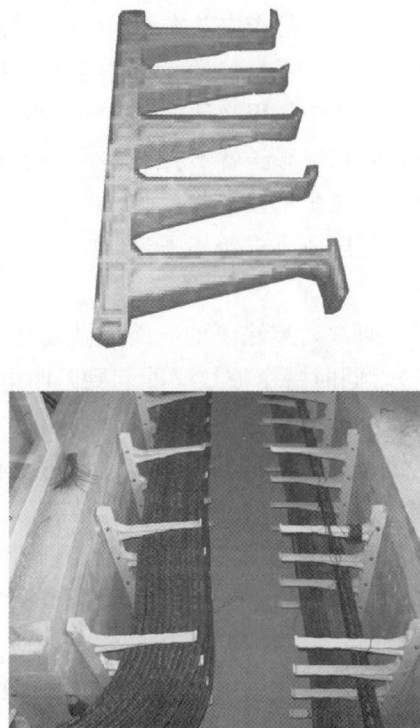

图 3-18 电缆支架示意图

4. 电缆防火材料

电缆阻燃防火材料主要有难燃轻型封闭式隔板，轻型耐火隔板，无机、有机防火堵料、防火涂料等。电缆孔洞封堵防火堵料示意图如图3-20所示。

SEFC-Ⅰ型电缆有机防火堵料是一种柔性阻燃材料，具有良好的阻火、堵烟、耐油、耐水、耐腐蚀性能。该材料具有阻烟、防火、防尘等功能，主要用于电线、电缆的孔洞封堵，以防止电线、电缆发生火灾而由孔洞向邻室蔓延，减少火灾损失，避免事故的扩大。

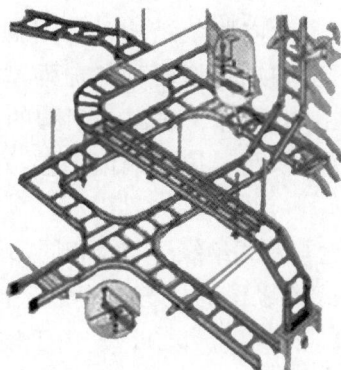

图 3-19 电缆桥架示意图

图 3-20 电缆孔洞封堵防火堵料示意图

SEFC-Ⅱ型电缆无机防火堵料是一种新型防火阻燃材料，由耐高温无机材料和速固材料混合而成，该产品是用一定比例的清水调和后迅速固化，具有无味、无毒、防火、耐油性能。适用于电缆贯穿孔洞的封堵，是一种不燃性材料，耐火时间达3h以上，能有效地阻止火焰窜透延燃。

四、绝缘子

1. 定义及用途

绝缘子是指安装在不同电位的导体之间或导体与地电位构件之间，能够耐受电压和机械应力作用的器件。绝缘子是一种特殊的绝缘控件，在架空配电线路中起着两个基本作用，即支撑导线和防止电流回地，这两个作用必须得到保证。绝缘子不应该由于环境和电负荷条件发生变化导致的各种机电应力而失效，否则绝缘子就不会产生重大的作用，就会损害整条线路的使用和运行寿命。因此，要求架空配电线路用绝缘子不仅需要有良好的绝缘性能，而且要有足够的机械强度。并且由于绝缘子长期暴露在大气中，所以还要求绝缘子对风、冰、雪、雾、温度骤变以及大气中有害物质的侵蚀还要有足够的抵御能力。

通常，绝缘子的表面被做成波纹形的。这是因为，一是可以增加绝缘子的泄漏距离（又称爬电距离），同时每个波纹又能起到阻断电弧的作用；二是当下雨时，污水不会流到绝缘子上部，避免形成污水柱造成短路事故，起到阻断污水水流的作用；三是当空气中的污秽物质落到绝缘子上时，由于绝缘子波纹的凹凸不平，污秽物质将不能均匀地附在绝缘子上，在一定程度上提高了绝缘子的抗污能力。总之，将绝缘子做成波纹形的目的是为了提高绝缘子的电气绝缘性能。

2. 绝缘分类

绝缘子通常分为可击穿型和不可击穿型。

（1）按结构可分为柱式（支柱）绝缘子、悬式绝缘子、防污型绝缘子和套管绝缘子。

（2）按应用场合又分为线路绝缘子和电站、电器绝缘子。其中用于线路的可击穿型绝缘子有针式、蝶形、盘形悬式，不可击穿型有横担和棒形悬式。用于电站、电器的可击穿型绝缘子有针式支柱、空心支柱和套管，不可击穿型有棒形支柱和容器瓷套。

（3）架空线路中所用绝缘子，常用的有针式绝缘子、蝶式绝缘子、悬式绝缘子、瓷横担、棒式绝缘子和拉紧绝缘子等。

（4）按材料分陶瓷绝缘子、玻璃钢绝缘子、合成绝缘子、半导体绝缘子。

3. 常用绝缘子作用及特点

（1）针式绝缘子。针式绝缘子（俗称直瓶或立瓶），它是一种在绝缘件孔内一个脚可以刚性的安装在支持构件上的绝缘子，它主要用于直线杆或角度较小的转角杆上。导线采用扎线绑扎，使其固定在针式绝缘子顶部的槽中。针式绝缘子为内胶装结构，其钢脚装在瓷件的内部用水泥胶装。针式绝缘子按其泄漏距离的不同，分为普通型和加强型两种。加强型针式绝缘子的泄漏距离比较大，抗污性能比较好，适用于污秽地区。但是由于瓷件、水泥、钢脚的热膨胀系数不一样，在温度骤变时绝缘子容易爆裂，并且其深槽型结构容易积污，抗污闪能力差，目前已逐步被淘汰。常用的针式绝缘子如图 3-21 所示。

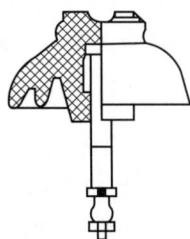

（2）柱式绝缘子。柱式绝缘子的用途与针式绝缘子基本相同，柱式绝缘子按其抗弯强度不同，一般可分为普通型和加强型两种，普通型柱式绝缘子的抗弯强度为 2.5kV；加强柱式绝缘子的抗弯强度为 5.0kV。由于柱式绝缘子是外胶装结构，温度骤变等原因不会使绝缘子内部击穿及爆裂，并且浅槽裙边使得绝缘子自洁性能良好，抗污闪能力要比针式绝缘子强。因此，柱式绝缘子作为针式绝缘子的替代产品，在配电线路上应用非常广泛。柱式绝缘子外形如图 3-22 所示。

（3）悬式绝缘子。悬式绝缘子（俗称吊瓶），它是一种由一个盘状或钟状的绝缘件，以及沿着绝缘

图 3-21　针式绝缘子　　图 3-22　柱式绝缘子外形

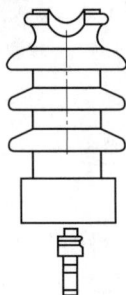

子轴线布置的附件（即钢帽和钢脚）所组成的绝缘子，钢帽胶装在绝缘件上，钢脚胶装在绝缘件孔内，因而悬式绝缘子具有较大的机械强度和良好的电气性能。架空配电线路用悬式绝缘子按防污性能可分为普通型和防污型两种；按其制造材料一般又可分为瓷悬式绝缘子和钢化玻璃悬式绝缘子两种。悬式绝缘子一般安装在高压架空配电线路的耐张杆、终端杆或支线杆上，作为耐张或终端绝缘子串使用，少量也用于直线杆作为直线绝缘子串使用。悬式绝缘子外形如图 3-23 所示。

（4）棒式绝缘子。棒式绝缘子又称瓷拉棒，它是一个一端或两端装有钢帽的实心瓷体，为外胶装结构。棒式绝缘子的优点是质量轻、长度短、实心结构不会内击穿。另外，棒式绝缘子还具有泄漏距离长、绝缘水平高、自洁能力强（可以减少清扫绝缘子的工作量），且结构简单、安装方便等优点，它可以代替悬式绝缘子串或蝴蝶型绝缘子用于架空配电线路的承力杆

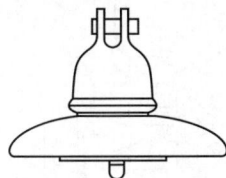

图 3-23　悬式绝缘子外形

如耐张杆、终端杆和分支杆等，作为耐张绝缘子使用。10kV 棒式绝缘子一般在一端都浇装有双耳钢附件，用于与铁横担的连接，另一端一般有绑扎式、截断式、浇装单耳式或浇装双耳式四种类型。

1）绑扎式，它一般有比线槽。绑扎导线时不用将导线截断，只要把导线弯成双环式，扣扎与线槽内直接绑扎，它适用于 35mm² 及以下截面的导线。

2）截断式，它一般有孔和单线槽。绑扎导线时需将导线截断，并将截断的头穿入孔中绑扎在线槽内，它适用于 35mm² 及以下截面的导线。

3）浇装单耳或双耳钢附件，它用于连接耐张线夹，适用于各类导线。

另外，10kV 架空配电线路也使用有不带钢附件的棒式绝缘子。

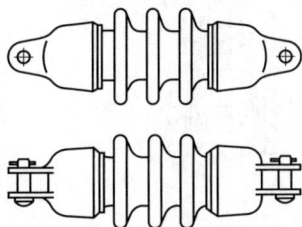

图 3-24　棒式绝缘子外形

然而，由于棒式绝缘子在运行过程中容易遭震动等原因而断裂，它一般只能用在一些应力比较小的承力杆，并且它不能用于跨越铁路、公路、航道或市中心区域等重要地区的线路。棒式绝缘子外形如图 3-24 所示。

（5）蝴蝶型绝缘子。蝴蝶型绝缘子又称蝶式绝缘子（俗称茶台瓷瓶），它一般用在低压配电线路，作为直线或耐张绝缘子，也有同悬式绝缘子配套，用于 10kV 配电线路耐张杆、终端杆或分支杆等。蝴蝶型绝缘子外形如图 3-25 所示。

（6）瓷横担绝缘子。瓷横担绝缘子是一种一端装有金属附件的实心瓷体组成的绝缘子，为外浇装结构。它一般用于 10kV 配电线路直线杆，导线的固定是采用扎线将其绑扎在瓷横担绝缘子另一端瓷槽内。与悬式绝缘子比较，瓷横担绝缘子虽然存在有强度较弱的缺点，但由于瓷横担在结构上的独特优点，若在相同条件下使用，瓷横担绝缘子能同时起到绝缘子和横担的双重作用，能等效增高杆塔高度，可降低线路造价。在断线时，不平衡张力使瓷横担转动到顺线路位置，此时瓷横担绝缘子由抗弯变成承受拉力，有一定的缓冲作用，可限制事故范围。瓷横担绝缘子泄漏距离大，自洁性能好，抗污闪能力强，它的实心结构使其不易击穿和老化，并且其结构简单、安装方便，因此，瓷横担在 10kV 架空配电线路上应用非常广泛。瓷横担绝缘子外形如图 3-26 所示。

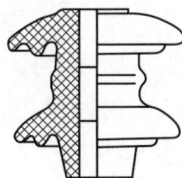

图 3-25　蝴蝶型
绝缘子外形

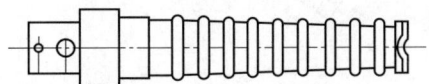

图 3-26　瓷横担绝缘子外形

（7）放电箝位绝缘子。随着我国高压架空绝缘化进程的发展，绝缘导线雷击断线问题日趋显现。10kV 架空线路绝缘导线用放电箝位柱式复合绝缘子属于国内首创，能够有效解决绝缘导线雷击断线问题。放电箝位柱式绝缘子分为放电箝位柱式瓷绝缘子和放电箝位柱式复合绝缘子。放电箝位绝缘子外形如图 3-27 所示。

放电箝位柱式复合绝缘子既具有普通柱式复合绝缘子的功能，又能箝制导线工频电位，将雷电冲击放电路径定位于高、低压电极之间，疏导工频电弧弧根离开导线至高压电极负荷侧燃烧，以保护绝缘导

线免遭雷击断线。

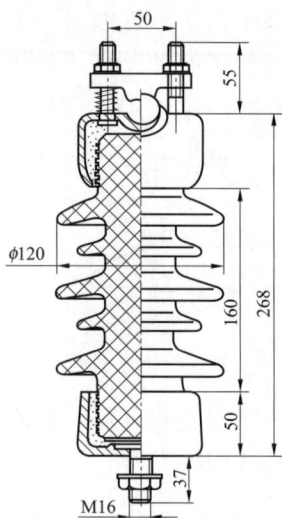

图 3-27　放电箝位
绝缘子外形

五、金具

金具主要是指连接和组合线路上各类装置，起到传递机械、电气负荷以及某些防护作用的金属附件。金具的种类很多，按其不同的用途和性能，一般可分为支持金具、固定金具、连接金具、接续金具、保护金具和拉线金具六大类。

（一）支持金具（悬垂线夹）

支持金具的作用是支持导线，使导线固定在绝缘子或杆塔上，它一般用于直线杆塔。支持金具主要是悬垂线夹，如图 3-28 所示。

由于配电线路的直线杆一般均采用瓷横担、柱式绝缘子和针式绝缘子等类型，导线是直接用扎线固定在绝缘子上。因此，架空配电线路很少采用悬垂线夹，它一般只用于一些垂直荷载很大的配电线路上，如大跨越等，或者在互绞式绝缘导线、通信线承力束中使用。

用于导线的悬垂线夹，它的型号为 XGU-1、2、3、4，其中型号"X"表示悬垂线；"G"表示固定型；"U"表示 U 型螺栓式；数字 1、2、3、4 表示线夹组合编号。另外，数字之后可以用字母"A"表示带碗头挂板，用字母"B"表示带 U 型挂板。

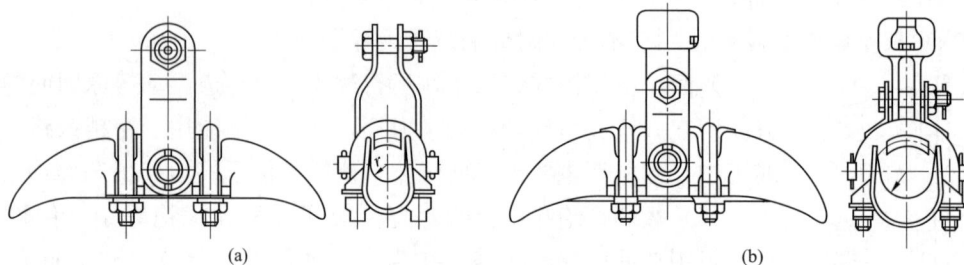

(a) (b)

图 3-28　悬垂线夹
（a）槽型线夹；（b）球型线夹

（二）紧固金具（耐张线夹）

紧固金具的作用是在耐张、终端、分支等杆塔上紧固导线或避雷线，使其固定在绝缘子串或横担上。紧固金具一般是指耐张线夹，它可分为螺栓型、楔型、压接型和楔型与螺栓混合型四种。要求耐张线夹的握着力不应小于导线、避雷线计算接断力的 90%。架空配电线路常用的耐张线夹外形，如图 3-29 所示。

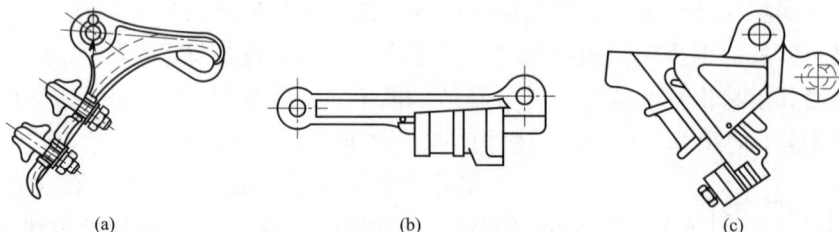

(a) (b) (c)

图 3-29　耐张线夹外形
（a）螺栓型；（b）楔型 (c)混合型

（1）螺栓型耐张线夹。螺栓型耐张线夹分正装和倒装两种结构。倒装式耐张线夹又称耐螺倒，由于它具有尺寸小、质量轻、配件少、握力大、施工方便等优点，因此在架空线路上的应用非常广泛。而正装式耐张线夹，却由于它比较重，安装也不方便，因此正在逐渐被淘汰。此外，由于受握着力的限制，螺栓型耐张线夹一般只能用于 240mm² 及以下截面的导线上。

用于导线的螺栓倒装型耐张线夹，它的型号为 NLD-1、2、3、4 其型号中"N"表示耐张线夹；"L"表示螺栓型；"D"表示倒装式；数字表示线夹的组合编号。螺栓型耐张线夹与导线的配合，见表 3-3。

表 3-3 耐张线夹与导线配合表

线 夹 型 号		NLD-1	NLD-2	NLD-3	NLD-4
适用 导线 型号	LGJ	16～35	50～70	95～150	185～240
	LJ	16～50	70～95	120～185	240
	TJ	16～50	70～95	120～185	240

（2）压接型耐张线夹。压接型耐张线夹一般分液压和爆压两种。使用压接型耐张线夹时需切断导线，并且线夹本身除承受机械负荷外，它还要导通电流。由于压接型耐张线夹握力比较大，因此，它适用于截面 240mm² 及以上规格的导线或钢绞线。

为减少电能损耗、方便施工，近年来，架空配电线路已开始使用一种新型的具有节能功效的耐张线夹。它的型式主要有楔型、螺栓型及楔型与螺栓混凝合型三种。其中，楔型耐张线夹主要收楔形块、开口金属外壳等构成，由于这类线夹不形成闭合磁回路，在电流通过线夹时，无磁滞、涡流损耗，因此这类耐张线夹同样具有节能效果。

（三）连接金具

连接金具一般分专用、通用两种。专用连接金具主要用于配合球型绝缘子串连接，如球头挂环、球头挂板等；通用连接金具则主要用于绝缘子串间相互连接，以及绝缘子与杆塔或其他金具间的连接，如 U 形挂板、U 形挂环、直角挂板、平等挂板、连板、延长环等。常用的连接金具外形如图 3-30～图 3-34 所示。

用于架空配电线路的连接金具，其型号、规格主要有以下几种。

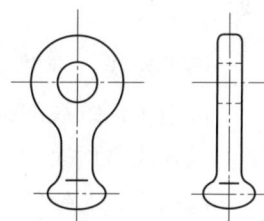

图 3-30 球头挂环

（1）球头挂环。球头挂环用于连接球形绝缘子上端碗头铁帽。架空配电线路用球头挂环的型号主要有 Q-7、QP-7 型两种。其中"Q"表示圆形连接球头挂环；"QP"表示螺栓平面接触连接的球头挂环；"7"表示破坏荷重为 70kN。

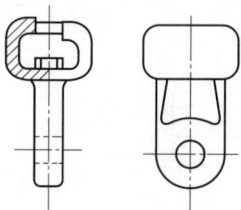

图 3-31 碗头挂板

（2）碗头挂板。碗头挂板用于连接球形绝缘子的下端球头钢脚，它分单连和双连碗头两种。架空配电线路用碗头挂板的型号主要有 W-7A、W-7B、WS-7 型三种。其中"W"表示碗头挂板；"S"表示双联；"7"表示破坏荷重为 70kN；"A"表示短型；"B"表示长型。

（3）U 形挂环。U 形挂环是一种最常用的通用金具，它可以单独使用，也可以几个组装在一起使用。架空配电线路用 U 形挂环的型号有 U-7、UL-7；"7"表示破坏荷重为 70kN；"L"表示延长型。

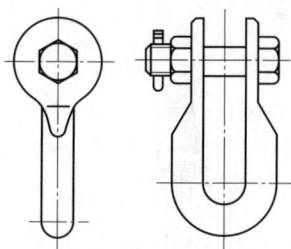

图 3-32 U 形挂环

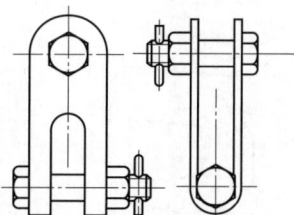

图 3-33 直角挂板

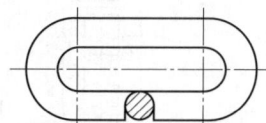

图 3-34 平行挂环

（4）直角挂板。直角挂板是一种转向金具；架空配电线路用直角挂板的型号主要有 Z-7、ZS-7 型两种，其中"Z"表示四脚式直角挂板；"ZS"表示三腿式直角挂板；"7"表示破坏荷重为 70kN。

（5）平行挂环。平行挂环又称延长环，它是一种用于架大绝缘子串长，改善导线张力、增加间歇的通用连接金具。架空配电线路用平行挂环的型号主要有 PH-7 型，一般用于将拉线锲型线夹固定于抱箍用，其中"P"表示平型；"H"表示挂环；"7"表示破坏荷重 70kN。

（四）接续金具

接续金具的作用是接续导线。它分为承力接续和非承力接续两种。

（1）承力接续金具。承力接续金具主要有导线接续管和接续预绞丝等，如图 3-35 所示。用于导线连接的接续管主要有液压管、爆压管和钳压管三种。

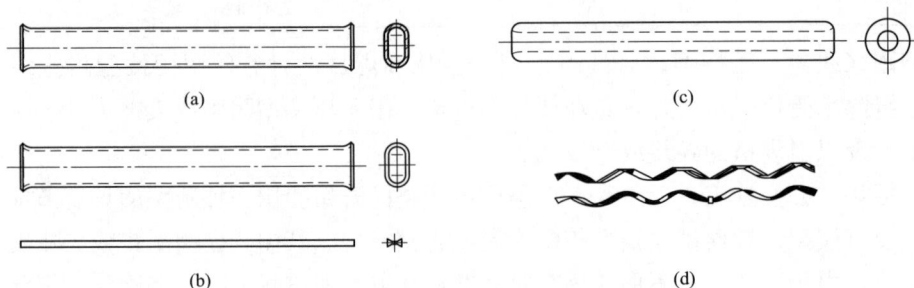

图 3-35　导线承力连接管及连接预绞丝

(a) 铜、铝绞线钳液压管；(b) 钢芯铝绞线钳压管；(c) 钳压管；(d) 预绞丝

用于导线、避雷线承力连接的接续金具，要求其握着力不小于导线、避雷线计算拉断力的 95％。

适用于铝绞线的钳压管的型号为 JT-□L 型，其中"J"表示接续管；"T"表示椭圆；"□"表示数字，以导线截面表示；"L"表示铝绞线。

适用于钢芯铝绞线的钳压管的型号为 JT-□ 型；适用于铜绞线的钳压管的型号为 JT-□T 型；适用于避雷线的接续管型号为 JY-□G 型。这些钳压管的型号中"Y"表示圆形；"T"表示铜线；"G"表示网绞线；钢芯铝绞线省略。

（2）非承力接续金具。非承力连接的接续金具主要有钢线夹子、并沟线夹、异型并沟线夹、C 型或 H 型线夹、钳型线夹、螺栓型线夹、楔型线夹以及穿刺线夹等，如图 3-36 所示。为了节能，进行导线非承力载流连接，一般应采用无磁滞和涡流损耗的线夹。

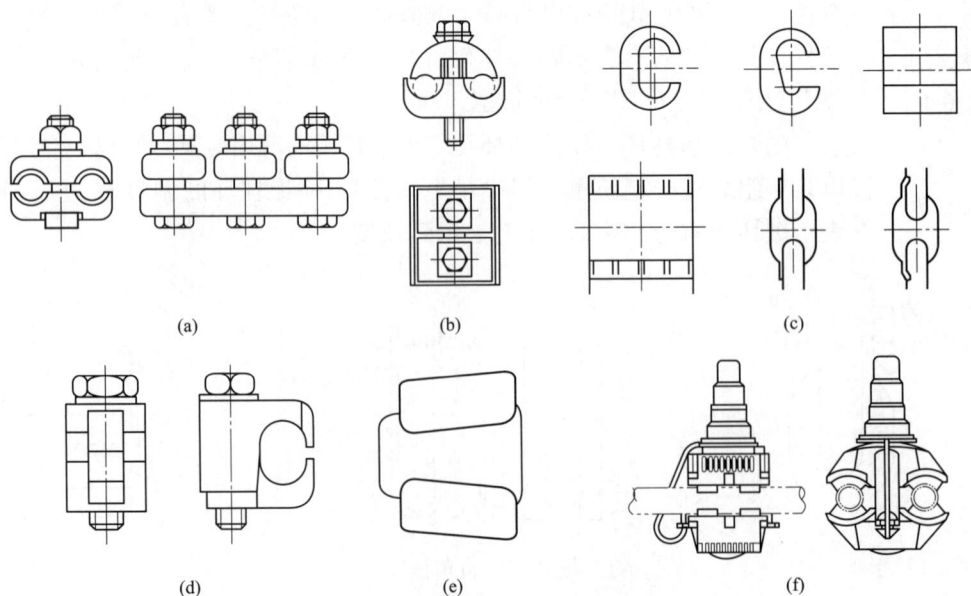

图 3-36　导线非承力连接线夹

(a) 并沟线夹；(b) 异型并沟线夹；(c) C 型、H 型线夹；(d) 钳型、螺栓型线夹；(e) 楔型线夹；(f) 穿刺线夹

非承力连接用接续金具，要求其握着力不应小于导线计算接断力的10％。

适用于导线非承力连接的并沟线夹型号为JB，它一般仅用于同载面导线的连接。并沟线夹与导线的配合，如表3-4所示。由于这种并沟线夹的接触面小，且为敞开式结构，易受大气中有害物质侵蚀，因此，它只能用于清洁地区、轻负荷的小载面导线上。

表3-4　　　　　　　　　　　　　　并沟线夹与导线截面配合

型　号		JB-0	JB-1	JB-2	JB-3	JB-4
过载	LJ	16～25	35～50	70～95	120～150	185～240
导线	LGJ	16～25	35～50	70～95	120～150	185～240

（五）保护金具

保护金具分电气和机械两大类。电气类保护金具一般用于防止绝缘子串或电瓷设备上的电压分布过分不均匀而损坏绝缘子或设备，主要有均压环等。机械类保护金具主要有防震锤、护线条、预绞丝、铝包带、间隔棒及重锤等。其中防震锤、护线条、预绞丝主要是用于防止导线、避雷线断股；间隔棒主要是用于防止导线在档距中间互相吸引和鞭击。在线夹下悬挂重锤的目的是防止直线杆塔的悬式绝缘子串摇摆角过大，或在寒冷天气中导线出现"倒拔"现象引发事故。

架空配电线路由于其电压等级低，导线使用张力也比较小，因此，架空配电线路除铝包带外一般不必采用其他保护金具，只有在档距较大的线路上需使用使用防振锤及在特殊需要时采用绝缘间隔棒。

（六）拉线金具

拉线用于平衡电杆所承受的水平风力和导线张力。架空配电线路用拉线按其不同作用，一般可分为张力拉线（如终端、耐张、转角、支线杆拉线等）和风力拉线（如在土质松软的线路上设置拉线，防止电杆受侧向风力影响而发生倾斜或倾倒，提高电杆的稳定性）两种；按拉线的形式，拉线一般又可分为普通拉线（俗称落地扳）、水平拉线（俗称高桩扳）、弓背拉线（俗称自身板）、墙装拉线（俗称墙板）和共同拉线（俗称悬空扳）五种。

拉线金具主要是用于拉线杆塔的拉线连接，配电线路上常用的主要有楔型线夹和UT线夹等，如图3-37所示。拉线用楔型线夹与拉线的配合，如表3-5所示。UT型线夹与拉线的配合，如表3-6所示。

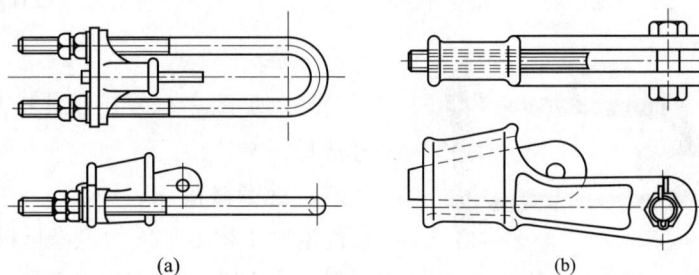

图3-37　拉线金具
(a) UT型线夹；(b) 楔型线夹；

表3-5　　拉线用楔型线夹与拉线截面配合

型　号	NX-1	NX-2
拉线截面（mm²）	25～35	50～70

表3-6　　UT型线夹与拉线截面配合

型　号	NUT-1	NUT-2
拉线截面（mm²）	25～35	50～70

拉线用U型挂环的型号主要为UL-7、UL-10两种。其中，UL-7、NX-1型和NUT-1型配合使用；UL-10型与NX-2型和NUT-2型配合使用。

（七）其他金具

1. 顶架抱箍

用于三角形排列直线杆顶相或单回路耐张杆顶相，根据绝缘子不同分为柱式、针式和瓷横担式顶架，根据绝缘子数量分单顶架和耦合顶架两种，如图3-38和图3-39所示。

2. 抱箍

抱箍又称半元抱箍（见图3-40），主要用于与横担配合形成单横担杆型、固定拉线及配合其他装置固定于电杆用。根据电杆稍径不同及装置位置不同，选用不同半径型号的抱箍。

图 3-38　柱式单顶架　　　　　图 3-39　柱式耦合顶架　　　　　图 3-40　抱箍

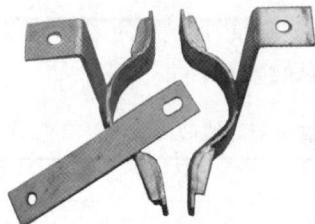

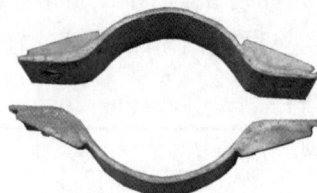

3. 耐张拉环

耐张拉环（图 3-41）用于耐张杆双横担之间的连接并固定绝缘子串，也可采用挂线连接板。

4. 单耳拉棒

单耳拉棒（图 3-42）用于连接拉线金具 UT 型线夹和拉盘，与双耳的区别在于连接拉盘是直接穿过拉盘预留孔固定，用于受力较小的拉线组。

5. 双耳拉棒

双耳拉棒（见图 3-43）用于连接拉线金具 UT 型线夹和拉盘，为增加受力面积，与拉盘之间的连接通过拉环配合进行加强。同时根据受力大小有不同规格型号选择。

图 3-41　耐张拉环　　　　　图 3-42　单耳拉棒　　　　　图 3-43　双耳拉棒

图 3-44　拉环

6. 拉环

拉环（见图 3-44）用于连接双耳拉棒和拉盘用，根据受力大小有不同规格型号选择。

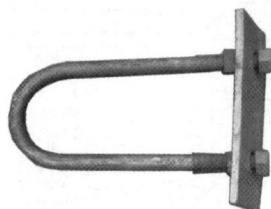

六、绝缘材料

配电网工程中常用的绝缘材料有 PVC（聚氯乙烯绝缘材料）、PE（聚乙烯绝缘材料）、HDPE（高密度聚乙烯绝缘材料）、XLPE（交联聚乙烯绝缘材料）。

① PVC。它具有较好的电气、机械性能，对酸、碱有机化学成分性能比较稳定，耐潮湿，阻燃，成本低且易加工等特点。但 PVC 同其他绝缘材料相比而言，PVC 绝缘材料的介质损失及相对介电系数比较大，绝缘电阻低，耐热性比较差。PVC 的长期允许工作温度不应大于 70℃。因此，PVC 绝缘材料一般只适用于低压绝缘导线或集束型绝缘导线的外护套。

② PE。它具有优异的电气性能，相对介电系数及介质损失角正切值在较大的频率范围内几乎不变。化学稳定性良好，在室温下耐溶剂性好，对非氧性酸、碱的作用性能非常稳定，耐潮湿、耐寒性也比较好。但 PE 绝缘材料软化温度比较低，它的长期允许工作温度不应超过 70℃。另外 PE 绝缘材料耐环境应力开裂、耐油性和耐气候性比较差，且不阻燃。

③ HDPE。它除长期允许工作温度不应超过 70℃和不阻燃之外，其他主要电气、机械性能与交联聚乙烯绝缘材料接近。

④ XLPE。它是采用交联的方法将聚乙烯的线性分子结构转化为网状结构而形成的。它的电气性能与聚乙烯接近，耐热性好，其长期允许工作温度为 90℃，抗过载能力强，并且 XLPE 绝缘材料可避免环境应力开裂，机械物理性能较 PVC、PE 绝缘材料要好。

七、杆（塔）材料

（一）电杆

电杆是架空配电线路中的重要构件，主要用作支撑导线及附件。电杆种类繁多，按材料一般可将其分为木杆、钢筋混凝土杆、钢壁混凝土杆、钢杆。

由于我国木材资源比较紧缺，目前木杆已基本不用，而钢杆的建设投资和运行费用均相当高，一般在城市市区采用。因此在一般情况下，架空配电线路应尽量采用钢筋混凝土电杆，并应选用定型产品等。

1. 钢筋混凝土杆

钢筋混凝土电杆（见图 3-45）有普通钢筋混凝土电杆和预应力混凝土电杆两种。电杆的截面形式有方形、八角形、工字形、环形或其他一些异型截面。最常采用的是环形截面和方形截面。如图所示，电杆长度一般为 4.5～15m。环形电杆有锥形杆和等径杆两种，锥形杆的梢径一般为 100～230mm，锥度为 1：75；等径杆的直径为 300～550mm；两者壁厚均为 30～60mm。

图 3-45　钢筋混凝土电杆

若按加工方法，钢筋混凝土电杆则可分为预应力、普通（或称非预应力）钢筋混凝土电杆两种。预应力电杆按不同的预应力分为有限预应力和部分预应力两种。

当电杆受力弯曲时，杆柱的截面一侧受压另一侧受拉，虽然拉力主要由钢筋承受，混凝土同钢筋一起伸长，但混凝土因受拉而可能出现裂缝，裂缝较宽时会进水而使钢筋锈蚀，防止裂缝的最好方法是在杆柱浇注前将钢筋预拉，使混凝土在承载前就承受预应压力，当电杆承载受拉时受拉区的混凝土由于有预应压力而不致裂缝，这种电杆称为预应力钢筋混凝土电杆。

2. 钢杆、钢壁混凝土杆

钢杆、钢壁混凝土杆一般用于难以设置接线的架空配电线路转角、终端、分支等受力电杆或大跨越处。

钢杆（见图 3-46）的形状一般为圆形、椭圆形、多边形锥型杆（为方便立杆及横担安装，架空配电线路若采用多边形钢杆，一般宜采用 12 边及以上边数的钢杆）。

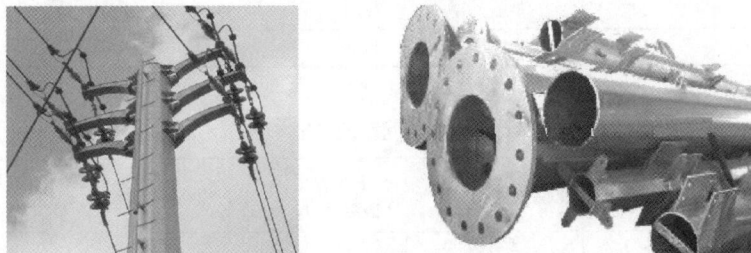

图 3-46　钢杆示意图

钢壁混凝土杆，其允许弯矩一般按制造厂提供的数据确定。

（二）预制品

钢筋混凝土电杆基础一般采用三盘，即底盘、卡盘和拉线盘。三盘可采用钢筋混凝土预制件、天然石料制造等，如图 3-47 所示。为便于架空配电线路基础选用和估计用料，三盘规格如表 3-7～表 3-9 所示。

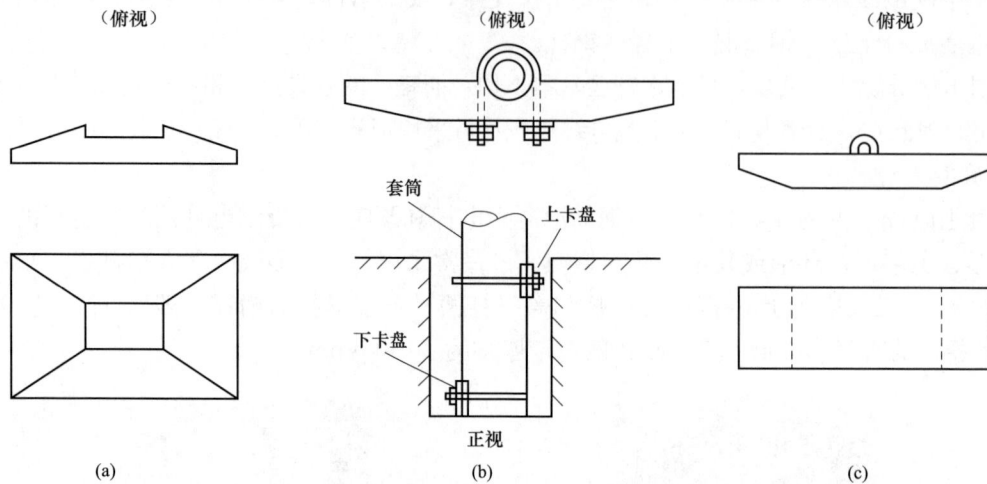

图 3-47　钢筋混凝土电杆基础
(a) 底盘；(b) 卡盘；(c) 拉线盘

表 3-7　　　　　　　　　　　　底 盘 规 格

规格 $l \times b \times h_1$ （长×宽×厚，m×m×m）	底盘质量（kg）	底盘体积（m³）	主筋数量 A_3 （根数×Φ，mm）	钢筋质量（kg）	极限耐压力（kN）
0.6×0.6×0.18	155	0.062	12×Φ6	2.0	215.7
0.8×0.8×0.8	280	0.113	12×Φ8	5.6 (4.0)	294.2
1.0×1.0×1.0	395	0.158	20×Φ10	13.8 (9.8)	392.3
1.2×1.2×1.2	625	0.249	24×Φ10	19.8 (14.6)	470.7
1.4×1.4×1.4	825	0.320	28×Φ10	25.8 (18.6)	490.3
1.6×1.6×0.21	1090	0.436	28×Φ10	29.8 (23.0)	510.0

表 3-8　　　　　　　　　　　　卡 盘 规 格

规格 $l \times b \times h_1$ （长×宽×厚，m×m×m）	底盘质量（kg）	底盘体积（m³）	主筋数最 A_3 （根数×Φ，mm）	钢筋质量（kg）
0.8×0.3×0.2	140	0.055	8×Φ6	3.8
1.2×0.3×0.2	175	0.070	8×Φ12	10.6
1.4×0.3×0.2	205	0.082	8×Φ14	16.2
1.6×0.3×0.2	250	0.100	8×Φ14	18.2
1.8×0.3×0.2	290	0.116	8×Φ14	20.4

表 3-9　　　　　　　　　　　　拉 线 盘 规 格

规格 $l \times b_1 \times h_1$ （长×宽×厚，m×m×m）	构件质量（kg）	混凝土体积（m³）	主筋数量 A_3 （根数×Φ，mm）	钢筋质量（kg）	拉环质量×直径 （kg×Φ，mm）	极限拉力 （kN）
0.3×0.6×0.2	80	0.032	4×Φ6	6.0	4.5×Φ24	107.9
0.4×0.8×0.2	135	0.054	6×Φ8	7.1	4.5×Φ24	112.6
0.5×1.0×0.2	210	0.084	6×Φ10	11.1	7.4×Φ28	152.0
0.6×1.2×0.2	300	0.118	8×Φ10	13.9	7.4×Φ28	166.7
0.7×1.4×0.2	410	0.165	8×Φ2	21.0	10.3×Φ32	205.9
0.8×1.6×0.2	540	0.216	8×Φ14	27.7	0.3×Φ32	254.2

八、混凝土及其原材料

混凝土及其原材料属于地方性材料,混凝土材料是线路基础和设备基础等主要材料,其原材料主要包括水泥、砂子、石子等。

(一)水泥

水泥是一种细磨材料,加入适量水后,成为塑性浆体,既能在空气中硬化,又能在水中硬化,并能把砂、石等材料牢固地胶结在一起的水硬性胶凝材料。

1. 水泥品种

当前水泥品种很多,一般用于配电工程上的水泥有硅酸盐水泥、普通硅酸盐水泥、矿渣硅酸盐水泥。通用的硅酸盐水泥是由硅酸盐水泥熟料与不同种类掺入量的混合材料配制而成。因此在性能上,它们之间有很多相似之处。

(1)硅酸盐水泥。硅酸盐水泥的主要成分是硅酸钙。硅酸盐水泥的主要原料是石灰石、黏土和铁矿粉。水泥成品的主要矿物成分是硅酸三钙和硅酸二钙,二者合计占 70% 以上。此外还有少量铝酸三钙和铁铝酸四钙。硅酸盐水泥是浅绿灰色粉末,加入约 0.5 倍的水进行拌和,可得具有塑性的膏浆。注入模内,数小时后开始凝结而失去流动性。然后强度与日俱增,一般 28 天可达到最终强度,再形成坚硬的水泥石。根据国家标准,硅酸盐水泥分为 425、525、625、725 等四种标号。就是将水泥与标准砂和水按一定比例混合,制成试件,28 天的抗压强度,应达到 $425\sim725kg/cm^2$。硅酸盐水泥在建筑上主要用于拌制砂浆和混凝土。

(2)普通硅酸盐水泥。普通硅酸盐水泥简称普通水泥,它是由硅酸盐水泥熟料、少量混合材料和微量石膏(约 3%)共同磨细制成的水硬性胶凝材料。根据国家标准规定,所掺非活性混合材料不得超过水泥重量的 10%,所掺活性混合材料则不得超过 15%。非活性混合材料又称填充性混合材料,例如石英砂、石灰石、黏土、慢冷矿渣等。它们与水泥成分不起化学作用,即无化学活性,掺入它们仅起到增加水泥产量、调整水泥标号和减少水化热等作用。活性混合材料有硅藻土、蛋白石、火山灰、粉煤灰和粒化高炉矿渣等,其主要成分是活性氧化铝。这些混合材料磨成细粉能与水泥水化后析出的氢氧化钙化合,生成水化硅酸钙和水化铝酸钙,并逐渐结晶,从而提高水泥的强度。按照国家标准,普通水泥分为 275、325、425、525、625、725 等六个标号。由于普通水泥中所掺混合材料分量较少,其性能与硅酸盐水泥相近。

(3)矿渣硅酸盐水泥。矿渣硅酸盐水泥简称矿渣水泥,它是由硅酸盐水泥熟料和粒状高炉矿渣加入微量石膏(约占 3%)共同磨细制成。水泥中粒化高炉矿渣的掺入量占全部重量的 20%~70%。矿渣水泥的水化反应分两阶段进行。第一阶段是熟料中的硅酸三钙、硅酸二钙与水化合,第二阶段是硅酸三钙水化时析出的氢氧化钙以及掺入的石膏,与矿渣中的活性成分化合成水化硅酸钙与水化硫铝酸钙等。由于第二阶段化学反应进行得较慢,所以矿渣水泥的早期强度比普通水泥为低,但 28 天的强度仍符合标准。按照国家标准,矿渣水泥分为 275、325、425、525 和 625 等五个标号。矿渣水泥水化热较小,耐热性较好,耐硫酸盐侵蚀和耐水性较好。早期强度低,后期强度增长较快。不适用于早期强度要求较高的工程,却适合于大体积混凝土结构、水下工程和蒸汽养护的混凝土构件。

2. 水泥标号(强度等级)

水泥标号是用以表示水泥强度的等级。通常根据标准强度检验方法所得的 28 天龄期的抗压强度而定。例如:425 号水泥即指该水泥试样按标准方法测得的 28 天龄期抗压强度在 $425\sim524kg/cm^2$ 之间。同时,该试样的 3 天、7 天抗压强度和 3 天、7 天、28 天抗折强度也必须达到标准中相对应 425 号水泥的规定。

水泥划分标号等级,对合理使用水泥有重要的意义。用软练法测定水泥标号指标,一般是 225、275、325、425、525、625 等号。

(二)砂

普通混凝土一般使用天然砂,它是由自然条件作用而形成的,粒径在 5mm 以下的岩石颗粒。按其产地不同，天然砂可以分为河（江）砂、海砂和山砂，以河砂质量为最好。

1. 标准砂

标准砂是指按规定方法测定水泥标号时所用的符合标准规定的石英砂。测定水泥标号时需制作水泥砂浆试件。砂的化学成分与物理性质必然影响试件的强度。所以，试验用砂应符合一定标准，才能准确鉴定水泥标号。而且，为了使全国各水泥厂、各实验室的测定结果有良好的可比性，全国应使用同一种砂，即标准砂。我国标准砂砂源在福建平潭，通称平潭标准砂，是二氧化硅含量在96％以上的石英质海砂。经过洗、烘、筛之后，其质量达到国家标准的规定。

2. 砂的分类

按其细度模数（Mx），则可分为粗砂（Mx3.7～3.1）、中砂（Mx3.0～2.3）、细砂（Mx2.2～1.6）和特细砂（Mx1.5～0.7）等四种。

砂粒粗，单位面积小，所需用的胶合表面的水泥量少。在普通混凝土所需用砂的粒径不可小于0.25mm，以使用中粗砂为佳。

3. 建筑砂浆

由无机胶结材料和细骨料加水拌和而成。开始时具有流动性，便于施工。经过几天后变成坚硬的固体。配制砂浆所用的胶结材料有水泥、石灰、石膏等。常用的细骨料有砂和石渣等。按照用途的不同，砂浆可分为砌筑砂浆和抹面砂浆。砌筑砂浆用于砌筑砖石砌体，它能将小块的砖石粘结成坚固的整体。砌筑砂浆本身要有一定的强度，例如砌筑砖墙常用的 50 号混合砂浆，其抗压强度为 $50kg/cm^2$ 时，胶结材料既用水泥又用石灰，细骨料为中粗细的砂。抹面砂浆用于墙、柱、地面等表面的抹面，既能保护主体结构，又有一定装饰作用。墙、柱面抹灰，干燥环境可用石灰砂浆，一般情况可用混合砂浆，潮湿环境则用水泥砂浆。抹面砂浆要求黏结力强，和易性好，能抹成平整的薄层。在水泥砂浆中掺入防水剂，可以大大提高砂浆的抗渗能力，称为防水砂浆。用于墙面、柱面、地面、天棚表面装饰用的砂浆，称为装饰砂浆。

4. 砂浆强度等级

用以表示砂浆强度的等级，一般分为 M2.5、M5、M7.5、M10。用 7.07cm×7.07cm×7.07cm 试件，在标准条件下养护 28 天，测其抗压强度，以此定出砂浆强度等级。

（三）石子

石子按粒径可分为：细石，平均料径 5～20mm；中石，平均粒径 20～40mm；粗石，平均粒径 40～30mm。无论砂还是石子，在使用前都要去除杂质，如泥土、草等，因为杂质的存在会降低混凝土的强度。混凝土拌和过程中，石子大小尚无规定，但为了便于浇灌，混凝土中的石子的最大粒径不得大于构件截面最小尺寸的1/4，也不能超过钢筋间最小净距的3/4。

（四）砖

砖是以黏土、页岩以及工业废渣为主要原料制成的小型建筑砌块。黏土砖就地取材，价格便宜，经久耐用，还有防火、隔热、隔声、吸潮等优点，在土木建筑工程中使用广泛。为改进普通黏土砖块小、自重大、耗土多的缺点，正在向轻质、高强度、空心、大块的方向发展。灰砂砖以适当比例的石灰和石英砂、砂或细砂岩，经磨细、加水拌和、半干法压制成型并经蒸压养护而成。粉煤灰砖以粉煤灰为主要原料，掺入煤矸石粉或黏土等胶结材料，经配料、成型、干燥和焙烧而成，可充分利用工业废渣，节约燃料。

1. 分类

（1）按材质分：黏土砖、页岩砖、煤矸石砖、粉煤灰砖、灰砂砖、混凝土砖等。

（2）按孔洞率分：实心砖（无孔洞或孔洞小于25％的砖）、多孔砖（孔洞率等于或大于25％，孔的尺寸小而数量多的砖，常用于承重部位，强度等级较高）、空心砖（孔洞率等于或大于40％，孔的尺寸大而数量少的砖，常用于非承重部位，强度等级偏低）。

（3）按生产工艺分：烧结砖（经焙烧而成的砖）、蒸压砖、蒸养砖。

（4）按烧结与否分：免烧砖（水泥砖）和烧结砖（红砖）。

2. 技术指标

（1）尺寸大小。普通砖（实心黏土砖）的标准规格为 240mm×115mm×53mm（长×宽×厚）；多孔黏土砖根据各地区的情况有所不同，如 KP1 型多孔黏土砖，其外形尺寸为 240mm×115mm×90mm。

（2）强度等级。按抗压强度的大小分为 MU30、MU25、MU20、MU15、MU10、MU7.5 这 6 个强度等级。

（五）混凝土

混凝土又称为砼，意思是人工石。它是用胶凝材料，将集料胶结成整体的复合固体的总称。其种类很多，工程中所说的混凝土一般是指以水泥、石子、砂和水，按适当比例配制的混合物以及经硬化而成的人造石材。水泥是起胶凝作用的材料。如果石膏、沥青、合成树脂等做胶凝材料，可配制各种用途的混凝土。按混凝土的各材质所占比例大小，又可将混凝土分为普通混凝土、轻混凝土、重混凝土；按强度等级大小，又可分低强度等级、高强度等级和超高强度等级混凝土。混凝土具有许多优点，可以配制浇筑成各种形状、各种作用和性质的混凝土构件或结构物。具有抗压强度高与耐久性良好的特征。无钢筋加入的混凝土又称素混凝土。

1. 混凝土强度等级

混凝土强度等级是表示混凝土的立方体抗压强度大小的标志。混凝土强度等级是用边长 15cm 的立方试块，在标准条件下［温度（20±3）℃，相对湿度在 90％以上］养护 28 天，测得的抗压强度标准值。根据抗压强度，混凝土分为：C7.5、C10、C15、C20、C25、C30、C35、C40、C45、G50、C60 号等十二级。等级越高，混凝土的抗压强度越高。

2. 混凝土配合比计算

混凝土配合比是指混凝土各组成材料的重量或体积之比。普通混凝土常以水泥为 1，并按水泥、砂、石、水的重量来表示，也可用绝对体积或假定容重法，计算出每立方米混凝土中各组成部分的用量。对强度要求不高的混凝土，则可参考有关配合比资料选用。混凝土的配合比，主要根据强度、耐久性、和易性和节约水泥的要求进行设计确定。

在线路基础施工时，由于混凝土方量较少，通常采用简易计算和查表两种方法。混凝土的简单计算方法如下所述。

（1）根据混凝土标号选择水泥标号。选用水泥标号一般为混凝土强度的 2～2.5 倍。300 号以上的混凝土可为 1.5 倍。但在钢筋混凝土中，一般不允许使用 200 号以下的水泥，具体使用选择见表 3-10。

表 3-10　　　　　　　　　　　　常用水泥标号选择

设计混凝土（级）	50	75	100	150	200	300	400
应采用水泥标号（号）	100～200	150～250	200～300	250～400	400～500	500～600	600

（2）选择水灰比。在混凝土中，只有少量的水分与水泥起化学反应作用，约占 10％～15％。为了便于施工，配制的混凝土应有一定的和易性。因此实际用水量总是略大一些。但多余的水，不仅会使水泥浆稀灌，凝结力减弱，而且因为多余的水会在水泥硬化过程中逐渐蒸发出来而在混凝土中留下许多小孔。这就使得混凝土的强度下降，因而水与水泥应选择一个恰当的比例。

水对水泥的比例简称水灰比，即 $\dfrac{W}{C}$。如用同一标号的水泥，则水灰比越小，混凝土强度越高；反之，水灰比越大，混凝土强度就越小。

（3）确定水泥用量。根据已确定的水灰比和用水量，可用如下公式计算出每立方混凝土的水泥用量

$$水泥用量＝\frac{用水量}{水灰比}$$

（4）砂率的确定。砂率的计算较为复杂，这是因为要通过选用不同的系数由实验来确定。

（5）砂石用量计算

$$砂质量＝砂石总质量×砂率$$
$$石子质量＝砂石总质量－砂质量$$
$$砂子总质量＝混凝土总量－（水质量＋水泥质量）$$

上式中混凝土总量可按下列数据估算：75～150 号级混凝土，质量为 2360kg/m²；200～300 号级混凝土，质量为 2400kg/m²；400 及以上混凝土，质量为 2450kg/m²

（6）混凝土成分配合质量比一般为，水泥：砂石：石＝1：3：5。

九、钢材

钢是含碳量在 0.04%～2.3% 之间的铁碳合金。为了保证其韧性和塑性，含碳量一般不超过 1.7%。钢的主要元素除铁、碳外，还有硅、锰、硫、磷等。

（一）钢材的种类

钢的分类方法多种多样，其主要方法有如下七种。

1. 按品质分类

（1）普通钢；

（2）优质钢；

（3）高级优质钢。

2. 按化学成分分类

（1）碳素钢：低碳钢、中碳钢、高碳钢；

（2）合金钢：低合金钢、中合金钢、高合金钢。

3. 按成形方法分类

（1）锻钢；

（2）铸钢；

（3）热轧钢；

（4）冷拉钢。

4. 按用途分类

（1）建筑及工程用钢：普通碳素结构钢、低合金结构钢、钢筋钢。

（2）结构钢。

1）机械制造用钢：调质结构钢、表面硬化结构钢（包括渗碳钢、渗氮钢、表面淬火用钢）、易切结构钢、冷塑性成形用钢（包括冷冲压用钢、冷镦用钢）；

2）弹簧钢；

3）轴承钢。

（3）工具钢：碳素工具钢、合金工具钢、高速工具钢。

（4）特殊性能钢：不锈耐酸钢、耐热钢（包括抗氧化钢、热强钢、气阀钢）、电热合金钢、耐磨钢、低温用钢、电工用钢。

（5）专业用钢：如桥梁用钢、船舶用钢、锅炉用钢、压力容器用钢、农机用钢等。

5. 综合分类

（1）普通钢。

1）碳素结构钢：Q195、Q215（A、B）、Q235（A、B、C）、Q255（A、B）、Q275。

2）低合金结构钢；

3）特定用途的普通结构钢。

（2）优质钢（包括高级优质钢）。

1）结构钢：优质碳素结构钢、合金结构钢、弹簧钢、易切钢、轴承钢、特定用途优质结构钢。

2）工具钢：碳素工具钢、合金工具钢、高速工具钢。

3）特殊性能钢：不锈耐酸钢、耐热钢、电热合金钢、电工用钢、高锰耐磨钢。

6. 按冶炼方法分类

（1）按炉种分。

1）平炉钢：酸性平炉钢、碱性平炉钢。

2）转炉钢：酸性转炉钢、碱性转炉钢或底吹转炉钢、侧吹转炉钢、顶吹转炉钢。

3）电炉钢：电弧炉钢、电渣炉钢、感应炉钢、真空自耗炉钢、电子束炉钢。

（2）按脱氧程度和浇注制度分：沸腾钢、半镇静钢、镇静钢、特殊镇静钢。

7. 按外形分类

（1）型材：

1）重轨，每平方重量大于 30kg 的钢轨（包括起重机轨）；轻轨，每米重量小于或等于 30kg 的钢轨。

2）大型型钢：普通钢圆钢、方钢、扁钢、六角钢、工字钢、槽钢、等边和不等边角钢及螺纹钢等。按尺寸大小分为大、中、小型钢。

3）线材：直径 5～10mm 的圆钢和盘条。

4）冷弯型钢：将钢材或钢带冷弯成型制成的型钢。

5）优质型材：优质钢圆钢、方钢、扁钢、六角钢等。

（2）板材。

1）薄钢板，厚度等于和小于 4mm 的钢板。

2）厚钢板，厚度大于 4mm 的钢板。可分为中板（厚度大于 4mm 小于 20mm）、厚板（厚板大于 20mm 小于 60mm）、特厚板（厚度大于 60mm）。

3）钢带，也叫带钢，实际上是长而窄并成卷供应的薄钢板。

4）电工硅钢薄板，也叫硅钢片或矽钢片。

（3）管材。

1）无缝钢管，用热轧、热轧——冷拔或挤压等方法生产的管壁无接缝的钢管。

2）焊接钢管，将钢板或钢带卷曲成型，然后焊接制成的钢管。

（4）金属制品。包括钢丝、钢丝绳、钢绞线线等。

（二）配电网工程中常用的钢材

1. 角钢

角钢俗称角铁，其截面是两边互相垂直成直角形的长条钢材。角钢有等边角钢和不等边角钢之分，两垂直边长度相同为等边角钢，一长一短的为不等边角钢。其规格以边宽×边宽×边厚的毫米数表示。

（1）热轧等边角钢。角钢可按结构的不同需要组成各种不同的受力构件，也可作构件之间的连接件。角钢广泛地用于各种建筑结构和工程结构，如用于厂房、桥梁、车辆等大型结构件；也用于建筑桁架、铁塔、井架等结构件。

热轧等边角钢的规格范围从 2♯-20♯。

（2）热轧不等边角钢。不等边角钢是两边宽长度不一样，一长一短，其规格以长边宽×短边宽×边厚的毫米数表示。热轧不等边角钢的规格范围从 2.5/1.6♯-20/12.6♯。

主要用途：铁架、支架、结构件等。

2. 热轧扁钢

热轧扁钢系截面为矩形并稍带钝边的长条钢材，其规格以其厚度×宽度的毫米数表示。热轧扁钢的规格范围从 3×10～60mm×150mm。

扁钢作为成材可用于接地线。

3. 钢筋混凝土用钢筋

是指钢筋混凝土配筋用的直条或盘条状钢材，其外形分为光圆钢筋和变形钢筋两种，交货状态分直条和盘圆两种，实际供货多为直条状态。光圆钢筋实际上是普通低碳钢的小圆钢（俗称圆钢）和盘钢。变形钢筋（俗称螺纹钢）是表面带肋的钢筋，一般为低合金钢。通常带有两道纵肋和沿长度方向均匀分布的横肋。横肋的外形分螺旋形、人字形、用牙形三种。

钢筋分Ⅰ、Ⅱ、Ⅲ、Ⅳ和Ⅴ 5 级，光圆钢筋是Ⅰ级钢，低合金钢是Ⅱ级钢。

变形钢筋的规格用公称直径的毫米数表示，即相当于横截面面积相等的光筋的公称直径的毫米数表示。钢筋的公称直径为 8～50mm，本标准推荐的钢筋直径为 8、10、12、16、20、25、32、40mm。

钢筋混凝土用钢筋主要用于配筋，它在混凝土中主要承受拉应力。

第二节　主　要　设　备

配电网工程中的设备主要是配变电站或杆上变配电的设备。

配电电气设备一般可分为一次设备和二次设备。

直接承载高电压的电气设备称为一次设备。一次设备是指直接输送、分配、使用电能的设备。主要包括：变换电压、传输电能的设备，如变压器；接通和断开电路的开关设备，如高压断路器、隔离开关、负荷开关、熔断器等；限制故障电流和过电压的保护电器，如电抗器（限制短路电流）、避雷器等；无功补偿设备，如并联电容器、并联电抗器等；用于交流电气一、二次之间的转换设备，如电压和电流互感器等。在变电站，直接与高电压等级连接的一次设备，根据系统的要求和其功能，按一定的顺序用导线连接成电路，就称为一次电路或电气主接线。

二次设备是指对一次设备的工作状况进行监视、控制、测量、保护和调节所必需的电气设备，包括监控装置，操作电器、测量表计、继电保护及自动装置、直流控制系统设备等。例如转换开关、按钮、指示灯、电流电压表、继电器、仪表、信号设备、自动装置等。二次设备按控制、保护等不同功能要求连接在一起构成的电路称为二次接线或二次回路。描述二次接线的图纸就称为二次接线图或二次回路。二次回路是变电站的重要组成部分，是电力系统安全、经济、稳定运行的重要保证。二次回路是一个具有多种功能的复杂网络，按其功能可分为控制回路、信号回路、测量及监察回路、继电保护及自动装置回路、操作电源回路等。

目前设备规格型号没有统一的编码规则，习惯上沿用两种表示方式：一种是以能代表设备名称特点的汉语拼音字母表示，国产设备大多采用这种方式，例如：GW 表示隔离开关，SW 表示少油断路器；另一种是用设备名称的英文字母表示，进口产品、新设备、新产品一般采用这种方法，例如：电容式电压感器用 CVT（Capacitor Voltage Transformers）表示。

一、配电变压器

（一）用途和分类

1. 用途

配电变压器指配电系统中根据电磁感应定律变换交流电压和电流而传输交流电能的一种静止电器。通常装在电杆上或配电室中，一般能将电压从 6～10kV 降至 400V 左右输入用户。

配电电力变压器是一种静止的电气设备，是用来将某一数值的交流电压（电流）变成频率相同的另一种或几种数值不同的电压（电流）的设备。当一次绕组通以交流电时，就产生交变的磁通，交变的磁通通过铁芯导磁作用，就在二次绕组中感应出交流电动势。二次感应电动势的高低与一二次绕组匝数的多少有关，即电压大小与匝数成正比。主要作用是传输电能，因此，额定容量是它的主要参数。额定容量是一个表现功率的惯用值，它是表征传输电能的大小，以 kVA 或 MVA 表示，当对变压器施加额定电压时，根据它来确定在规定条件下不超过温升限值的额定电流。

2. 分类

配电变压器的种类很多，按不同的依据可将变压器作以下分类。

（1）按电源相数分类：单相变压器、三相变压器。

（2）按变压器本身的绕组数可分为：双绕组变压器、三绕组变压器。其中双绕组变压器是指每相铁芯有两个静止绕组（一次、二次绕组）的变压器，它是一种配电线路中最常用的变压器。三绕组变压器的每相铁芯上有三个静止的绕组，这种变压器能用两个不同的电压向系统供电，可以起到两台变压器的作用。

（3）按变压器的绝缘材料可分为：油浸式变压器、环氧树脂浇注的干式变压器、SF_6 气体变压器等。

（4）按变压器的铁芯材质分为：硅钢片、非晶合金变压器等。

此外，按冷却方式分为自冷式、风冷式和水冷式三类；根据油循环方式可分为自然循环和强迫循环两类；还可根据变压器的调压方式、线圈材质、工作频率等进行分类。

本书所涉及的配电变压器，是指一次侧电压为 10kV 的配电线路用电力变压器。这类变压器一般为三相油浸自冷式双绕组变压器，它在配电网络中使用非常广泛，地位相当重要，因此必须确保其性能良好，运行安全可靠。

（二）配电变压器的工作原理和结构

1. 变压器的工作原理

变压器的工作原理如图 3-48 所示，从图 3-48 可以看出变压器是运用电磁感应定律工作的。构成闭合磁回路的铁芯上有两个绕组，一次绕组接电源，接受交流电能，又称原则绕组或原线圈、一次线圈；二次绕组与负载相连，送出交流电能，又称副侧绕或副线圈、二次线圈。

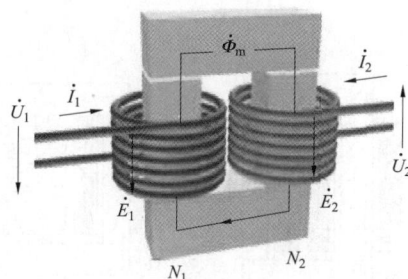

图 3-48 单相变压器原理图

变压器的工作原理就是根据电磁感应原理，将变压器的一次绕组接于交流电源，使得一次绕组通过交流电流 I_1，在 I_1 的励磁作用下，铁芯中产生交变主磁通 Ψ。由于变压器一次、二次绕组均在同一绕组上，因此，铁芯中的主磁通 Ψ 同时穿过一次绕组和二次绕组，根据电磁感应定律，这一主磁通 Ψ 分别在两个绕组中产生感应电动势。这时，在二次绕组中会有电流 I_2 流出，并在负载端产生电压 U_2 从而输出电能。在一次绕组感应的电动势，对于负载来说，相当于电源电动势，可以带动发动机将电能转换为机械能，也可以将电能转换为光能或热能。

变压器两个绕组与同一铁芯磁通交链，绕组中每一匝绕组所感应出的电动势一般是相等的，但由于一次绕组和二次绕组的匝数不相等，因此，一次绕组和二次绕组所感应的电动势 E_1 和 E_2 的大小是不同的，这就是变压器能应变压的原理。

2. 变压器结构

变压器的主要部件有铁芯（器身）和绕组，铁芯是变压器的磁路，绕组是变压器的电路，二者构成变压器的核心，即电磁部分。变压器除电磁部分外，还有油箱，冷却装置、绝缘套管，有载分接开关和保护装置等，其外形如图 3-49 所示。

（1）铁芯。铁芯不但变压器的磁路，而且是变压器的机械骨架。变压器的铁芯是由铁芯柱和铁轭两部分组成的。铁芯上套绕组的部分称为铁芯柱，不套绕组而用于连接芯柱上以构成闭合磁回路的部分称为铁轭。

按照铁芯的结构，变压器铁芯可分为芯式和壳式两种。芯式变压器铁芯，指其铁芯柱被绕组所包围。壳式变压器铁芯，指其铁芯包围绕组的顶面、底面和侧面。壳式铁芯的变压器虽然机械强度比较高，但其制造过程比较复杂，铁芯用料也比较多。相对于壳式铁芯变压器，芯式变压器的制造就较为简单，它的绕组装配和绝缘处理比较容易。因此，国产电力变压器的铁芯一般多为芯式结构。

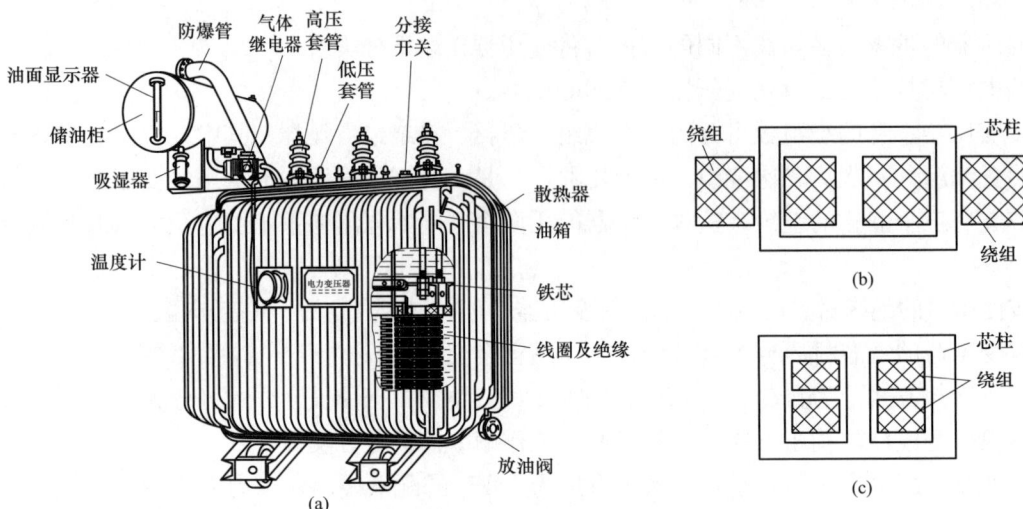

图 3-49　变压器结构

(a) 外形；(b) 芯式；(c) 壳式

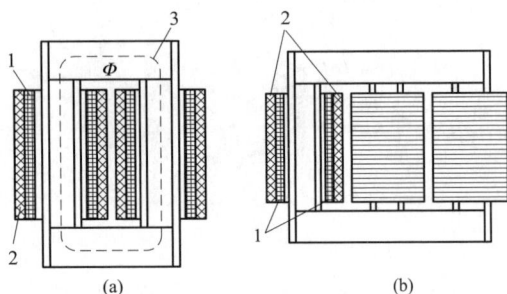

图 3-50　同芯式绕组结构

(a) 单相变压器；(b) 三相变压器

1—低压绕组；2—高压绕组；3—铁芯

(2) 绕组。变压器的绕组是变压器的电路部分。变压器制造时为了保证变压器有足够的寿命，对绕组的电气性能、耐热性能和机械强度都有严格的要求。内铁型电力变压器均采用同心圆筒型绕组，一般高压绕组在外层，低压绕组在内层，如图 3-50 所示。同心圆筒形绕组常用的结构形式有圆筒式、螺旋式、连续式、纠结式和插入电容式等类型。

变压器的绝缘通常可分为内绝缘和外绝缘两种。变压器的内绝缘是指在油箱内的各部分绝缘，外绝缘是指套管上部和彼此之间的绝缘。其中，变压器的内绝缘又可分为主绝缘和纵绝缘两部分。主绝缘是指绕组接地部分之间，以及绕组之间的绝缘；纵绝缘是指同一绕组各部分之间的绝缘，如不同的线段间，层间和匝间的绝缘等。

(3) 储油柜和吸湿器。储油柜又称油枕，它安装在变压器的上部，采用弯曲联管与变压器油连接。安压器装设储油柜目的是：容纳变压器因温度升高而膨胀增加的变压器油，限制变压器油与空气的接触面，减轻变压器油受潮和氧化程度，对运行中的变压器通过储油柜加油可防止气泡进入变压器油箱。

吸湿器又称呼吸器，其作用是防止空气中的水分进入油箱内，它通常与储油柜配合使用。吸温器的内部充有吸附剂，如硅胶或活性气氧化铝等，吸湿器的下部带有盛油器，用于过滤、清除所吸入空气中的杂质和水分。当吸附剂采用硅胶时，一般可加一些变色硅胶，以显示吸湿器是否干燥已受潮需更换。

(4) 油标。变压器的油标又称油位计，它是用以监视变压器油位变化的。通常，应在油标上标出相当于温度为-30℃、+20℃和+40℃的三个油面线标志。

(5) 套管。套管在油箱盖上排列次序，一般规定为从高压侧看，由左向右：三相变压器，高压 N—A—B—C，低压 n—a—b—c；单相变压器，高压 A—X、低压 a—x。

(6) 油箱及其他附件。油浸式变压器的油箱是用钢板焊成的，变压器的器身就装在充满变压器油的油箱内。变压器油既是一种绝缘介质，又是一种冷却介质，它的作用是绝缘和散热。

变压器油箱的结构与变压器的容量和发热情况密切相关。变压器容量越大，发热问题就越严重。通常，对容量在20kA以下的小变压器可采用平避式油箱。

此外，配电变压器油箱盖上通常还装有调压开关，它的作用是调节变压器的输出电压。当电网电压高于或低于规定值时，通过调节分接头开关可以使变压器的输出电压达到规定值。分接头开关的调压原理是：通过改变一次与二次绕组的匝数比来改变变压器的电压变比，从而达到调压的目的。配电变压器采用的分接头开关一般为无载开关，需在无载情况下调节变压器的输出电压。

（三）配电变压器型号及性能参数

1. 变压器的型号

变压器的型号表示方法为：基本型号＋设计序号－额定容量（kVA）/高压侧电压。其中：

（1）基本型号。基本型号通常由表示相数、冷却方式、调压方式、绕组线芯材料等的符号，以及变压器容量、额定电压、绕组连接方式组成。变压器型号中基本代号的意义和代表符号见表3-11。

表3-11　　　　　　　　　　　　　　　　基本代号的意义和代表符号

基本代号	1	2		3			4		
分类	绕组耦合方式	相数		绕组外绝缘介质			冷却种类		
类别	自耦	单相	三相	油	空气	成型固体	自冷	风冷	水冷
代表符号	O	D	S	—	G	C	—	F	S
基本代号	5		6			7		8		
分类	油循环方式		绕组数			调压方式		导线材质		
类别	自然	强迫	双	三	分裂	无励滋	有载	铜	铝	
代表符号	—	P	—	S	F	—	Z	—	L	

注　1. 绕组耦合方式内只列自耦变压器，普通电磁耦合变压器不表示。
　　2. 代表符号项内"—"指不表示。
　　3. 采用渐开线铁芯的变压器在基本符号后加"×"表示。
　　4. 对热带气候防护类型的变压器（包括特种变压器），应在型号后标明，如湿热带型用TA表示，热带型用T表示。

（2）设计序列。配电变压器一般用S设计序列，其设计序列主要有S7、S9、S11、S13和S15，系列越高表示损耗越低。在标号后加M，即S11-M，表示全密封变压器。此外S系列按型号又分干式变压器系列和油变压器系列。标号为SC表示环氧树脂浇注式干式变压器，如果是箔绕再加上B，现在主要使用10型，即SCB10-×××（容量）。

（3）变压器容量。变压器容量分为20、30、50、63、80、100、125、160、200、250、315、400、500、630、800、1000、1250、1600、2000kVA等。

例如，S9-400/10表示三相、油浸、自冷、自然循环、双绕组、无励磁调压、铜导线、设计序号为9、容量400kVA、高压侧额定电压为10kV的油浸式电力变压器。

SCZ（B）9-630/10表示三相固体成型（环氧浇注）、有载调压、低压箔式线圈、设计序列号为9、额定容量为630kVA、高压侧额定电压为10kV的干式电力变压器。

2. 变压器铭牌参数

要合理地使用变压器，首先必须理解和掌握变压器铭牌上的技术参数。变压器铭牌一般由型号、额家电压、额定电流、额定容量、额定频率、阻抗电压、使用条件、允许温升、极性和联结组别、分接头开关位置及分接头电压等内容所组成。

（四）常用配电变压器的技术参数

1. 普通配电变压器

配电变压器发展很快，老型号R8系列中的SJ1~SJ5、SJL、SJL1型以及新型号R10系列中的S、SL、

SL1、SI、SZ、SZL、SZL1 型变压器，已被淘汰，代之以 S7、SL7、SZ7、SZL7、S9、SL9 型等变压器。

配电变压器，设计序号为 7 型系列的产品性能为 70～80 年代初的水平；8、10 型系列的变压器，由于它的绕组采用箔绕组，使变压器在短路时的可靠性提高了 10 倍，具有损耗小、外形尺寸小、机械强度高、抗冲击性能好等特点；9 型系列变压器，由于这类变压器在绕组、器身、绝缘等方面采用了新的设计和工艺，使它的空载损耗、负载损耗有了明显的降低，性能和结构更加可靠和优越。

目前，架空配电线路最常用变压器为低损耗 S7、SL7、SLZ7、S9、S10 型系列配电变压器。

2. 干式变压器

干式变压器，是一种铁芯和绕组不浸在任何绝缘液体中变压器，它主要用于安全防火要求比较高的场所。小型动力装置、成套设备或一些小容量、低电压的特种变压器，为了便于制造和维护，也采用干式变压器。常用的干式变压器有以下几种类型。

（1）开启式干式变压器。开启式干式变压器，又称敞式自冷式干式变压器，由于这类变压器的器身与大气直接连通，因此它只适用于在比较干燥、清洁的室内环境中使用。它的绕组是采用耐高温绝缘材料缠制成的。

（2）封闭式风冷干式变压器。封闭式干式变压器外部大气相互是不连通的，因此它的散热条件比较差，它一般用于矿用防爆型变压器。这类变压器，可以充绝缘和散热性能优于空气的其他气体，如充以 SF_6 气体制成气体变压器，并采用强迫循环冷却装置，它的绝缘和散热性能完全可以与油浸式变压器相比拟。但这类变压器的价格比较高，它的价格约是油浸式变压器的 1.8～2 倍，因此这一结构很少用于配电变压器，它主要用于电压等级较高的场合。

封闭式干式变压器的结构与敞式干式变压器基本相同，它只是一种被安装在密封箱内的干式变压器。

（3）环氧树脂浇注型干式变压器。环氧树脂浇注型干式变压器的主绝缘是用环氧树脂或其他塑料树脂浇注而成的，且绕组是在真空罐内完成浇注的。浇注后，绕组被完整的封闭在环氧树脂中，环氧树脂不但是绕组的绝缘，而且是一种传热介质。通常，环氧树脂浇注式干式变压器的高、低压是分别进行浇注的，浇注后在将其同心的套到铁芯上。这类变压器用于防火、防潮要求比较高的场所，性能比油浸式变压器优越，但它造价比较高，约是油浸式变压器的 1.75 倍。

3. 非晶合金配电变压器

非晶合金变压器的原理与普通变压器的原理一致，都是利用电磁感应原理工作，但其铁芯采用非晶合金材料制造，与普通硅钢材料相比，可大大降低空载损耗。

（1）非晶合金材料。在日常生活中人们接触的材料一般有两种：一种是晶态材料，另一种是非晶态材料。所谓晶态材料，是指材料内部的原子排列遵循一定的规律。反之，内部原子排列处于无规则状态，则为非晶态材料，一般的金属，其内部原子排列有序，都属于晶态材料。科学发现，金属在熔化后，内部原子处于活跃状态，一旦金属开始冷却，原子就会随着温度的下降，而慢慢地按照一定的晶态规律有序地排列起来，形成晶体。如果冷却过程很快，原子还来不及重新排列就被凝固住了，由此就产生了非晶态合金。

非晶合金是将熔化的铁、硼、硅钢水喷铸在高速旋转的低温滚筒上，由于采用超急冷技术，钢水以每秒百万度的速度迅速冷却，仅用千分之一秒的时间就将 1300℃的钢水降到 200℃以下，使熔化的金属凝固速度高于结晶速度，形成玻璃状非晶体排列的金属薄带。

（2）非晶合金变压器的结构及特点。

1）非晶合金铁芯特点。非晶合金是一种新型磁导性能突出的材料，采用快速急冷凝固生产工艺，其物理状态表现为金属原子呈无序非晶体排列，它与硅钢的晶体结构完全不同，更利于被磁化和去磁。典型的非晶态合金含 80% 的铁，而其他成分是硼和硅。非晶合金带材是生产低损耗变压器铁芯的理想材料，具有磁导率高、矫顽力低、电阻率高、厚度薄、硬度高等优点。但非晶合金难以剪切，只能卷绕，对应力敏感，制造工艺要求高。

非晶合金和硅钢相比，有以下特点：

a. 非晶合金的饱和磁通密度比硅钢低。

b. 同样重量的非晶合金磁芯体积比硅钢磁芯大。

c. 非晶合金磁芯的工作磁通密度为 1.35～1.40T，硅钢为 1.6～1.7T。非晶合金工频变压器的重量是硅钢工频变压器的重量的 130% 左右。

d. 非晶合金抗电源波形畸变能力比硅钢强。一般测试工频电源变压损耗，是在畸变小于 2% 的正弦波电压下进行的，而实际的工频电网畸变为 5%。在这种情况下，非晶合金损耗增加到 106%，硅钢损耗增加到 123%。如果在高次谐波、畸变为 75% 的条件下（例如工频整流变压器），非晶合金损耗增加到 160%，硅钢损耗增加到 300% 以上。

e. 非晶合金的磁滞伸缩系数大，是硅钢的 3～5 倍。因此，非晶合金工频变压器的噪声为硅钢工频变压器噪声的 120%，要大 3～5dB。

f. 非晶合金材料价格高于 0.23mm3% 趋向硅钢价格，但低于 0.15mm3% 趋向硅钢价格。

g. 非晶合金退火温度比硅钢低，消耗能量小，而且非晶合金磁芯一般由专门生产厂制造。硅钢磁芯一般由变压器生产厂制造。

2）非晶合金变压器的结构。非晶合金变压器铁芯由四个单独铁芯框在同一平面内组成三相五柱式，经退火处理，并带有交叉铁轭接缝，截面形状呈长方形。在两个旁柱中流过零序磁通，磁通不经过箱体，不产生发热的结构损耗，使变压器能满足低噪声、低损耗。

（3）非晶合金变压器的应用。非晶合金变压器具有空载损耗小而经济运行负荷率相对较低的特点，特别适用农村乡镇、城市居民生活用电，即使在负载率达到 50%～80% 实行三班制的工矿企业中，选择合适容量的非晶合金变压器仍能达到投资回收年限的要求。因此，在城市和农村推广使用非晶合金变压器，不仅可以降低变压器的损耗，还可以因为其良好的节电效果带来少建电厂的环保效益，在建设资源节约型社会的今天具有重大的现实意义。

二、断路器

（一）作用及分类

1. 作用

断路器是一种很重要的开关设备，是用来接通和断开电路的电器，能够开断强大的故障电流。它是一种可以在正常情况下切断或接通线路，并在线路发生短路故障时，通过操作或继电保护装置的动作，将故障线路手动或自动切断的开关设备，通常它没有明显的开断点。因此它是一种担负控制和各种保护双重任务的电器。由此可见，断路器是配电网系统中重要设备之一。

断路器的结构类型很多，形式各样，但基本上均由导电主回路、绝缘子支撑件、灭弧室和操动机构、控制器等组成。配电线路常用的断路器如图 3-51 所示。

对断路器的基本要求是能可靠地熄灭电弧且有足够的开断能力，开断电路时间要尽可能短；适应各种运行状态并且有高度的工作可靠性；结构简单，便于运行操作与维护检修，并且有防火防爆性能；体积、质量、噪声应尽可能小，价格适宜。

图 3-51　断路器

2. 分类

断路器按灭弧介质的不同分油断路器、真空断路器和 SF_6 断路器；按使用场所分户内和户外断路器。

(二) 常用配电断路器的特点

1. 多油式断路器

配电线路用多油式断路器一般都是三相共箱的油浸式断路器，它的手动操作机构装在油箱侧面，与断路器连成一体。多油式断路器一般采用对接式触头，引出线穿过瓷套管固定在箱盖顶部两侧。它多装有一次过电流瞬时脱扣装置，有的断路器还装有自动重合闸装置。柱上多油式断路器的操作，一般多采用通过操作绳或操作连杆等手动装置对操作把加力，利用机械传动机构将动触头断开或合上的方式。

多油式断路器的型号意义如下：

$$DW\ \square-\square$$

额定电压（kV）

设计序号

户外多油断路器

多油式断路器的特点是：触头系统和灭弧用油装置在接地的油箱中，以油作绝缘介质；它的结构简单，制造方便，运行经验丰富，易于维护，噪声小等。但由于它采用油作为绝缘和灭弧介质，质量和体积都比较大，所以额定电流也不易做大，在开断小电流时燃弧时间长，动作速度慢，并且它的灭弧室油易劣化，需有一套油处理装置。

由于断路器经多次操作，油的介质强度将降低，常会发生因灭弧不良而造成断路器喷油、燃油而酿成设备及人身事故。目前，世界各国都在逐步淘汰柱上油断路器，并趋向于柱上断路器设备无油化，代之以新型的六氟化硫（SF_6）、真空式或固体产气式断路器。

2. 真空式断路器

真空断路器是指触头在真空中开断电路的断路器，它以真空（0.013 3～0.000 133Pa）作为灭弧的绝缘介质。由于真空具有很高的绝缘强度，这对熄灭电弧相当有利。真空断路器的特点是：体积小，重量轻，寿命长，能进行频繁操作，开断电容电流性能好，可连续多次重合闸，并且它的运行维护简单，无爆炸的可能性，噪声小等。但真空断路器灭弧室工艺和材料要求高，目前价格也比较贵。不过，随着科学技术的改进和提高，真空断路器的生产成本会逐渐降低，它在配电线路的应用将越来越广泛。

柱上真空式断路器的型号意义如下：

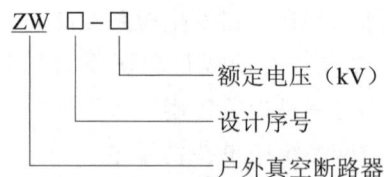

$$ZW\ \square-\square$$

额定电压（kV）

设计序号

户外真空断路器

如 ZW-10 型柱上真空式断路器，它是一种在 ZFN 型真空户内负荷开关的基础上发展起来的产品。它的额定电流为 400A，最大开断电流 31.5kA。它主要用于作为线路自动分段器的开闭元件。

3. SF_6 断路器

SF_6 断路器一般为三相共箱结构，箱筒底部一般是吸附剂罩，内装吸附剂和充放气阀，瓷套管为动静触头的固定支撑、对地绝缘和外部接线端子。SF_6 断路器的静触头一般采用梅花触头，动触头端部焊有铜钨触头，可延长断路器的使用寿命和改善断路器的开断性能。纯 SF_6 气体是一种无色、无味、无臭、无毒、不可燃、可压缩的惰性气体，具有很高的绝缘强度。这类断路器的灭弧是根据旋弧式原理进行的，它的灭弧效果比较好。SF_6 断路器的特点是：体积小、重量轻、寿命长、能进行频繁操作、可连续多次重合闸、开断能力强、燃弧时间短、运行中无爆炸和燃烧的可能、噪声小等，并且它运行、维护简单，但 SF_6 断路器价格比较高。

SF_6 断路器的开断能力约是多油式断路器的 2～4 倍，单位开断容量的质量仅为多油式断路器的 1/8。由于 SF_6 断路器燃弧时间短，触头烧损比较轻，加上 SF_6 气体性质比较稳定，一般不会有老化现象，因此它的检修周期一般可达 10 年。

SF_6 断路器的型号意义下：

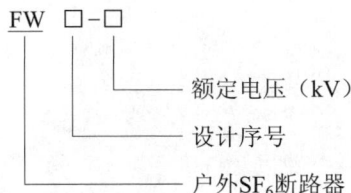

```
FW □-□
        └── 额定电压（kV）
     └── 设计序号
└── 户外SF₆断路器
```

三、隔离开关和负荷开关

（一）隔离开关

1. 作用及分类

（1）作用。

隔离开关是一种没有灭弧装置的开关设备，主要用来断开无负荷电流的电路，隔离电源，在分闸状态时有明显的断开点，以保证其他电气设备的安全检修。在合闸状态时能可靠地通过正常负荷电流及短路故障电流。由于它没有专门的灭弧装置，不能切断负荷电流及短路电流，因此，隔离开关只能在电路已被断路器断开的情况下才能进行操作，严禁带负荷操作，以免造成严重的设备和人身事故。

（2）分类。

1）根据安装地点的不同，分为户内式和户外式。

2）根据极数和相数的不同，分为单级和三极；单相和三相。

3）根据使用的特性不同，分母线型和穿墙套管型。

4）根据电压等级不同，分高压（10kV）和低压（1kV 及以下）。

（3）型号含义。第一位：G——隔离开关；J——接地开关。第二位：N——户内式；W——户外式。第三或四位：数字——设计序号或额定电压（kV）。第四或五位：K——带快分装置；G——改进型 D——带接地刀闸。"/"后数字——额定电流（A）。

隔离开关的型号意义举例如下：

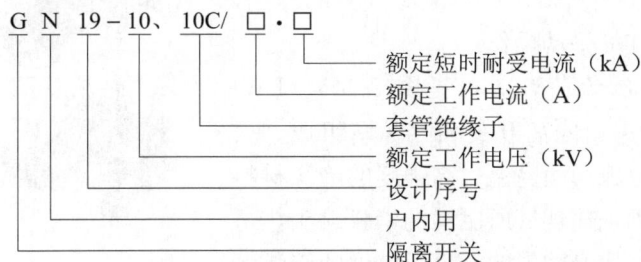

```
G N 19-10. 10C/ □·□
                    └── 额定短时耐受电流（kA）
                 └── 额定工作电流（A）
              └── 套管绝缘子
           └── 额定工作电压（kV）
        └── 设计序号
     └── 户内用
  └── 隔离开关
```

2. 配电网常用隔离开关

（1）户外隔离开关。GW4-15KV 型系列户外交流高压隔离开关如图 3-52 所示。适用于频率为 50Hz，额定电压为 15kV 的电力系统中，作为有电压无负荷时分合电路用。其中防污型的隔离开关可以满足重污秽地区用户的要求，并可以有效地解决隔离开关在运行中出现的污闪问题。

（2）户内隔离开关（见图 3-53）。GN6、GN8、GN19-12 系列户内高压隔离开关用于额定电压 6～12kV 交流 50Hz 及以下电力系统中，配用 CS6-1 操动机构，适用于电力系统及铁路系统操作要求的场所作为在有电压而无负载情况下分、合电路之用，高原型可加装带显示装置等。

结构及特点：隔离开关为三极联动结构，主要由底架、绝缘件、触头端子及隔离刀闸组成，具有结构简单，成本低，开、合寿命长，有明显的隔离断口，安全可靠，可频繁操作。

GN6 系列为绝缘件无穿墙结构，GN8 系列为绝缘件穿墙结构，它们的触头端子及隔离刀闸都为紫铜排结构。GN19 系列包含有穿墙式结构，触头端子为 T 形，隔离开关为 U 形紫铜材结构。

图 3-52　户外隔离开关　　　　　图 3-53　户内隔离开关

压断路器的是，负荷开关没有灭弧能力，不能开断故障电流，只能开断系统正常运行情况下的负荷电流。负荷开关的构造与隔离开关相似，只是加装了简单的灭弧装置。它也是有一个明显的断开点，有一定的断流能力，可以带负荷操作，但不能直接断开短路电流，如果需要，要依靠与它串接的高压熔断器来实现。

（二）负荷开关

1. 作用及分类

（1）作用。

负荷开关，顾名思义就是能切断负荷电流的开关，区别于高

（2）结构特点。负荷开关的结构比较简单，相当于隔离开关和简单灭弧装置的结合。具有比隔离开关大得多的开断能力。

（3）分类。

1）根据安装地点的不同，分为户内式和户外式。

2）根据灭弧形式和灭弧介质不同，分油、压气式、产气式、真空式和 SF_6 式。

3）根据电压等级不同，分高压（10kV）和低压（1kV 及以下）。

2. 配网网常用负荷开关

（1）FW7-10/400G 型高压负荷开关。FW7-10/400G 型高压柱上负荷开关，它是一种产气式、三相联动式负荷开关，由收底架、支持和拉杆绝缘子、闸刀、动静触头、消弧触头、灭弧片、传动结构、弹簧储能机构及手动操作结构等组成。负荷开关分闸时由分闸弹簧释放能量，使主触刀先断开，然后弧触刀瞬间分断电流。在弧触刀断开瞬间会产生电弧，灭弧片采用特种塑料制造，在电弧作用下会产生气体使电弧熄灭。合闸时负荷开关通过传动机构使合闸弹簧储能，当储能终止时，弹簧将释放能量，实现触刀高速闭合。这类负荷开关分闸状态有明显断口，可起隔离开关的作用。它一般采用操作绳或操作连杆手动操作。

（2）FW-10/630 型高压负荷开关（见图 5-54）。FW-10/630 型高压柱上负荷开关由隔离开关和灭弧室组成。灭弧室用电性能优异，由耐电弧、耐高温、高强度的绝缘材料制成，内部装有直线型手动加速连杆所驱动的消弧触头，可保证负荷电流开断不受操作快慢的影响。灭弧室内的消弧触头和闸刀同步，以使室内部的动态绝缘强度与灭弧室外部冲程距离相配合，可消除任何闪络的可能性。灭弧的去离子气体通过一个迷宫式消音器无声地排出。灭弧室既没有油，又不是真空，它不需要维护。这类负荷开关的特点是：

1）具有没有外部电弧的切合功能。

2）适用面广，可用线路切换、变压器切换、电缆切换等场合。

图 3-54　FW-10/630 型高压负荷开关

3）有明显的断开点。

4）免维护。

5）安装方式可以多种多样，能满足大多数通用的配电线路设计等。

（3）FLA-L系列负荷开关（见图3-55）。FLA-L系列柱上负荷开关适用于12kV架空配电线路，作为开断和闭合负荷电流及开断和闭合空载线路、空载空压器，它主要由隔离开关和油灭弧室组成。这类负荷开关的油灭弧室外壳是采用性能优异、耐弧、耐油、憎水、高强度的绝缘材料压制而成的。其内部的手动快速机构，可保证负荷电流的开断不受操作快慢影响。该负荷开关的安装类型有：FLA-L15/60（水平型）、FLA-L15/6400（垂直型）、FLA-L15/6410（是与限流熔断器组合型负荷开关，垂直型安装），均可用手动连杆操作机构操作，并可锁定在分、合闸位置，分闸后负荷开关有可见开断点，起有隔离开关的作用。FLA-L系列负荷开关在合闸位置的电流途径为动触刀片、静触头、接线板。它分闸过程为：负荷电流开断，分离开始，动触刀片与静触头脱离，电流途径为动触刀片、叉型触头、油灭弧室内弧触头、接线板。当继续分闸到一定位置时，油灭弧室内弧触头、接线板。当继续分闸到一定位置时，油灭弧室内部的快速机构使弧触头迅速分离，在油中负荷电流开断；当负荷开关处于分闸隔离位置时，负荷开关的动、静触头完全分离，并有足够的电气间隙，此时，油灭弧室内的弧触头处于分闸状态。

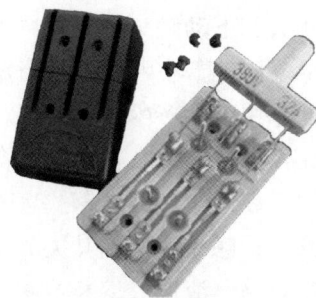

图3-55　FLA-L系列负荷开关

（三）跌落式熔断器

跌落式熔断器又称自落熔丝，它主要用于架空配电线路的支线、用户进口处，以及被配电变压器一次侧、电力电容器等设备作为过载或短路保护。由于跌落式熔断器具有结构简单、价格便宜、安装维护方便、保护动作迅速可靠、体积小巧等特点，因此它在架空配电线路上应用非常广泛。

架空配电线路用跌落式熔断器主要由熔丝具、熔丝管和熔丝元件三部分构成，在熔丝管内装有用桑皮纸或钢纸等制成的消弧管。跌落式熔断器的作用是保护上一级线路、设备不会因为下一级线路设备的短路故障或过负荷而引起断路器跳闸停电、损坏，并可减轻被保护的故障或过负荷线路设备的损伤程度或使其不受损伤。它有一个明显的开断点，以便寻找故障和检修设备。跌落式熔断器，按其结构原理和作用，一般可分为双尾式、纽扣式及负荷式、重合式几种。

常用的跌落式熔断器的结构，如图3-56所示。

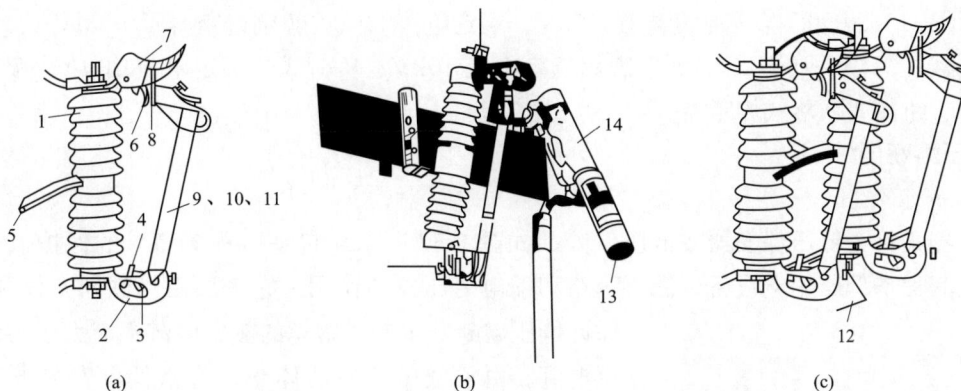

图3-56　跌落式熔断器

（a）双尾式；（b）负荷式；（c）重合式

1—绝缘体；2—下承座；3—下动触头；4—下静触头；5—安装板；6—上静触头；7—鸭嘴；

8—上动触头；9—熔丝管；10—消弧管；11—元件；12—自合操作曲柄；13—拉闸操纵杆；14—灭弧室

1. 跌落式熔断器的基本原理

（1）双尾式跌落式熔断器。双尾式跌落式熔断器的工作原理是：在正常工作时，熔丝管两端的上动触头和下动触头依靠双尾式熔丝元件系紧，将上动触头推入鸭嘴凸出部分，磷铜片制成的上触头将熔丝管牢固地卡在鸭嘴内。当短路电流通过熔断器使元件熔断时，将产生电弧，熔丝管内衬的消弧管在电弧的作用下会产生大量气体，在交流电流过零时使电弧熄灭。由于熔丝元件熔断，熔丝管的上动触头失去元件的系紧力，在熔丝管自身重力和上下静触头磷铜弹簧片的作用下，熔丝管迅速跌落使电路断开。

（2）纽扣式跌落式熔断器。纽扣式跌落式熔断器的工作原理是：在正常工作时，纽扣式熔丝元件系紧下动触头弹簧使其关节储能锁紧，将熔丝管推入上动触头后，熔丝管会牢固地卡在上静触头上口内。当短路电流通过熔断器使元件熔断时，将产生电弧，熔丝管内衬的消弧管在电弧作用下会产生气体，当短路电流不大时，熔丝管仅单端向下排气，以保证有足够的气压在交流电流过零时使电弧熄灭；当短路电流很大时，熔丝管上帽盖内的保险片会被气体冲破而使熔丝管上下排气，在交流电流过零时使电弧熄灭，并保证熔丝管不受损坏。由于元件熔断，熔丝管下动触头弹簧片被松开，释放能量而使熔丝管下落，熔丝管上端动触头脱离熔断器上端静触头的卡口，在熔丝管自身重力和弹簧片的作用下，熔丝管迅速使电路断开。显然，纽扣式熔断器双尾式熔断器具有更好的短路开断能力。

（3）负荷式跌落式熔断器。负荷式跌落式熔断器是以双尾或纽扣式熔断器为基础，在熔断器上端静触头上加装两片消弧片，熔丝管上动触头加装消弧杆构成的。在带有负荷情况下，合熔丝时消弧杆先接触消弧片；拉熔丝时，则先断开熔丝上动、静触头，后断开消弧杆，以使位、合熔断器的电弧全部在消弧杆和消弧片上产生，从而保护熔断器动、静触头在开断负荷电流情况下不受到损伤，并且消弧杆、消弧片的电弧会使消弧片产生大量气体，在交流电流过零时将电弧熄灭。

（4）重合式跌落式熔断器。重合式跌落式熔断器，每相装有两个熔丝管，一个常用，一个备用。在备用熔丝管下面有一自合操作曲柄，当常用熔丝管跌落时会带动自合操作曲柄使用备用熔丝管自动重合。架空配电线路装设重合式熔断器的目的是提高被保护设备的供电可靠性，防止被保护线路设备因瞬时故障而停电。

2. 常用跌落式熔断器型号及技术参数

跌落式熔断器型号表示方法为：熔断器型号第一节的汉语拼音 RW 代表户外跌落式熔丝，第一节数字代表设计序号；第二节数字的分子表示额定电压（kV），分母表示额定电流和额定遮断容量（MVA）；第二节分子上数字后的字母 F 代表负荷式（或在第一节汉语拼音 RW 之间加 M 代表负荷式，非负荷式不表示），Z 表示重合式。

例如，"RW-10/50-50" 表示额定电压 10kV、额定电流 50A、额定遮断容量 50MVA、户外、双尾式跌落式熔断器；"RW3-10Z/100-100" 表示额定电压 10kV、负荷式、额定电流 200A、额定遮断容量 200MVA、户、纽扣式跌落式熔断器。

（四）低压熔断器

1. 低压熔断器作用

低压熔断器又称为低压保安器或低压保险，如图 3-57 所示。它是一种最简单的保护低压电气设备的装置，主要起保护低压用电设备、低压线路和配电变压器的作用。它一般由熔断器本体和熔丝组成。

图 3-57 低压熔断器

为保证低压熔断器工作，熔丝的额定电流不应大于熔断器本体的额定电流。由于低压熔断器体小、价格低、安装方便、运行可靠、维护简单、断流能力大等特点。因此，它在低压线路设备中应用非常普遍。

在额定电流的 1.3 倍以下时，熔丝不应熔断；当电流超过 1.3 倍额定电流时，熔丝按反时限特性熔断。

2．低压熔断器的种类

低压配电线路中常用的低压熔断器一般分为开启式或半开启式、不带填料或带填料的封闭式、螺旋式、瓷插式等形式。

封闭式低压熔断器一般多用于配电盘或配电箱中；开启式熔断器一般多用于低压配电线路的分支和配电变压器的二次侧；半开启式熔断器一般安装于路灯线路的每盏路灯前的相线中。

开启式低压熔断器（如配电变压器二次侧）常用的栅式熔丝，一般有 75、100、150、200、250、300、400、500（550）、700A 和 800A 等规格。半开启式多采用 5、10A 两种规格：100W 及以路灯一般采用额定电流为 5A 的熔断器，超过 100W 的一般采用 10A 熔断器。

低压熔断器熔丝的形状一般有丝状、片装和孔截面等。

四、互感器

互感器是配电网系统中供测量和保护用的重要设备，分为电压互感器和电流互感器两大类；前者能将系统的高电压变成标准的低电压（100V 或 100/3V）；后者能将高压系统中的电流或低压系统中的大电流，变成低压标准的小电流（5A 或 1A），用以给测量仪表和继电器供电。互感器的作用是：

（1）与测量仪表配合，对线路的电压、电流、电能进行测量。与继电器配合，对电力系统和设备进行各种保护。

（2）使测量仪表．继电保护装置和线路的高压电压隔离，以保证操作人员及设备的安全。

（3）将电压和电流变换成统一的标准值，以利于仪表和继电器的标准化。

电压互感器一次绕组并接在一次电路中，电流互感器一次绕组串接在一次电路中。

（一）电压互感器

用测量仪表直接测量电力网的高电压时，必须用绝缘水平很高的仪表，并且操作人员触及这些仪表时，会有很大危险。因此，在测量高电压时，常借助于特制的变压器，将高电压变换为低电压，再去进行测量。这样不仅可以使高电压与低电压隔离，以保证测量人员和仪表的安全，而且可以扩大仪表的量程。这种用于变换电压的设备称为仪用变压器或电压互感器。

1．电压互感器的型号表示式和分类

电压互感器的型号表示式和含义如下：

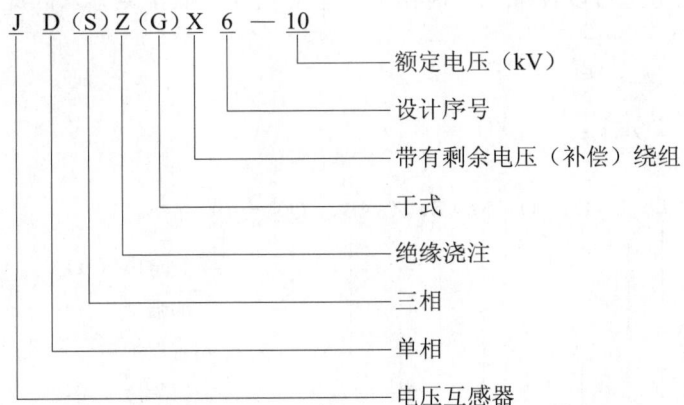

```
J  D (S) Z (G) X  6 — 10
                        └──── 额定电压（kV）
                      └────── 设计序号
                  └────────── 带有剩余电压（补偿）绕组
              └────────────── 干式
          └────────────────── 绝缘浇注
      └────────────────────── 三相
  └────────────────────────── 单相
└────────────────────────── 电压互感器
```

例如，JDZ6-3、6、10 型为 3、6、10kV 单相双绕组半浇注式户内型电压互感器［见图 3-58（c）］；JDZX6-3、6、10 型为 3、6、10kV 单相三绕组半浇注式户内型电压互感器［见图 3-58（d）］；JDG6-0.38 型为 380V 单相双绕组干式户内型电压互感器［见图 3-58（e）］。

电压互感器一般分为：单相或三相的；双绕组或三绕组（带有剩余电压绕组）的；也可分为油浸、环氧树脂浇注绝缘和干式的。

2. 电压互感器结构

单相电压互感器结构与普通单相双绕组变压器相似。一、二次绕组是绕在一个闭合的铁芯上。它的特点是一次绕组的匝数很多，并联在被测电源上；而二次绕组的匝数很少，并接在高阻抗的测量仪表上。三相三绕组电压互感器的结构与三相油浸变压器相同，其特点与单相相同。

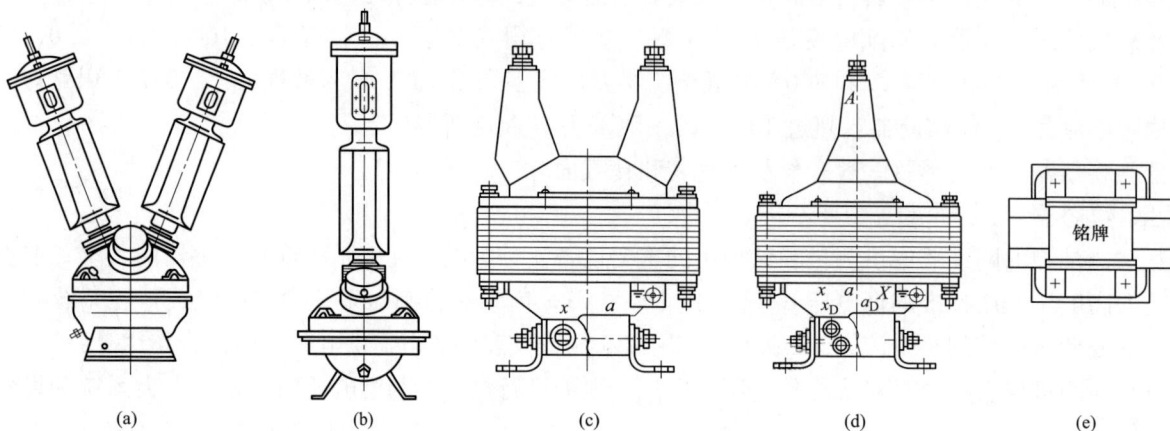

图 3-58　几种常用的电压互感器外形图

(a) JD-35 型；(b) JDX6-35 型；(c) JDZ6-3、6、10 型；(d) JDZX6-3、6、10 型；(e) JDG6-0.38 型

单相三绕组电压互感器，其铁芯由条形硅钢片叠成三柱心式，只在中柱上套有一次、二次绕组及剩余电压绕组。套装顺序是剩余电压绕组在里面，中间是二次绕组，外面是一次绕组，一次绕组 A 端出线为全绝缘，X 端接地。二次绕组和剩余电压绕组引出的端子标志分别为 a、X 和 aD、XD。

(二) 电流互感器

电流互感器是一种电流变换装置，它将高压系统中的电流和低压系统中的大电流变换成电压较低的小电流，供给仪表和继电保护装置，并将仪表和保护装置与高压电路隔开。它的结构与电压互感器类似，由铁芯和一次、二次绕组两个主要部分组成。所不同的是电流互感器的一次绕组的匝数很少，一般只有一匝或几匝，二次绕组的匝数很多，并使二次侧电流均为 5A，这使测量仪表和继电保护装置使用安全、方便，也使其在制造上可以标准化，简化了制造工艺并降低了成本。因此电流互感器在电力系统中得到了广泛应用。

1. 电流互感器的型号含义

电流互感器的型号含义如下：

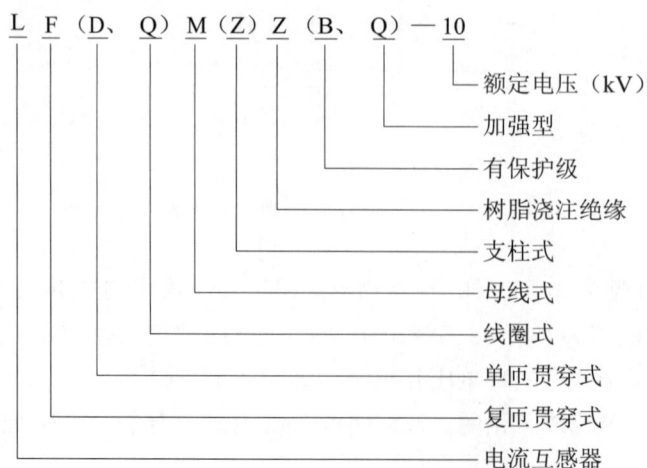

例如：LFZB-10 型为 10kV 树脂浇注绝缘复匝贯穿式全封闭式电流互感器；LMZB-10 型为 10kV 树脂浇注绝缘全封闭母线式电流互感器；LQB-0.38 型为 0.38kV 一次侧系多匝线圈式带保护级的电流互感器。几种常用的电流互感器外形如图 3-59 所示。

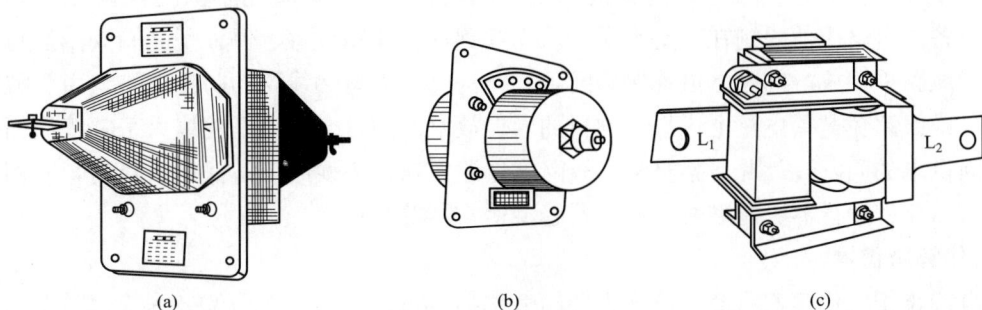

图 3-59　电流互感器外形
(a) LFZ-10 型；(b) LDZ-10 型；(c) LQG-0.5 型

2. 电流互感器结构

(1) LFZ-10 型电流互感器［见图 3-59 (a)］的铁芯用优质导磁材料硅钢片叠成，二次绕组绕在塑料骨架上，一次绕组用玻璃丝包扁线或玻璃丝包圆线绕制而成，一次绕组与二次绕组用模具定位，并经真空干燥浇注在环氧树脂中，使其具有优良的绝缘性能和防潮能力，并容易做到表面清洁。极性标记一次绕组出线端为 L_1、L_2，二次绕组出线端为 K_1、K_2，均由环氧树脂铸成，不会因长期使用而模糊不清。

(2) LQG-0.5 型电流互感器［见图 3-59 (c)］的铁芯是由条形硅钢片叠成，绕组采用绕线式，一次绕组和二次绕组均套在一个铁芯柱上，并有磁分路作为补偿误差之用。一次绕组的始端和末端，均有标记 L_1 和 L_2；二次绕组的始端和末端均有标记 K_1 和 K_2。铁芯夹件由钢板冲成，并弯成直角形，又称为固定底座，其上具有安装孔。另一对夹件中，有一侧夹件稍长，在其一端装有接地螺栓，另一侧装有接线座。

3. 电流互感器的工作原理

电流互感器的工作原理与普通双绕组变压器相似，如图 3-60 所示。二次绕组可串联接入电流表、功率表、电能表或继电器的电流线圈。

由于表计的电流线圈阻抗很小，所以电流互感器的工作情况相当于变压器的短路运行。又因为电流互感器铁芯中磁通密度较低，所以空载电流 I_0 很小，如忽略 I_0，根据磁通势平衡关系 $I_1 w_1 = -I_2 w_2$ 得 $\dfrac{I_1}{I_2} = \dfrac{w_2}{w_1} = K_N$，其中，$K_N$——电流互感器的额定电流比或称变比。

电流互感器是利用一次、二次绕组的不同匝数，可将电路中的大电流变成小电流供测量和继电保护之用。

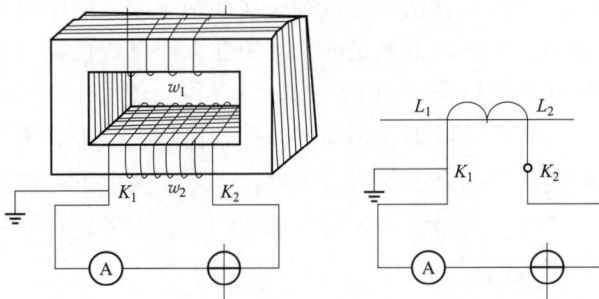

图 3-60　电流互感器原理接线图

电流互感器一次侧额定电流范围为 5～4000A，二次侧额定电流为 5A，一次侧也可以有许多抽头，因而可以选用不同的电流比。

五、避雷器

架空配电线路设备在运行中除了要承受正常工作电压外，还会遭受各种过电压的侵袭。这些过电压主要包括由于雷电引起的雷电过电压及操作等引起的操作过电压。它们的数值远超过正常的工作电压，会造成设备操作，寿命缩短，甚至造成事故，可能给国民经济造成巨大损失。为此，必须采取有效措施来限制过电压。避雷器就是一种用于限制过电压的主要保护设备之一。它通常接于导线和大地之间，与被保护设备并联，当雷电过电压值达到避雷器规定的动作电压时，避雷器会立即动作，释放过电压电荷，将线路设备的过电压值限制在一定水平，从而起到保护线路设备、保证配电网安全运行的目的。最初，架空电力线路采用放电间隙（或称保护间隙）作为电气设备和线路的防雷保护。由于放电间隙虽能达到保护设备或线路免遭雷电过电压损害的目的，但放电间隙常会出现不能熄灭工频续流而造成不正常供电甚至中断供电的问题。为此，架空配电线路常用避雷器作为线路防雷保护。目前，常用的配电线路避雷器主要有氧化锌避雷器、阀型避雷器以及管型避雷器等几种。

（一）氧化锌避雷器

架空配电线路用氧化锌避雷器又被称为金属氧化物避雷器（简称 MOA），是 20 世纪 70~80 年代初发展起来的新型产品。由于氧化锌具有性能稳定、非线性好、通流大、体积小、重量轻等优点，其优异的保护性能是传统的碳化硅避雷器所无法相比的，所以它的发展非常迅速。目前，氧化锌避雷器在架空配电线路上应用非常广泛。

早期的氧化锌避雷器是采用外瓷套，内装氧化锌（ZnO）芯片制成的。它分为串联间隙氧化锌避雷器和无间隙氧化锌避雷器两种。由于密封不良引起避雷器内部受潮，以及额定电压选择和结构设计不合理等原因，氧化锌避雷器在试运行期间，爆炸或击穿事故时有发生。

避雷器内部受潮原因主要有以下几点：

（1）组装时环境条件不符合要求，阀片、杠件、瓷套内壁受潮和组装时带进潮气。

（2）昼夜间及四季气温变化，避雷器本身有呼吸作用，在不能保持可靠密封时吸进潮气。

（3）密封系统不良，如密封垫易老化、瓷套口精度不符合要求等，渗入潮气。

（4）瓷套开裂，渗入潮气。

氧化锌避雷器额定电压选择不合理是指在中性点非有效接地系统配电线路用氧化锌避雷器时，额定电压不能选择太低。所谓避雷器的额定电压是指施加到避雷器端子间最大允许工频电压有效值。按照此电压设计的避雷器，能在所规定的动作负载试验中确定的暂时过电压下正确地工作。它是表明避雷器运行特性的一个重要参数，但它不等于电力系统的额定电压。氧化锌避雷器的额定电压不能选择太低，这是因为中性点非有效接地系统中，其弧光接地过电压和谐振过电压对氧化锌避雷器的安全运行威胁很大。因此，氧化锌避雷器在保证绝缘配合的前提下，额定电压应选择得高一些，这样避雷器的吸收能力就会大一些。也就是说，对中性点非有效接地配电系统，无间隙氧化锌避雷器的额定电压不能按普通碳化硅避雷器选择的方法选择。

氧化锌避雷器结构不合理是指近几年来，不少厂家竞相开始生产氧化锌避雷器，由于有些厂家不了解避雷器的全工况运行条件，以致产生以下一些问题：

（1）对避雷器片面追求体积小、重量轻。有的厂家生产的避雷器甚至没有伞裙，瓷套的干闪、湿闪电压太低。

（2）固定阀片的支架绝缘性能不良。有的厂家甚至采用青钢纸卷阀片，其耐压强度难以满足要求。

（3）有些避雷器生产厂家把阀片焊接起来，操作波通流时，焊锡熔化，阀片侧面绝缘短路。还有的采用有机玻璃筒封装。

为了满足各种技术要求，20 世纪 80 年代中期，氧化锌避雷器生产和应用技术得到了进一步地发展和完善。合成绝缘和支柱式氧化锌避雷器的诞生，以及电气性能的提高，使得氧化锌避雷器越来越受到各类用户的欢迎。

新一代的合成绝缘氧化锌避雷器是由高非线性特性、大通流容量的氧化锌电阻和有机聚合物外套组合而成的。聚合物外套所采用的材料主要有硅橡胶、聚烯烃（乙丙胶）、环氧、高密度聚乙烯，其中最为常用的材料是硅橡胶，图 3-61 所示即 10kV 无间隙硅橡胶外套氧化锌避雷器结构图。合成绝缘氧化锌避雷的主要优点是：

（1）绝缘性能优良。有机聚合物在常温及高、低温下电阻率高，性能稳定。抗臭氧、抗紫外线能力强。对昼夜、四季温差，以及不同材料产生的机械应力作用具有较好的机械强度，性能稳定。

（2）耐污性能强。聚合物绝缘表面具有憎水性，水分在聚合物的表面不会形成水珠，不会散开形成水膜。因此，它的耐污性能远优于瓷绝缘。大量的运行经验和实验证明，有两种材料，即硅橡胶和乙烯或丙烯共聚体（EP-DM）很适合于户外使用。

（3）合成材料成型性好，容易实现可靠的密封。运行经验表明，配电线路氧化锌避雷器事故中的 85.6% 是由于受潮引起，5.9% 是内、外过电压引起，4.5% 是由污秽引起的。模压成型的合成外套容易实现可靠密封，特别是由注塑机浇注成型的合成绝缘氧化锌避雷器。这种避雷内部没有气隙，可以消除氧化锌避雷器的受潮隐患，有效降低事故和提高供电可靠性。

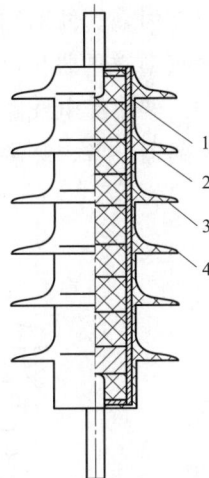

图 3-61　10kV 硅橡胶外套氧化锌避雷器
1—金属电极；2—氧化锌电阻片；3—环氧玻璃纤维包封层；4—硅橡胶外套

（4）合成绝缘材料具有较好的弹性，可降低避雷器爆炸成碎片的可能性。瓷套避雷器的防爆设计和试验都比较复杂，并且它将降低避雷器的密封性能。尽管瓷套避雷器的压力释放装置不断得到改进，但瓷套避雷器的爆炸事故仍有发生。合成绝缘外氧化锌避雷器内部没有空隙，加上金属氧化物电阻片的周围柱形外套和裙边全部用有机聚合物制成，可从根本上解除避雷器爆炸的危险。这类避雷器如果故障，电阻片裂开，也只能撑开合成绝缘外套，对工作人员、行人和其他设备不会构成危害。

（5）体积小、重量轻，运输安装方便。

（6）运行可靠，不易破损，平时无需维护。由于合成绝缘外套具有优异的耐污性能，合成绝缘避雷器不需要清扫维护。并且，合成绝缘避雷器近似于"实心"的结构，使其没有防潮检查的必要。因此，除特殊需要外，配电线路合成绝缘氧化锌避雷器预防性试验周期可以在 6 年以上，有时甚至可达到10年。

（7）制造工艺简单。合成绝缘外套可以实现一次成型，特别是浇注成型工艺，效率高，成品率高，成品性能一致性好。而瓷套的制造工艺复杂，周期长，成品率低。

（8）具有氧化锌避雷器电气性能的优点，并且可制成支柱型结构，可以简化配电线路结构和减小配电线路装置尺寸。

配电线路常用的氧化锌避雷器，一般可分为有间隙，无间隙两种。有间隙和无间隙两种结构的特点比较如表 3-12 所示。由于这两种避雷器各有各的特点，到底哪种类型比较好，很难得出一个定论，要根据需要确定。但由于现今氧化锌避雷器的生产和应用技术已日趋完善，事故率不断降低，为了得到更好的保护性能，目前架空配电线路设备多使用无间隙氧化锌避雷器。

表 3-12　　　　　　　　　　　有间隙和无间隙氧化锌避雷器的特点比较

比较内容	有间隙氧化锌避雷器	无间隙氧化锌避雷器
强制再送电	电阻片因吸收极大过电压而发生永久性短路故障时，因有串联间隙绝缘，可强制再送电	有特殊需要时，需采用脱离装置。如果没有脱离装置，避雷器一旦发生故障，必须更换后才能送电
动作特性	雷过电压时，串联间隙必须闪络，而且必须在约半波内切断间隙续流，保护性能不够稳定	由于没有间隙，因此避雷器能切实动作，保护性能稳定
老化	有间隙氧化锌避雷器，非线性电阻片部分在正常情况下，它不承受交流电压，可以减缓它的老化速度	无间隙氧化锌避雷器，其电阻片在正常情况下有工频交流电压存在，与有间隙氧化锌避雷器相比，其老化速度比较快

（二）阀型避雷器

阀型避雷器主要由密封瓷套、火花间隙和非线性电阻等组成，火花间隙与非线性电阻串联安装在密封瓷套内，其外形结构如图 3-62 所示。阀型避雷器一般分为普通阀型和磁吹阀型避雷器两种。其中，磁吹阀型避雷器又可分为 FCD 和 FCZ 型避雷器，适用于发电厂、变电站 35kV 及以上电压供电设备的保护。架空配电线路最为常用的避雷器是普通阀型避雷器，它主要用于架空配电线路的配电变压器、柱上断路器设备、终端杆等的雷电过电压保护。

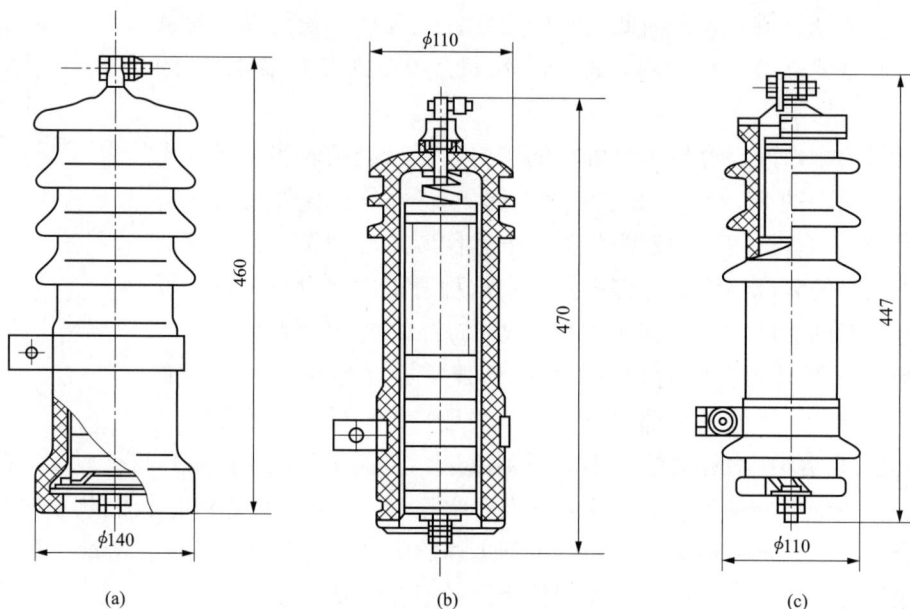

图 3-62　10kV 阀型避雷器外形结构图

（a）FS2—10 型；（b）FS3—10 型；（c）FS4—10 型

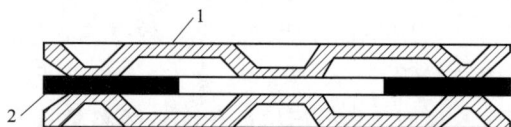

图 3-63　阀型避雷器的单位火花间隙

1—黄铜电极；2—云母片

普通阀型避雷器的工作原理是：在正常运行情况下，避雷器间隙足够的绝缘强度，不会被正常工作电压所击穿。如图 3-63 所示，当线路设备受到雷击，避雷器间隙将会被击穿放电，在过电压作用下，具有伏安特性的阀片电阻将变得非常小，把过电压电流泄入大地。避雷器完成放电后，此时作用在非线性电阻阀片上电压为正常工作电压，避雷器间隙在交流电过零时灭弧，非线性电阻阀片的电阻将变得非常大，这就限制了工频电流的通过，使线路恢复正常工作。具有非线性伏安特性的阀片在正常工作电压下，它的电阻非常大，而在过电压情况下，它的电阻很小，起到阀门的作用，因此把它称为阀型避雷器。采用磁吹阀型避雷器，是因为配电线路电气设备绝缘强度有的比较低，如电动机绝缘，由于受到结构和材料的限制，电动机的冲击绝缘水平比较低，为此需要保护性能更好的避雷器与其配合。磁吹阀型避雷器与普通阀型避雷器比较，它的灭弧性能更好、工频放电电压和残压低。磁吹阀型避雷器是阀型避雷器的一种，它仅在普通阀型避雷器的基础上增加了磁吹灭弧结构，使电弧在磁场的作用下被拉长，能更好的去游离，有利于电弧的熄灭。

常用阀型避雷器的用途如表 3-13 所示。

表 3-13 阀型避雷器的主要用途

系 列	结 构 特 点	主 要 用 途
FS	仅有间隙和阀片	一般用作配电变压器、电缆头、柱上开关设备、终端等的防雷保护
FZ	有间隙和阀片，间隙带非线性并联电阻	用作变电所电气设备的防雷保护
FCZ	有间隙和阀片，间隙带非线性并联电阻和间隙加磁吹灭弧元件	用作重要或低绝缘变电设备（一般为 35kV 及以上电压）的防雷保护
FCD	有间隙和阀片，间隙带非线性并联电阻和间隙加磁吹灭弧元件，并且间隙带有并联电容器	用作旋转电机的防雷保护

（三）管型避雷器

管型避雷器是由产生气体的灭弧管、内部间隙、外部间隙、棒型电极、环型电极等组成的。这类避雷器的结构比较简单，它的工作原理是：在正常工作电压下，外部间隙可使管型避雷器与线路隔开。当线路遭受雷击时，外部和内部间隙将同时被击穿，把过电压流引入大地，此时相当于线路单相接地短路。如果两相或三相避雷器同时动作，这时就形成线路两相或三相短路。当过电压电流通过后，在工频电压作用下，仍会有工频短路电流流过间隙，引起强烈的电弧，工频电弧的高温使产气管内壁产生大量气体并形成很大的应力，气体由防气孔迅速向管外排出，把电弧吹灭，使短路状态消除，线路恢复运行。管型避雷器的产气管是由有机绝缘材料制成的，它的产气情况对避雷器的灭弧性能起着决定性作用。为此，选用管型避雷器时，应特别注意核算管型避雷器安装处的短路电流是否在避雷器额定断流能力的上、下限之内。如果避雷器安装处的短路电流超过上限，管型避雷器就有可能发生爆炸；低于下限，避雷器将不能灭弧。管型避雷器外部间隙的作用是隔离电源，以免在工频电压作用下的泄漏电流长期通过产气管有机绝缘材料的表面，使产气管造成损坏而引发事故。

与早期管型避雷器比较，无续流管型避雷器是一种情能较好的新型管型避雷器。结构上，在其产气管两极间放有产气芯棒，极间放电后靠过电压电流使产气芯棒发热，芯棒产生的大量气体使雷电流电弧熄灭，此时工频续流很小，也被强行吹灭。因此，这类避雷器被称为无续流管型避雷器。它的优点是灭弧管管壁在灭弧过程中的烧伤程度比较轻，灭弧快，对电网供电影响比较小，与阀型避雷器比较没有非线性电阻阀片，价格比较低，可经代替 FS 阀型避雷器用来保护线路设备。但这种避雷器在雷电流较小的情况下不易灭弧。

六、无功补偿

1. 作用

无功功率补偿，简称无功补偿，在配电网系统中起提高电网的功率因数的作用，降低供电变压器及配电线路的损耗，提高供电效率，改善供电环境。所以无功功率补偿装置在配电网供电系统中处在一个不可缺少的非常重要的位置。合理的选择补偿装置，可以做到最大限度的减少网络的损耗，使电网质量提高。反之，如选择或使用不当，可能造成供电系统，电压波动，谐波增大等诸多因素。

无功补偿的具体实现方式：把具有容性功率负荷的装置与感性功率负荷并联接在同一电路，能量在两种负荷之间相互交换。这样，感性负荷所需要的无功功率可由容性负荷输出的无功功率补偿。无功补偿的意义如下。

（1）补偿无功功率，可以增加电网中有功功率的比例常数。

（2）减少发、供电设备的设计容量，减少投资，例如当功率因数由 0.8 增加到 0.95 时，装 1kvar 电容器可节省设备容量 0.52kW；反之，增加 0.52kW 对原有设备而言，相当于增大了发、供电设备容量。因此，对新建、改建工程，应充分考虑无功补偿，便可以减少设计容量，从而减少投资。

（3）降低线损，由于补偿后提高功率因数，线损率也下降了，减少设计容量、减少投资、增加电网中有功功率的输送比例，以及降低线损都直接决定和影响着供电企业的经济效益。所以，功率因数是考核经济效益的重要指标，规划、实施无功补偿势在必行。

电网中常用的无功补偿方式包括：①集中补偿，在高低压配电线路中安装并联电容器组；②分组补偿，在配电变压器低压侧和用户车间配电屏安装并联补偿电容器；③单台电动机就地补偿，在单台电动机处安装并联电容器等。

2. 分类

从电力电容器的工作条件而言，大致可归纳为以下四大类，它们的特点也表现在下列几方面。

（1）在工频交流电压下，长时间运行的电容器，包括移相、串联和耦合电容器等几类。这类电容器一般电流较大，导电部分按电流密度设计，介质损失也较大，电容器结构决定于散热条件，介质工作的电场强度不能太高。

（2）在直流电压及微小的交流分量下，长时间运行的电容器（包括滤波电容器在内），其通过电流较小，允许介质具有较高的工作电场强度。

（3）在中频（如 $150 \sim 10\,000\,Hz$）交流电压下，长时间运行的电容器（主要是电热电容器），其工作电流很大，介质损失及导电部分的损失也很大，需要采取特殊的散热措施，如水冷等，其介质的工作电场强度可根据频率的大小来决定，低于移相电容器。

（4）在短时间冲击电压或振荡电压作用下的电容器（包括脉冲、均压和标准电容器），在一般情况下工作时间很短，功率损失和发热不大，介质的工作电场强度一般也高于上述三类电容器。

七、成套配电装置

成套配电装置可满足各种主接线要求，并具有占地少、安装、使用方便，适用于大量生产等特点。

成套配电装置的组合，是根据电力系统供电状况及使用场合与控制对象的要求，并结合主要电器元件的特点，确定一次接线单元方案的。单元接线方案应分别适用于电缆进出线和架空线进出线。成套配电装置的组合，必须满足运行安全可靠、检修维护方便、经济合理、实用美观等要求。

成套配电装置按电压等级可分为高压成套配电装置和低压成套配电装置，按使用地点可分为户外式和户内式。按开关电器是否可以移动，又可分为固定式和手车式等。

（一）开关站成套设备

开关站建在城市主要道路的路口附近、中心区和两座高压变电站之间，汇集若干条变电站 10kV 出线作为电源，以相同电压等级向用户供电的开关设备的集合，并且具有出线保护，主要起传输作用。开闭所分为屋内装置和箱式装置两种，一般用于城网。屋内装置一般由 6～16 只环网柜组成，能形成"双环网"供电方式。箱式装置即户外式，是一组组合电器，体积小占地少，一般适用于"单环网"供电方式。如图 3-64 所示，该户外开关站是由 12kV 电缆附件、环网柜或高压开关柜、12kV 电器元件、二次元件和箱体组成的高压成套电器设备，充分灵活运用了电缆接插件串联并联的优势，根据用户需要进行可靠组合，实现了全密封、全防护、全绝缘、防凝露、防尘埃、抗腐蚀、免维护的特性，可在户外全天候运行，选用于供电网络中电缆的连接、分接和电能的转移、分配。

图 3-64 环网柜成套设备示意图

（二）开关柜

1. 高压成套配电装置

高压开关柜是成套配电装置的一种，是由制造厂成套供应的设备。在这些封闭或半封闭式的柜中，可装设高压开关电器、测量仪表、保护装置和辅助设备等。

一般是一个柜构成一个电路（必要时用两个柜），所以通常一个柜就是一个间隔。使用时可按设计的主电路方案，选用适合多种电路间隔的开关柜，然后组合起来便构成整个高压配电装置。

柜内的电器、载流导体之间以及这些设备与金属外壳之间是相互绝缘的。目前我国生产的高压开关柜，其绝缘大多数是利用空气和干式绝缘材料。但其发展方向是塑料树脂浇注的全绝缘高压组合电器。

（1）型号含义。高压开关柜型号含义如下：

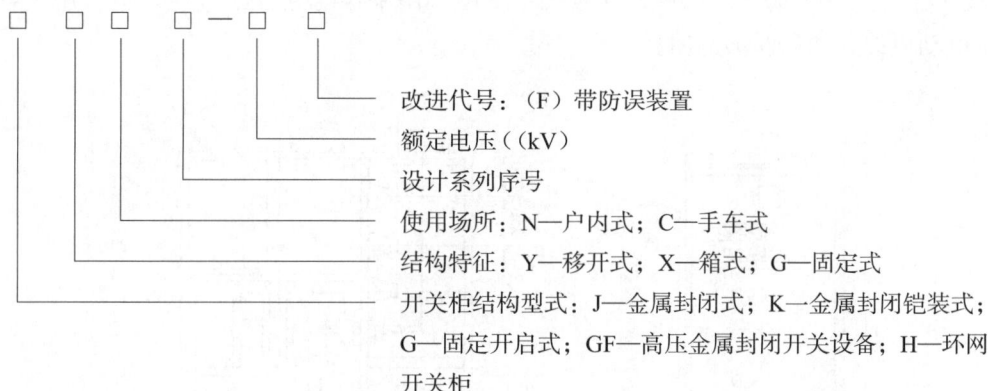

改进代号：（F）带防误装置

额定电压（（kV）

设计系列序号

使用场所：N—户内式；C—手车式

结构特征：Y—移开式；X—箱式；G—固定式

开关柜结构型式：J—金属封闭式；K—金属封闭铠装式；

G—固定开启式；GF—高压金属封闭开关设备；H—环网开关柜

（2）高压开关柜分类。

1）按装置地点分为户内式和户外式两种；

2）按线路方案内容分为直流操作、交流操作和硅整流操作三种系列；

3）按使用对象分为引出线、引入线、变压器、分段开关、电压互感器、电动机、电力电容器、变压器—电动机组、自用变压器和单独使用柜等；

4）按断路器的安装方式分为固定式和小车式。

（a）固定式高压开关柜。固定式高压开关柜具有结构简单、价格低廉、维护方便等优点，得到了广泛应用。常用在高压配电室等户内场所，作为接受和分配电能，并对电路实行控制、保护和监测之用。型号有 GG-lA，GG-10，GG-10A 和 XGN 型。由于 GG-1A 型柜体宽大，绝缘性能好又便于维护，应用仍十分普遍，内部主要电器已更新换代，如用真空断路器代替少油断路器，用 LDZJ、LDZ1 和 LFZl 型电流互感器代替老产品，用 JDZB 型浇注绝缘的电压互感器代替油浸绝缘的老产品，同时采用了五防连锁功能。

五防连锁功能是指可以防止五种类型的电气误操作。即一防误分误合断路器；二防带负荷合、分隔离开关（或隔离触头）；三防带电挂地线（接地开关）；四防带地线合隔离开关；五防带电误入带电间隔。主动防御方法大致可分为三类：一是采用机械连锁装置，宜优先推荐使用；二是采用插头和机械程序销；三是采用电气连锁。

图 3-65 为 GG-1A（F）Z 型高压开关柜的结构示意图。型号中的 F 为具有五防功能，Z 为真空断路器。它是在原 GG-1A 型开关柜基础上改进的派生产品，主要用于工矿企业配电室，交流频率为 50Hz，电压为 3~10kV 单母线接线系统，接收和分配电能之用。

柜体由角钢和薄钢板焊接而成，柜内用薄钢板隔

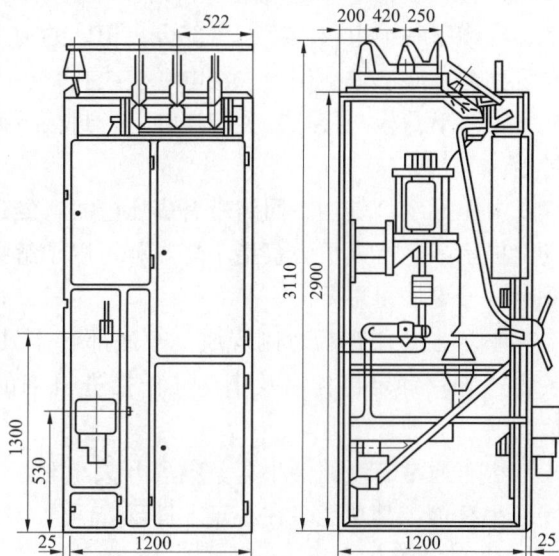

图 3-65 GG-1A（F）Z 型真空开关柜结构示意图

开，柜的上部为真空断路器，下部为隔离开关室，主母线水平放在顶部支柱绝缘子上。

（b）小车式（移动）高压开关柜。小车式高压开关柜的主要特点是断路器等主要电气设备可随小车拉出柜外检修，既方便又安全。在更换某一电气设备时，推入同类备用小车便可继续供电，大大缩短了停电时间，故其应用已越来越广泛。近几年来随着无油化改造，真空断路器发展很快，再加上这种断路器可频繁操作的特点，因而户内封闭小车式高压开关柜以装 ZN-10 系列真空断路器为主。

图 3-66 所示为 JYN2 型小车式高压开关柜。这种开关柜适用于三相交流频率为 50Hz，额定电压为 3～10kV，额定电流为 630～3000A 的单母线接线系统中，用来接受和分配电能，也适用于各工矿企业作为大型高压电动机的起动和保护之用。

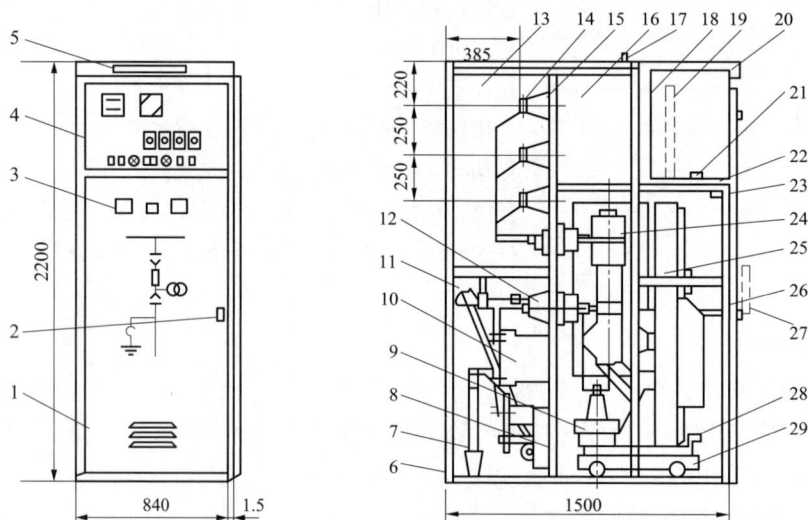

图 3-66 JYN2-10 型小车式高压开关柜

1—小车室门；2—门锁；3—观察室；4—仪表板；5—用途标牌；6—接地母线；7——次电缆；8—接地开关；9—电压互感器；
10—电流互感器；11—电缆室；12——次触头隔离罩；13—母线室；14——次母线；15—支持瓷瓶；16—排气通道；17—吊环；
18—继电仪表室；19—继电器屏；20—小母线室；21—端子排；22—减震器；23—二次插头座；24—油断路器；25—断路器手车；
26—小车室；27—接地开关操作棒；28—脚踏锁定跳闸机构；29—手车推进机构扣攀

这种开装柜本体是用角钢和钢板焊制而成，柜体用钢板（铠装式）或绝缘板分隔成小车室、母线室、电缆室和继电仪表室四个部分。柜体的前上部位是继电保护装置及仪表，下门内是小车室，门上装有观察窗。底部左下侧为二次电缆进线孔，后上部位为主母线室，后下部位为电缆室，后面封板上装有观察窗。下封板与接地开关有连锁，上封板下面装有电压显示灯，当母线带电时灯亮，此时不能拆卸上封板。

电压显示灯是当主回路带有高压电时，经过电容分压原理输出低电压信号，点燃氖灯，以灯光信号发出提示。运行人员观察指示灯，就可以了解哪一段主回路在带电运行。在维护和测试柜内元件时，该提示信号更显得重要。

小车也是用钢板弯制焊成，车底部有 4 只滚轮，能沿水平方向移动。小车上装有接地触头，导向装置，脚踏锁定机构以及小车杠杆推进机构的扣攀。小车拉出后，用附加转向小轮使小车灵活转向移动。

小车通常有断路器小车、隔离开关小车、电压互感器小车、站用变小车、避雷器小车、计量小车、接地小车等，其功能多在小车上体现。

2. 环网柜

环网柜（见图 3-67）是一组高压开关设备装在钢板金属柜体内或做成拼装间隔式环网供电单元的电

气设备，其核心部分采用负荷开关和熔断器，具有结构简单、体积小、价格低、可提高供电参数和性能以及供电安全等优点。它被广泛使用于城市住宅小区、高层建筑、大型公共建筑、工厂企业等负荷中心的配电室以及箱式变电站中。

环网柜一般分为空气绝缘和SF_6绝缘两种，用于分合负荷电流，开断短路电流及变压器空载电流，一定距离架空线路、电缆线路的充电电流，起控制和保护作用，是环网供电和终端供电的重要开关设备。柜体中，配空气绝缘的负荷开关主要有产气式、压气式、真空式，配SF_6绝缘的负荷开关为SF_6式，由于SF_6气体封闭在壳体内，它形成的隔断断口不可见。环网柜中的负荷开关，一般要求三工位，即切断负荷，隔离电路、可靠接地。产气式、压气式和SF_6式负荷开关易实现三工位，而真空灭弧室只能开断，不能隔离，所以一般真空负荷环网开关柜在负荷开关前再加上一个隔离开关，以形成隔离断口。

图 3-67　环网柜示意图

环网柜型号表示式和含义如下：

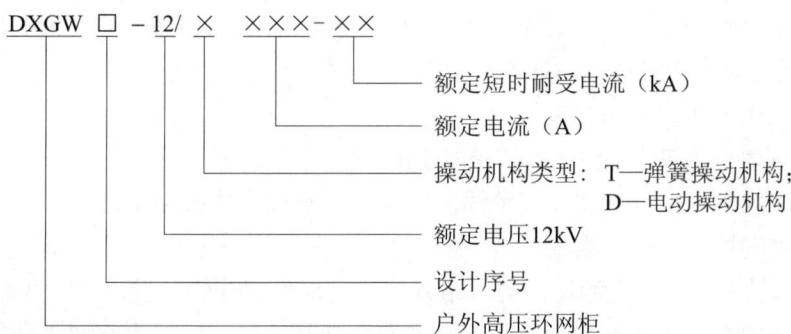

DXGW □ −12/ × ×××−××

额定短时耐受电流（kA）
额定电流（A）
操动机构类型：T—弹簧操动机构；
　　　　　　　　D—电动操动机构
额定电压12kV
设计序号
户外高压环网柜

图 3-68　中置柜示意图

3. 中置柜

中置柜（见图 3-68）是用于终端用户使用的一类开关柜，为铠装型移开中置式金属封闭开关设备。中置柜种类比较多，可以分为进出线开关柜，计量柜，互感器柜、所用变柜等，中置柜内的开关可以设置自动保护装置，在事故时，保护装置发出信号，使开关动作跳闸，切断电源，柜内选用的多是 VS1 型真空开关柜，因而中置柜功能全，体积大。

例如：ABB 中置柜其分三层结构，上层为母线和仪表室（相互隔离），中间层为断路器室，下层为电缆室。由于断路器在中间层，所以称为铠装型移开中置式金属封闭开关设备。

4. 低压成套配电装置

（1）低压成套配电装置的用途和技术要求。

1）用途。低压成套配电装置是指由低压电器（如控制电器、保护电器、测量电器）及电气部件（如母线、载流导体）等按一定的要求和接线方式组合而成的成套设备，故也称为低压配电屏，适用于发电厂、变电站、厂矿企业等电力用户的交流频率为 50Hz，额定工作电压至 660V，额定工作电流至 5000A 的配电系统，作为动力、照明及配电设备的电能转换、分配与控制之用。

2）分类。按外部设计可分为开启式、前面板式和封闭式。封闭式又分为有柜式、多柜组合式、台式、箱式和多箱组合式等。按安装位置可分为户内式和户外式。按安装条件可分为固定式和移动式。按元件装配方式可分为固定装配式和抽屉式。此外，还可按防护等级、外壳形式或人身安全防护措施进行分类。

目前国产配电设备产品的外部设计则较多采用前面板式（屏）、柜式（包括多柜组合）和箱式（包括多箱组合），其中以户内式、固定式和元件固定装配为多。部分产品（如配电屏中电动机控制中心等）多采用抽屉式的屏。

3）特点和技术要求。成套配电装置可满足各种主接线要求，并具有占地少，安装和使用方便，适用于成批生产等特点。

选用成套配电装置应首先确定线路方案，包括该配电设备在配电系统中的安装位置、配电系统的构成形式和具体线路等。

目前我国生产的成套配电装置多为标准型产品，其具体线路方案按主电路和辅助电路分别组成标准单元，使用单位可任意选择具体的线路方案，并按实际需要进行组合，以满足配电系统的需要。其组合是根据电网的具体供电状况及使用场合与控制对象的要求，并结合主要电器元件的特点而进行的。

成套配电装置的组合必须满足运行安全可靠、检修维护方便、经济合理、实用美观等要求。对其一般技术要求如下：

a. 配电装置的布置和导体、电器、架构的选择，应满足在当地环境条件下正常安全运行的要求，其布置与安装还应满足短路和过电压时的安全要求。

b. 配电装置应动作灵活，工作可靠。

c. 配电装置等回路的相序应一致，并应有相色标志。

d. 屋内配电装置间隔内的硬导体及接地线上应留有接触面和连接端子。

e. 成套配电装置应具有五防功能。

f. 两路以上电源供电时，各电源进线与联络开关之间应设置连锁装置。

g. 充油电气设备的布置应满足在带电时安全方便地观察油位、油温，并便于抽取油样。

（2）常用低压配电柜。我国生产的低压配电屏基本上可分为固定式和小车式（抽屉式）两大类，基本结构方式分为焊接式和组合式两种。常用的低压配电屏有 PGL 型交流低压配电屏、BFC 系列抽屉式低压配电屏、GGL 型低压配电屏、GCL 系列动力中心和 GCK 系列电动机控制中心等。

1）PGL 型低压配电屏。PGL 型低压配电屏，型号中的 P 表示配电屏，G 表示固定式，L 表示动力用。图 3-69 所示为 PGL-1 型低压配电屏结构示意图。它适用于发电厂、变电站和厂矿企业的交流频率为 50Hz、额定电压为 380V 的低压配电系统中作为动力、照明及配电设备的电能转换、分配与控制之用。

PGL 型低压配电屏的结构形式为户内开启式，双面防护离墙安装，屏架用钢板和角钢焊接而成。多屏组合的起、终端屏上还可以增设防护侧板。母线在骨架上部立式安装，上有防护罩。

PGL 型低压配电屏主要有 PGL-1 型和 PGL-2 型两种，其中 PGL-1 型的分断能力为 15kA，PGL-2 型的分断能力为 30kA。其结构特点如下：

a. 采用型钢和薄钢板焊接结构，可前后开启，双面维护，屏前有门，上方为仪表板，板上是一个可开启的小门，装设指示仪表。

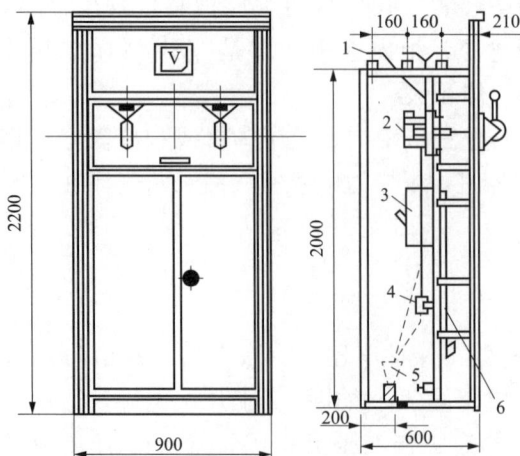

图 3-69　PGL-1 型低压配电屏结构示意图
1—母线及绝缘框；2—闸刀开关；3—低压断路器；
4—电流互感器；5—电缆头；6—继电器

b. 组合屏的屏间加有钢制隔板，可限制事故的扩大。

c. 主母线的电流有 1000A 和 1500A 两种规格，主母线安装于屏后柜体骨架上方，设有母线防护罩，防止上方坠落物体而造成主母线短路事故。

d. 屏内外均徐有防护漆层，始端屏、终端屏装有防护侧板。

e. 中性线装置于屏的下方绝缘子上。

f. 主接地点焊接在下方的骨架上，仪表门有接地点与壳体相连，构成了完整、良好的接地保护电路。

在电器元件的选用方面，PGL-1 型配电屏主开关电器选用 DW-10 型和 DZ-10 型断路器，HD-13 型和 HS-13 型刀开关，RT0 型熔断器和 CJ-12 型接触器等电器元件。辅助电路的保护元件采用圆柱形有填料具有高分断能力的 GF-1 型熔断器。PGL-2 型配电屏的主开关电器选用 DW-15 型断路器和 DZX-10 型限流断路器，辅助电路也采用 GF-1 型熔断器。其中 GF-1 型熔断器、DW-15 型断路器和 DZX-10 型限流断路器等元件的采用，有利于保证和提高配电屏的分断能力。

2) GGL 型低压配电屏。GGL 型低压配电屏，型号中的 G 表示柜式结构，G 表示固定式，L 表示动力用。这种配电屏为组装式结构，全封闭形式，内部选用新型的电器元件，母线按三相五线配置。它的特点是具有分断能力强、动稳定性好、维修方便等优点，主要适用于发电厂、变电站及厂矿企业交流频率为 50Hz、电压为 380V 的低压配电系统作为动力、照明之用。

3) BFC 型低压配电屏。BFC 型低压配电屏，型号中的 B 表示低压配电屏，F 表示防护型，C 表示抽屉式。这种配电屏又称为配电中心，其中专门用来控制电动机的称为电动机控制中心。它主要用于工矿企业和变电站作为动力配电、照明配电和控制之用，额定频率为 50Hz，额定电压不超过 500V。这类配电屏采用封闭式结构、离墙安装，元件装配方式有固定式、抽屉式和小车式几种。

BFC 型低压配电屏的主要特点为各单元的主要电器设备均安装在一个特制的抽屉中或小车中，当某一回路单元发生故障时，可以使用备用抽屉或小车替换，以便迅速恢复供电。而且每个单元为抽屉式，密封性好，不会扩大事故，便于维护，提高了运行的可靠性。BFC 型低压配电屏的主电器在抽屉或小车上均为插入式结构，抽屉或小车上均设有连锁装置，以防止误操作。

曲线和任一支路熔断器的时间—电流特性曲线进行比较，彼此不能相交，同样要留有安全裕度。

（3）熔断器与熔断器之间的性能协调配合。上、下两级熔断器的过电流选择比为 1.6：1，上一级熔断器的额定电流应等于或大于下一级熔断器额定电流的 1.6 倍。

（三）控制、保护及直流屏

控制设备按功能可划分各种继电器、控制开关、各种测量仪表、信号指示设备、闭锁设备、自动化控制设备等。将这些设备按不同方式组合各种控制屏（见图 3-70）、继电保护控制屏（见图 3-71）、通信机柜（见图 3-72）等，以实现不同的功能。

图 3-70　控制屏　　　　　　　图 3-71　继电保护控制屏　　　　　图 3-72　通信机柜

（四）箱式变电站

1. 概述

箱式变电站又称箱式配电站；它是一种具有配电变压器、高压和低压室，功能齐全的箱式整体结构，有欧式和美式之分（见图 3-73 和图 3-74）。欧式箱式变电站的正式名称叫高低压预装式变电站，结构上采用高、低压开关柜，变压器组成方式，侧重于完善、周全的保护，以及功能的齐备。美式箱式变电站的正式名称叫组合式变压器，将负荷开关、环网开关和熔断器结构简化放入变压器油箱并浸在油中。避雷器也采用油浸式氧化锌避雷器。变压器取消油枕，油箱及散热器暴露在空气中，结构简单，成本低廉。

图 3-73　欧式箱式变电站　　　　　图 3-74　美式箱式变电站

2. 欧、美箱式变电站比较

（1）从体积上看，欧式箱式变电站由于内部安装常规开关柜及变压器，产品体积较大。美式箱式变电站由于采用一体化安装体积较小。

（2）保护方面，欧式箱式变电站高压侧采用负荷开关加限流熔断器保护。发生一相熔断器熔断时，用熔断器的撞针使负荷开关三相同时分闸，避免缺相运行，要求负荷开关具有切断转移电流能力。低压侧采用负荷开关加限流熔断器保护。美式箱式变电站高压侧采用熔断器保护，而负荷开关只起投切转换和切断高压负荷电流的作用，容量较小。当高压侧出现一相熔丝熔断时，低压侧的电压降低，塑壳自动空气开关欠电压保护或过电流保护动作。

（3）从产品成本看，欧式箱式变电站成本高。

（4）从产品降价空间看，美式箱式变电站还存在较大降低空间，一方面美式箱式变电站三相五柱铁芯可改为三相三柱铁芯，另一方面，美式箱式变电站的高压部分可以改型后从变压器油箱内挪到油箱外，占用高压室空间。

（五）充电站及充电桩

1. 概述

电动汽车充电桩跟充电站是两个概念。充电桩固定在地面，利用专用充电接口，采用传导方式，为具有车载充电机的电动汽车提供交流电能，具有相应的通信、计费和安全防护功能，其外形犹如停车计时秒表。市民只需要购买 IC 卡并充值，就可以使用充电桩为汽车充电了。

电动汽车充电站是指为电动汽车充电的站点，与现在的加油站相似。充电站按照功能可以划分为四个子模块：配电系统、充电系统、电池调度系统、充电站监控系统。充电站给汽车充电一般分为三种方式：普通充电、快速充电、电池更换。普通充电多为交流充电，可以使用 220V 或 380V 的电压。快速充电多为直流充电。充电站主要设备包括充电机、充电桩、有源滤波装置、电能监控系统。

下面以交流充电桩为例说明充电桩的原理结构和主要功能特点。

2. 充电桩的原理结构

交流充电桩的电气原理如图 3-75 所示，分为落地式和壁挂式两种外形结构，如图 3-76 和图 3-77

所示。

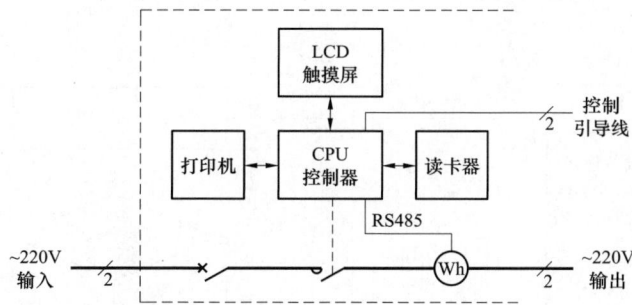

图 3-75　交流充电桩电气原理图

图 3-76　落地式交流
充电桩外形图

图 3-77　壁挂式交流
充电桩外形图

3. 功能特点

（1）人机交互界面采用大屏幕 LCD 彩色触摸屏，充电可选择定电量、定时间、定金额、自动（充满为止）四种模式；可显示当前充电模式、时间（已充电时间、剩余充电时间）、电量（已充电电量、待充电电量）及当前计费信息。

（2）读卡器用于身份识别、记录电量消费信息，打印机用于消费票据打印。

（3）完备的安全防护措施包括：①紧急停止充电按钮；②输出过流保护功能；③输出漏电保护功能；④自动判断充电连接器、充电电缆是否正确连接（当交流充电桩与电动汽车正确转接后，充电桩才能允许启动充电过程；当交流充电桩检测到与电动汽车连接不正常时，立即停止充电）；⑤阻燃功能。

用户充电桩充电业务流程见图 3-78。

充电桩	电动汽车能源供应运营系统

充电站(桩)充电

→ 卡ID信息 → 卡合法性校验

充电设备连接

是否已经签约、未锁卡

用户刷卡、输入用户密码 ← 校验结果1 未授权

是

校验不通过提示 ← 校验结果2 余额不足 保证金、充值账户余额是否充足

是

锁卡操作

继电器打开，电池阀关闭，充电桩开始充电 ← 校验结果3 执行充电 充电命令下发

计费表抄度上传 → 计费信息1 → 表计抄度接收和充电桩状态锁定

用户刷卡结束充电 计费信息2 表计止度接收和充电桩状态更新

继电器关闭，电池阀打开，充电桩结束充电 本次充电费用计算进行记账处理

充电桩充电异常、计费表止度上传 解卡操作

计费结果 用户余额扣除

消费记录显示 结束

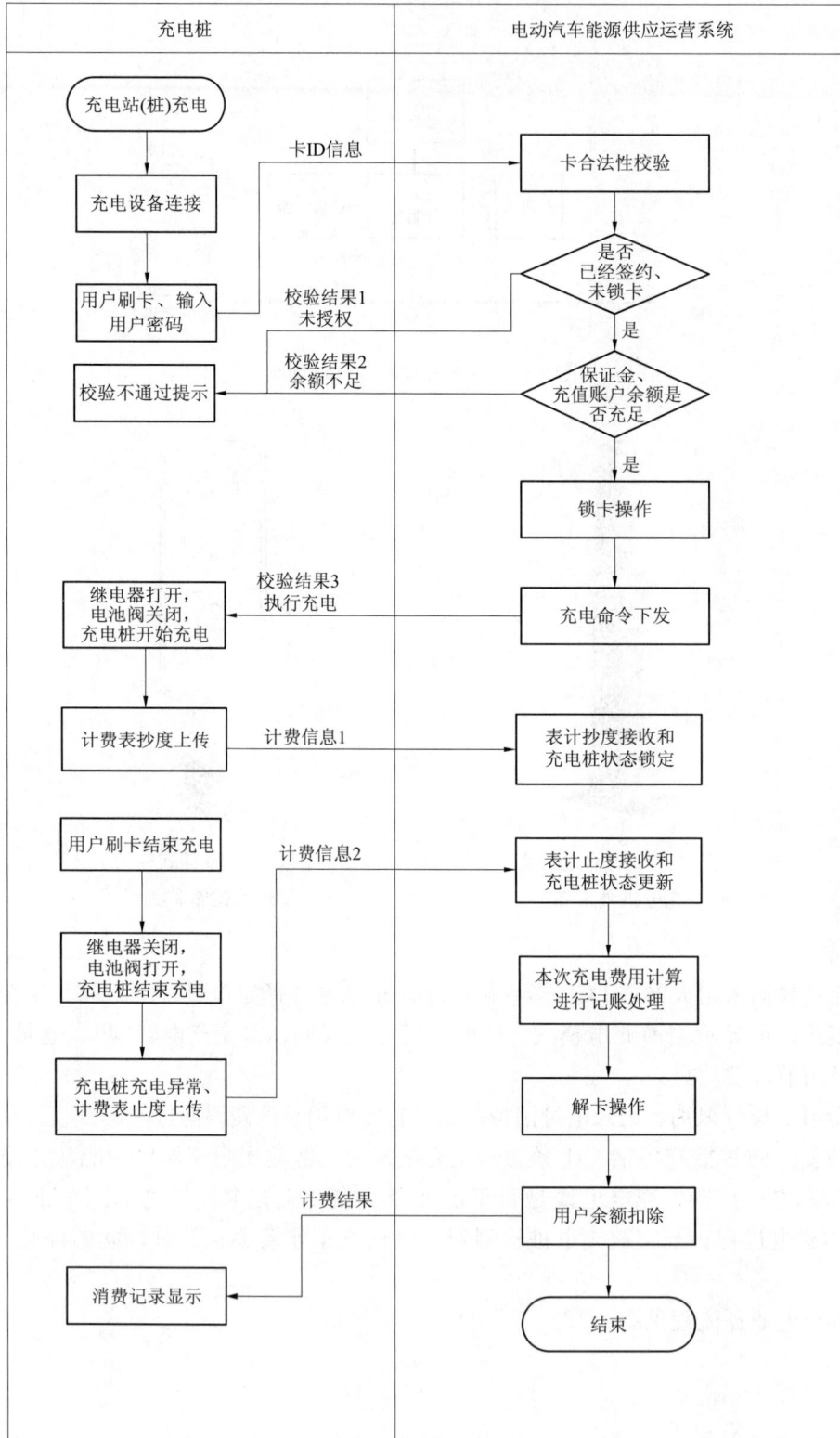

图 3-78 充电业务流程

配电网工程施工

第一节 施工中常用机具

施工工器具是指施工工程中所需要的工具。按其固定资产大小分为大型工器具（习惯称机械设备）和小型工器具（习惯称工具），配电网工程中常用工器具如下。

一、工具

（一）绳索

1. 麻绳（白棕绳）

麻绳（见图4-1）是线路施工常用的工具，麻绳主要用于上下传递物品以及作为起吊变压器和电杆的辅助绳索。好的麻绳应具有抗拉、耐磨、耐腐蚀的特点。由于麻绳质量相差很悬殊，使用时应根据制造厂产品数据进行试验，一般麻绳的单位允许拉力为 $10N/mm^2$，潮湿状态下使用，应减少50％。

2. 钢丝绳

钢丝绳（见图4-2）由细钢丝捻绕成股，再由六股加浸油绳芯捻绕而成，主要用于起吊电杆和设备（如变压器、柱上真空开关、柱上负荷开关及柱上开关柜等）。

图4-1　麻绳

图4-2　钢丝绳

（二）滑轮

滑轮（又称滑车）按其滚动轮数分有单滑轮和复滑轮；按作用分有起重滑轮和放线滑轮（车）。按其使用条件分有定滑轮和动滑轮。滑轮组是把定滑轮和动滑轮用绳索组合起来，这样可达到省力的效果。

1. 起重滑轮

起重滑轮主要采用单滑轮和滑轮组。

（1）单滑轮。单滑轮可作定滑轮（见图4-3）和动滑轮（见图4-4）。在作定滑轮时，仅能用来改变力的方向，在作动滑轮时可起到省力的效果。滑轮因轴承有摩擦力及绳索与滑轮间也有摩擦，故作用力一定要大于牵引力，它们的比值称滑轮的效率。

（2）滑轮组。滑轮组（见图4-5）由于有省力的功能，线路施工经常应用，其作用力 P 和牵引重物 Q 之间关系可用下式表示

$$P = \frac{Q}{n\eta}(N)$$

式中　η——滑轮或滑轮组的综合效率；

　　　n——工作绳索数，即动滑轮侧的绳索数。

2. 放线滑车

放线滑车主要用于铺放电缆或导线时起到保护的作用，省时省力，有架空导地线放线滑车（见图4-6）、电缆放线滑车（见图4-7）等。

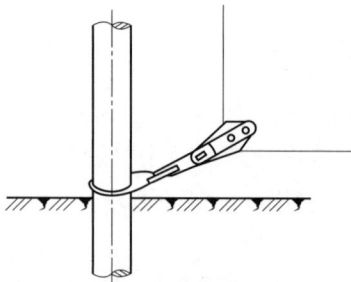 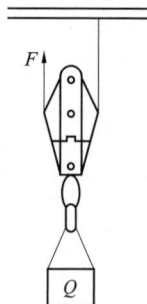 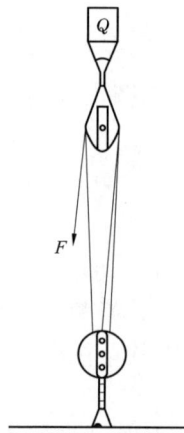 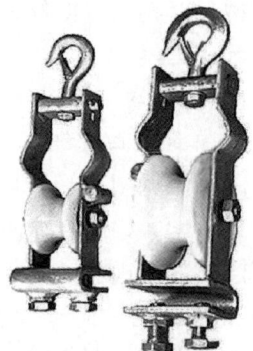

图4-3　定滑轮　　　　图4-4　动滑轮　　　图4-5　滑轮组　　　图4-6　架空导地线放线滑车

（三）桩锚

桩锚是施工中承载拉力的工具。板桩（见图4-8）一般用 $\phi40\sim50$ 圆钢制成，使用时需验算其安全许用承载力。

图4-7　电缆放线滑车

（四）抱杆

抱杆是受压构件，大都用木杆、钢管（见图4-9）或铝合金管（见图4-10）做成，主要用于组立电杆、起吊配电变压器等。

（五）双钩紧线器、卡线器

在线路施工中，为了用较小的作用力来获得较大的牵引力，常用的机械有双钩紧线器（见图4-11）、

紧线钳。在使用这些工具时，都必须按照其铭牌标明的规格使用，不允许过载。

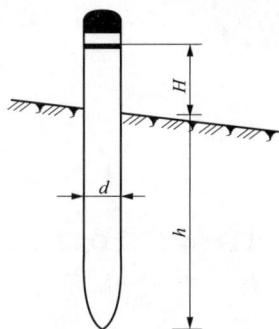

图 4-8　板桩

图 4-9　钢管抱杆

图 4-10　铝合金抱杆

1. 双钩紧线器

常用的规格有 1.5、3、5t。双钩紧线器由钩头螺杆、螺母杆套和扳手等构成。由于两端螺杆的螺旋方向是相反的，因此当用扳手转动杆套时，两端螺杆能同时向杆套内缩进或推出。

2. 卡线器

卡线器（见图 4-12）是钢丝绳或紧线器与导线连接的工具，具有越拉越紧的特点。使用时将导线或钢绞线置于钳口内，钢丝绳系于后部 U 形环，受拉力后，由于杠杆作用卡紧。卡线器分为导线卡线器和地线卡线器，地线卡线器又称龟爪。

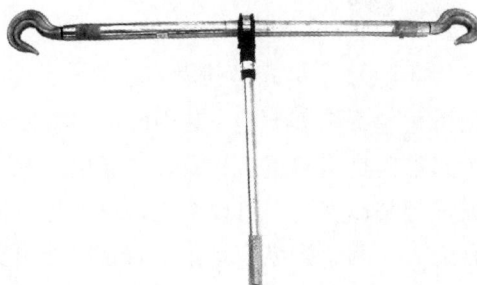

图 4-11　双钩紧线器

（六）起重葫芦

起重葫芦是一种使用简单、携带方便、具有制动装置的手动省力起重工具，包括手拉葫芦、手摇葫芦及手扳葫芦，如图 4-13～图 4-15 所示。

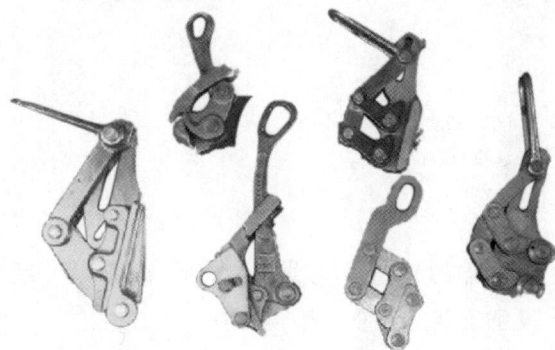

图 4-12　卡线器

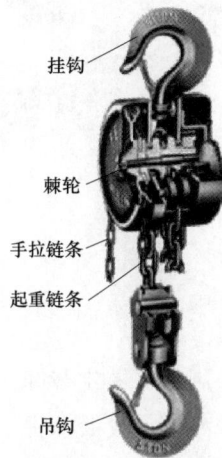

挂钩

棘轮

手拉链条

起重链条

吊钩

图 4-13　手拉葫芦

图 4-14　手摇葫芦　　　　　　　　　　　　　　　　图 4-15　手扳葫芦

（七）液压钳

液压钳主要用于导线或电缆头端子压接及导线连接压接。

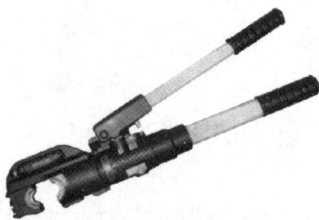

液压钳分为分离式/整体式电缆液压钳、机械电缆接线钳、钢芯电缆液压钳、手动液压钳、电动液压钳等几大类。图 4-16 所示为手动整体式液压钳。

二、施工机械设备

（一）起重设备

1. 吊装设备

图 4-16　手动整体式液压钳

安装工程常用的机械化吊装设备有汽车式、轮胎式、履带式、塔式和桥式起重机等类型，其中配电工程安装最常用的是汽车起重机，俗称吊机，如图 4-17（a）所示。汽车起重机是将起重机构安装在通用或专用汽车底盘上的起重机械。它具有汽车的行驶通用性能，机动性强，行驶速度高，可以快速转移，是一种用途最广泛、适用性最强的通用型起重机。汽车起重机一般备有上、下两个操纵室，作业时必须伸出支腿以保持稳定。汽车起重机按起重重量大小可分为轻型、中型和重型三种，起重量在 20t 以内的为轻型，50t 以内的为重型；按传动装置形式可分为机械传动、电力传动及液压传动三种。汽车起重机的缺点是工作时必须支腿，不能带负荷行驶，也不适合在松软或泥泞的场地上工作。

(a)　　　　　　　　　　　　　　　　　　(b)

图 4-17　起重设备
(a) 汽车起重机；(b) 叉车

2. 叉车

叉车是一种用于机械化装卸、堆垛和短距离运输的起重运输设备，如图 4-17（b）所示。叉车的起重量不大，起升高度也较低，常用于一些室内设备安装的起重、搬运工作。

（二）运输机械

运输机械是运输设备、材料、机具等配电工程施工要素到达目的地点的重要工具，可分为水平运输机械及垂直运输机械两大类。其中常用的水平运输机械主要有载重汽车、平板车、翻斗车等，垂直运输机械主要有卷扬机、葫芦等。垂直运输机械同时又是起重机械。

1. 载重汽车、翻斗车

载重汽车、平板车、翻斗车是最常用的水平运输机械，一般按负载来配备相应机械，如图 4-18 所示。

2. 线杆运输车

线杆运输车用于在便道上运输混凝土杆，上置式混凝土杆置于车架上方，下置式混凝土杆通过两个手摇提升器吊在车架下方，如图 4-19 所示。

图 4-18　水平运输机械

（a）载重汽车；（b）翻斗车

图 4-19　线杆运输车

3. 电动卷扬机

电动卷扬机主要用于在物料升降和大型吊装工程中卷扬、拉卸、拖曳重物，它适用于各种大中型结构及机械设备的安装和拆卸，如图 4-20 所示。

（三）绞磨机

绞磨机是机动绞磨的简称，又叫机动绞磨机或者机动绞磨，主要用于施工紧线、组立杆塔或张力放线。绞磨有机动绞磨和拖拉绞磨等，如图 4-21 所示。

（四）电焊机

电焊机用于焊接金属和其他热塑性材料，即通过加热使金属或其他热塑性材料接合的一种工具，如图 4-22 所示。

图 4-20　电动卷扬机

图 4-21　绞磨机

（a）机动绞磨；（b）拖拉绞磨

图 4-22　电焊机

电焊机结构十分简单，就是一个大功率的变压器，电焊机一般按输出电源种类可分为两种，一种是交流电源的；一种是直流电源的。电焊机有交流弧焊机、直流电焊机、氩弧焊机、二氧化碳保护焊机、对焊机、点焊机、埋弧焊机、高频焊缝机、闪光对焊机、压焊机、碰焊机激光焊机等。配电网中主要用交流弧焊机。

（五）电缆敷设机、电缆输送机

1. 电缆敷设机

目前城网电缆建设或改造中电缆的敷设已逐渐采用电缆敷设机的机械敷设方式。电缆敷设机如图 4-23 所示，适用于在任何形式的电缆桥架、沟道及电缆排管内，敷设各种动力电缆和控制电缆。使用该设备从根本上改变了人工敷设电缆的现象，可节约大量劳动力，改善劳动条件，降低劳动强度，提高工作效率和确保安全。各种规格的电缆集中大批量敷设时，不会造成电缆绝缘损伤。

2. 电缆输送机

如图 4-24 所示的电缆输送机适用于大规模城市电网改造，适合大截面、长距离电缆敷设，可降低劳动强度，提高施工质量。其特点是推力大、体积小、重量轻、操作方便，在电缆排管、隧道、直埋、长距离输送等场合尤为合适。

图 4-23　电缆敷设机

图 4-24　电缆输送机

（六）柴油发电机

柴油发电机（见图 4-25）的基本结构是由柴油机和发电机组成，柴油机作为动力带动发电机发电。柴油机通过曲轴旋转便带动发电机转动发电，发电机有直流发电机和交流发电机。

三、仪器仪表及试验设备

（一）万用表

万用表由表头、测量电路及转换开关等三个主要部分组成，是一种多功能、多量程的测量仪表，一般万用表可测量直流电流、直流电压、交流电流、交流电压、直流电阻和音频电平等，有的还可以测电容量、电感量及半导体的一些参数（如 β）。按表头类型可分为指针式万用表（见图 4-26）和数字万用表（见图4-27）。

图 4-25　柴油发电机

图 4-26　指针式万用表

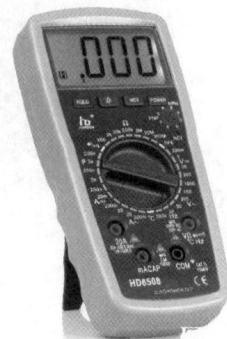

图 4-27　数字式万用表

1. 指针式万用表

指针式万用表的表头是一只高灵敏度的磁电式直流电流表，万用表的主要性能指标基本上取决于表头的性能。表头的灵敏度是指表头指针满刻度偏转时流过表头的直流电流值，这个值越小，表头的灵敏度越高。测电压时的内阻越大，其性能就越好。

测量线路是用来把各种被测量转换到适合表头测量的微小直流电流的电路，它由电阻、半导体元件及电池组成，它能将各种不同的被测量（如电流、电压、电阻等）、不同的量程，经过一系列的处理（如整流、分流、分压等）统一变成一定量限的微小直流电流送入表头进行测量。

转换开关的作用是用来选择各种不同的测量线路，以满足不同种类和不同量程的测量要求。转换开关一般有两个，分别标有不同的档位和量程。

2. 数字式万用表

数字式万用表已成为现在的主流，已经逐渐取代模拟万用表（指针式万用表）。与模拟万用表相比，数字式万用表灵敏度高，精确度高，显示清晰，过载能力强，便于携带，使用更简单。

（二）钳形电流表

钳形电流表是由电流互感器和电流表组合而成。钳形电流表有指针式（见图 4-28）和数字式（见图 4-29），有交流钳形电流表、直流钳形电流表及交直流多用钳形电流表。

钳形电流表测量时，其电流互感器的铁芯在捏紧扳手时可以张开；被测电流所通过的导线可以不必切断就可穿过铁芯张开的缺口，当放开扳手后铁芯闭合。穿过铁芯的被测电路导线就成为电流互感器的一次线圈，其中通过电流便在二次线圈中感应出电流。从而使二次线圈相连接的电流表便有指示，即可测出被测线路的电流。

钳形表可以通过转换开关的拨档，改换不同的量程。但拨档时不允许带电进行操作。钳形表一般准确度不高，通常为 2.5～5 级。为了使用方便，表内还有不同量程的转换开关供测不同等级电流以及测量电压的功能。

（三）绝缘电阻表

绝缘电阻表俗称兆欧表（见图 4-30），一般用于测量电气设备（如变压器、电动机等）及电力线路（如架空线、电缆等）等的绝缘电阻。它主要由手摇直流发电机、磁电式流比计和接线柱三部分组成。磁电式流比计有两个互成一定角度且绕向相反的线圈，装在一个有缺口的圆柱铁芯外面，并与指针固定在同一转轴上，放在永久磁铁中间。一个线圈与被测电阻串联，另一个线圈与附加电阻串联。这种流比计没有反作用弹簧，在仪表不用时，指针可以停留在任意位置。当摇动直流发电机的手柄时，电流流过两个可动线圈且因被测电阻与附加电阻值的不同而不同。绝缘电阻表除被测电阻外，其他均为定值，因此当被测电阻变化时，将引起两个可动线圈电流的变化。通电线圈在永久磁场的作用下，产生两个方向相反的转动力矩，在两个力矩的作用下使指针发生偏转。当两个力矩相等时，指针即静止不动，指针所指示的数值就是被测绝缘电阻值。

图 4-28　指针式钳形电流表　　　　图 4-29　数字式钳形电流表　　　　图 4-30　绝缘电阻表

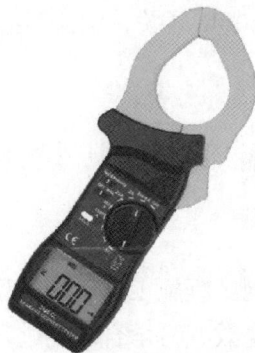

绝缘电阻表上有三个接线柱，一个是"L"接线柱，用来接被测对象；一个是接线柱，用来接地；还有一个是"E"接线柱，叫做屏蔽接线端子或叫保护环，如在天气潮湿情况下测试电缆或电气设备的绝缘电阻时应使用，其作用是消除电气设备瓷套管表面及电缆绝缘层表面泄漏电流对绝缘电阻值的影响。

（四）接地电阻测量仪表

接地电阻测量仪表有传统的接地摇表、数字接地电阻测试仪、钳口式接地电阻测试仪。

接地摇表不仅可以测量接地装置接地电阻，还可以测量低电阻导体的电阻值，由手摇发电机、电流互感器、滑线电阻及检流计等组成，全部置于一个铝合金铸成的外壳内。接地摇表的面板上有三个端钮的，即"E"、"P"、"C"；也有四个端钮的，即"C1"、"P1"、"P2"、"C2"；四个端钮的仪表还可以用来测量土壤电阻率。接地电阻测量仪测量接线如图4-31所示。

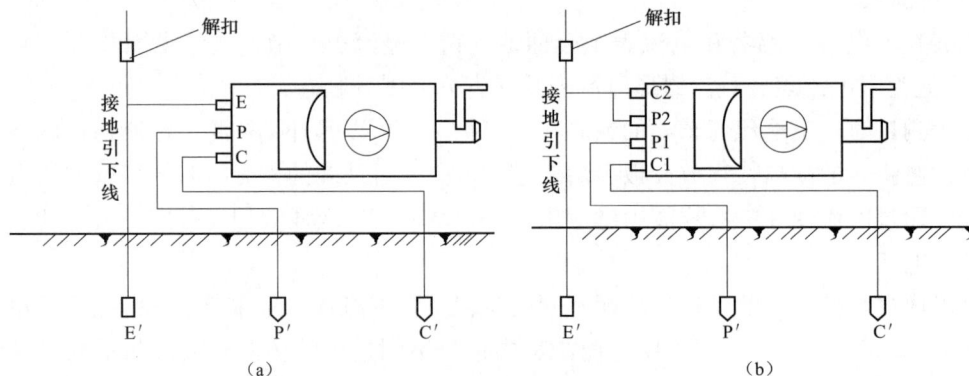

图 4-31　接地电阻测量仪测量接线

（a）三端钮接地电阻测量仪接线；（b）四端钮接地电阻测量仪接线

（五）直流高压发生器

图 4-32　直流高压发生器

直流高压发生器（见图 4-32）提供直流高压源，用来检测电力器件的电气绝缘强度和泄漏电流。主要适用于对氧化锌避雷器、电力电缆、变压器、发电机等高压电气设备进行直流耐压试验。

（六）高压核相器

高压核相器主要用于电力系统相序核对。

（七）大电流发生器

大电流发生器是电气调试中需要大电流场所的必需设备，由操作台及升流器两部分构成，具有输出电流无极调整、电流上升平稳、负荷变化范围大、工作可靠、操作简便安全等特点，适用于频率 50Hz 开关、电流互感器和其他电气设备的电流负载试验及升温试验。

第二节　施 工 组 织 设 计

一、概述

配电网工程施工组织设计是用来指导配电网工程施工项目全过程各项活动的技术，经济和组织的综合性文件，它是工程开工后施工活动能有序、高效、科学合理地进行的保证。

施工组织设计可分为施工组织总设计、单位工程施工组织设计和分部（分项）工程作业计划（或称方案设计）。

一般工程项目投资较大（500 万元以上）的中型及以上建设项目，包括土建、设备安装、外围工程等应编制施工组织总设计；工程项目投资不大（50 万～500 万元）的工程应编制施工组织设计；投资较少时（50 万元以下）的小型工程应编制施工方案。由于配电工程的特点是数量多、地点分散、建设工期短，单个项目规模较小，一般配电网工程在集中打包招标时，才需编制施工组织总设计。其他情况下一般编制施工组织设计或施工方案即可。

（一）施工组织总设计

施工组织总设计以一个建设项目（如一个或数个台区配电网工程）为编制对象，是规划施工全过程中各项活动的技术、经济方面的全局，控制性文件，是整个建设项目施工的战略部署。施工组织总设计一般是在初步设计或扩大初步设计经批准后，由总包单位的总工程师负责并会同建设、设计和分包单位的工程师共同编制的，它是施工单位编制年度施工计划和单位工程施工组织设计的依据。

施工组织总设计的主要内容有：工程概况和工程特点的说明：施工总进度计划和主要单位工程的进度计划：总的施工部署和主要单位工程的施工方案：分年度的各种资源的总需要量计划：全场性施工准备工作计划；施工总平面设计；有关工程质量、安全和降低成本等的技术组织措施和技术经济指标等。

（二）单位工程施工组织设计

单位工程施工组织设计以单位工程（如某条架空或电缆配电线路、某座配电室）为编制对象，是用来指导施工全过程中各项活动的技术、经济方面的指导性文件，是拟建工程施工的战术方面的安排计划，是施工单位年度施工计划和施工组织总设计的具体化，其内容应详细。单位工程施工组织设计是在施工图设计完成后由项目主管工程师负责编制的，可作为编制季度，月度计划和分部工程作业计划的依据。

单位工程施工组织设计的主要内容有：工程概况和工程特点分析，施工准备工作计划，施工方案选择，工程进度表，各种资源需要量计划，现场平面布置，有关工程质量、安全施工、降低成本等的技术组织措施。

（三）分部（分项）工程作业计划

分部（分项）工程作业计划也称为分部工程施工方案，它以施工难度较大或技术较复杂的分部分项工程（如较复杂的土石方开挖、大型重要设备、构件吊装工程等）为编制对象，是用来指导施工活动的技术经济文件。一般在编制单位工程施工组织设计后，编制分部（分项）工程作业计划，它能结合施工单位月、旬作业计划，把单位工程施工组织设计进一步具体化，是专业工程的具体施工设计。一般在按单位工程施工组织设计确定了施工方案后，由施工队技术队长负责编制作业计划。

分部（分项）工程作业计划的主要内容有：工程特点，主要施工方法及技术措施，进度计划表，材料、劳力及机具的使用计划，质量要求等。

二、施工组织设计编制依据、原则和步骤

（一）施工组织设计编制依据

配电网工程施工组织设计，应依据电力工程施工组织设计手册和与电力行业有关的技术质量标准、规程、定额、规范及招标文件的具体要求进行编制。

（1）招标文件。

（2）电力工程施工组织设计手册。

（3）批准的施工图。

（4）设备及主要材料清册。

（5）本工程与有关单位已签订的协议、合同。

（6）设备技术文件及新产品工艺性试验资料。

（7）现场情况调查资料，包括施工地区运输条件及能力、当地材料的质量，产量及供应方式；当地施工企业制造加工企业可能提供的服务能力及形式；施工区域的地形、地物、水源、电源、通信方式；当地生活物质供应情况、居住情况等。

（8）国家及电力行业的技术质量标准、规程、定额、规范等。

（二）施工组织设计编制原则

（1）严格执行基建程序和施工程序。

（2）严格执行国家或行业规范、规程要求。

（3）采用先进的施工技术和设备。

（4）根据配电工程特点和施工条件，科学安排施工工序，进行工程排队，尽量做到先地下后地上，先三通一平（水通、电通、道路通、场地平整）后施工，并为安全生产创造条件。要考虑其他专业（如土建专业）的施工配合和协调关系。

（5）制定确保工程质量和施工安全的措施。

（三）施工组织设计编制步骤

（1）熟悉、掌握有关工程的设计文件、招标文件及行业相关规定。

（2）勘查现场，搜集资料，确定工程量。

（3）制订施工方案和施工计划。

（4）制定施工现场的安全和环保措施。

（5）组织评审并进行修改。

三、施工组织设计编制主要内容与要求

如前所述，配电网工程虽然规模相对于主网工程要小，但是施工组织设计内容上的要求基本相同。

（一）工程概况

工程概况应使用精练准确的语言概括叙述工程的地理位置、变电站容量、线路长度、规模、工期要求、主要工程量等特点。

例如，××小区位于××路，小区内新建 10kV 配电室 1 座，电源来自××开关站，各增加两面 M24 高压柜，各配出一回电缆至新建配电室 101、201 开关。新建配电室安装 3 台 800kVA 干式变压器、12 台高压柜、11 台 GGD 型低压开关柜、10 台接续箱。

工期目标：施工工期为 46 天。

工程规模：设备安装及高低压电缆敷设。

主要材料：电缆采用 YJV_{22}-3×120，长度 65m；YJV_{22}-3×240，长度 1724m；YJV_{22}-4×240，长度 170m；YJV_{22}-4×185，长度 155m；YJV_{22}-4×120，长度 460m；YJV_{22}-4×70，长度 50m。

（二）施工方案及施工组织

1. 施工方案

施工方案包括施工方法和安装工序安排。

（1）施工方法。施工方法有顺序施工、平行施工和流水施工三种，一般采用流水施工；工期短、任务大时应采用平行施工；有的工程则根据实际情况，部分采用流水施工，部分采用平行施工，或交叉进行。

（2）安装工序安排。安装工序安排一般按工程的工艺顺序，也可根据现场情况或工期要求分开同步进行。

施工方案中应明确写出施工方法的形式和工艺安排程序。例如，变压器安装施工时应严格按照 GB 50147—2010《电气装置安装工程　高压电器施工及验收规范》的规定进行。工艺流程：设备点件检查→变压器二次搬运→变压器稳装→附件安装→交接试验→送电前检查→验收送电运行。

2. 施工组织

施工组织包括组织机构的设置、管理人员的配备、生活资料的供应及福利设施、冬季取暖、工地住宿以及新技术学习培训计划等。

例如，某配电工程的施工现场管理组织机构关系图如图 4-33 所示。

（三）现场平面布置

现场平面布置是指施工现场内各种设施的分布，主要有办公机构、临建的安排、材料堆放储存及保管措施、设备卸车存放地点及保管计划、道路及运输方式、水电气供应及管线布置、加工厂的设置、机动车辆及自行车的停车存放方式、生活设施及文化娱乐场所的安排、防火防盗、废弃物堆放以及文明施工措施等。

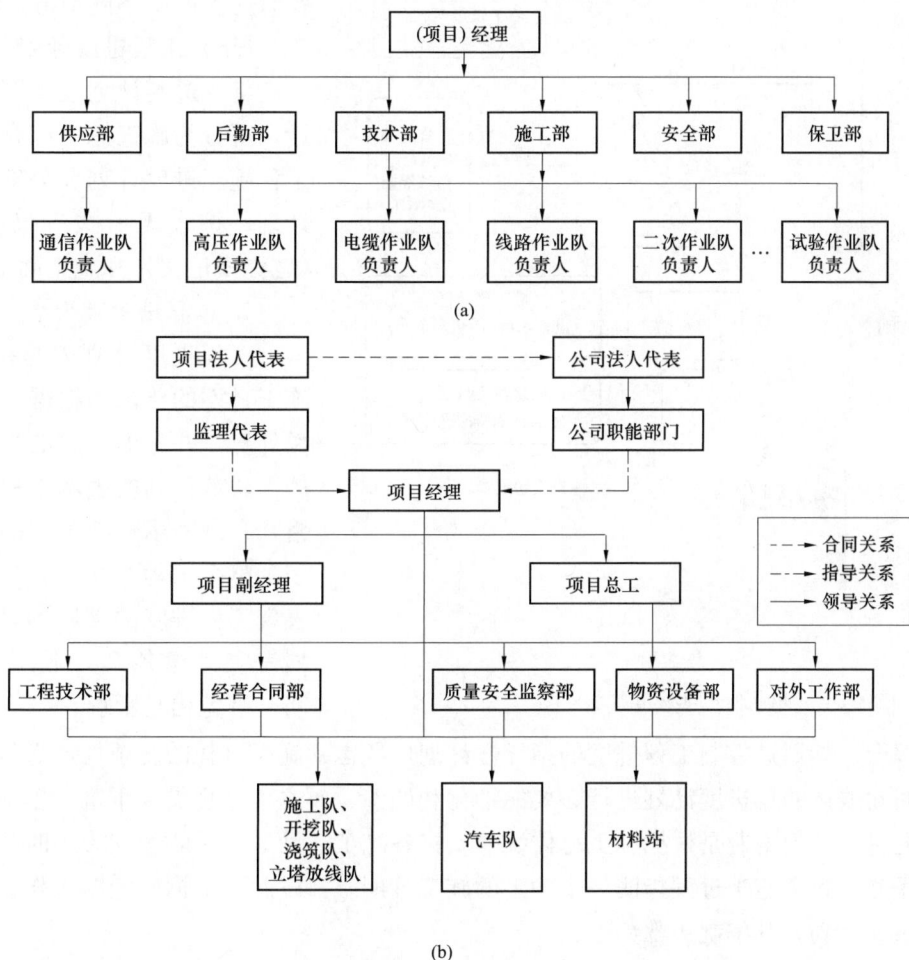

图 4-33　施工现场管理组织机构关系图

（a）配电装置安装工程；（b）架空配电线路工程

1. 现场平面布置的原则

现场平面布置的原则如下：

（1）基本符合施工和安装的需要，方便生活，保护环境，有利于施工。

（2）在保证施工和安装的前提下，尽量少占或不占耕地。

（3）充分利用原有旧建筑物和新建的永久性建筑物或设施作为临时设施，尽量减少临时设施费用。

（4）尽量减少设备、材料的二次搬运，大件（如变压器）的卸车地点应靠近安装地点，如果条件允许尽量就位卸车。

（5）布置整齐有理，符合安全操作要求及防火规范和文明施工的原则。

2. 现场平面布置实例

某架空配电线路的基础施工现场平面布置示意图如图 4-34 所示。

（四）物资供应计划及物资管理

物资供应计划及物资管理主要包括设备、材料、半成品、加工件、配品件、外协件、油料等到货日期及供应计划、运输计划，施工机械及主要机具配备计划及进场日期、供货地点或单位、设备、材料、机具的进入手续、保管措施及主要保管员的职责等。

物资供应计划应超前工程进度，必要时应有两个不同渠道供货。

（五）工程进度计划

工程进度计划按不同的施工组织设计，可分为施工总（综合）计划、单位工程施工进度计划和分部分项工程进度计划；按表现形式有工程进度计划表（也称横道图）和施工网络图。

1. 工程进度计划表

工程进度计划表是按照施工方案、施工日期的要求和根据工程量及劳动定额计算，并考虑一定的裕量和不可预见的工时数排列的表示工程进展情况的表格，它既表示分项工程的起止日期，又表示整个工程的起止日期，是一种直观表现工程进度的常用图表。工程进度计划表应考虑各个专业工程的进度及工期，避免相互影响。

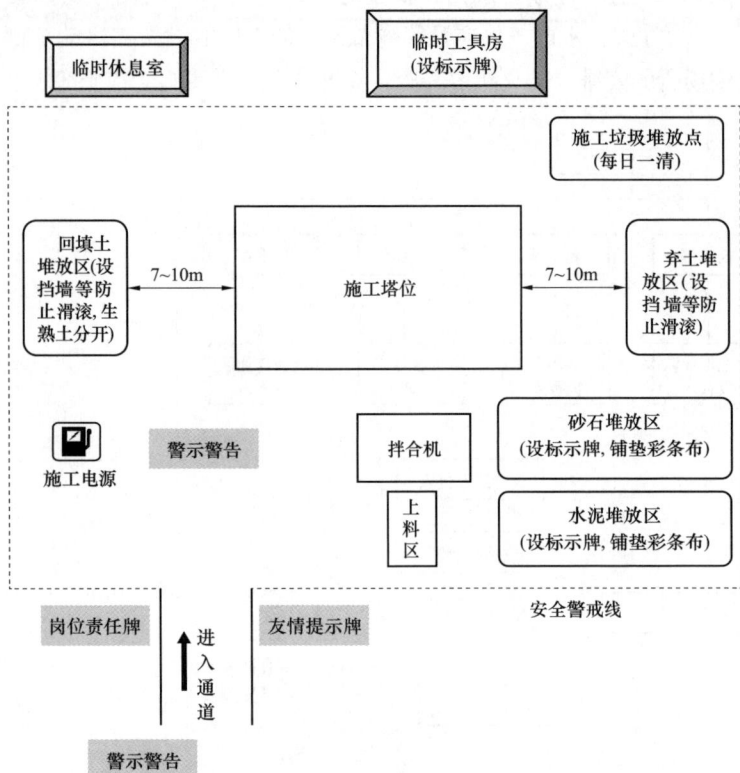

图 4-34　基础施工现场布置示意图

施工总（综合）计划是控制工程进度的指导性计划，考虑到施工过程的复杂性，必须在满足总体计划的前提下，对粗线条的总进度计划进行必要的细化和调整，而这个过程贯穿于每个单项施工的各个环节中。施工中的进度计划编制是根据施工总体统筹安排各施工活动的开工时间、竣工时间和相互的搭接关系。它的作用是为每个施工过程指明一个确定的施工日期，并以此为依据确定施工作业所必需的劳动力和各种物资供应计划。其编制步骤如下：

收集信息→划分施工项目→计算各项目工程量→套用施工定额→计算各项目劳动量→确定各项目的延续时间的相互搭接关系→编制进度计划→检验和调整进度计划。

例如，某电缆工程施工进度计划表见表 4-1。

表 4-1　　　　　　　　　　　　　电缆工程施工进度计划表（单位工程）

序号	分部分项工程名称	工作日	进度																	
			10月		11月															
			30	31	1	2	3	4	5	6	7	8	9	10	11	12	13	14	15	16	17
1	设计现场交底	1	—																	
2	电缆进现场、工具准备	1		—																
3	敷设电缆	14			—	—	—	—	—	—	—	—	—	—	—	—	—			
4	制作终端头6个、中间头11个	11				—	—	—	—	—	—	—	—	—	—	—			
5	办理送电手续	12				—	—	—	—	—	—	—	—	—	—	—	—		
6	停电作业准备	1																—	
7	停电作业	1																	—

2. 施工网络图

施工网络图也称为网络计划技术，它是通过网络图的形式，反映和表达计划安排，选择最优方案，组织、协调控制安装的进度和成本，使其达到预定目标的科学管理方法。施工网络图是把分项工程的先后顺序和相互关系用箭号从左至右绘制成图形，标出安装天数，通过时间的计算，找出关键路线并进行优化、调整、促进管理，这是工程进度计划表无法比拟的。

（六）安装技术措施及技术交底

安装技术措施及技术交底主要包括关键部位的安装工艺方法，新技术的实施工艺过程，一般工程的技术交底，冬雨季安装技术措施以及执行的标准、规范、规程及采用的标准图册等，还有特殊环境，如沼泽地、沙丘、山地的架空线路、火灾危险爆炸场所电气设备的安装，超静、高温、静电、多尘等场所的安装工艺、技术要求、注意事项及采取的技术措施方法等。

（七）质量控制、安全保证、降低成本的措施

1. 质量控制措施

（1）安装工程的质量应严格执行现行的国家标准、施工及验收规范、质量检验评定标准及已会审的设计图样的要求，并明确指出该项工程的创优等级和措施。

（2）质量控制措施编写一般应包括施工过程质量控制流程（见图 4-35）、主要工序质量控制流程（见图 4-36）、质量薄弱环节控制措施（见表 4-2）、关键工序质量控制措施（见表 4-3）、隐蔽工序质量控制措施（见表 4-4）、质量检验与持续改进措施等。

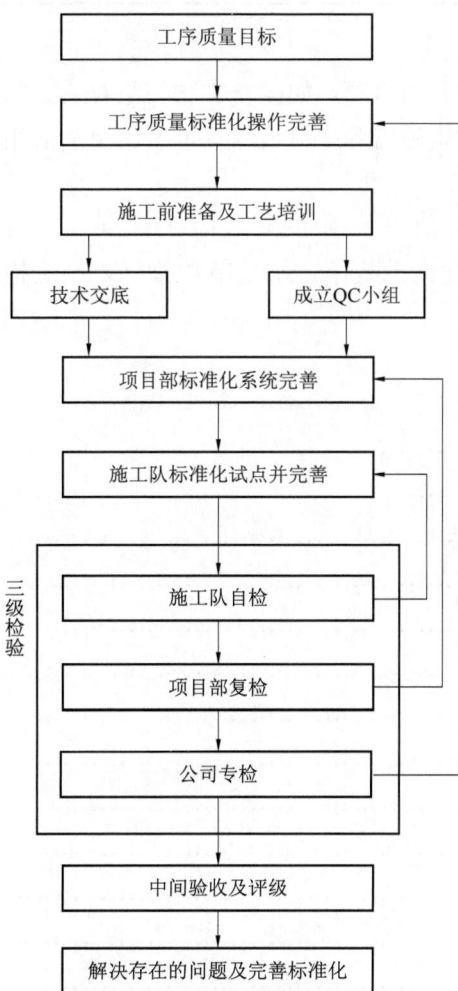

图 4-35 施工过程质量控制流程

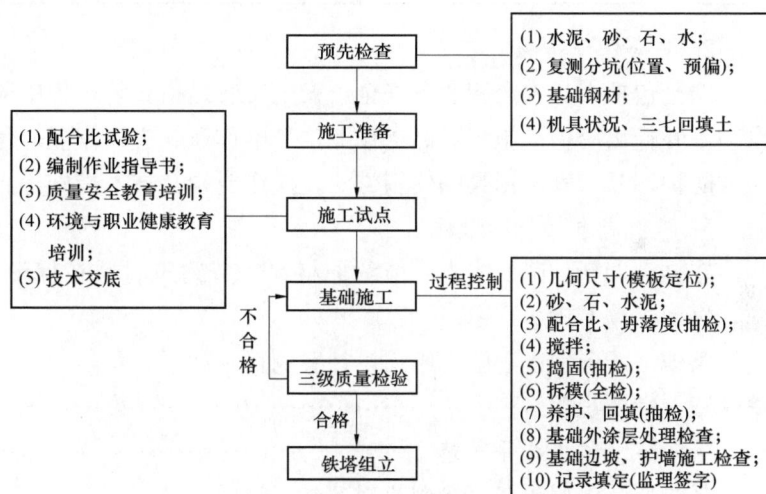

图 4-36 主要工序质量控制流程

表 4-2 质量薄弱环节控制措施

控制项目		控制措施
组塔工程	塔材易变形	(1) 合理选择吊点，采取有效补强措施； (2) 吊点加装衬垫物，不与钢绳直接接触； (3) 禁止超重起吊； (4) 起吊方式合理
	螺栓紧固不符合要求	(1) 使用加力扳手紧固； (2) 注意不易紧固部位的复紧； (3) 严禁超紧； (4) 使用套筒扳手，不能破坏螺帽镀锌层； (5) 满足抽检比例，复核规格、防松、防盗安装情况

表 4-3   关键工序质量控制措施

关键工序 控制项目	控制措施
材料质量	（1）按照程序文件的规定，对工程自购材料分供方进行资质评定。 （2）工程的砂、石、水、水泥、钢筋、混凝土试块等必须按规范规定抽样或制备，到具有资质的专业试验室进行检验。工程中使用的材料与送检样品必须一致；样品应在监理工程师的监督下取样和送检，其检验报告送监理工程师审查。工程的自购材料必须有完备的产品合格证、材质证明书、检验报告，并向监理工程师提供复印件。 （3）金具必须在项目法人指定供货厂家范围内采购。 （4）由项目法人提供的材料，由物资设备部按照公司程序文件中《顾客提供产品的控制程序》的要求进行控制，并按规定标识。发现不合格品要及时通知监理工程师，做好隔离和妥善处置，并做好书面记录。 （5）项目法人供应材料的产品合格证及试验报告单应随材料一起交接

表 4-4   隐蔽工序质量控制措施

隐蔽工序 控制项目	控制措施
基础回填	（1）所有基础必须按照设计要求及现场需要设置排水沟、护坡、挡墙等防护措施。 （2）基础边坡本着环保的原则及设计要求进行处理，防止垮塌。
接地体施工	（1）从接地体采购必须采用正规厂家的合格产品，并进行厂家抽查及入库取样抽检。 （2）现场接地沟的开挖必须由队长与相关技术人员现场放样，出具施工单，由作业人员按单操作。 （3）接地体与接地模块必须按设计要求进行埋设，由项目部进行 100%检查，建立问题追查制度。 （4）接地体回填时必须按规程要求用土填埋并夯实，不得掺入石块木头等杂物，并及时对接地电阻进行检查，不合要求的要及时上报项目部

2. 安全保证措施

安全包括人身安全和设备安全，安全交底是指安装过程中应注意的事项，如操作方法、绝对禁止的事项，并指出防护措施。对高空作业、带电作业、交叉作业、冬雨季施工等应提出注意事项以及消防用品、防护用品、安全用具的使用方法、操作要领及技术措施等。

3. 降低成本的指标措施

在推广四新、降低成本、节约原材料、节约工时并在保证质量的前提下，下达节约指标，制定措施，进而提高劳动生产率。

某地区配电网工程施工组织设计案例目录如下：

第三节　架空线路施工

一、线路施工基本程序

线路施工应依据经批准的施工图和施工组织设计（或施工方案）开展施工，其基本程序分为三个阶段，即准备工作阶段、施工安装阶段和施工验收移交资料阶段。

（一）准备工作阶段

（1）现场勘查。施工前需对线路周边及有关情况进行勘查，包括自然环境、地形、地质、地貌、村庄分布、沿线交通道路等。根据勘查情况和批准的施工进度计划，合理安排施工力量。

（2）备料加工。根据批准物资供应计划，对工程中所用的设备、材料或加工制品提前订货或委托加工。

（3）线路复测。为防止线路设计时现场布置的桩位偏移、丢失而影响施工，在施工前应依据批准的施工图纸对全线的桩位进行一次复测核实和补桩。

（4）电杆运输。按批准的设计施工图要求将电杆运送到桩位。

（二）施工安装阶段

（1）基础施工（包括土石开挖、底盘、拉线盘的安装就位）。按照批准的设计施工图中的基础类型及土质条件，采取相应的施工方式。

（2）电杆组立（包括拉线、杆上金具、横担、绝缘子及设备）。根据电杆结构及施工条件，采取适当的组立杆方法，完成电杆的就位立直及拉线金具、横担、绝缘子及设备的安装固定。

（3）导线架设。将导线沿线路展放后，按要求与电杆上绝缘子连接固定，使线路连通。

（4）接地安装。对要求设置接地装置的杆位须埋设接地体，连接引线并测量其接地电阻值。

（三）施工验收移交资料阶段

线路施工完成后，应对工程质量进行验收检查，以保证达到规定标准。施工单位还需将与工程有关的记录、竣工图等资料移交给运行单位，待线路经过试运行合格后正式送电，即标志线路施工安装任务的完成。

二、基础施工

基础施工的工序可以简化为：线路复测及分坑→基坑开挖→基础安装。

（一）线路复测及分坑

1. 线路复测

线路电杆基础位置是设计部门精心测定的电杆中心桩位，但从勘测设计结束到开始施工这段时间里，常常会受到外界因素影响而发生桩位偏移或丢桩情况，所以开工伊始，要会同原设计部门对线路各杆桩及档距进行全面复测，发现与原数据不符、桩位偏移或丢桩，应向设计部门报告，通过调整、纠正后才能进行施工。

2. 分坑

分坑是根据施工要求或施工图（基础根开图）所示尺寸，依照主、副桩所表示的位置，在地面上标出挖坑的范围，然后交给挖坑人员开挖。

杆塔分坑示意图如图 4-37 所示。

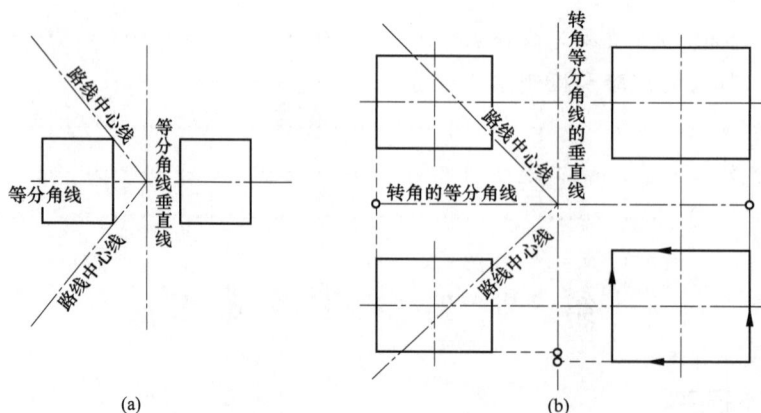

图 4-37　杆塔分坑示意图

（a）门型电杆；（b）转角塔

基础根开是指相邻两基础中心之间的距离。杆塔形式的不同，基础根开的表示方法及意义也不同。

（二）基坑开挖

基坑开挖的方法取决于杆塔所处地区的土壤地质情况，主要有人力开挖、机械开挖和爆破等方法。

1. 土石质划分

土石质是土壤和岩石的总称，土壤和岩石按其力学性能和开挖的难易程度划分相应等级。

2. 开挖方式

（1）人力开挖。人力开挖应用很广，大部分基坑采用此方法开挖。对一般土壤，可按安全坡度直接挖掘，也可采用掏挖方式。通常土质较好的情况下，基坑开挖时按照线路测量时画好的坑口尺寸及所规定的坑底尺寸，使用铁锹和铁镐进行挖掘；当土质坚硬或为岩石时，应采用钎锤开凿。为防止基坑坍塌，可采取敞口开挖，即考虑一定的安全边坡。若土质较差如流砂、淤泥等，则需支护挡土板并采取适当的排水方式排水。当基坑开挖较深时，可采用如图 4-38 所示的各种方法从坑中将土送出坑口。

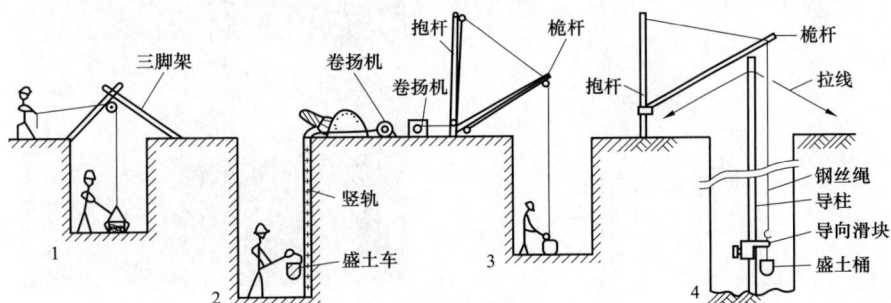

图 4-38　人工开挖

1—三脚架人工提土；2—竖轨小车提土；3—简易桅式吊车提土；4—导柱机动提土

（2）机械开挖。对于城网工程或土方量较大的基坑，可以采用机械开挖的方法，如图 4-39 所示为常用的开挖机械，同一种机械可装两种挖掘头以不同的挖掘方法进行挖掘。这样施工速度快，节省人力，降低劳动强度。

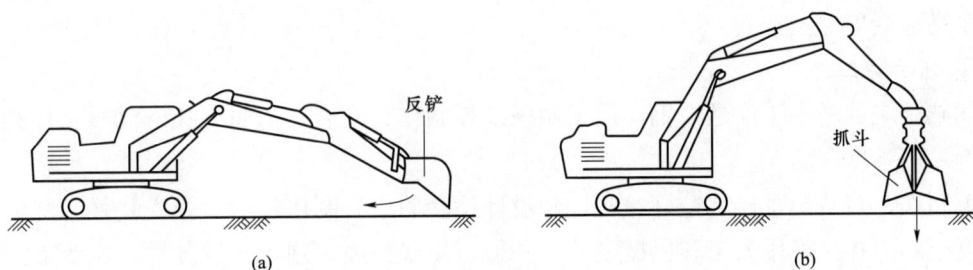

图 4-39　开挖机械

（a）装反铲的反铲式挖掘法；（b）装抓斗的抓斗式挖掘法

（3）爆破。在基坑开挖施工中，遇到岩石、冻土或坚实土层，可以采用炸药爆破方法，即用人力或机械的方法打眼，装入炸药爆破开挖。其爆破施工顺序是选定炮眼位置、打眼、填炸药、填塞炮泥、起爆。

（三）基础安装

配电线路的基础主要是预制基础，有底盘、卡盘、拉线盘等，现浇基础主要用于钢管杆及 20kV 及以下小型铁塔。

1. 底盘、拉线盘的安装

（1）主要工序。底盘、拉线盘安装的工序如下：底盘、拉线盘坑口移动→基坑操平→吊装→找正→

基坑回填→四周培土→工程器具转移等。卡盘的安装须待电杆立好后进行。

（2）吊装方式选择。底盘、拉线盘的吊装如有条件可用吊车安装，这样既方便省力，又比较安全。在没有条件时，一般根据底盘、拉线盘的重量采取不同的吊装方法。重量大于300kg的底盘、拉线盘一般采用人字扒杆吊装。300kg以下的底盘、拉线盘一般采用滑盘法吊装。这种方法首先将底盘、拉线盘移至坑口，两侧用吊绳固定，坑口下方至坑底放置一块有一定坡度的滑板，在指挥人员的统一指挥下，缓缓将底盘、拉线盘下滑至坑底，然后将滑板抽出，解出吊绳，再用钢钎调整底盘、拉线盘至基坑中心。

（3）找正。例如找正底盘的中心，一般可将基础坑两侧副桩的圆钉上用线绳连成一线或根据分坑记录数据找出中心点，再用垂球的尖端来确定中心点是否偏移。如有偏差，则可用钢钎拨动底盘，调整至中心点，如图4-40所示最后用泥土将盘四周覆盖并操平夯实。

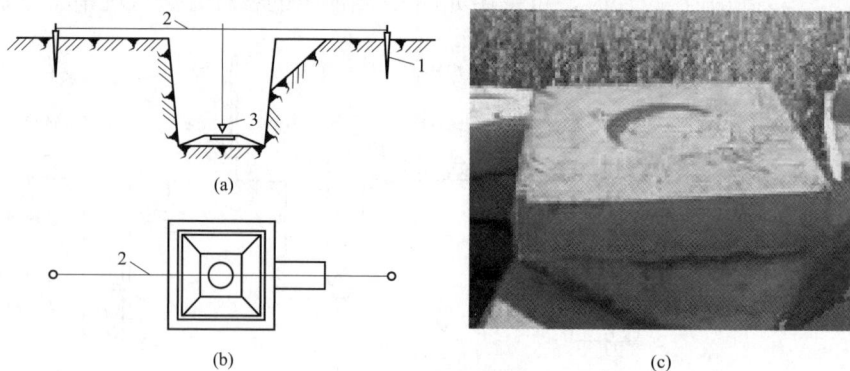

图4-40 底盘找正法
（a）断面图；（b）平面图；（c）实物图
1—辅桩；2—细铁丝；3—线锤

找正拉线盘中心，一般将拉线盘拉线棒与电杆基坑中心（花杆底段）及拉线副桩对准成一条直线。如拉线盘位置出现偏差，则需用钢钎撬正。移正后即在拉线棒处按照设计规定的拉线角度挖好马道，将拉线棒放置在马道后即覆土夯实。

2. 现浇基础的施工

混凝土基础施工的基本工序是：钢筋加工制→模板制作、安装→钢筋绑扎→混凝土搅拌→浇灌和捣固→养护及拆模→强度试验。

（1）模板制作、安装。基础坑挖好经监理和设计检验后，将制作好的模板安装就位即可。

（2）混凝土的搅拌。可用人工和机械搅拌。一般由于线路施工现场比较分散，又受交通、地形环境等方面的条件限制，故较多采用人工搅拌。

搅拌时，先定出每次搅拌的混凝土方量，再按照混凝土质量的配合比及水灰比确定每次投料量。

在现场实际应用时，因砂石含有水分，所以砂子、石子、水的用量应适当进行调整。

（3）浇灌和捣固。拌好的混凝土必须当场使用，浇灌应先从一处开始逐渐进入四周，混凝土应一次连续浇成，不得中断。浇灌过程中要分层进行捣固，每层厚度一般为200mm，使混凝土均捣实，以减少混凝土之间的空隙。

三、电杆组立

电杆组立的简化工序为：电杆运输→电杆的检查→横担与绝缘子的组装→电杆组立。

（一）电杆运输

钢筋混凝土电杆是长细比较大的杆件，运输、装卸与支承中必须注意使杆身受力始终控制在安全范围内，尤其是装卸的吊点或支承横向跨中的弯矩，是影响杆身强度的主要因素，如方法不当将会造成电杆弯曲及裂缝。

在电杆的运输装卸过程中都应特别注意，稳行稳作，避免使电杆产生损坏而影响施工，如图 4-41 所示。

图 4-41　电杆的运输

（二）电杆的检查

当电杆运到桩位后，在立杆前须对电杆进行细致的检查，主要有以下方面：

（1）电杆表面应光洁平整，壁厚均匀，无露筋，跑浆等现象；电杆杆顶应封堵。

（2）放置地平面检查时应无纵向裂缝，横向裂缝的宽度不得大于 0.1mm（预应力电杆的横、纵向都不得有裂缝）。

（3）杆身应平直，弯曲度不应超过杆长的 1/1000mm。

电杆质量符合上述规定方可使用。

（三）电杆组立

1. 横担与绝缘子的组装

在立杆前视具体情况先将横担按设计位置固定在电杆上，可减少以后的高空作业，提高工作效率；直线杆上的针式绝缘子也可先与横担固定好。

2. 立杆

在配电线路施工中，立杆的常用方法有叉杆立杆、抱杆立杆和吊车立杆（汽车起重机立杆）。

（1）叉杆（架腿）立杆。叉杆立杆是使用简单的绳索、木杆等，只需少数人力就可立杆的一种方法。此方法只限于重量较小、杆高小于 10m 的木杆或混凝土电杆。考虑到安全，现已几乎不采用此方法立杆。

（2）抱杆立杆。抱杆立杆是目前常用的立杆方法之一，抱杆立杆又分为倒落式人字抱杆立杆和固定式人字抱杆立杆，其现场布置图如图 4-42 和图 4-43 所示。

（3）吊车立杆（汽车起重机立杆）。吊车立杆是目前最为常用的立杆方法，如图 4-44 所示。

起吊电杆的钢丝绳，一般可拴在电杆重心以上 0.2～0.5m 处，对于拔梢杆的重

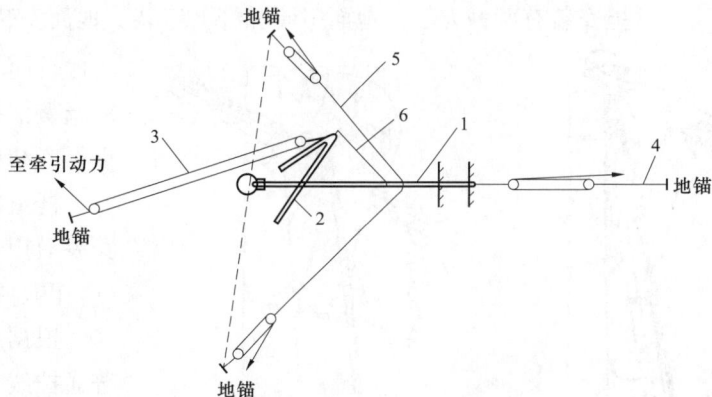

图 4-42　倒落式人字抱杆立杆现场布置图

1—电杆；2—人字抱杆；3—牵引绳索；

4—制动绳索；5—拉线控制绳索；6—吊点绳索

心在距杆根 $2/5H$（电杆全长）加 0.5m 处，如果组装横担后整体起吊，电杆头部较重时，钢丝绳可适当上移。

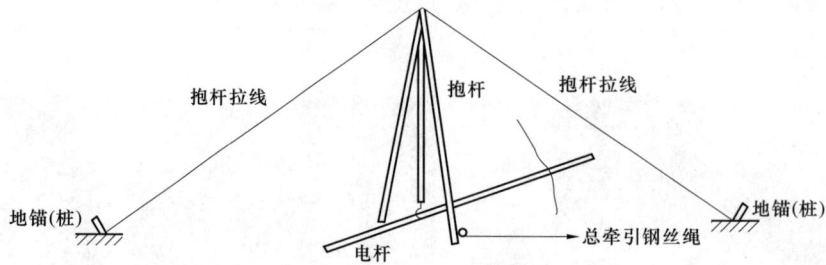

图 4-43 固定式人字抱杆立杆现场布置图

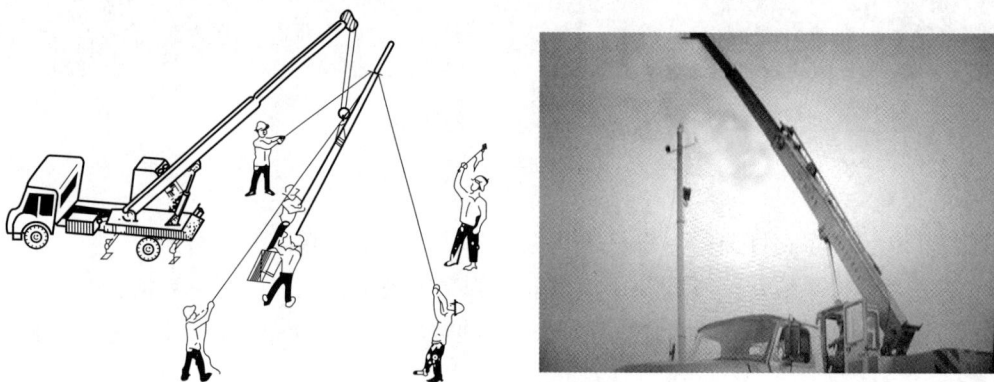

图 4-44 吊车立杆

3. 钢管杆的组立

钢管杆有整根的，也有分段的，分段的有插接式和法兰式。钢管杆组立方法与钢筋混凝土电杆基本相同。

4. 铁塔的组立

配网的铁塔一般重量较轻、体积较小，组立相对比较简单，一般采用整体组立（杆件组装均在地面）的方式，具体方法同参照混凝土电杆的组立，有吊车组立、倒落式人字抱杆组立、固定式人字抱杆组立等。

（四）横担安装

横担安装有两种方法：地面组装和杆上组装。地面安装就是立杆前在地面将横担安装完毕，这种方法比较简单省力，但安装时要注意螺栓穿向，立杆后需调整横担方向。杆上组装现在应用比较广泛，这里重点介绍杆上安装。

杆上组装横担的简化工序为：检查杆根→上杆→安装横担→安装绝缘子，如图 4-45 所示。

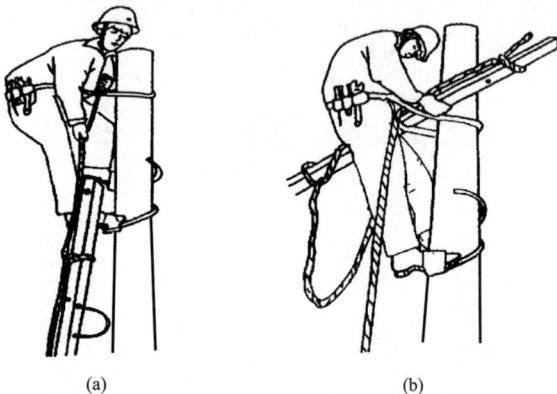

图 4-45 杆上组装横担

（a）将横担吊到杆上；（b）将横担套在杆头上

四、拉线制作安装

根据用途和作用的不同，配电线路的拉线可分为普通拉线、人字拉线、十字立线、水平拉线、V 形拉线、弓形拉线、自身拉线等。尽管拉线种类繁多，但其作用是相同的（平衡电杆受力，提高电杆的稳定性），拉线的结构和安装工艺要求也基本上是相同的。

（一）拉线结构

拉线的结构如图 4-46 所示。拉线的上端固定于电杆的拉线抱箍处，下端与拉线棒连接。上端采用楔型线夹固定，称为"上把"；下端采用 UT 型线夹固定，称为"下把"；有些拉线为防止其与导线接触，在拉线中部增设拉线绝缘子，与拉线绝缘子连接处多采用楔型线夹固定，也有些采用缠绕绑扎法或钢线卡子固定，称为"中把"。

（二）拉线制作安装

拉线制作安装工作内容包括拉线长度的实测、丈量和切割，上下端头的制作，安装与调整，工器具转移。

五、导线架设

导线架设是架空配电线路施工中非常重要的一道工序。其特点是：施工人员多、施工战线长、施工环境差，特别是在市区施工，交通流量大，沿线行人多，交叉跨越多，因此，导线架设必须进行周密地组织，制定严密的安全措施，所有施工人员必须听从统一指挥，以保证施工安全。导线架设分为导线展放、导线接续、紧线施工、导线固定等程序。

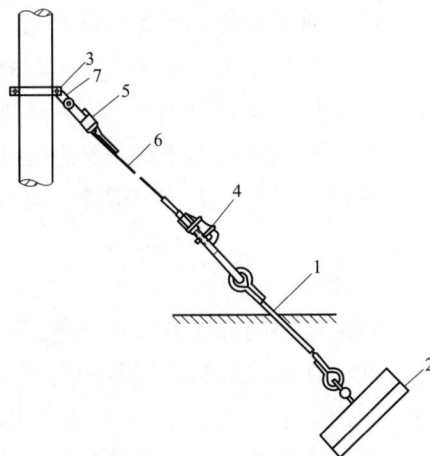

图 4-46 拉线结构
1—拉线棒；2—拉线盘；3—拉线抱箍；
4—UT 型线夹；5—楔型线夹；6—钢绞线；
7—连板

（一）导线展放

1. 导线展放前的准备工作

导线出厂时是盘成线轴的，使用时需将导线展开。导线的展放，就是将线轴上的导线沿着线路的方向展开，并悬挂在直线杆横担上，在展放导线前，需做好以下准备工作。

（1）清除障碍。放线途中遇有障碍物应事先加以清除，采取可靠的防护措施，以免擦伤导线。

（2）选择线盘的放置地点。线盘一般可集中放在各线段的耐张杆处，并尽量将长度相同的线盘放在一起，便于集中利用机械牵引。在山区应尽量使线盘放在便于放线的地方。在放线架上导线应从线盘的上方引出。

（3）跨越架的搭设。线路跨越铁路、公路及其他线路（电力、通信等）等时，应搭设跨越架对其进行保护。一般方法是：

1）采用直径不小于 70mm，高度不低于 6m 的脚手杆（竹杆或木杆）架设，其埋深为 0.5m。用铁线或麻绳绑扎，相互连接长度为 0.5m。在跨越架顶部使用麻绳绑扎。

2）在垂直跨越架的方向，在架顶上应装设拉线，以加强跨越架的稳定性。

3）跨越架的宽度应大于电杆横担的长度，防止掉线。

（4）线盘的布置。线盘的安设要因地制宜，最好将线盘安装在线架上。常用的线轴搁置方式如图 4-47 所示。

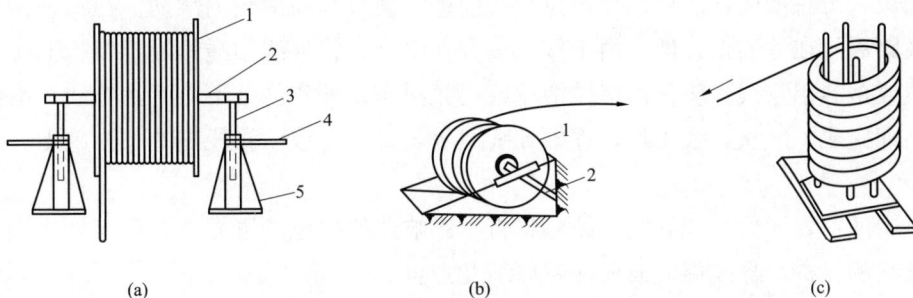

图 4-47 线盘的搁置方式
（a）可调节放线架；（b）地槽形放线架；（c）横向放线架
1—线盘；2—滚杠；3—螺旋升降杆；4—操作手柄；5—支架

线盘放置的位置也应合理考虑，在一个耐张段里，要根据地形情况，施工要求等因素选定放线方式及线轴支立位置。

（5）通信设备。备有数量充足，质量完好的通信设备，如对讲机，放线过程做到令行禁止。

（6）人员组织。架线施工是线路工程中的主要工序，施工人员在一个较长距离的施工现场作业，既要分工负责，又要协调统一。因此施工组织要求较高。

为了确保放线工作的顺利进行和人身、设备的安全，应做好组织工作，各个工作岗位应指定专人负责，整体施工有专人统一指挥，放线过程中有可靠的通讯联络方法，使放线工作能够安全、有条不紊地进行。

2. 放线方法

目前常用的放线方法有两种：一种是地面拖线法，一种是张力放线法。

地面拖线放线法往往是利用人力或牲畜沿线路直接拖放导线。一般拖线负重，平地上每人按 30kg 考虑，山地上每人按 20kg 考虑。当沿线地形条件许可时，也可以采用拖拉机牵引放线，以节省大量人力。人畜拖放放线法，比较简便，不需要大量牵引绳索和牵引设备。

放线时要根据导线的多少，分别采用手放线、放线轴放线和放线车放线。用手放线时，要正放几圈反放几圈，以免使导线有死弯。

无论是放线轴放线还是放线车放线，出线端应从线盘上面引出并对准前方拖线方向。

3. 放线施工

准备工作做好后，指挥员下令，开始放线，如图 4-48 所示。

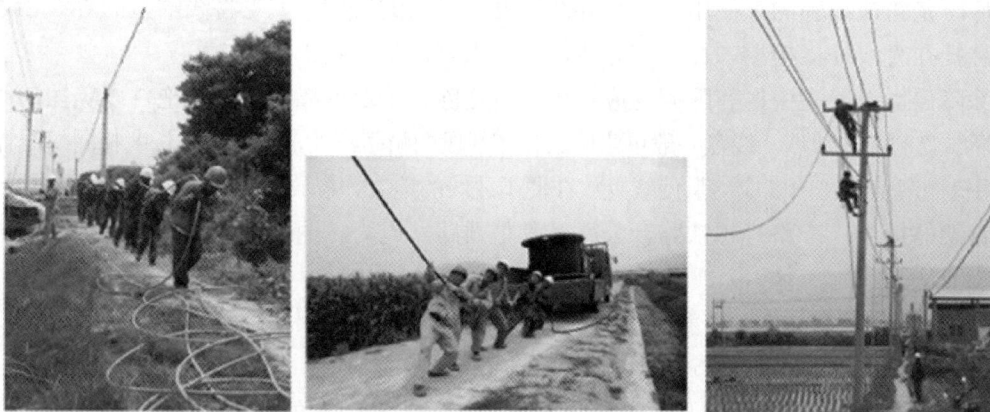

图 4-48 导线放线

每根电杆的横担上要安装朝天滑轮（滑轮直径应大于导线直径的 10 倍），当导线拖拽至每基电杆处时即将导线提起放入滑轮槽内，然后继续拖拉导线前进，使导线在滑轮内滚动。在不损伤导线的情况下也可将导线沿线路展放在地面上，然后由工作人员登上电杆，将导线用绳索提至横担上就位。

对于铝绞线或钢芯铝绞线，应使用铝质滑轮或尼龙滑车，即省力又不会磨伤导线。沿线路展放导线至耐张段一端，即完成了一次放线工作，逐根导线展放，最后完成耐张段内的放线施工。

4. 导线保护

导线是线路中的重要元件，如导线有缺陷将直接影响线路供电的可靠性、稳定性，因此，在施工中应特别注意对导线的保护。导线展放时要注意以下几点：

（1）对从线轴放出的导线进行外观检查，导线不应有磨伤、断股、绝缘破损、扭曲、金钩、断头等现象。

（2）牵引速度要均匀，不得突慢突快，以防止线轴上导线混绞。导线通过跨越架及电杆上滑轮时应注意监控,防止导线刮碰、挤伤。导线堆积时应顺直、不得混绞,防止展放时出现扭曲、金钩等损伤。

(3) 放线中导线难免出现不同程度的损伤,对此应按规定进行处理。

(二) 导线连接

导线的连接方法很多,常用的接线方法有铜绞线插接(见图 4-49)、预绞式接续条连接、钳压接续管连接(钳压接续,见图 4-50)、液压对接接续管连接(液压对接)。

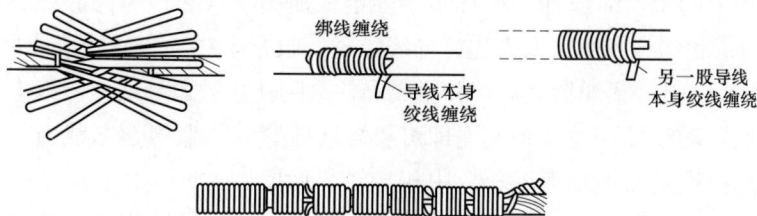

图 4-49 铜绞线插接

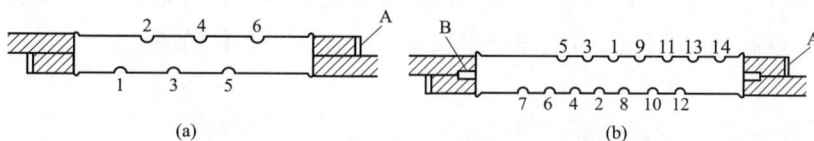

图 4-50 钳压接续管连接

(a) LJ—35 铝绞线;(b) LGJ—35 钢芯铝绞线

1、2、3…—表示压接操作顺序;A—绑线;B—垫片

(三) 紧线施工

在一个耐张段内,将展放好的导线收紧升空,并按照设计弧垂和有关安全距离的要求,实现最终的安装状态,即通过耐张线夹、绝缘子串,把导线固定在耐张杆的横担上,这项工作称为紧线施工。

紧线的方法有单线法、双线法和三线法,如图 4-51 所示。10kV 及以下架空配电线路紧线一般采用单线紧线法。

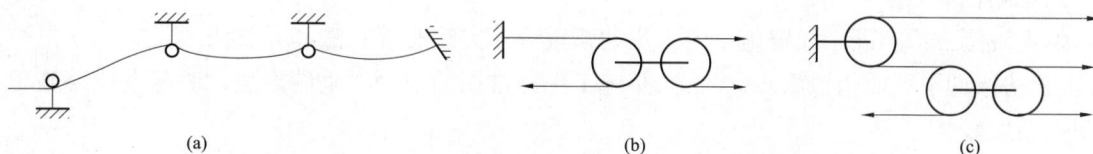

图 4-51 紧线方法

(a) 单线收紧;(b) 两线同紧;(c) 三线同紧

紧线的基本操作方法是:将耐张段的其中一端作为"挂线端",即在尚未紧线前,先将导线装入耐张线夹(按施工和验收规范安装并留足尾线)并安装好,耐张线夹与绝缘子串相连,通过连板将悬式绝缘子挂在横担上;耐张段的另一端布置牵引动力及紧线工具,安全措施和技术措施布置后,即可开始紧线。

1. 紧线前的准备工作

(1) 导线接续工作全部完成,导线损伤处已全部按规定修复。确认符合要求时方可进行紧线。

(2) 沿线障碍物已经清除,临时绑扎绳索已松开,线上无缠绕或挂扎异物。

(3) 逐基检查导线已处于杆上的放线滑轮内。

(4) 所有工具已齐备并合格(包括紧线通信联络工具)。

(5) 耐张杆处临时拉线已按要求设置好。

（6）观测弛度位置已确定，弛度值已计算得出。观测弧垂人员已位。

（7）冬季施工，应检查通过水面的导线是否被冻结。

（8）所有交叉跨越措施是否落实，跨越架是否稳固可靠等。

2. 紧线主要操作步骤

（1）在紧线耐张段的挂线端组装好耐张线夹和耐张绝缘子串，并挂在横担上。

（2）把紧线器线轴上的钢丝绳放开，将其尾端固定在横担上（必须考虑收线方便）

（3）紧线时，通过滑轮组或绞磨或人力先将导线拉紧，收紧余线，当导线余线所剩不多，且弧垂基本接近设计值时，停止紧线，打开紧线器夹口，并紧紧夹住（叼住）被紧导线（导线上缠麻布或铝包带）。

（4）用紧线器把柄转动线轴，卷绕钢丝绳即可将导线收紧；用紧线器紧线时，同一条横担两端的导线应同时紧，以免横担两端受力不均而歪斜。中相导线最后紧。

（5）紧线时，一边收紧导线，一边观测弧垂。观测弧垂应待导线稳定不动后进行，导线弧垂应符合设计规定，且三相基本一致。

（6）当导线弧垂符合设计值后，在导线上适当位置缠绕铝包带，并超出线夹 30mm，将导线穿入耐张线夹，进行安装，最后将耐张线夹与绝缘子串相连并挂在横担设计位置上。

3. 观测弧垂

（1）弧垂观测档的选取。选择弧垂观测档，应执行以下三条原则：

1）选择连续档中档距最大或较大者。

2）选择高差较小，平坦地带的档距。

3）选择观测档的数量与耐张段档数多少有关。

a. 当连续档在 5 档及以下时，至少选择一个靠近中间的大档距。

b. 当连续档有 6～12 档时，靠近两端各选一个大档距。

c. 当连续档超过 12 档时，应在两端及中间各选一大档进行观测。

此外，在选择观测点时，应使观测视线与导线的切点位于档距中央或附近，仪器的仰俯角不宜超过 10°。

（2）弧垂的计算。观测档档距与代表档距不同，弧垂数值也不同，需要从查得的代表档距弧垂数值，换算到观测档的弧垂。

（3）弧垂观测方法。配电线路施工中常用的弧垂观测方法有等长法和异长法。

1）等长法（即平行四边形法）。等长法是施工中最常用的观测弧垂的方法，对配电线路施工最为适用，且观测精度较高。

2）异常法（抛物线式）。当观测档档距较大、高差也较大时，采用等长法观测弧垂的误差过大，不适合采用。此状态时，档距内的弧垂最低点不在档距中间位置，为了使观测视线与导线最低点相切，可采用异常法观测弧垂。此方法可提高观测数值的准确性。

导线弧垂观测示意图如图 4-52 所示。

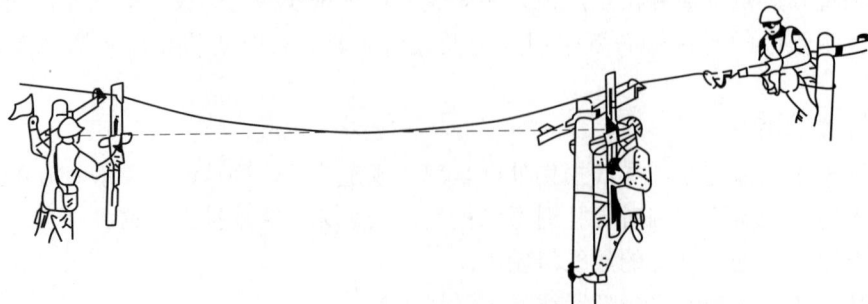

图 4-52　导线弧垂观测示意图

（4）弧垂允许误差。配电线路的导线紧好后，弧垂的误差不应超过设计弧垂的±5％。同档内各相导线弧垂应一致，水平排列的导线相间弧垂偏差不应大于50mm。

（四）导线的固定

导线紧线施工完毕后，耐张段两端耐张杆处的导线已通过耐张线夹和绝缘子、金具等与横担连接，但耐张段中的各直线杆，导线还在放线滑车中，还须将导线与绝缘子固定。另外，耐张杆处的导线也须用专用金具连通。

1. 导线在终端、耐张杆处固定

（1）采用耐张线夹固定导线时，宜选用节能型铝合金耐张线夹。导线穿入线夹前，铝绞线或钢芯铝绞线应缠铝包带，铝包带缠绕方向应与导线外层绞向一致，缠绕长度应超出线夹端头30mm；绝缘线可不剥绝缘层，也可不缠绝缘自粘带。线夹螺母必须拧紧、牢固。

（2）采用蝶式绝缘子固定导线时，当导线为铝绞线或钢芯铝绞线时，导线应缠铝包带，铝包带缠绕方式应与导线外层绕向一致．缠绕长度应超出蝶式绝缘子最大伞裙外30mm；绝缘线可不缠铝包带。蝶式绝缘子处导线回头套的尺寸应便于更换绝缘子，导线回头的绑缠应紧密、平顺，如图4-53所示，所用绑线直径不得小于2.0mm。

2. 导线在针式绝缘子上固定

（1）导线固定部位。

1）直线杆。10kV导线绑在瓶顶线槽内。低压线路采用裸绞线时，导线绑在瓶脖电杆侧；采用绝缘线时，导线绑在瓶顶线槽内；

2）直线转角杆。30°及以下角度杆，采用双横担双绝缘子，导线绑在转角外侧的瓶脖上。

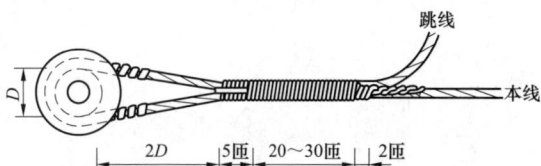

图4-53 蝶式绝缘子处导线回头套绑扎图

（2）导线固定采用绑扎法，10kV线路采用双十字绑扎法，见图4-54，低压线路采用单十字绑扎法。

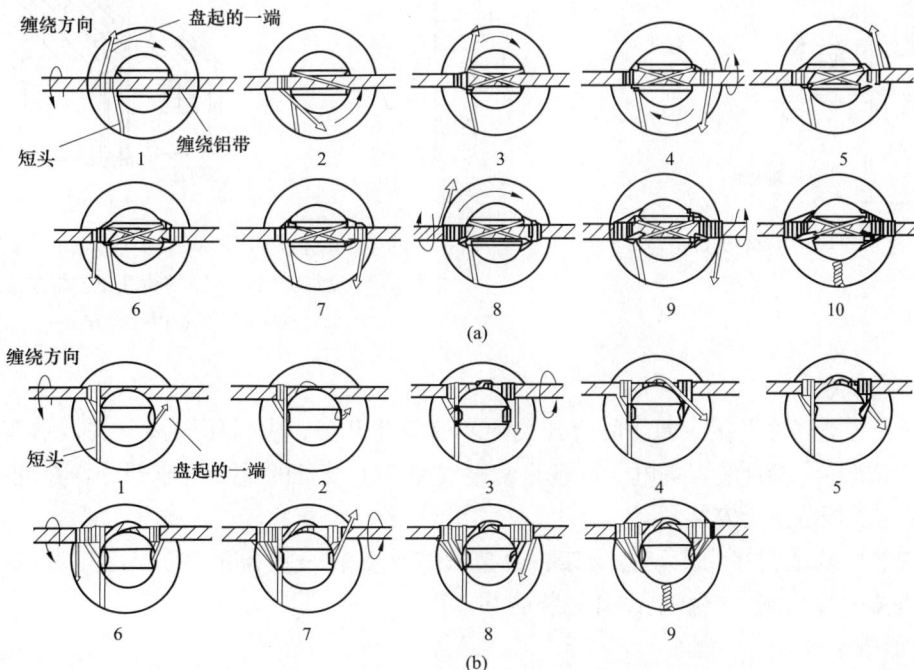

图4-54 10kV针式绝缘子双十字绑扎方法程式图
（a）顶扎法；（b）颈扎法

3.10kV 绝缘线在放电箝位绝缘子上固定

剥除绝缘层宽100mm，顺导线绞向绑缠铝包带，扣合铝压板，紧固螺栓，扣牢绝缘护罩（边相绝缘罩喷弧口向外侧），引弧板垂直线路安装。

六、接户线的安装

从架空线路的电杆到用电单位建筑物外墙第一支持点之间的一段线路，叫接户线。接户线按架空配电线路的电压分为高压接户线和低压接户线。

（一）高压接户线的安装

接户线第一支持点的安装方式见图4-55。高压接户线的导线截面，铜绞线不得小于16mm²，铝绞线不得小于25mm²，线间距离不得小于0.4m，对地距离不得小于4.0m。

（二）低压接户线的安装

低压接户线室外第一支持点的安装方式见图4-56。接户线的挡距不宜大于25m，超过25mm宜设接户杆。低压接户线应采用绝缘导线，线间距离应不小于规定数值，对地距离应不小于2.5m。

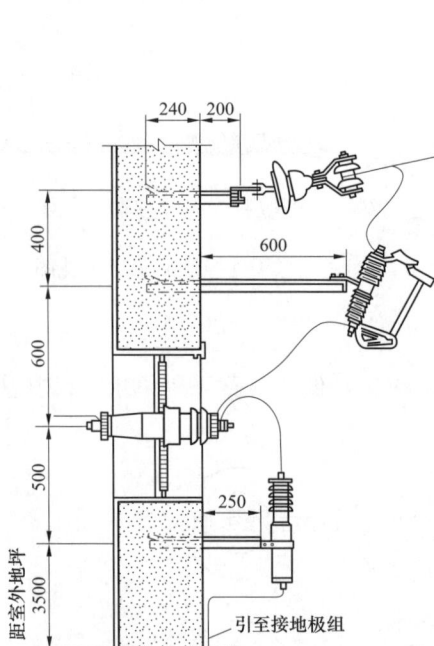

图4-55　高压接户线第一支持点的安装

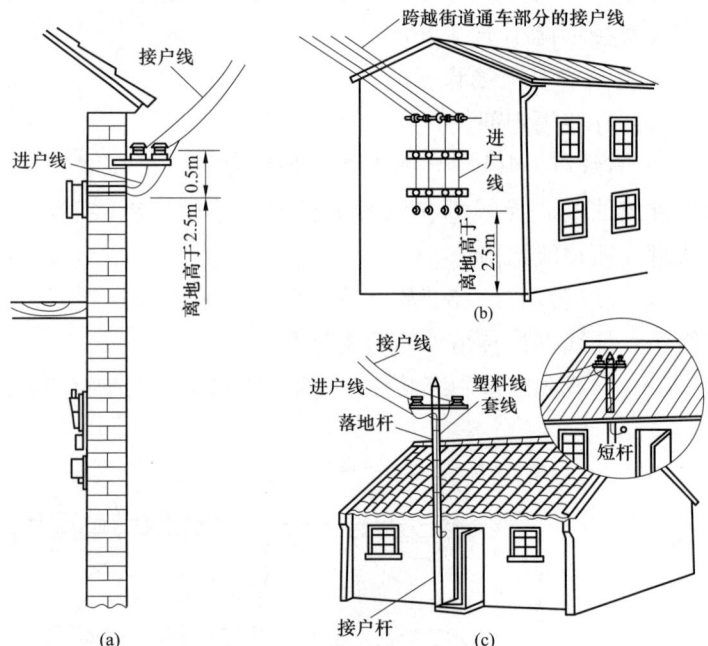

图4-56　低压接户线第一支持点的安装

（a）一般安装方式；（b）跨越街道安装方式；

（c）挡距超过25m时安装方式

七、杆上设备安装

配电变压器、各类开关设备（真空负荷开关、多油负荷开关、中低压隔离开关、跌落式熔断器等）、避雷器、跌落式熔断器、接地装置等电气设备是配电线路杆上设备的重要组成部分，在配电线路施工中，应按设计要求及有关规范进行安装。

杆上设备安装的基本程序为：设备支架、台架及撑铁安装→设备吊装、固定、安装→接地装置安装。下面以变压器安装为例介绍杆上设备安装的基本程序。

（一）变压器安装

不同容量的变压器，不同的环境条件，变压器台的安装采用的形式也不同。通常各地区有各自的标准，但规范要求变压器台槽钢对地高度一般为3m，受条件限制时最低不应小于2.5m，槽钢平面坡度不应大于根开的1/100。跌落式熔断器支架应避免探入行车道路，一般对地距离为5m，无行车刮蹭可能的郊区农田线路可降低至 4.5m。

（二）变压器的吊装

变压器出厂必须具有试验成绩单和检验合格证，安装前须做交接试验，合格方可安装。杆上式配电变压器吊装一般采用机械和人工两种方法。

（1）机械吊装。一般在汽车可以到达的地方，均可采用汽车吊进行安装，如图 4-57 所示。

（2）人工吊装。人工吊装主要采用人字抱杆、神仙葫芦、滑轮组吊装。其顺序与汽车吊正好反，一般先吊变压器，后装支架、平台。此种吊装方法适用于农村、山区汽车无法到达的地方。通常在电杆竖立后，不拆除立杆工具，将人字抱杆向杆架变压器支架、平台中心移靠，同时调节两侧横绳，利用立杆工具先将变压器吊装到支架或平台平面略高后，先安装支架、平台，待一切就绪后再将变压器松至支架或平台上，固定后拆除抱杆。做好电气连接和变压器外壳接地工作。

图 4-57　机械吊装

（3）引连线安装。变压器就位后，按照电气接线图完成变压器的进、出线与母线的连接，如图 4-58 所示。

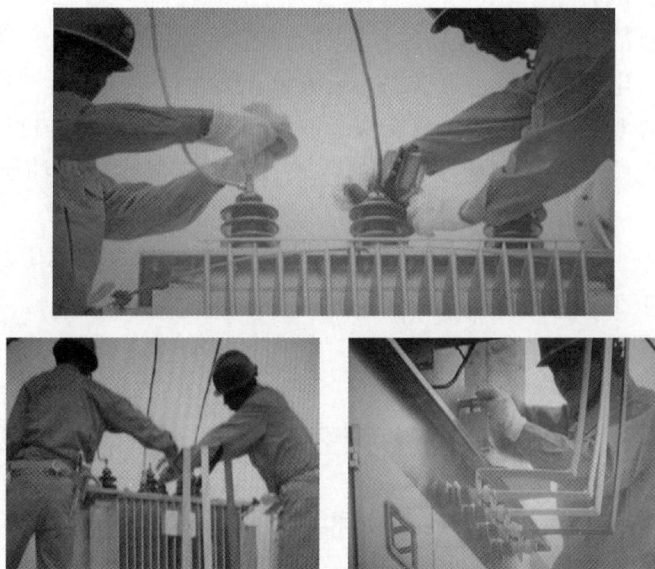

图 4-58　变压器引连线安装

（4）接地装置安装。上述工作完成后，根据设计要求完成接地装置的安装。

第四节　电缆线路施工

配电电缆线路施工应依据经批准的施工图和施工组织设计（或施工方案）开展施工，其基本程序主要分为四个阶段，即准备阶段、电缆敷设阶段、电缆头制作与安装阶段和电力电缆的试验及交接验收阶段。

一、准备阶段

（1）现场勘查。电力电缆的敷设方式很多，一般敷设于沟道内、隧道内、支架上、竖井中，穿入管道内，直接埋设于地下及敷设于水底。而实际上，一条电缆线路往往需要采用多种敷设方式。所以，施工前除了对电缆线路路径及周边有关情况进行勘查外，认真看图也是非常重要的。根据勘查情况和批准的设计图及施工进度计划，合理安排施工力量。

（2）备料加工。首先依据批准的施工图和电缆清册对电缆长度是否正确进行校核，提出物资供应计划，然后根据批准的计划，组织对该工程中所用的设备、材料或加工制品提前订货或委托加工。

（3）路径复测。为防止线路设计时现场布置的桩位偏移、丢失而影响施工，在施工前应依据批准的施工图纸对全线的桩位进行一次复测核实和补桩。

（4）电缆运输。按批准的施工组织设计中的要求，将电缆运送至材料堆放地点。

（5）敷设现场的准备工作。应根据批准的施工组织设计中的现场安全措施做好准备工作。

（6）工器具准备。对于电缆配电线路一般需准备一支电缆盘用的电缆支架、盘轴、锯电缆用的断线钳或钢锯及指挥用哨子、对讲机，同时准备好电缆号牌，以免将电缆放错。对于充油电缆，除准备好上述工器具外，还应准备好托棍、制动装置等。如果需要机械敷设，还应将敷设机械准备好。

（7）电缆敷设前的检查核实。在正式敷设电缆之前，项目经理应对施工准备情况做最后一次检查核实。检查核实的内容包括电缆的准备情况、土建工程是否达到要求、电缆敷设现场的安全措施、敷设路径是否畅通，是否有与其他设备及管道相抵触的情况等。并将定岗位的人员领至现场，让他们对自己的岗位进行仔细检查，对施工的安全措施作进一步的完善。

（8）电缆敷设前的检查试验。

1）安装前的检查。电缆及附件运到现场后，应进行检查，产品的技术文件应齐全，如合格证、说明书、试验记录、标志等；电缆的型号、规格、电压等级、绝缘材料应符合图样要求，附件应齐全；电缆的封端必须严密，当经外观检查，有怀疑或发现漏油、滴油痕迹时，应进行试验；充油电缆的压力油箱，其容量及油压应符合电缆说明书上油压变化的要求且油样试验合格，油压不宜低于 0.15MPa；包装完整无损伤。

2）电缆敷设前的试验。电缆安装敷设前应做绝缘电阻的测试和直流耐压试验并测量泄漏电流，试验应有详细记录，以便与竣工试验进行对比。

二、电缆敷设阶段

（一）电缆的敷设方法

电缆敷设的敷设有人工、机械牵引、人力和机械混合敷设三种。

1. 人工敷设

人工敷设电缆（见图 4-59）分人工肩扛、肩抬和人力拖动数种。

图 4-59 人工敷设电缆

2. 机械牵引敷设

机械牵引敷设电缆分履带式牵引和卷扬机牵引两种方式。

用卷扬机牵引电缆，其牵引方法有直接牵引电线芯、牵引网套（即牵引电缆护套）和把钢丝绳绑扎于电缆上进行牵引等数种。卷扬机牵引电缆，其方法简便易行，有成熟的经验，使用较为普遍。

为了减少电缆的牵引力，对于较复杂的电缆线路，卷扬机可以与履带式牵引机配合使用。这时履带式牵引机可放置在线路弯曲段的起点，这样既降低了牵引力，又可起到侧压力的作用。

3. 人力和机械混合敷设

人力和机械混合敷设电缆是指在较为复杂的路线上敷设电缆时，以机械牵引为主，辅以人力配合牵引的方法。

（二）电缆敷设的主要程序

电缆线路敷设是电气线路工程中的重要环节之一，电缆敷设包括直埋式电缆敷设，电缆沟（隧）道内电缆敷设，排管内电缆敷设，电力电缆沿支架、墙架敷设等敷设方式，由于敷设方式不同，其施工程序也有所不同。下面分别介绍直埋式电缆敷设、电缆沟（隧）道内电缆敷设和电气竖井内电缆敷设的施工程序。

1. 直埋式电缆敷设

直埋式电缆是一种最常用的经济简单的方法，可用于交通不密集的场所。电缆埋于地下，有利于散热，可提高电缆的利用率。但直埋不便于检修，也不便于监护。目前直埋一般很少采用。

直埋式电力电缆敷设的施工程序包括电缆沟的挖掘、埋设保护管、埋设隔热层、沟内铺砂、电缆敷设、盖砂铺砖回填土、埋设标志桩。

2. 电缆沟（隧）道内电缆敷设

电缆沟（隧）道内电缆敷设是将电缆置于砌筑好的沟（隧）道内并固定在沟内支架上，它便于检修、监护和更换电缆，多用于厂区、室内等场所。电缆沟尺寸示意图如图4-60所示。

电缆沟（隧）道内电缆敷设的施工程序包括清理沟内外杂物、电缆敷设、电缆在支架上的固定、盖好盖板（井盖）。支架断面如图4-61所示；电缆敷设现场施工图如图4-62所示。

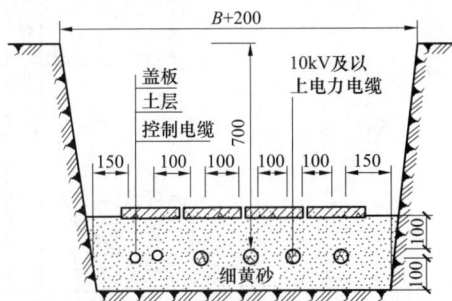

图4-60 电缆沟尺寸示意图（mm）

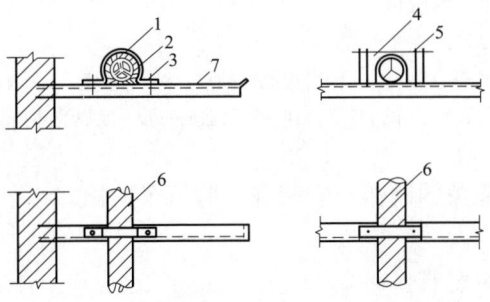

图4-61 支架断面

1—Ω卡子；2—橡胶垫；3—螺钉；4—尼龙卡子；
5—螺钉；6—电缆；7—支撑

图4-62 电缆敷设现场

3. 电气竖井内电缆敷设

电气竖井内电缆敷设目前应用得越来越多，这种方法是将电缆置于砌筑好的电气竖井内，并固定在井内支架上，它便于检修、监护和更换电缆，多用于高层建筑物。

电气竖井内电缆敷设的施工程序包括清理井内外杂物、电缆敷设、电缆在支架上的排列及固定、盖好盖板，如图4-63所示。

三、电缆头的制作与安装阶段

电缆头的种类很多，可分为室内、室外两种，室内外又可按电压等级分若干种。目前在配电网中常用的是热缩护套电缆头及冷缩护套电缆头。下面将以这两种电缆头为例，详细介绍电缆头的制作工艺。

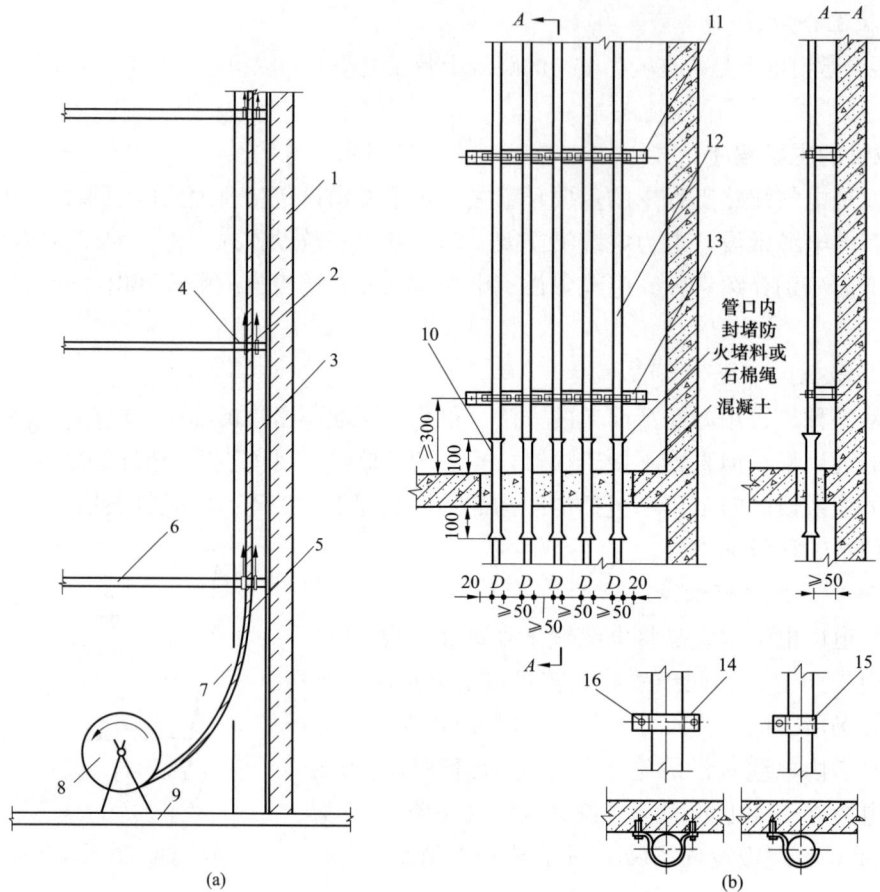

图 4-63　电缆在竖井内的敷设

（a）敷设方法；（b）安装示意图

1—墙体；2—人工用力提升电缆；3—竖井；4—电缆保护管；5—电缆；6—楼板；7—竖井壁临时缺口；8—电缆盘；9—首层楼板
10—保护管；11—胀管螺栓；12—电缆；13—支架；14—管卡子；15—单边管卡；16—塑料胀管；D—保护管外径

电缆头的制作与安装包括电缆头制作准备工作、电缆头的制作与安装和试验三个阶段。

（一）电缆头制作准备工作

各种电缆头在制作前的准备工作基本一致，其内容主要有：

（1）工具、材料的准备。

（2）电缆的测试与检查。

（3）复核电缆的规格型号、走向应与设计相符。

（4）绝缘电阻的测试应符合要求。

（5）潮湿判断试验应符合要求。

（6）耐压试验应符合前述要求。

（7）准备记录表格、标牌、油漆、毛笔等。

（二）电缆头的制作与安装

电缆头的制作与安装的工序包括电缆剥切、电缆附件安装、相位标识安装、电缆试验、电缆头安装、电缆标识牌安装。下面以电缆头终端头和中间头为例详细介绍其工艺流程和要求。

1. 10kV 户外（内）热缩电缆终端头的制作

该电缆头制作的关键是热缩材料的选择，制作时应按生产厂家提供的热缩附件使用说明书进行。10kV 户外（内）热缩电缆终端制作与安装的工艺流程如下。

（1）按图 4-64 中所列的尺寸，结合电缆与设备连接距离，剥切电缆外护层到所取尺寸。在外层护套上缠一圈封口粘胶带与切口（或喇叭口）取平；将护套内的铜屏蔽线从喇叭口（或切口）处向外折弯，并理顺绑扎，并按接地线的方法辫好并压线鼻子；焊接接地线同前；排法同前。同时将线芯轻轻从根部分开，如图 4-65 所示。

（2）从切口（或喇叭口）处起保留 85mm 长半导体屏蔽层，并用前述扎线法将其余半导体屏蔽层除净，然后用三氯乙烯或四氯化碳将线芯、三叉口、喇叭口或切口以下段的电缆油清除干净。在保留下的半导体外屏蔽层端部以上 10mm 段线芯绝缘层上缠一层聚氯乙烯带，然后在这 10mm 宽和导体屏蔽层端部 5mm 宽处涂导电油，如图 4-66 所示。油干后拆去塑料带。若线芯绝缘层表面不光滑，应用电缆胶抹平。

（3）将应力调节护套分别套在电缆芯线根部，如图 4-67 所示，然后用喷灯逐根加热，直到完全缩紧。

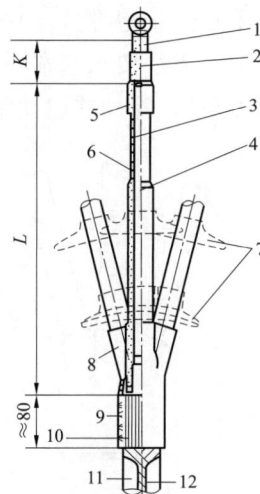

图 4-64 交联热缩电缆头
结构示意图（mm）

1—铜接头；2—电缆线芯；3—防潮护套；4—应力调节护套；5—接头护套；6—线芯塑料绝缘层；7—裙套（裙伞）；8—叉形套；9—封口粘胶带；10—电缆铜屏蔽线；11—电缆外护层；12—铜辫子

若电缆垂直放置，则从套管下端开始加热，使之从下向上逐步收缩；若水平放置，则从中部开始加热，使护套从中部到两端逐步收缩。加热时，喷灯除上下或左右移动外，还要绕护套做圆周运动加热，若加热顺序不当，使之受热不均匀，会使护套收缩时空气排不尽而出现"鼓包"；若喷灯火焰距护套过近或停滞时间过长，会使护套受热过度而"焦糊"，这都是不允许的。加热宜用小号酒精喷灯，若用汽油喷灯，宜用 90 号熔剂汽油，火焰不宜太大，加热温度为 120℃ 左右，加热距离应在 100～200mm 范围内。

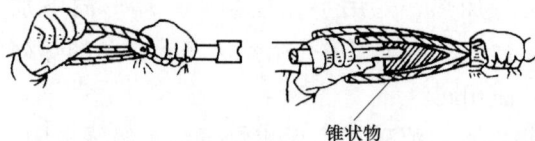

锥状物

图 4-65 线芯分开

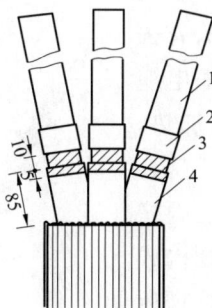

图 4-66 缠聚氯乙烯带并涂导电油（mm）

1—塑料绝缘层；2—保护塑料带；3—涂导电油；
4—半导体外屏蔽层

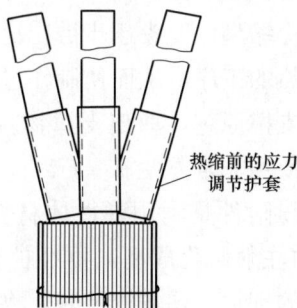

热缩前的应力调节护套

图 4-67 将应力护套套在电缆线芯上

（4）应力调节护套冷却至手温后，逐一套上防潮护套，其下端应完全覆盖应力套，上端至压接线鼻子处，如图 4-68 所示，然后再用上述方法加热到紧缩。

（5）防潮套冷却至手温后，将三叉护套套在线芯分叉处，并用力使之分叉根部与线芯分叉根部贴近挨紧，然后加热热缩，如图 4-69、图 4-70 所示。先对护套分叉根部作环状加热，如图 4-70 所示中（1）；

然后向下加热统包部分，并伴有环状加热，见图中（2）；最后再对线芯逐一加热，并伴有环状加热，见图中（3），方法要求基本同前。使护套从分叉根部到大统包，然后再到线芯逐一收缩。分叉根部极容易出现"鼓包"，除加热前勒紧外，要注意加热顺序、速度、距离、温度，宜慢禁快。

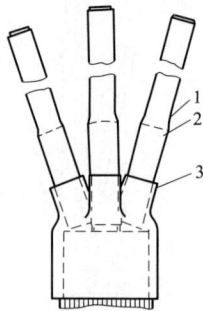

图 4-68　应力护套热缩后逐一套
上防潮护套

1—已热缩的防潮套；2—已热缩的
应力套；3—热缩前的叉形护套

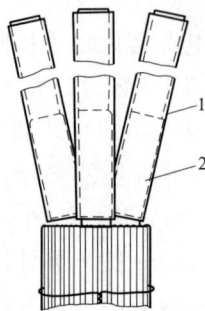

图 4-69　防潮护套热缩后
再套上三叉护套

1—热缩前的防潮护套；
2—已热缩的应力护套

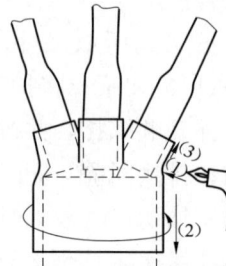

图 4-70　三叉护套的热缩方法

（1）、（2）、（3）—加热顺序

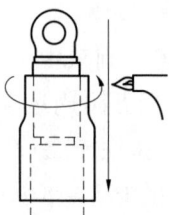

图 4-71　端子护套的热缩方法

图 4-72　裙伞的热缩方法

（6）按上述方法压接铜（铝）接线鼻子，然后套上端子护套，此种护套已经模塑成形。热缩时，先预热线鼻子，然后再加热护套，使之从上到下紧缩，如图 4-71 所示。

（7）套上裙伞，用喷灯按图 4-72 所示进行加热。先用手托住裙伞，环形向下加热，使之热缩。单孔裙伞、三孔裙伞的热缩方法相同。

（8）检查与试验。护套热缩应均匀紧密，表面清洁无污物，无划痕破损，无焦烟气泡。绝缘电阻、耐压试验及泄漏电流的试验同前。

2. 10kV 电缆冷缩型护套终端头的制作

近年来，冷缩型电缆头逐步被广泛应用，相比热缩型电缆头省去了采用火焰加热的工序，从而使制作过程更加安全、简便。冷缩电缆附件使用扩张支撑原理，取出支撑物就能自动收缩复位，不需加热，故称为冷缩，使用非常方便。

冷缩式电缆附件是利用弹性体材料（常用的有硅橡胶和乙丙橡胶），在工厂内注射硫化成型，再经扩径、衬以塑料螺旋支撑物构成各种电缆附件的部件。现场安装时，将这些预扩张件套在经过处理后的电缆末端或接头处，抽出内部支撑的塑料螺旋条（支撑物），压紧在电缆绝缘上而构成电缆附件，如图4-73所示。其制作过程同热缩型电缆头，需要注意的是，冷缩式部件不应有明显的永久变形或弹性应力松弛，否则安装在电缆上以后不能保证有足够的弹性压紧力，从而不能保证有良好的界面特性。

3. 各类电缆中间接头的制作

电缆中间接头是指将两根电缆连接成一根电缆或者由于敷设高差

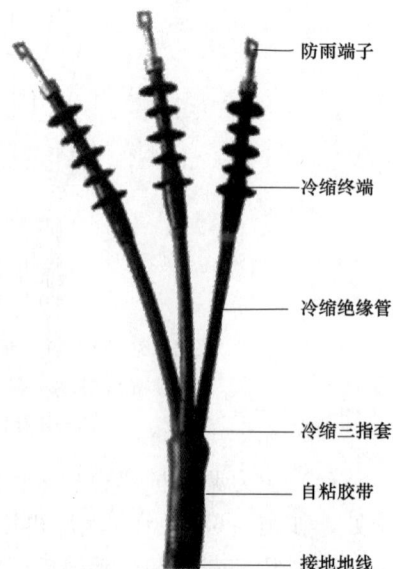

防雨端子

冷缩终端

冷缩绝缘管

冷缩三指套

自粘胶带

接地地线

图 4-73　冷缩电缆终端头结构

较大，导致低端漏油或胀裂，则把电缆油路隔断的中间堵油接头统称为中间接头。下面介绍10kV热缩中间电缆头制作与安装的工艺流程及要求。

（1）将两端电缆对接，重叠200～300mm，确定重叠部分的中心。从中心任取长端910mm和短端470mm，剥除外护套。保留30mm钢铠，绑扎地线，其余剥除。保留50mm内户层，其余剥除。从端头量取300mm，剥除铜屏蔽层，断口用PVC带固定，保留60mm半导层，其余剥除，如图4-74所示。

（2）在线芯端头处量取1/2管长加5mm，剥除绝缘，并削成长30mm的"铅笔头"，如图4-75所示，其尖端保留5mm内半导电层。清除绝缘表面，在内半导电层和绝缘层交接处绕包疏散胶，两边各搭接10mm，套入控制管，如图4-76所示，搭接绝缘层20mm，加热固定。两端分别套入外护套管、内户套管，在各相线芯上套入1个铜屏蔽网。

图4-74　切割电缆　　　　　　　　图4-75　削成"铅笔头"　　　　　　图4-76　套入控制管

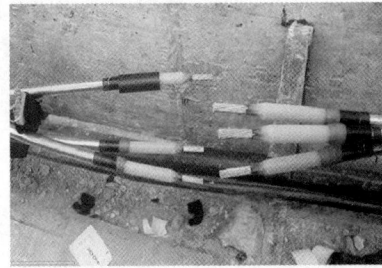

（3）依次将两端的各相线芯插入连接管两端，如图4-77所示，每端连接管各压三次。用锉刀及砂布打磨表面压痕。用清洁纸擦净连接管表面及绝缘层表面。在连接管表面搭接半导带至"铅笔头"内半导层上，其余凹陷部分用一般填充胶填平。在绝缘层表面薄薄涂抹一层硅脂膏。把绝缘管拉至连接管中部，居中放置，从中间向两侧加热固定，使其两端覆盖半导屏蔽层10mm，将外绝缘管拉至中部加热固定。

（4）在内外绝缘管两端绕包填充胶，使断口平滑。将半导电管拉出，一端搭接电缆半导屏蔽层10mm，从此端向中间加热固定，另一根也同样固定。将红色密封胶绕包在电缆铜屏蔽与收缩好的半导电管末端，并填平此间隙。拉开铜屏蔽网，即将其两端绑扎并焊接在电缆两端的铜屏蔽上。用PVC带或绝缘带扎紧三相线芯。

（5）将两个内护套管分别搭在两端电缆内户层上，从端部向中间加热固定，使它们在中部搭接。两端钢铠用25m²铜软接地连接并焊接。将两根外护套拉出，两端搭接在电缆的外护套上150mm，从端部向中间加热固定，另一根也同样固定。中间接头安装完毕，如图4-78所示。

图4-77　压接芯线过程　　　　　　　　图4-78　线芯压接后

4. 电缆头的安装

（1）室内安装。电缆头安装一般有两种型式，一种为安装在柜内的电缆横梁上，一种为安装在墙上或支架上。

1）柜内安装通常用 Q 形卡子固定在电缆横梁上，如图 4-79 所示。

2）墙上安装通常用 Q 形卡子固定在预埋件上，如图 4-80 所示。由地引上部分的 2m 处应有钢管保护，电缆线芯应保持规定的对地距离。室内也有用保护管直接支撑电缆头的，如图 4-81 所示。

（2）室外安装。室外除了杆上安装以外，还有在墙上、支架上等安装，其形式与室内基本相同，但生铁盒电缆头需加强支架强度，一般是先将支架预埋在墙内或固定在构件上。无论室内、室外，都必须将电缆的铜辫子接地线与地可靠连接。制作时，应根据与设备连接的距离决定每根线芯的长度。

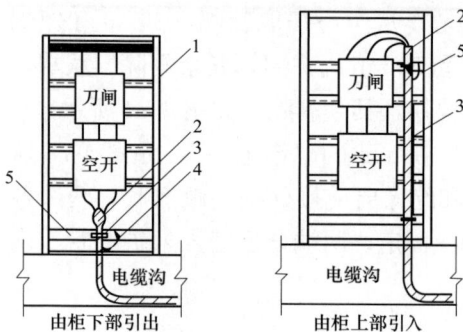

图 4-79 低压电缆头在柜内的安装
1—低压配电柜；2—电缆头；3—Ω 形卡子；
4—铜辫子接地线与柜体连接；
5—配电柜电缆横梁

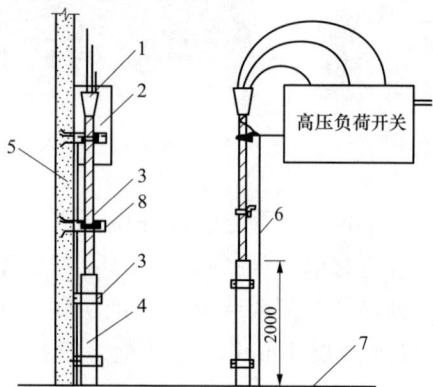

图 4-80 高压电缆头在墙上的安装
1—高压电缆头；2—高压负荷开关；3—Ω 形卡子；
4—保护钢管；5—墙体；6—地线、沿墙敷设与角钢
支架焊接；7—地面；8—预埋角钢

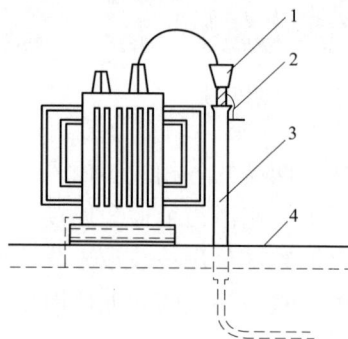

图 4-81 高压电缆头直接接至变压器
1—高压电缆头；2—铜辫子地线；
3—保护钢管；4—地面

（三）试验

电缆头成形后应按前述要求进行绝缘电阻、耐压试验及泄漏电流的测试，结果应符合要求。不合格的应总结制作过程中的缺陷和经验，锯断后重新包扎。

试验可在套入手套前进行，如与剥切前相差太大或不合格，即可停止包缠，锯断重做。

四、电力电缆的试验及交接验收阶段

（一）电力电缆的试验

电力电缆的试验目的是为了及时发现缺陷和薄弱环节，以便及时加以处理。这对于保护管中的电缆可防止缺陷扩大而损坏，对于即将投入运行中的电缆则可起到防患于未然的作用。埋入地下的电缆，由于平时不易检查，其绝缘性能的变化主要是通过试验来加以判断的。因此一切新安装的电力电缆和运行中的电力电缆都要进行电气试验（运行中的电缆按规定定期进行试验）。电缆试验可分为以下四类：

1. 新电缆的验收按规范要求应做的试验项目

（1）测量绝缘电阻。

（2）直流耐压试验及泄漏电流测量。

（3）交流耐压试验。

（4）测量金属屏蔽层电阻和导体电阻比。

（5）检查电缆线路两端的相位。

（6）充油电缆的绝缘油试验。

2. 安装过程中电缆试验

（1）潮气试验。

（2）绝缘电阻测量。

（3）导体及铅包连续性试验。

（4）直流耐压及泄漏电流测量（必要时进行）。

3. 新装电缆线路投入运行前的交接试验

（1）两端相位的核定。

（2）绝缘电阻测量。

（3）直流耐压及泄漏电流测量。

4. 运行中的电缆试验

（1）绝缘电阻测量。

（2）直流耐压试验及泄漏电流测量。

（3）负荷测量。

（4）温度测量。

（二）电缆线路施工交接验收阶段

1. 验收时检查项目

（1）电缆规格应符合规定；排列整齐、无机械损伤；标志牌应装设齐全、正确、清晰。

（2）电缆的固定、弯曲半径、有关距离和单芯电力电缆的金属护层的接线、相序排列符合要求。

（3）电缆终端、电缆接头及充油电缆的供油系统应安装牢固，不应有渗油现象；充油电缆的油压及表计整定值应符合要求。

（4）接地应良好；充油电缆及护层保护器的接地电阻应符合设计。

（5）电缆终端的相色应正确，电缆支架等的金属部件防腐层应完好。

（6）电缆沟内应无杂物，盖板齐全，隧道内应无杂物，照明、通风、排水等设施应符合设计。

（7）直埋电缆路径标志，应与实际路径相符。路径标志应清晰、牢固，间距适当。

（8）防火措施应符合设计，且施工质量合格。

隐蔽工程应在施工过程中进行中间验收，并做好签证。

2. 验收时应提交的资料和技术文件

（1）电缆线路路径的协议文件。

（2）设计资料图纸、电缆清册、变更设计的证明文件和竣工图。

（3）直埋电缆输电线路的敷设位置图，比例宜为1：500。地下管线密集的地段不应小于1：100，在管线稀少、地形简单的地段可为1：1000。平行敷设的电缆线路，宜合用一张图纸。图上必须标明各线路的相对位置，并有标明地下管线的剖面图。

（4）制造厂提供的产品说明书、试验记录、合格证件及安装图纸等技术文件。

（5）隐蔽工程的技术记录。

（6）电缆线路的原始记录。

1）电缆的型号、规格及其实际敷设总长度及分段长度，电缆终端和接头的型式及安装日期。

2）电缆终端和接头中填充的绝缘材料名称、型号。

（7）试验记录。

第五节 配 电 设 备 安 装

配电设备安装施工组织工作在整个安装过程要十分严密、周到，技术准备工作更要齐全。安装过程既有空中及地面作业交错，又有手工操作及机械作业并举，高电压强电同弱电并存，安装、调试不可分开。在设备安装前应做好充分准备工作，其他准备工作如图 4-82 所示。施工过程应包括主体配合阶段、设备安装阶段及试验调试阶段。

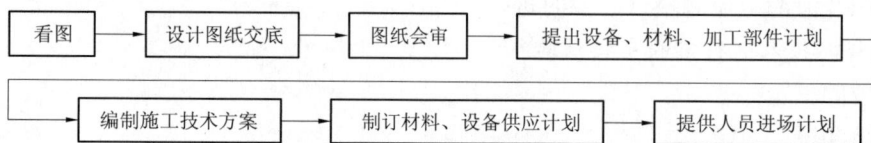

看图 → 设计图纸交底 → 图纸会审 → 提出设备、材料、加工部件计划
编制施工技术方案 → 制订材料、设备供应计划 → 提供人员进场计划

图 4-82 配电设备安装准备工程流程图

一、变压器的安装及试验

变压器的安装及试验的主要包括变压器安装前的准备工作阶段、变压器安装阶段、交接验收阶段三个阶段。其安装流程如图 4-83 所示。

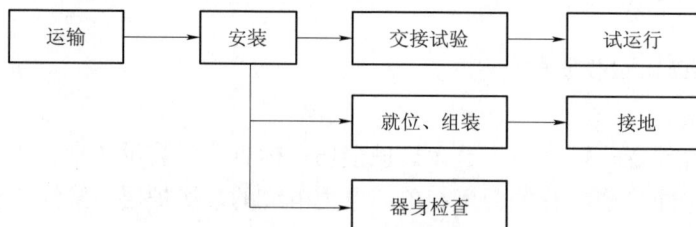

运输 → 安装 → 交接试验 → 试运行
就位、组装 → 接地
器身检查

图 4-83 变压器安装流程图

（一）变压器安装前的准备工作阶段

变压器安装前的准备是整个安装作业的一个重要阶段，它包括组织、技术和物质准备。准备工作做得充分可以为优质、安全、快速地完成变压器的安装打下基础。

在安装变压器前，应熟悉施工图纸并经图纸会审和设计交底，收集有关技术资料和制造厂的技术文件，然后根据这些资料进行安装的总体规划，编制作业指导书、质量计划和安全措施，确定劳动力需要计划。在施工前对施工人员要进行技术交底和安全交底。

1. 施工场地的准备

首先要清理出一块堆放变压器附件的场地。场地要求面积大、平整，不能有积水和潮湿。同时准备几个临时棚子，存放小型设备和变压器零配件、施工用材料和施工用具。棚子应靠近变压器的安装地点。在变压器安装地点附近，还应安排一个滤油场地，以便放置油罐、滤油机、油桶进行滤油工作。

2. 变压器安装前准备工作

首先应检查与变压器安装有关的建筑物的土建质量，是否符合国家现行的土建工程验收规范要求，然后按变压器安装规程规范要求对运到现场的变压器进行检查。

对变压器的检查重点是检查变压器铭牌上是否注明制造厂名；额定容量，一、二次额定电压，电流，阻抗电压及接线组别等技术数据以及变压器的容量、规格及型号必须符合设计要求；附件、备件是否齐全；是否有出厂合格证及技术文件。

（二）变压器的安装

配电网的变压器的安装主要工序为：设备点件检查→变压器二次搬运→变压器安装→附件安装→变

压器吊芯检查及交接试验→送电前的检查→送电运行验收。

在此主要介绍变压器的交接试验、送电前的检查和送电试运行验收三道工序，具体内容如下。

1. 变压器的交接试验

根据 GB 50150—2006《电气装置安装工程　电气设备交接试验标准》进行，试验项目有：

（1）测量绕组连同套管的直流电阻。

（2）测量变压器的三相接线组别和单相变压器引出线的极性。

（3）测量绕组连同套管的绝缘电阻、吸收比或极化指数。

（4）绕组连同套管的交流耐压试验。

（5）测量与铁芯绝缘的各紧固件及铁芯接地线引出套管对外壳的绝缘电阻。

（6）绝缘油试验。

2. 变压器送电前检查

变压器送电前应做全面检查，确认符合试运行条件时方可投入运行。变压器试运行前，必须由质量监督部门检查合格。变压器试运行前的检查内容有：

（1）各种交接试验单据齐全，数据符合要求。

（2）变压器应清理、擦拭干净，顶盖上无遗留杂物，本体及附件无缺损，且不渗油。

（3）变压器一、二次引线相位正确，绝缘良好。

（4）接地线良好。

（5）通风设施安装完毕，工作正常。

（6）标志牌挂好，门装锁。

3. 变压器送电试运行验收

变压器送电前试运行，通常做 3～5 次的高压冲击试验，在试验时应做好变压器试运行的冲击电流、空载电流、一次电压、二次电压、温度详细记录。当高压冲击试验无异常情况时，再将变压器空载运行24h，也无异常情况时，方可投入负荷运行。

变压器开始带电起，24h 后无异常情况，应办理验收手续。验收时应移交下列资料和文件：产品说明书、试验报告单、合格证及安装图纸等技术文件、安装检查及调整记录、变更设计证明。

二、母线、绝缘子、套管的安装及试验

（一）母线的安装及试验

软母线安装较为简单，另外矩形母线和管形母线安装程序较为相似，现以矩形硬母线（俗称铝排或铜排）为例介绍其安装工艺及方法。

矩形硬母线安装工艺流程：放线测量→支架及拉紧装置制作安装→绝缘子安装→母线的加工→母线的连接→母线安装→母线涂色刷油→检查送电。

母线安装试验项目如下：

（1）母线的工频耐压试验。

（2）抽测母线焊（压）接头的直流电阻。

（3）封闭母线做密封试验。

（二）绝缘子、套管的安装及试验

绝缘子及穿墙套管安装前应进行检查，要求瓷件、法兰完整无裂纹，胶合处填料完整，绝缘子灌注螺钉、螺母等结合牢固，检查合格后方能使用。

绝缘子及穿墙套管试验项目如下：

（1）穿墙套管、支柱绝缘子和母线的工频耐压试验。支柱绝缘子可在母线安装完毕后一起进行。

（2）测量绝缘电阻。

（3）交流耐压试验。

三、各种配电设备的安装及试验

配电设备主要包括断路器、互感器、避雷器、电容器。

（一）断路器的安装及试验

断路器是用来接通或切断处于各种状态下（包括事故状态）线路或负载的电器。断路器按灭弧方式的不同，可分为油断路器、空气断路器、SF₆断路器、真空断路器和磁吹断路器等。

断路器的安装工艺流程：开箱检查→预埋螺钉→安装支架→机构及灭弧室安装→连接气管、油管→充 SF₆ 气体及检漏→调整→试验→验收。

1. 工程交接验收

（1）验收检查项目。

1）真空断路器应固定牢靠，外表清洁完整。

2）电气连接应可靠且接触良好。

3）真空断路器与其操动机构的联动应正常，无卡阻；分、合闸指示正确；辅助开关动作应准确可靠，接点无电弧烧损。

4）灭弧室的真空度应符合产品的技术规定。

5）并联电阻、电容值应符合产品的技术规定。

6）绝缘部件、瓷件应完整无损。

7）油漆应完整，相色标志应正确，接地应良好。

（2）验收时应提交的资料文件。

1）变更设计的证明文件。

2）制造厂提供的产品说明书、试验记录、合格证件及安装图纸等技术文件。

3）安装技术记录。

4）调整试验记录。

5）备品、备件清单。

2. 油断路器的交接试验

（1）测量绝缘拉杆的绝缘电阻值。

（2）交流耐压试验规定。

（3）油断路器操动机构的试验。

（4）断路器电容器试验。

（5）绝缘油试验。

（二）互感器、避雷器、电容器的安装及试验

互感器、避雷器、电容器的安装工作流程基本相似，其工艺流程如下：设备开箱点件→基础制作安装或框架制作安装→电容器二次搬运→电容器安装→连线送电前的检查→送电运行验收。

1. 互感器试验项目

（1）测量绕组的绝缘电阻。测量一次绕组对二次绕组及外壳、各二次绕组间及其对外壳的绝缘电阻；20kV 及以下的互感器的绝缘电阻值与出厂试验值比较，应无明显差别。

（2）绕组连同套管对外壳的交流耐压试验。

（3）测量电压互感器一次绕组的直流电阻值。

2. 互感器安装工程交接验收

（1）验收检查。设备外观应完整无缺损；油浸式互感器应无渗油；油位指示应正常；保护间隙的距离应符合规定；油漆应完整，相色应正确；接地应良好。

（2）验收时移交资料和文件。变更设计的证明文件；制造厂提供的产品说明书、试验记录、合格证件及安装图纸等技术文件；安装技术记录、器身检查记录、干燥记录；试验报告。

3．避雷器的安装及试验

避雷器安装前应检查避雷器有无在运输中造成的瓷套破损；瓷套与法兰连接处是否紧密、牢固；法兰接触面是否清洁，有无氧化物和其他杂物；铭牌与额定电压等级是否与设计要求一致；产品出厂合格证、出厂试验报告、说明书等技术资料是否齐全。

（1）避雷器的试验项目。

1）测量绝缘电阻。其试验目的在于初步检查避雷器内部是否受潮；通过并联电阻可检查其通、断、接触和老化等情况。

2）直流 1mA 下的电压 U_{1mA} 的测量。其试验目的是检查避雷器是否受潮、劣化、断裂，以及各元件的系数是否相配；对无串联间隙的金属氧化物避雷器，则要求测量直流 1mA 下的电压及 75％该电压下的泄漏电流。

3）测量工频放电电压。其试验目的是检查间隙的放电电压是否符合要求。测量工频放电电压是 FS 型避雷器和有串联间隙金属氧化物避雷器的必做试验项目。

（2）工程交接验收。在验收时应提交的资料包括变更设计的证明文件、制造厂提供的产品说明书、试验记录、合格证件及安装图纸等技术文件、安装技术记录、调整试验记录。

4．电容器的交接试验

（1）测量绝缘电阻、并联电容器交流耐压试验、冲击合闸试验。

（2）并联电容器的交流耐压试验。

四、成套配电柜、控制柜（屏、台）和动力、照明配电箱（盘）安装

成套配电柜、控制柜（屏、台）和动力、照明配电箱（盘）安装的工作流程基本相似，其工艺流程如下：设备开箱检查→设备搬运→柜（盘）稳装→柜（盘）上方母带配制→柜（盘）二次回路接线→柜（盘）试验调整→送电运行验收。

1．柜（屏、台）试验与调整

（1）高压试验应由当地供电部门许可的试验单位进行，试验标准符合国家规范、当地供电部门的规定及产品技术资料要求。

（2）试验设备包括：高压柜、母线、避雷器、高压绝缘子、电压互感器、电流互感器、高压开关等。

（3）调整内容包括：过电流继电器调整、时间继电器调整、信号继电器调整及机械连锁调整。

（4）二次控制线调整及模拟试验。

2．柜、屏、台、箱、盘施工时应注意事项

（1）柜、屏、台、箱、盘的金属框架及基础型钢必须接地（PE）或接零（PEN）可靠；装有电器的可开启门和框架的接地端子间应用裸编织铜线连接，做好标识。

（2）低压成套配电柜、控制柜（屏、台）和动力、照明配电箱（盘）应有可靠的电击保护。柜（屏、台、箱、盘）内保护导体应有裸露的连接外部保护导体的端子。

（3）手车、抽出式成套配电柜推拉应灵活，无卡阻碰撞现象。动触头与静触头的中心线应一致，且触头接触紧密。投入时，接地触头先于主触头接触；退出时，接地触头后于主触头脱开。

（4）高压成套配电柜必须按现行国家标准 GB 50150《电气装置安装工程电气设备交接试验标准》的规定交接试验合格。

（5）直流屏试验时，应将屏内电子器件从线路上退出，检测主回路电阻值应大于 0.5MΩ。蓄电池组充放电时，整流器的控制调整及输出特性试验应符合产品技术文件要求。

五、成套箱式变电站安装

成套箱式变电站安装工艺：测量定位→基础→设备就位→安装→接线→试验→验收。

箱式变电站安装及试验的有关要求如下：

（1）箱式变电站的基础应高于室外地坪，周围排水通畅。用地脚螺栓固定的螺帽齐全，拧紧牢固；自由安放的应垫平放正。金属箱变电站箱体应接地（PE）或接零（PEN）可靠，且有标识。

（2）箱式变电站的交接试验，必须符合下列规定：

1）由高压成套开关柜、低压成套开关柜和变压器三个独立单元组合成的箱式变电站高压电气设备部分，按 GB 50150《电气装置安装工程电气设备交接试验标准》的规定交接试验合格。

2）高压断路器、熔断器等与变压器组合在同一个密闭油箱内的箱式变压器，交接试验按产品提供的技术文件要求执行。

3）低压成套配电柜交接试验应符合规定。

（3）箱式变压器内相关的绝缘件应无裂纹、缺损和瓷件瓷釉损坏等缺陷，外表清洁，测温仪表指示准确。

（4）箱式变压器内外涂层完整、无损伤，有通风口的风口防护网应完好。

（5）箱式变压器的高低压柜内部接线完整，低压每个输出回路标记清晰，回路名称准确。

（6）箱式变压器施工应针对重要环境因素，如噪声、粉尘、废弃物、化学品等制定环境管理方案，严格监控、监测，防止环境污染。

（7）设备通电调试前，必须检查线路接线是否正确，保护措施是否齐全。确认无误后，方可通电调试。

第二篇　计量与计价

配电网工程预算编制概述

建设预算是指以具体的建设工程项目为对象，依据不同阶段设计，根据工程建设预算编制与计算标准及相应的估算指标、概算定额、预算定额等计价依据，对工程各项费用的预测和计算。电力系统中，投资估算、初步设计概算和施工图预算统称为建设预算。

一、建设预算的编制依据和步骤

1. 编制依据

为了加强配电网工程造价管理，电力建设部门对建设预算的编制依据做了一系列统一规定。

（1）设计图纸。设计图纸是编制预算确定分部分项工程数量的技术依据。

建筑工程设计图纸包括设计说明书，总平面布置图，各建筑物平、立、剖面图；配电装置基础图等；有关的构配件标准图集和地质勘探等技术资料。

电气工程设计图纸包括设计说明书，设备材料汇总表，电气总平面布置图，电气主接线图，电气平面、断面布置图，电缆清册等。

线路工程设计图纸包括设计说明书，线路路径图，杆塔平面图、明细表，平面、断面定位图，绝缘子串组装图，基础图等。

（2）概预算定额、人材机预算价格。定额消耗量是编制工程预算定量的标准，人工、材料、机械台班预算价格是编制预算定价的标准；预算定额是消耗量和人材机预算价格的综合反映，是编制预算确定分部分项工程单价的依据。

（3）配电网工程建设预算编制与计算标准。配电网工程建设预算编制与计算标准具体规定了配电网工程建设预算的编排次序和编制规则，是确定措施费、规费、企业管理费、利润、税金和其他费用的计算标准。

（4）其他。调价相关文件、施工组织设计或施工方案、工程合同等，编制预算时应参照其中的有关条款和规定。

2. 编制步骤

预算的编制、调整、校核、审核等流程应按照预算编制办法的规定，具体编制工作一般可按下列步骤进行。

（1）做好编制前准备。在建设预算正式编制之前，必须制订统一的编制原则和编制依据。其主要内容包括编制范围、工程量计算依据、定额（指标）和预规选定、装置性材料价格选用、设备价格获取方式、编制基准期确定、编制基准期价差调整依据、编制基准期价格水平等。

同时，阅读、熟悉拟建工程的设计图纸、施工组织设计（方案），了解现场施工条件等。

（2）计算分部分项工程量。按照设计图纸、工程量提资单、定额工程量计算规则，分别计算各专业的分部分项工程量。

（3）编制工程预算书。该项包括整理和填写定额项目及工程量；按照定额单价套用、调整或换算，计算分部分项工程单价；计算分部分项工程直接工程费；按照预规计算措施费、规费、企业管理费、利润、编制年价差、税金等费用；按照项目划分汇总到表二；计算表四各项费用；计算表一汇总工程造价和工程费用。

（4）进行工料汇总。进行工料分析，填写工料汇总表。

（5）计算主要技术经济指标。该项包括建筑立方米（平方米）造价指标、主要建筑材料（钢材、木材、水泥）用量、设备购置费、安装工程费单公里造价指标等。

（6）编写编制说明。该项包括拟建工程的工程概况、建设规模，预算编制依据和其他需要说明的问题。

（7）校核、审核。配电网工程建设预算必须履行编制、校核、审核和批准程序，即按照预算编制办法规定核对工程量、定额套用、费用计取等。各级编制、校核和审核人员必须在正式的建设预算书上签字并加盖电力工程造价人员专用章。按照预算编制办法的规定，核对工程量、定额套用等。

二、配电网建设定额的组成内容

（1）《20kV及以下配电网工程预算定额》（以下简称定额）共分六册，包括：

第一册　建筑工程　　　　　　　　第二册　电气设备安装工程

第三册　架空线路工程　　　　　　第四册　电缆工程

第五册　调试工程　　　　　　　　第六册　通信及自动化工程

（2）定额适用于20kV及以下变电站、开闭所建筑安装工程、架空线路和电缆工程、通信及自动化工程。

（3）定额是编制可行性研究估算、初步设计概算、施工图预算的依据，也是编审标底和投标报价的参考依据，同时可以作为拨付工程价款、进行竣工结算的参考依据。

（4）定额按10kV电压等级设置子目，20kV电压等级配电网工程套用10kV电压等级子目。

建 筑 工 程

一、主要内容

《20kV 及以下配电网工程预算定额 第一册 建筑工程》（以下简称《建筑工程》定额）适用于 20kV 及以下变电站、开闭所建筑工程，包括土石方及地基处理工程，砌筑工程，现浇混凝土及现浇钢筋混凝土工程，构件制作、安装及运输工程，门窗工程，楼、地面及屋面工程，装饰工程，站区道路及地坪工程，脚手架工程，室内给排水、照明、采暖、通风工程。

《建筑工程》定额中考虑的工作内容，均包括从施工准备、场内运输、施工操作到完工清理过程中所有的施工工序。定额中已综合考虑了工程项目所需的水平运输、垂直运输，套用时不做调整。

二、定额水平的取定

1. 人工费

《建筑工程》定额采用配电网工程基准工日单价，普通工 34.0 元/工日、建筑专业技术工 48.0 元/工日、安装专业技术工 53.0 元/工日。

2. 材料费

《建筑工程》定额中的"六角螺栓精制（镀锌）"均已包括螺母和垫圈，按成套考虑。

第一节 土石方及地基处理工程

一、主要内容

《建筑工程》定额中土石方及地基处理工程的内容包括土石方及地基处理工程；范围包括人工土石方（挖、装卸、回填等）、机械土石方（挖、运、回填、碾压等）、地基处理、施工降排水等。

（一）关于《建筑工程》定额中土质的界定

干土、湿土、淤泥（或流沙）的划分应根据地质资料确定。

（1）地下水位标高以上的土为干土。

（2）含水率不低于 25% 或在地下水位标高以下的土为湿土。

（3）堆积起来不能成形或具有流动性的土为淤泥（或流沙）。

（二）关于定额中土壤和岩石的分类

土壤及岩石的分类见表 6-1。

表 6-1 土壤及岩石（普氏）分类表

定额分类	普氏分类	土壤及岩石名称	天然湿度下平均容重（kg/m³）	极限压碎强度（MPa）	用轻钻孔机钻进 1m 耗时（min）	开挖方法及工具	紧固系数
一类土壤	I	砂 砂壤土 腐殖土 泥炭	1500 1600 1200 600			用尖锹开挖	0.5～0.6

定额分类	普氏分类	土壤及岩石名称	天然湿度下平均容重（kg/m³）	极限压碎强度（MPa）	用轻钻孔机钻进1m耗时（min）	开挖方法及工具	紧固系数
二类土壤	II	轻壤土和黄土类土	1600			用尖锹开挖并少数用镐开挖	0.6～0.8
		潮湿而松散的黄土，软的盐渍土和碱土	1600				
		平均15mm以内的松散而软的砾石	1700				
		含有草根的密实腐殖土	1400				
		含有直径在30mm以内根类的泥炭和腐殖土	1100				
		掺有卵石、碎石和石屑的砂和腐殖土	1650				
		含有卵石或碎石杂质的胶结成块的填土	1750				
		含有卵石、碎石和建筑料杂质的砂壤土	1900				
三类土壤	III	肥黏土其中包括石炭纪、侏罗纪的黏土和冰冻土	1800			用尖锹并同时用镐开挖（30%）	0.81～1.0
		重壤土、粗砾石，粒径为15～40mm的碎石和卵石	1750				
		干黄土和掺有碎石或卵石的自然含水量黄土	1790				
		含有直径大于30mm根类的腐殖土或泥炭	1400				
		掺有碎石或卵石和建筑料的土壤	1900				
四类土壤	IV	土含碎石重黏土，其中包括侏罗纪和石炭纪的硬黏土	1950			用尖锹并同时用镐和撬棍开挖（30%）	1.0～1.5
		含有碎石、卵石、建筑碎料和重达25kg的顽石（总体积10%以内）等杂质的肥黏土和重壤土	1950				
		冰碛黏土，含有质量在50kg以内的巨砾，其含量为总体积10%以内	2000				
		泥板岩	2000				
		不含或含有质量达10kg的顽石	1950				
松石	V	含有质量在50%以内的巨砾（占体积10%以上）的冰碛石	2100	小于20	小于3.5	部分用手凿工具，部分用爆破来开挖	1.5～2.0
		矽藻岩和软白垩岩	1800				
		胶结力弱的砾岩	1900				
		各种不坚实的片岩	2600				
		石膏	2200				
次坚石	VI	凝灰岩和浮石	1100	20～40	3.5	用风镐的爆破法来开挖	2～4
		松软多孔的裂隙严重的石灰岩和介质石灰岩	1200				
		中等硬变的片岩	2700				
		中等硬变的泥灰岩	2300				
	VII	石灰石胶结的带有卵石和沉积岩的砾石	2200	40～60	6	用爆破方法开挖	4～6
		风化的和有大裂缝的黏土质砂岩	2000				
		坚实的泥岩	2800				
		坚实泥灰岩	2500				
	VIII	砾质花岗岩	2300	60～80	8.5	用爆破方法开挖	6～8
		泥灰质石灰岩	2300				
		黏土质砂岩	2200				
		砂纸云片岩	2300				
		硬石膏	2900				

定额分类	普氏分类	土壤及岩石名称	天然湿度下平均容重（kg/m³）	极限压碎强度（MPa）	用轻钻孔机钻进1m耗时（min）	开挖方法及工具	紧固系数
普坚石	IX	严重分化的软弱的花岗岩、片麻岩和正长岩	2500	80～100	11.5	用爆破方法开挖	8～10
		滑石化的蛇纹岩	2400				
		致密的石灰岩	2500				
		含有卵石、沉积岩的渣质胶结的砾岩	2500				
		砂岩	2500				
		砂质石灰质片岩	2500				
		菱镁矿	3000				
	X	白云岩	2700	100～120	15	用爆破方法开挖	10～12
		坚固的石灰岩	2700				
		大理石	2700				
		石灰岩质胶结的致密砾石	2600				
		坚固砂质片岩	2600				
特坚石	XI	粗花岗岩	2800	120～140	18.5	用爆破方法开挖	12～14
		非常坚硬的白云岩	2900				
		蛇纹岩	2600				
		石灰质胶结的含有火成岩之卵石的砾石	2800				
		石英胶结的坚固砂岩	2700				
		粗粒正长岩	2700				
	XII	具有风化痕迹的安山岩和玄武岩	2700	140～160	22	用爆破方法开挖	14～16
		片麻岩	2600				
		非常坚固的石灰岩	2900				
		硅质胶结的含有火成岩之卵石的砾岩	2900				
		粗石岩	2600				
	XIII	中粒花岗岩	3100	160～180	27.5	用爆破方法开挖	16～18
		坚固的片麻岩	2800				
		辉绿岩	2700				
		玢岩	2500				
		坚固的粗面岩	2800				
		中粒正长岩	2800				
	XIV	非常坚硬的细粒花岗岩	3300	180～200	32.5	用爆破方法开挖	18～20
		花岗岩麻岩	2900				
		闪长岩	2900				
		高硬度的石灰岩	3100				
		坚固的玢岩	2700				
	XV	安山岩、玄武岩、坚固的角页岩	2100	200～250	46	用爆破方法开挖	20～25
		高硬度的辉绿岩和闪长岩	2900				
		坚固的辉长岩和石英岩	2800				
	XVI	拉长玄武岩和橄榄玄武岩	3300	>250	>60	用爆破方法开挖	>25
		特别坚固的辉长辉绿岩、石英石和玢岩	3000				

二、工程量计算

（一）工程量计算规则

（1）挖、填土石方工程量按挖掘前的自然密实体积，以"100m³"为单位计算。

（2）平整场地工程量按建筑物外墙边线，每边各加2m，以"100m²"为单位计算。

（3）挖土方需支挡土板时，其基坑宽度按图纸中土方底宽单面加100mm，双面加200mm计算。挡土板面积按基坑垂直支撑面积，以"100m²"为单位计算。支挡土板后不得再计算放坡。

（4）施工降水，按"套·天"为单位计算。

（5）填料碾压按设计碾压面积乘以设计厚度，以"100m³"为单位计算。

（6）强夯，按设计规定的强夯面积，区分夯击遍数以"100m²"为单位计算（即以边缘夯点外边线计算，包括夯点面积和夯点间的面积），强夯面积中设计要求不布夯的空地，面积在64m²以上的应予扣除。

（二）土石方工程计算方法

1. 挖掘土石方工程量的计算规定

（1）挖土方需放坡时按表6-2系数计算。

（2）基础施工所需工作面宽度按批准的施工组织设计计算，如无规定可按表6-3计算。

表6-2　　　　　　　　　　　　　　放坡系数表

土壤类别	放坡起点（m）	人工挖土	机械坑内挖土	机械坑上挖土
普土	1.20	1：0.50	1：0.33	1：0.75
坚土	1.80	1：0.30	1：0.20	1：0.45

注　1. 土方中土壤类别不同时分别按放坡起点、放坡系数依不同土壤厚度加权平均计算。
　　2. 计算放坡时在交接处的重复工程量不予扣除。原基坑做基础垫层时放坡自垫层上表面开始计算。

表6-3　　　　　　　　　基础施工所需工作面宽度计算表　　　　　　　单位：mm

基础材料	每边各增加工作面宽度	基础材料	每边各增加工作面宽度
砖基础	200	混凝土基础（基础垫层）支模板	300
浆砌毛石、条石基础	150	基础垂直面做防水层	800

（3）挖管道沟槽，按图示中心线长度计算。沟底宽度设计有规定的，按设计规定的尺寸计算，无规定的可按表6-4计算。

表6-4　　　　　　　　　　地沟、沟底宽度计算表　　　　　　　　　单位：m

管径（mm）	铸铁管、钢管	混凝土管	陶土管	管径（mm）	铸铁管、钢管	混凝土管	陶土管
50～70	0.6	0.8	0.7	700～800	1.6	1.8	
10～200	0.7	0.9	0.8	900～1000	1.8	2.0	
250～350	0.8	1.0	0.9	1100～1200	2	2.3	
400～450	1.0	1.3	1.1	1300～1400	2.2	2.6	
500～600	1.3	1.5	1.4				

注　各种管道接口等处需加宽增加的土方量不另做计算。底面积大于20m²的井类，其增加的工程量并入管沟土方内计算。

（4）基坑深度，按图纸中槽坑底面至室外地平深度计算。管道地沟按图示沟坑底至室外地平深度计算。

2. 土方运距的计算规定

（1）推土机推土运距，按挖方区中心至填土区中心之间的直线距离计算。

（2）铲运机运土方运距，按挖方区中心至卸土区中心加转向距离45m计算。

（3）运输机械运土运距，按挖方区中心至填土区中心最短距离计算。

3. 回填土按夯填考虑

（1）管道沟槽回填土以挖方体积减去管道所占体积计算。管径在500mm以下的不扣除管径体积；管径超过500mm时按表6-5规定扣除管道所占体积计算；管径超过1000mm时，管道填土量按实际填土量计量。

（2）余土外运或运回工程量计算式：余土外运体积＝挖土总体积－回填总体积。计算结果为正值时为余土外运，负值时为取土运回。计算工程量时，应考虑自然方与压（夯）实方的折算系数。土石方松实系数见表6-6。

表6-5　　管道扣除土方体积表　单位：m³/m

管道名称	管道直径（mm）		
	501～600	601～800	801～1000
钢管	0.21	0.44	0.71
铸铁管	0.24	0.49	0.77
混凝土管	0.33	0.6	0.92

表6-6　　土石方松实系数表

项　目	自然密实体积	松散体积	夯实后体积
土方	1	1.33	0.85
石方	1	1.53	1.31
砂	1	1.07	0.94
混合料	1	1.19	0.88
块方	1	1.75	1.43

4. 爆破岩石按图纸尺寸以立方米计算

爆破岩石的基坑深度、宽度允许超挖量：次坚石200mm，特坚石150mm。超挖部分并入岩石挖方工程量内。

5. 井点降水

轻型井点50根为一套。按套·天计算者，每昼夜24h算一天。其降水机械费每昼夜降水的实际累计开机时间不同，机械费可以调整，不足8h按1个台班计算，不足16h按2个台班计算，超过16h按3个台班计算。井点间距，无规定时轻型井点为0.8～1.6m，有设计规定时按设计确定。

三、工程案例

如附图所示，其设计室外标高为－0.45m（与自然地坪相差在±0.2m以内），垫层底标高为－4.45m，取原土回填碾压厚2m，试计算其土方量及填土碾压工程量。

解（1）基坑开挖工作量为

$$V = (ab + AB + \sqrt{abAB})h/3$$

式中　ab——下口面积；

　　　AB——上口面积；

　　　h——深度。

本例基坑开挖工作量下口尺寸为62.6m×26.6m（每边加工作面30cm），上口尺寸为(62.6+6)m×(26.6+6)m，放坡系数取1:0.75（见表5-2），则

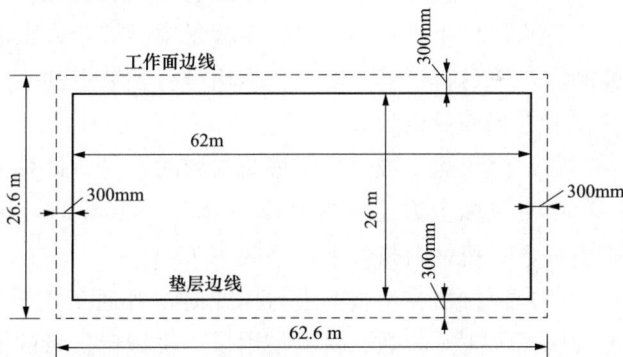

$$h = (-0.45)m - (-4.45)m = 4(m)$$

$$V = (62.6 \times 26.6 + 68.6 \times 32.6 + \sqrt{62.6 \times 26.6 \times 68.6 \times 32.6}) \times 4/3 = 7775.00(m^3)$$

（2）基坑填土碾压工作量为

$$V = (62.6 \times 26.6 + 65.6 \times 29.6 + \sqrt{62.6 \times 26.6 \times 65.6 \times 29.6}) \times 2/3 = 3603.38(m^3)$$

四、注意事项

（一）人工挖土方、淤泥流沙

（1）人工土方土质分为普土、坚土两类，普土定额按20%一类土、80%二类土考虑，坚土定额按50%三类土、50%四类土考虑，使用时一般不做调整。机械土方是按一、二类土编制的，使用中按定额说明执行。

（2）人工挖土方不分土方、沟槽、基坑，是综合考虑的，按普土与坚土设置子目。人工挖土方均按双面抛土和单面抛土各占50%取定。

（3）人工挖土方定额是按干土编制的，如挖湿土时普通工人工乘以系数1.16，干、湿土工程量应分别计算。采用降水措施的土方按干土计算。

（4）人工挖土方定额深度按6m以内，不分土方、沟槽、基坑，是综合考虑的。

（5）人工挖土如遇冻土应分层计算，冻土层按2m以内坚土定额基价调整为2.5倍。

（6）计算场地竖向布置挖填土方后，不再计算平整场地工程量。

（二）支挡土板

（1）支挡土板定额已综合了各种挡土板形式，实际不同时不做调整。

（2）在有挡土板支撑下挖土时，按实际体积，普通工人工工日数乘以系数1.39。

（三）回填土、夯实、平整场地

平整场地是指建筑物挖填土方厚度在±300mm以内并找平。挖填土方厚度超过300mm时，可按场区土方平衡竖向布置图另行计算。

（四）推土机推土

（1）推土机推土、推石渣，铲运机铲运土，重车上坡时，如果坡度大于5%，其运距按坡度区段斜长乘以表6-7中系数计算。

表6-7　　　　运距系数

坡度（%）	5～10	<15	<20	<25
系数	1.75	2	2.25	2.5

（2）推土机推土定额不分功率大小综合考虑。推土机推土或铲运机铲土，土层厚度平均小于300mm时，推土机台班量乘以系数1.25，铲运机台班量乘以系数1.17。

（3）推土机、铲运机推、铲未经压实的积土时，按定额项目乘以系数0.73。

（4）运输机械上坡降效因素，已综合在相应的运输定额项目中，不另行计算。

（五）机械土方

（1）机械土方定额是按一、二类土编制的，如实际土壤不同时，定额中机械台班量乘以表6-8中系数。

（2）机械土方定额子目的工程量中已综合人工清土、修坡的量，不另行计算。挖土所需机械行驶坡道的土方量，合并在土方工程量内计算。

（3）汽车运土坡道如需铺筑材料时，另行计算。

（4）机械土方土壤含水率为25%～40%时，定额普通工工日数、机械台班量乘以系数1.15。

表6-8　　　　机械台班量系数

项　目	三类土	四类土
推土机推土方	1.19	1.4
铲运机运土方	1.19	1.5
挖掘机挖土方	1.19	1.36

（5）挖掘机在垫板上进行作业时，普通工工日数、机械台班量乘以系数1.25。定额内不包括垫板铺设所需人工工日数、材料使用量、机械台班量的消耗。

（六）机械钻孔爆破石方

（1）石方爆破定额不分平基、沟槽、基坑，是综合考虑的，同时包括修理边坡。

（2）石方爆破是按炮眼法松动爆破编制的，不分明炮、闷炮，但闷炮的覆盖材料应另行计算。

（3）石方爆破定额中，材料是按采用电雷管考虑的，如采用火雷管爆破，雷管应换算，定额含量不变。换算时扣除定额中的胶管导线，换为导火索。导火索的长度按每个雷管2.12m计算。

（4）石方爆破定额中的爆破材料，是按炮眼中无地下渗水、积水编制的，如积水、渗水发生时另行计算。

（七）施工降水

（1）土石方定额中未包括施工降、排水费用，发生时应另行计算。

（2）轻型井点降水定额，井点范围外的排水沟渠或排水管道应另行计算。

（八）碾压及地基换填

（1）填料碾压遍数及机械推平是综合考虑的，并考虑了机械碾压不到处的人工平整夯实等各种因素，在执行中不得换算。

（2）填料工程量按压实方计算，定额材料用量已包含压实系数及施工损耗。

（3）大面积换土套用填料碾压相关定额子目。

（4）换填工程：主要指基础土方换填，包括基坑土方开挖、土方外运、基底夯实、换填材料铺设、密实等工作内容。换填土方不包括土方材料费。

（九）强夯

（1）强夯定额已经综合各种土壤类别，各种强夯机组、规格、型号，与实际不同时不得换算，并已考虑锤、钩、架的摊销费。

（2）遇有软地基在垫木上作业时，普通工工日数、机械台班量乘以系数 1.15，铺垫消耗的人工、材料、机械等费用另行计算。

（3）每个单位工程强夯面积小于 $600m^2$ 的小型工程，应按相应定额基价乘以系数 1.25。

第二节 砌 筑 工 程

一、主要内容

《建筑工程》定额砌筑工程内容包括各种砌体（砖、石及砌块）、砌体勾缝、预埋筋等。

二、工程量计算规则

（1）计算墙体时应扣除门窗洞口、过人洞、空圈、嵌入墙身的钢筋混凝土柱、梁（包括圈梁、过梁和挑梁）和暖气片壁龛等的体积，不扣除梁头、板头、檩头、垫木、木砖、砖内墙的加固筋、铁件及每个面积在 $0.3m^2$ 以下的孔洞。突出墙面的窗台虎头砖、压顶线、内窗套及三皮砖以内的腰线和挑檐体积也不增加。

（2）砖垛及三皮砖以上的腰线和挑檐体积，并入墙身体积内计算；围墙按设计体积计算，镂空部分不扣减，墙顶出檐部分不增加。围墙示意如图 6-1 所示，该围墙高应以 H 计算，墙宽以 a 计算，如有砖垛，应将砖垛工程量合并计算。

（3）砌体材料规格与定额不同时，计价材料不做调整；未计价材料按体积进行折算提量，折算过程中不考虑由于砌体灰缝变化对砌体材料使用量造成的影响。

（4）基础与墙使用同种材料时以设计室内地坪为界，使用不同材料时按图 6-2 所示分界。

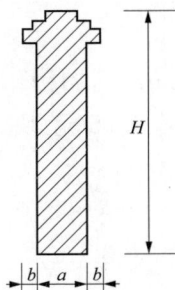

图 6-1 围墙示意图

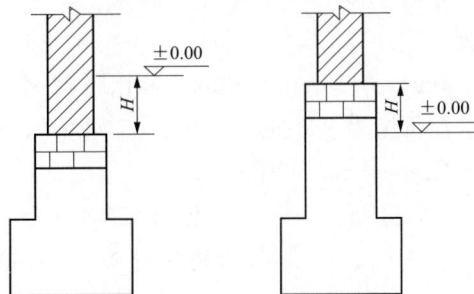

图 6-2 基础示意图

当 $H \leqslant 300mm$ 时，以不同材料为分界线，以下为基础，以上为墙身。

当 $H > 300mm$ 时，以设计室内地坪为界，以上为基础，以上为墙身，此种情况会出现基础或墙身为两种材料，要分别套用定额。

（5）砖、石墙以室外地坪为分界线，以下为基础，以上为墙身。

（6）基础长度：外墙按外墙中心线计算，内墙按内墙净长计算。基础大放脚T形接头处的重叠部分及嵌入基础的钢筋、铁件、管道、防潮层和单个面积在 0.3m² 以内孔洞所占体积不予扣除，靠地沟的挑檐也不增加。附墙垛基础凸出部分体积，应并入基础工程量内计算。

（7）墙的长度：外墙按外墙中心线长度计算，内墙按内墙净长计算。砌体厚度按设计尺寸计算。

（8）外墙高度：斜（坡）屋面无檐口天棚者，算至屋面板板底，如图 6-3 所示；有屋架且室内外均有天棚者，算至屋架下弦另加 200mm，无天棚者，算至屋架下弦底加 300mm，如图 6-4 所示；檐宽度超过 600mm 时，应按图示高度计算，如图 6-5 所示。

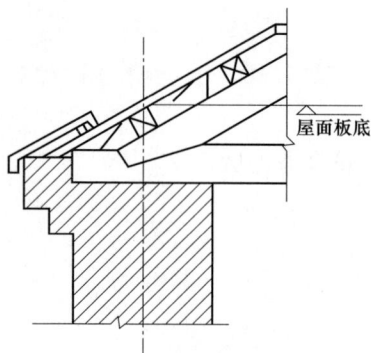

图 6-3　屋面无檐口天棚　　　　图 6-4　有屋架且室内外均有天棚　　　　图 6-5　檐宽度超过 600mm

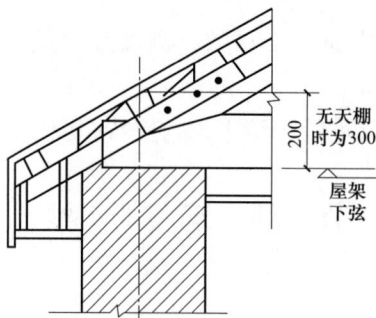

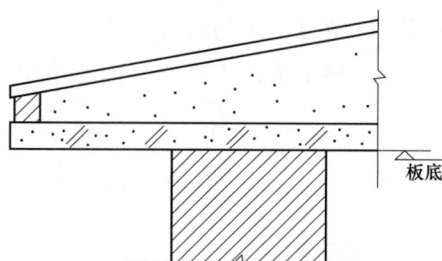

（9）内墙高度：位于屋架下弦者，算至屋架下弦底；无屋架者，算至天棚底，另加 100mm；有钢筋、混凝土楼板隔层者，算至板底。

（10）内外山墙墙身高度按其平均高度计算。

（11）框架间砌体以框架间净空面积乘以墙厚计算，框架外表镶贴砖部分合并计算。

（12）空心砖按图纸要求厚度以立方米计算，不扣除其空心部分体积。

（13）零星砌砖均按图示尺寸以立方米计算。

（14）砖、石地沟不分墙基、墙身，合并以立方米计算。

（15）砖检查井不分圆形、矩形，均按图示尺寸以立方米计算，检查井的实际体积是指砌体的体积。

（16）墙面勾缝按垂直投影面积计算，应扣除墙裙和墙面抹灰面所占面积，但不扣除门窗洞口、门窗套、腰线等零星抹灰所占的面积，附墙柱和门窗洞侧面的勾缝面积也不增加。独立柱、房上烟囱勾缝按图纸尺寸，以平方米计算。

三、工程案例

某建筑采用 240mm×115mm×90mm 多孔砖砌筑，砖墙工程量为 100m³，请计算该工程直接工程费。其中：当地水泥价格为 380 元/t、中砂 65 元/m³、水 3.5 元/t、多孔砖 0.45 元/块。

解　套定额 PT2-4

$$人工费 \ 49.57×100=4957.00（元）$$
$$计价材料费 \ 0.24×100=24.00（元）$$
$$机械费 \ 2.59×100=259.00（元）$$

未计价材料费：

水泥砂浆 M5（0.21×0.176×380＋1.18×0.176×65＋0.22×0.176×3.5）×100＝2767.95（元）

空心砖（0.276×1000×0.24×0.115×0.115）/（0.24×0.115×0.09）×0.45×100＝15 870.00（元）

未计价材料费 2767.95＋15 870＝18 637.95（元）

该工程直接工程费 4957＋24＋259＋18 637.95＝23 877.95（元）

在类似工程套用定额时，未计价材料规格不同时应按照体积折算。在该案例中，定额中的未计价材料为 240mm×115mm×115mm 的空心砖，而实际使用的是 240mm×115mm×90mm 的多孔砖，因此按照体积折算出多孔砖的数量再乘以多孔砖的单价即可。

四、注意事项

（一）砌砖、砌块

（1）定额中砖的规格是按标准砖编制的。砌块、空心砖是按常用规格编制的。

（2）定额中已包括先立门窗框的调直用工，以及墙架、腰线、窗台线、挑檐等一般出线用工。

（3）砖砌体均包括原浆勾缝用工，加浆勾缝时套用相应定额执行。

（4）定额中砖墙是综合清水墙、混水墙、弧形墙、砖柱、内墙、外墙、实体墙、围墙等因素考虑的，使用时均执行本定额。

（5）砖砌挡土墙，两砖以上执行砖基础定额，两砖以内套用砖墙定额。

（6）零星砌体适用于厕所蹲台、小便池槽、各种砌砖腿、台阶、挡墙、花台、花池等。

（7）砌筑工程章节设置了加气混凝土、实心砖、石墙砌筑等子目，使用时如砌体的型号、规格不同时可以换算，其余不变。

（8）砌体材料及砌筑砂浆按未计价材料计列，砌体材料为硅酸盐砌块时套用加气混凝土块定额。

（二）砌石

（1）弧形基础、墙，按相应定额项目人工（普通工及技术工）乘以系数 1.09。

（2）砌体材料及砌筑砂浆按未计价材料计列。

（三）其他

（1）砖砌检查井不分圆形、矩形，均套用《建筑工程》定额，井盖按未计价材料计列。

（2）砖墙加固筋已综合考虑制作、运输、安装，其钢筋按未计价材料计列。

（3）定额中砂浆种类、配合比如与设计不同时，可按设计规定换算。

（4）砌体材料及砌筑砂浆按未计价材料计列。

第三节　混凝土及钢筋混凝土工程

一、主要内容

《建筑工程》定额混凝土及钢筋混凝土工程内容包括现浇、预制混凝土及钢筋混凝土各种构件（基础、柱、梁、板墙、设备基础、沟道等），钢筋、铁件制作安装等。

使用《建筑工程》定额编制建设预算文件时，除应与工程实际情况相结合外，还应注意以下内容。

（1）混凝土及钢筋混凝土工程章节中模板是分别按组合式钢模板、木模板及砖地（胎）模和混凝土地（胎）模编制的，实际施工采用不同模板时，不换算。

（2）设备基础定额子目按木模板编制，沟道按一般组合钢模板编制，实际不同时，不做调整。

（3）沟道指管沟、暖气沟、电缆沟等。

（4）现浇零星构件指附属于建筑物上的门框和挑檐、天沟、压顶、雨篷。

（5）《建筑工程》定额基价中不包括钢筋、铁件费用（括号内消耗量为参考量），编制预算时，按施工图设计用量及批准的施工组织设计中的支撑用量，再加损耗后（损耗率见表 6-9）套用相应定额。直径 5mm 以内的钢筋按冷拔钢丝计算，价格中包括加工费。

（6）电缆隧道是指封闭沟（顶板、底板、墙浇筑在一起），如图 6-6 所示，其他均指沟道。

表 6-9　钢筋、铁件损耗率

名　称	项　目	损耗率（%）
混凝土损耗率		1.5
钢筋损耗率	设备基础	3
	预应力钢筋	6
	预应力钢丝	9
	其他现浇、预制混凝土	2
铁件损耗率		1

二、工程量计算规则

（1）现浇钢筋混凝土项目，计量单位除注明按水平投影面积计算的项目外，均按设计图纸尺寸以立方米计算，不扣除钢筋、铁件和螺栓所占体积。

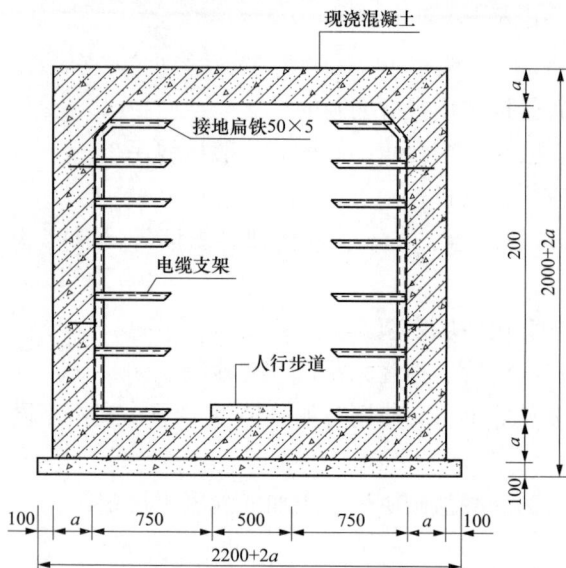

图 6-6　电缆隧道示意图

（2）现浇构件中的墙、板及预制构件中的板类构件，均不扣除 $0.3m^2$ 以内的孔洞，预留孔所需工料也不增加。

（3）现浇钢筋混凝土基础。

1）条形基础含有梁式和无梁式。凡有梁式条形基础其梁高（指基础扩大顶面至顶面的高度）超 1.2m 时，如图 6-7 所示，B 部分按条形基础计算，A 部分按混凝土墙计算。

2）独立基础柱体部分高度超过 1.2m 时，其柱体部分按现浇柱定额执行。

3）设备基础：块体设备基础按体积计算工程量。

4）设备基础工程量不扣除地脚螺栓孔面积在 $0.05m^2$ 以内的孔洞。

5）二次浇灌按实际体积计算：不扣除地脚螺栓所占的体积，但杯形基础二次浇灌应扣除插入杯口中的柱体体积。

（4）现浇柱高度计算：有梁板柱，按柱基上表面至楼板上表面的高度计算；无梁板柱，按柱基上表面至柱帽下口的高度计算；有楼隔层的框架柱，按柱基上表面至柱顶的高度计算；依附于柱上的牛腿，合并在柱的工程量内计算。

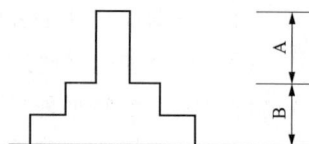

图 6-7　有梁式条形基础

（5）现浇梁的计算。

1）梁高为梁底至梁顶面的高度。梁的长度计算：梁与柱交接时，梁长按柱与柱之间的净距计算；次梁与柱和主梁交接时，次梁长度按柱侧面或主梁侧面的净距计算；梁与墙交接时，伸入墙内的梁头应包括在梁的长度内计算；梁头处如有浇制垫块者，其体积并入梁内一起计算。

2）圈梁与过梁连接者，分别套用圈梁、过梁定额；圈梁与过梁不宜划分时，其过梁长度按门窗洞口外围宽度两端共加 500mm 计算，其他按圈梁计算。

（6）现浇板、墙的计算。

1）有梁板指板下有肋型、密肋型和井式梁者，包括框架结构主、次梁间的板，按梁间净（包括肋）体积计算，伸入墙内的板头并入同类型板工程量计算。主、次梁和板整体浇灌时，主梁分别计算，次梁并入有梁板工程量中。

2）墙、间壁墙、电梯井壁，应扣除门、窗洞及 $0.3m^2$ 以上的孔洞体积。大钢模板混凝土墙中的圈梁、过梁及外墙八字角处，均并入墙体积内计算。

（7）整体楼梯：应分层按其水平投影面积计算。楼梯井宽度超过 300mm 时，其面积应扣除，伸入墙内部分的体积已包括在定额内，不另计算。但楼梯基础、栏杆扶手，应另列项目套用相应定额计算。楼梯水平投影面积包括踏步、斜梁、休息平台、平台梁及楼梯与楼板连接的梁（楼梯与板的划分以楼梯梁的外侧面为界）。

（8）电缆排管外浇混凝土按图 6-8 所示混凝土实体体积计算，应扣除衬管空心部分所占的体积。其定额中已含内衬管的安装，不含内衬管的主材。

（9）检查井按图示尺寸以立方米计算。

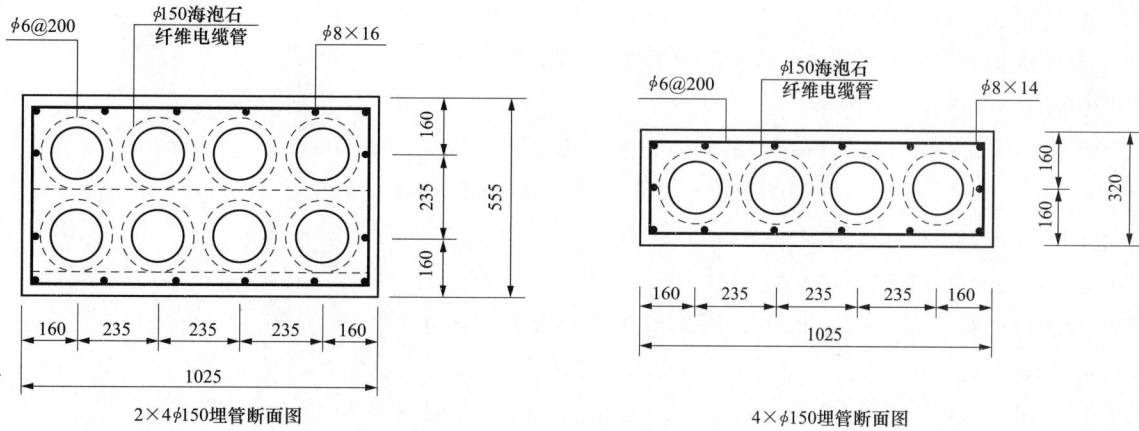

$2 \times 4 \phi 150$ 埋管断面图

$4 \times \phi 150$ 埋管断面图

图 6-8　电缆排管断面图

三、工程案例

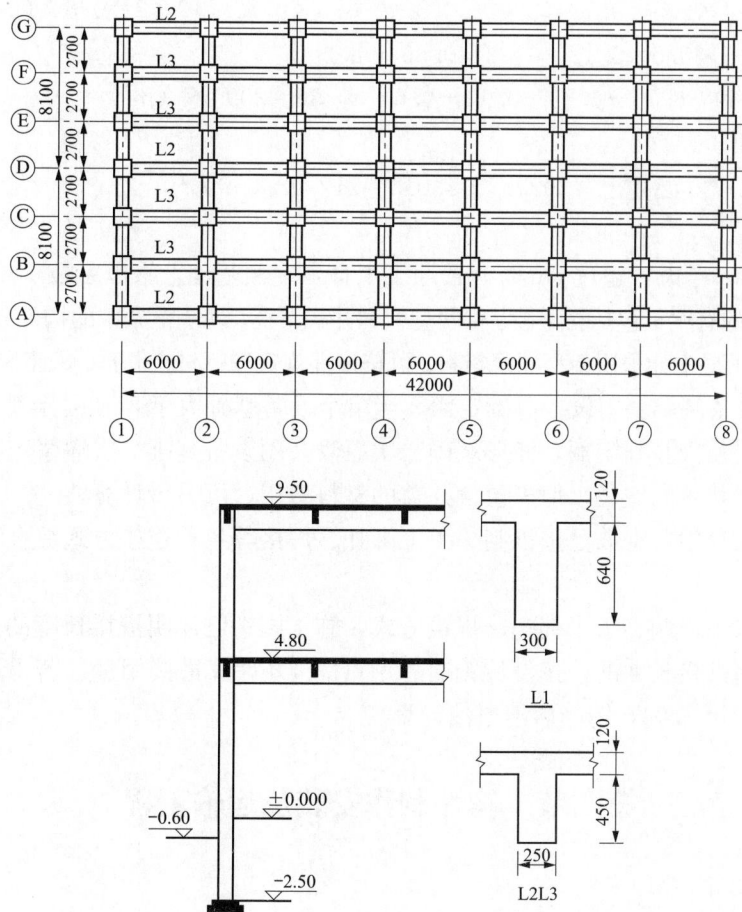

图示为一现浇框架结构示意图，其中柱为 C30 500×500，梁板为 C30，试计算混凝土工程量，写出相应的定额编号。

解 1. C30 混凝土柱

（1）工程量 $0.5 \times 0.5 \times (2.5+9.5) \times 24 = 72.00$（m³）

（2）套用定额（PT3-6）。

（3）未计价材料 C30 混凝土 $72.00 \times 1.015 = 73.08$（m³）

2. C30 混凝土梁

（1）工程量 L1 $0.3 \times 0.76 \times (8.1-0.5) \times 16 \times 2 = 55.45$（m³）

L2 $0.25 \times 0.57 \times (6-0.5) \times 21 \times 2 = 32.92$（m³）

合计 $55.45 + 32.92 = 88.37$（m³）

（2）套用定额（PT3-8）。

（3）未计价材料 C30 混凝土 $88.37 \times 1.015 = 89.70$（m³）

3. C30 混凝土有梁板

（1）工程量 L3 $0.25 \times 0.45 \times (6-0.5) \times 28 \times 2 = 35.91$（m³）

板 $(48+0.3) \times (8.1 \times 2+0.25) \times 0.12 \times 2 = 190.69$（m³）

其中：扣 L1 $0.3 \times 0.12 \times (8.1-0.5) \times 16 \times 2 = 8.76$（m³）

扣 L2 $0.25 \times 0.12 \times (6-0.5) \times 21 \times 2 = 6.93$（m³）

扣角柱 $0.4 \times 0.375 \times 0.12 \times 4 \times 2 = 0.14$（m³）

扣边柱 $0.4 \times 0.5 \times 0.12 \times 2 \times 2 + 0.5 \times 0.375 \times 0.12 \times 12 \times 2 = 0.64$（m³）

扣中柱 $0.5 \times 0.5 \times 0.12 \times 6 \times 2 = 0.36$（m³）

合计 $35.91 + 190.69 - 8.76 - 6.93 - 0.14 - 0.64 - 0.36 = 209.77$（m³）

（2）套用定额（PT3-13）。

（3）未计价材料 C30 混凝土 $209.77 \times 1.015 = 212.92$（m³）

四、注意事项

（1）基础埋深按 5m 考虑，超过 5m 时，普通工工日在定额基础上乘以系数 1.16。

（2）现浇板定额中的有梁板包括肋型板、密肋型板和井式梁板，现浇框架中的构件分别套用柱、梁定额。

（3）二次浇灌定额子目中如采用新型灌浆材料，可按设计规定进行材料调整，人工和机械消耗量不调整。

（4）5m³ 以内的设备基础套用设备基础定额，当单个设备基础大于 5m³ 时定额乘以系数 0.9。

（5）杯形基础套用独立基础定额，杯形基础二次灌浆套用设备基础二次灌浆定额。

（6）检查井已包含井盖的安装，但未包含井盖的材料费用，可另行计算。

（7）钢筋混凝土工程中，钢筋已按机制、手工绑扎、焊接等各种连接方式综合考虑，连接方式不同时、定额不做换算。

（8）钢筋连接若采用机制、手工绑扎、焊接方式，施工图中已注明搭接长度的，按施工图计算搭接用量；施工图中未注明搭接长度的，按设计钢筋总用量的 4% 计算搭接用量。若采用螺纹连接，套用定额时，钢筋用量乘以系数 1.03，钢套筒不单独计算。

第四节 构件制作安装及运输工程

一、主要内容

《建筑工程》定额构件制作安装及运输工程内容包括预制构件制作安装、金属构件制作安装及构件运输等。

构件制作安装及运输工程定额不适用于单构件 5t 以上的构件安装，如发生时，可参照当地地方定额执行。

构件制作安装及运输工程定额的构件运输不区分类别，只按材质分为金属构件运输和混凝土构件运输。

二、工程量计算规则

（1）预制钢筋混凝土项目，计量单位除注明按水平投影面积计算的项目外，均按设计图纸尺寸以立方米计算，不扣除钢筋、铁件和螺栓所占体积。

（2）预制钢筋混凝土板补浇板缝宽度（指下口宽度）在30mm以外时，套用平板定额。

（3）金属构件安装均按图纸尺寸以吨计算，应计算螺栓的质量，不扣除孔眼质量。焊条、铆钉的质量已包括在定额内，不另行计算。

（4）压型钢板（复合压型钢板）墙板及屋面板按设计图纸尺寸以铺挂面积计算，扣除门窗洞口面积，不扣除单个 $0.3m^2$ 以内的孔洞所占面积，包角、包边、窗台泛水等不另增加面积。

（5）定额中压型钢板墙板、屋面板定额中已综合考虑了其厚度、材质不同等因素；压型钢板及复合压型钢板均按未计价材料考虑。

三、工程案例

某轻型钢屋架，每榀质量2t，共3榀，材料以角钢为主，试计算该钢屋架直接工程费。已知角钢材料价格为4500元/t。

解 钢屋架质量为 $2×3=6.00$（t）

套 PT4-7 2277.69×6＝13666.14（元）

未计价材料费 1000×（1+6%）×4.5＝4770.00（元）

套 PT4-6 1397.88×6＝8387.28（元）

该钢屋架直接工程费为 13 666.14＋4770＋8387.28＝26 823.42（元）

由于该钢屋架以角钢为主，未计价材料应当直接按角钢计列，增加6%损耗即可。

四、注意事项

（1）定额中预制钢筋混凝土构件按现场预制考虑，其制作、安装损耗应按设计量乘以损耗系数 0.75%。损耗系数包括：构件制作地点的堆放、运输损耗，占40%；构件安装损耗，占60%。

（2）预制构件安装包括一般清理、冲刷、二次灌浆，混凝土构件表面需要凿毛者，每 $1m^2$ 处理面积增加0.26个普通工日；预制构件安装定额内已包括1km场内运输。

（3）小型预制构件，指预制过梁、雨篷、遮阳板、沟道板、通风道、垃圾道、围墙柱、楼梯踏体积 $1m^3$ 以内的未列出定额项目的构件；预制小型构件制作中的铁件应按实际用量另外套用铁件制作定额。

（4）无框地沟预制盖板不论体积大小，均套用平板定额。

（5）角钢框预制盖板定额中已综合考虑角钢、钢筋制作安装，钢材及混凝土按未计价材料计列，其中混凝土按定额消耗量计列，角钢和钢筋按实际用量乘以损耗系数后列入未计价材料。

（6）金属构件安装定额中，未包括大型机械走道垫用的枕木和道路修整的工料使用量，发生时按实际另行计算，已包括1km场内运输。

（7）定额中小型零星钢构件主要指钢梯、栏杆、平台等。其子目中均不含镀锌费，发生时按实际考虑计列。

（8）定额中压型钢板墙板、屋面板定额中已综合考虑其厚度、材质不同等因素，压型钢板及复合压型钢板均按未计价材料考虑。

第五节 门 窗 工 程

一、主要内容

《建筑工程》定额门窗工程内容包括门窗、卷闸及硬木扶手的安装。

二、工程量计算规则

(1) 各类门、窗制作、安装工程量均按门、窗洞口面积计算。双层窗按两层总面积计算。

(2) 所有门窗安装子目中的门窗及相应五金配件均按未计价材料计列。

三、注意事项

(1) 本章中的门窗、卷闸均按成品考虑。

(2) 成品门的安装已包括成品门套的安装，实际使用中不另增加。

第六节　楼、地面及屋面工程

一、主要内容

《建筑工程》定额楼、地面及屋面工程内容包括垫层，防潮、防水，伸缩缝，找平层，整体面层，块料面层，保温及隔热层，瓦屋面，卷材屋面，屋面排水，刚性屋面防水等。

二、工程量计算规则

(1) 地面垫层按室内主墙间净空面积乘以设计厚度，以立方米计算。应扣除凸出地面的设备基础、室内地沟等所占体积。不扣除柱、垛、间壁墙及面积在 0.3m² 以内孔洞所占的体积。

(2) 防潮层按主墙间净空面积计算。扣除凸出地面的设备基础等所占的面积，不扣除柱、垛、间壁墙及 0.3m² 以内孔洞所占的面积。与墙面连接处高度在 500mm 以内者按展开面积计算，并入平面工程量内，超过 500mm 时，按立面防水层计算。

(3) 各类伸缩缝分不同用料以延长米计算。外墙伸缩缝如内、外双面填缝时工程量乘以系数 2。

(4) 找平层、整体面层均按主墙间净空面积以平方米计算。应扣除凸出地面的设备基础、室内管道地沟等所占面积。不扣除柱、垛、间壁墙及面积在 0.3m² 以内孔洞所占的面积。

(5) 块料面层，按图纸尺寸的实铺面积以平方米计算。门洞、空圈、暖气包槽和壁龛的开口部分的工程量并入相应的面层内计算。

(6) 楼梯面层（包括踏步、平台及小于 500mm 宽的楼梯井），按水平投影面积计算。楼梯不包括踢脚板、侧面及底板抹灰，应另行按相应定额项目计算。

(7) 台阶面层（包括踏步及最上一层踏步边沿 300mm），按水平投影面积计算。

(8) 散水、坡道按图纸尺寸以平方米计算。穿过散水的踏步和花台等面积应予扣除。

(9) 保温层按图示尺寸的面积乘以平均厚度，以立方米计算。不扣除烟囱、风帽及水斗、斜沟所占的面积。

(10) 瓦屋面均按图示尺寸的水平投影面积乘以屋面坡度延尺系数，以平方米计算。不扣除房上风道、风帽底座、屋面小气窗、斜沟等所占面积，屋面小气窗的出檐与屋面重叠部分的面积也不增加。

(11) 卷材屋面按图纸所示尺寸的水平投影面积乘以屋面坡度延尺系数，以平方米计算。不扣除房上风道、风帽底座、斜沟等所占面积，其根部弯起部分不另增加。屋面的女儿墙、伸缩缝等处的弯起部分，按图纸所示尺寸并入卷材屋面工程量内，以平方米计算。如图纸未注明尺寸，伸缩缝、女儿墙的弯起部分，可按 250mm 计算；卷材屋面的附加层、接缝、收头、找平层的嵌缝、冷底子油已计入定额内，不另行计算。

(12) PVC 雨水管按图纸所示尺寸以延长米计算。雨水斗以个计算。

(13) 雨水管的长度，应由水斗的下口算至设计室外地坪，泄水口的弯起部分不另增加。当雨水管遇有外墙腰线，设计规定必须采用弯头绕过时，每个弯头折长按 250mm 计算。

(14) 屋面坡度系数见表 6-10。

表 6-10 屋面坡度系数

坡度 B ($A=1$)	坡度 $B/2A$	坡度角度 a	延尺系数 C ($A=1$)	隅延尺系数 D ($A=1$)	坡度 B ($A=1$)	坡度 $B/2A$	坡度角度 a	延尺系数 C ($A=1$)	隅延尺系数 D ($A=1$)
1	1/2	45°	1.4142	1.7321	0.4	1/5	21°48′	1.077	1.4697
0.75		36°52′	1.25	1.6008	0.35		19°17′	1.0594	1.4569
0.7		35°	1.2207	1.5779	0.3		16°42′	1.044	1.4457
0.666	1/3	33°40′	1.2015	1.562	0.25		14°02′	1.0308	1.4362
0.65		33°01′	1.1926	1.5564	0.2	1/10	11°19′	1.0198	1.4283
0.6		30°58′	1.1662	1.5362	0.15		8°32′	1.0112	1.4221
0.577		30°	1.1547	1.527	0.125		7°8′	1.0078	1.4191
0.55		28°49′	1.1403	1.517	0.1	1/20	5°42′	1.0050	1.4177
0.5	1/4	26°34′	1.118	1.5	0.083		4°45′	1.0035	1.4166
0.45		24°14′	1.0966	1.4839	0.066	1/30	3°49′	1.0022	1.4157

注　1. 两坡排水屋面面积为屋面水平投影面积乘以延尺系数 C。

2. 四坡排水屋面斜脊长度为 AD（当 $S=A$ 时）。

3. 沿山墙泛水长度为 AC。

4. B 为坡屋面高度。

三、工程案例

图 6-9 所示为楼、地面及屋面工程计算实例，试计算屋面工程量。

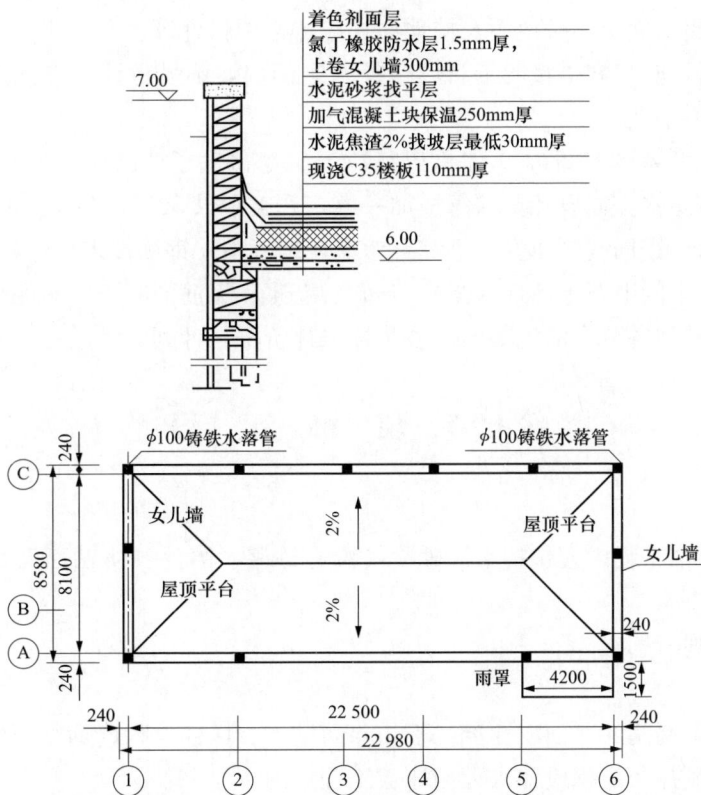

图 6-9　楼、地面及屋面工程计算实例

解　（1）水泥焦渣找坡层。

其最低处 30mm，最高处为 $8100/2×2\% +30=111$（mm）

则其平均厚度为（30＋111）/2＝70.5（mm）取 70mm

水泥焦渣的铺设面积为 $8.1×22.5=182.25$（m²）

则其工程量为 $182.25×0.07=12.76$（m³）

（2）加气混凝土保温层，其厚度为 250mm

工程量为 182.25×0.25＝45.56（m³）

（3）水泥砂浆找平层为 8.1×22.5＝182.25（m²）

（4）氯丁橡胶防水层为 182.25＋（22.5＋8.1）×2×0.3＝182.25＋18.36＝200.61（m²）

（5）着色剂面层为 8.1×22.5＝182.25（m²）

四、注意事项

（1）水泥砂浆、混凝土等的配合比，如设计规定与定额不符时，可以换算。

（2）定额项目中的土为就地取土，如需场外购土时，可调整土的单价。

（3）混凝土垫层按无筋考虑。如设计要求为钢筋混凝土垫层时，其钢筋部分按钢筋制作安装相应定额及规定计算另行增加；混凝土垫层定额用于条形基础或独立基础时，按相应定额人工工日数乘以系数 1.2；混凝土垫层如需支模时，每立方米混凝土技术工增加 0.48 工日，模板木材增加 0.013m³。

（4）本节防潮、防水子目适用于楼地面、墙基、墙身及室内卫生间等防潮、防水。

（5）水泥砂浆地面工程中已综合考虑水泥砂浆踢脚线，其他面层地面不包括踢脚线。

（6）水泥砂浆地面厚度以 20mm 考虑，与定额规定厚度不同时，套用水泥砂浆找平层每增减 5mm 定额子目进行调整。

（7）块料地面面层材料与定额不同时可以换算，其他不变，块料踢脚板并入块料地面计算。

（8）保温层的保温材料与定额不同时，材料可以换算，其他不变。

（9）屋面砂浆找平层、面层，按地面及楼地面相应定额项目计算。

（10）铁皮排水项目，咬口和搭接的工料已包括在定额内，不另行计算。铁皮厚度与定额规定不同时，允许换算，其他工料不变。

（11）卷材屋面，坡度超过 15°时，人工乘以系数 1.23。冷底子油已综合在定额内，不另行计算。

（12）改性沥青卷材防水，如设计要求每增加一道，人工乘以 80%，卷材、黏结剂增加 100%。

（13）屋面刚性防水，钢筋网制作安装已综合考虑在定额中，钢筋按未计价材料计列。

（14）定额垫层子目中的毛石干铺（灌浆）、碎砾石灌浆、无筋混凝土、水泥炉渣垫层中的砂石及配比材料为未计价材料，其他各节中的混凝土、砂浆按未计价材料计列。

第七节 装 饰 工 程

一、主要内容

《建筑工程》定额装饰工程内容包括水泥砂浆及混合砂浆、喷涂、镶贴面层、金属面油漆、抹灰面油漆等。

二、工程量计算规则

1. 天棚抹灰

（1）无坡度天棚以主墙间的净面积计算，不扣除间壁墙、垛柱、附墙烟囱、检查洞和管道所占的面积。带梁天棚，梁的两侧抹灰面积应并入天棚抹灰工程量内。

（2）有坡度及拱顶的天棚，按图示尺寸以平方米计算。

2. 内墙面抹灰

（1）以主墙间（包括墙裙）净长尺寸乘以高度，以平方米计算。其高度确定如下：

1）无墙裙的，其高度按室内地面或楼面至天棚底面之间的距离计算。

2）有墙裙的，其高度按墙裙顶至天棚底面之间的距离计算。

（2）内墙抹灰面积，应扣除门窗洞口和空圈所占的面积。不扣除踢脚线、挂境线、0.3m²以内的孔洞和墙与构件交接处的面积，洞口侧壁和顶面面积也不增加，垛的侧面抹灰并入墙面计算。装饰工程示意图如图6-10所示。

3. 外墙面抹灰

（1）按外墙面的垂直投影面积，以平方米计算。应扣除门窗洞口、外墙裙和大于0.3m²孔洞所占的面积。洞口侧壁面积不另增加。附墙垛、梁、柱侧面抹灰面积并入外墙面抹灰内。

（2）零星抹灰按图示展开面积，以平方米计算。阳台、雨篷底面有悬臂梁的，其抹灰工程量乘以系数1.3。

（3）镶贴各种块料面层，均以粘贴面的展开面积，以平方米计算。块料不同时主材可换算。

4. 涂料

涂料工程量计算规则同抹灰。

5. 油漆

油漆的工程量参照表6-11和表6-12，乘以相应系数计算。

图6-10 装饰工程示意图

表6-11	抹灰面油漆涂料的系数表		
项 目		系 数	计算方法
槽形底板、混凝土折瓦板、混凝土平板或楼梯底面		1.3	水平投影面积
有梁底板		1.1	长×宽
密肋、井字梁底板		1.5	长×宽

表6-12	其他金属面油漆的系数表		
项 目		系 数	计算方法
钢屋架、支撑、檩条		1	质量（t）
铁栅栏门、栏杆、窗栅		1.71	质量（t）
钢爬梯、踏步式钢扶梯		1.2	质量（t）
零星铁件		1.42	质量（t）

三、工程案例

某房屋平面及剖面图如图6-11所示，试计算该房屋内墙抹灰工程量。已知M-1为1000mm×2400mm，M-2为900mm×2100mm，C-1为1800mm×2100mm。

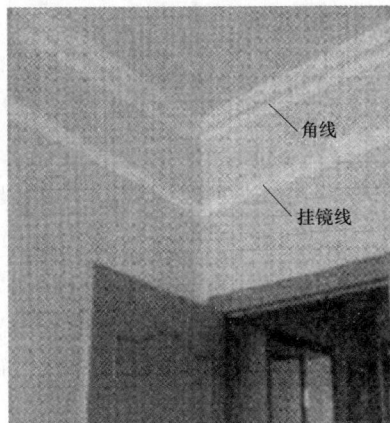

（a）

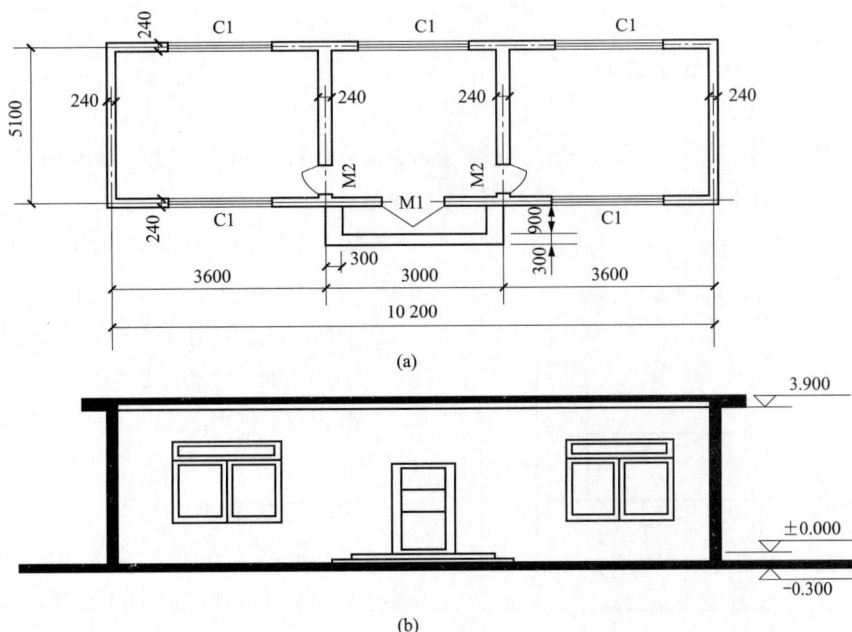

（b）

图6-11 某房屋平面及立面图

（a）平面图；（b）立面图

解 内墙净长线 [2×2×（3.6−0.24+5.1−0.24）＋（3−0.24+5.1−0.24）×2]＝48.12（m）

门窗洞口面积 1×2.4+0.9×2.1×2×2+1.8×2×1×5＝25.08（m²）

内墙抹灰工程量 48.12×3.9×25.08＝162.59（m²）

四、注意事项

（1）天棚面抹灰综合考虑了现浇和预制顶棚的抹灰。

（2）内外墙裙装饰按墙面装饰定额执行，如砂浆配比不同可以换算。

（3）墙面抹灰的护角线和天棚的小圆角均已考虑在定额内，不另计算。

（4）混凝土墙面、天棚如需凿毛时，每 100m² 增加 3 个普通工工日。

（5）柱面抹灰综合考虑了矩形、圆形、多边形柱，均套用同一定额。

（6）抹灰、油漆按手工操作，喷涂按机械操作。施工方法不同，不调整。

（7）零星抹灰指挑檐、天沟、腰线、楼梯、门窗套、内窗台、压顶、阳台、栏板、池槽、雨篷底面、遮阳板等抹灰。

（8）抹灰所需各类脚手架，套用第九章相应定额。

（9）喷涂按抹灰或混凝土墙上施工考虑。

（10）本章定额中的水泥砂浆及混合砂浆按未计价材料计列。

第八节　站区道路及地坪工程

一、主要内容

《建筑工程》定额站区道路及地坪工程内容包括道路、地坪。

道路及地坪工程定额适用于各种混凝土道路。

二、工程量计算规则

（1）道路（路面）按路面净宽度的水平投影面积计算。

（2）路面上的上下水井、消火栓井等所占面积不扣除，道路由此增加的工料不另计，路面上各种井按相应定额另计。

（3）路缘石按设计图示延长米计算。

三、工程案例

某现浇混凝土道路，长 100m，宽 10m，混凝土面层厚度 150mm，基层 300mm 中砂垫层，两侧设置预制混凝土路沿石，如图 6-12 所示，计算该道路工程量。

解 混凝土面层套用 PT8-1，工程量 100×10＝10（100m²）

中砂垫层套用 PT6-4，工程量 （10＋0.12×2）×0.3×100＝307.2（m³）

路沿石套用 PT8-9，工程量 100×2＝2（100m）

四、注意事项

（1）混凝土路面综合考虑前台的运输工具及有筋、无筋等不同情况时的工效，施工时无论有筋、无筋均不换算。

（2）混凝土路面如设计有钢筋时，其钢筋用量另计，套用相应定额。

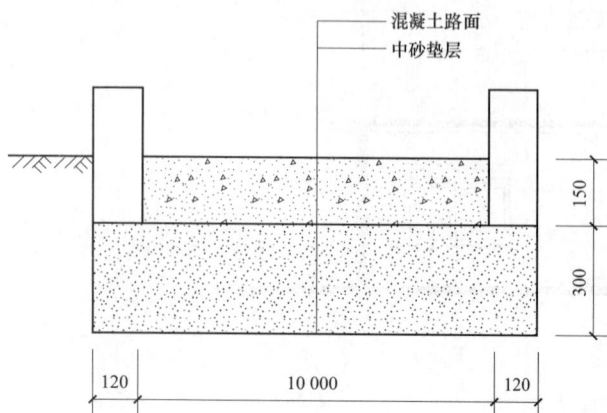

图 6-12　道路断面示意图

混凝土路面
中砂垫层

150
300
120　10 000　120

（3）本节的道路定额中不包括基层处理和路面伸缩缝，发生时另行计算；路面基层套用楼地面相应定额子目。

（4）预制块路面中如使用的材料规格不同时应按面积进行调整，直接以实际使用的材料加3％损耗后列入未计价材料。

（5）路沿石如使用花岗岩路沿石时，直接按定额中路沿石的量按长度进行折算，计入未计价材料。

（6）混凝土、砂浆、预制块按未计价材料计列。

第九节　脚　手　架　工　程

一、主要内容

《建筑工程》定额脚手架工程内容包括综合脚手架、单项脚手架和其他脚手架。

脚手架是指建筑工地上为了施工人员上下干活、临时放置材料及外围安全网维护及高空安装构件而搭设的架子。脚手架应与模板支撑区分，模板支撑是为固定模板、承受模板压力或承受模板及混凝土重力而搭设的支撑系统，不能将模板支撑当成脚手架计算，梁、板施工过程中都有明显的模板支撑，而柱的模板支撑系统往往与脚手架融为一体。

使用《建筑工程》定额编制建设预算文件时，还应注意包括以下内容。

（1）脚手架工程定额适用于建筑物高度在15m以内的建筑，凡超过15m的建筑，可参考现行行业定额子目。

（2）只有当砌体高度超过1.2m时，计算脚手架；低于1.2m的砌体不计算脚手架。

二、工程量计算规则

1. 综合脚手架

（1）综合脚手架按建筑物的总面积以平方米计算，建筑物建筑面积的计算规定见《建筑工程》定额附录F。

（2）建筑物层高超过2.2m的技术层，既计算建筑面积又计算高度；地下室（包括层高超过2.2m的深基础架空层）只计算建筑面积，不计算高度。

2. 单项脚手架

（1）按规定不能计算建筑面积的工程需搭设的外脚手架、里脚手架，均按垂直投影面积计算；独立柱脚手架，按柱断面外围周长加3.6m乘以柱高计算。

（2）现浇钢筋混凝土框架脚手架工程量计算。

1）现浇框架的梁、柱的脚手架计算分两种情况。当楼板为预制板时，四周大梁和联系梁不能利用外墙砌筑架时，计取单排脚手架；内部大梁和联系梁分别按全长和梁长计算双排脚手架；柱的架子不再计算。另一种情况是楼板为现浇板，仅柱按规定计算单排脚手架。

2）现浇混凝土单梁、柱无法利用砌墙脚手架时，单梁以外露梁净长乘室内地坪至梁底高度计算，工程量套用双排脚手架乘以0.4；柱按其外围周长加3.6m乘以高度（楼板底）套用单排脚手架定额。现浇钢筋混凝土板不得计算脚手架。

（3）满堂脚手架按搭设的水平投影面积计算，不扣除垛、柱所占的面积。满堂脚手架高度在3.6m以内为基本层，超过3.6m时再计算增加层，增加层的高度在0.6m以内，舍去不计，在0.6m以上至1.2m按一层计算。

（4）围墙脚手架的高度按自然地坪至围墙顶计算，长度按围墙中心线长度计算，不扣除大门面积，但门柱和独立门柱的脚手架也不增加。

（5）砌筑高度1.2m的室外管沟墙脚手架，其工程量以砌体长度乘以高度计算，套用里脚手架定额。

三、工程案例

图 6-13 所示为围墙，计算该围墙脚手架工程量。

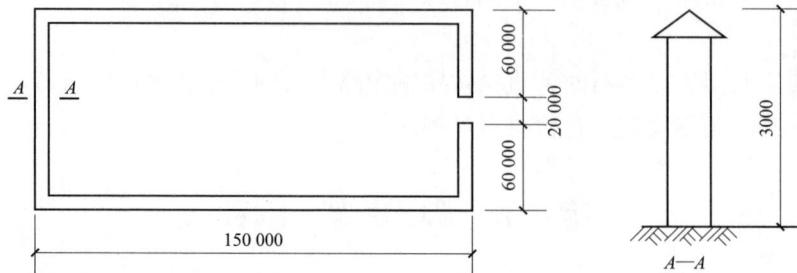

图 6-13　围墙示意图

解　该围墙高度为 3m，小于 3.6m，因此套用里脚手架，套用 PT9-6。

工程量（150－0.24＋140－0.24）×2×3＝1737.12（m²）

注意：此处不能扣除大门所占面积。

四、注意事项

（1）综合脚手架定额适用于凡能按"建筑面积计算规则"计算建筑面积的建筑工程，均套用综合脚手架定额。

（2）综合脚手架定额中已综合了施工中各分部分项工程应搭设脚手架的全部因素。套用综合脚手架定额的工程，不得再计算任何单项脚手架。

（3）综合脚手架定额已综合考虑各种结构及层高因素，使用时不调整。

（4）综合脚手架的檐口高度是指室外地坪至檐口滴水的高度。如建筑物前后檐高不同时，以高者为准。

（5）不适用于执行综合脚手架定额的构筑物工程，套用单项脚手架相应定额。

（6）单项外脚手架定额中，已综合斜道、上料平台、安全网等因素，不重复计算。

（7）砌砖、砌混凝土块高度为 1.2～3.6m，套用里脚手架定额。砌石高度在 1m 以上的，套用外脚手架定额。

（8）不论采用木制、金属或竹制脚手架，均套用本定额。

（9）挡墙按其垂直投影面积套用单排脚手架定额。

（10）围墙砌筑高度在 3.6m 以内，套用里脚手架定额，超过 3.6m 套用单排外脚手架定额。

第十节　室内给排水、照明、采暖、通风工程

一、主要内容

《建筑工程》定额室内给排水、照明、采暖、通风工程内容包括风口安装、暖风机安装、轴流式通风机安装、照明、上下水等。

二、工程量计算规则

（1）风口、钢百叶窗安装以"个"为单位计算。

（2）暖风机安装区别不同质量以"台"为单位计算。

（3）照明工程按照建筑物的建筑面积计算工程量。

（4）照明电源线以建筑物照明总配电箱分界，无总配电箱者以照明配电箱或照明配电盘分界。

三、工程案例

照明平面图如图 6-14 所示，该工程照明采用吊管式双管荧光灯，BV-2.5 导线，插座为单相五空插

座，BV-4 导线，安装高度 0.3m，线管采用 PVC-20 线管沿地面、顶棚暗敷，开关安装高度 1.4m。已知荧光灯 120 元/套、开关 12 元/套、插座 15 元/套，BV-2.5 导线 1.8 元/m，BV-4 导线 3.5 元/m，PVC-20 线管 4 元/m，试计算该照明工程直接工程费。

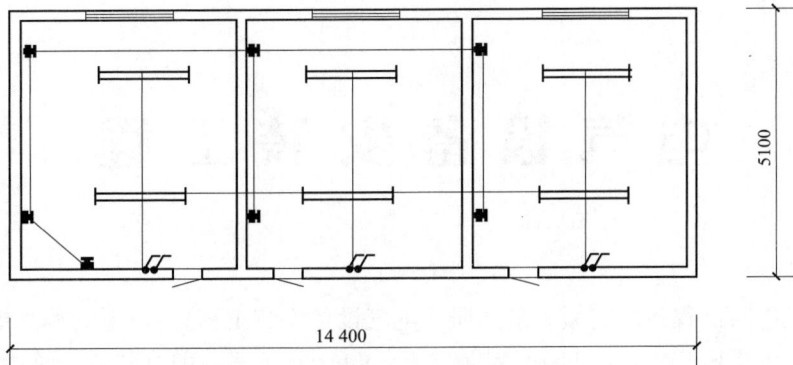

图 6-14　照明平面图

解　按照工程量计算规则，照明工程按建筑面计算。

该工程建筑面积 14.4×5.1=73.44（m²）

套定额 PT10-7　73.44×20.68=1518.74（元）

未计价材料：荧光灯，6 套　120×6=720.00（元）

该工程直接工程费为 1518.74+720=2238.74（元）

在计算照明工程量时应注意灯具及配电箱为未计价材料，不应遗漏；而开关、插座、导线等属于计价材料，不可重复计列。

四、注意事项

（1）室内给排水、照明、采暖、通风工程定额适用于建筑物室内给排水、照明、采暖、通风工程。

（2）给排水工程包括室内管道、管道支架水表及普通卫生洁具的安装，给排水定额中的管材、阀门、水嘴、洁具按未计价材料计列。

（3）给排水工程的界线划分。

1）给水管道：室内外界线以建筑物外墙皮 1.5m 为界；与外接水源管道界线以水表井为界，无水表井者，以与外接管道碰头点为界。

2）排水管道：室内外以出户第一个排水检查井为界；室外管道与外接管道界线以与外接管道碰头井为界。

（4）照明子目按建筑面积计算工程量，定额中已包含电线、线管、开关、插座、接线盒等材料费及灯具、配电箱的安装费，实际用量不同时，不做调整，灯具、配电箱材料按未计价材料计列。

（5）采暖、通风定额中包括采暖、通风工程设备的安装费，未包括设备费与设备运杂费和应配备的地脚螺栓价值。

电气设备安装工程

一、主要内容

《20kV 及以下配电网工程预算定额　第二册　电气设备安装工程》（以下简称《电气设备安装工程》定额）适用于 20kV 及以下变电站、开闭所安装工程，包括变压器，配电装置，绝缘子、母线，控制及直流装置，构件制作安装，低压电器安装，配管、配线，防雷接地。

使用《电气设备安装工程》定额编制建设预算文件时，除应与工程实际情况相结合外，还应注意以下问题。

（1）《电气设备安装工程》定额除各章另有说明外，均包括施工准备，设备开箱检查，场内搬运，脚手架搭拆、设备安装，施工结尾、清理、配合电气试验等。

（2）《电气设备安装工程》定额中的设备本体接地按扁钢考虑，如使用铜质接地材料，材料价格差另计，安装费用不做调整。

（3）《电气设备安装工程》定额不包括电气设备单体调试、电气设备分系统调试、成套电气设备单体及系统调试。使用时参见《20kV 及以下配电网工程预算定额　第五册　调试工程》。

（4）《电气设备安装工程》定额还未包括以下内容。

1）表计修理和面板修改、翻新、设备修复、更换后的重新安装试验。

2）为了保证安全生产和施工所采取的措施费用。

3）地下变电站三类设备（变压器、控制柜、配电柜）垂直运输，可另计措施费。

4）设备本体的现场整体喷漆，另套相关定额子目。

二、定额水平的取定

1. 人工费

《电气设备安装工程》定额采用配电网工程基准工日单价，普通工为 34.0 元/工日、安装专业技术工 53.0 元/工日。

2. 材料费

材料施工损耗率表（见表 7-1）中硬母线、裸软导线的损耗率不包括连接电气设备、器具而预

表 7-1　　　　　　　　　　　材料施工损耗率表

序　号	材料名称	损耗率（%）	序　号	材料名称	损耗率（%）
1	裸软导线	1.3	8	型钢	5.0
2	绝缘导线	1.8	9	压接式线夹、螺栓	2.0
3	硬母线	2.3	10	金具	1.0
4	绝缘子类	2.0	11	塑料制品（槽、板、管）	5.0
5	接地开关	1.0	12	石棉水泥制品、砂、石	8.0
6	金属板材	4.0	13	油类	0.5
7	金属管材、管件	3.0	14	桥架	0.5

留的长度，也不包括各种弯曲（包括弧度）而增加的长度。这些长度均应计算在工程量的基本长度中。

第一节 变 压 器

一、主要内容

《电气设备安装工程》定额变压器内容包括 10kV 油浸变压器、干式变压器、非晶变压器、单相变压器和消弧线圈安装。

（一）未包括的内容

使用《电气设备安装工程》定额编制建设预算文件时，变压器章节中未包括以下内容。

（1）变压器铁梯及母线铁构件的制作、安装，执行《铁构件制作安装》相应定额子目。

（2）变压器防地震措施的制作、安装。

（3）端子箱、控制箱的制作、安装，执行《低压电器安装》相应定额子目。

（4）二次喷漆，执行《铁构件制作安装》相应定额子目。

（5）变压器干燥和油过滤。

（6）各种电气设备的烘干处理、电缆故障的查找，以及由于设备元件缺陷造成的更换、修理和修改。

（二）新设备介绍

1. 非晶变压器的安装

非晶变压器是新型环保节能产品，铁芯采用非晶合金带材卷绕而成，具有低噪声、低损耗等特点，其空载损耗仅为常规产品的 1/5，且全密封、免维护，运行费用极低，并在制造技术、材料回收利用等方面都有新的进展，质量比同等容量的油浸式变压器、干式变压器变轻 30％左右。尽管非晶合金变压器在外形上和油浸式变压器大小差不多，安装的程序基本一致，但由于质量轻，所用人工和机械做相应调整。

2. 10kV 单相变压器安装

为解决目前低压配电网普遍存在的线损率高、电压质量差的问题，以及提高配电线路的供电可靠率，有些地区采用 10kV 单相变压器。

（三）变压器有关参考技术数据的取定（见表 7-2～表 7-4）

表 7-2　　　　　　　　　　　　　　　　油浸式变压器技术数据

容量（kVA）	器身质量（t）	油质量（t）	总质量（t）	外形尺寸（mm）		
				长	宽	高
500	1.025	0.32	1.815	1665	970	1850
1000	1.77	0.75	3.44	2150	1380	2500
2000	2.675	1.24	5.56	2620	1650	2770
4000	4.54	2.05	8.72	3300	2780	3115

表 7-3　　　　　　　　　　　　　　　　干式变压器技术数据

容量（kVA）	器身质量（t）	总质量（t）	外形尺寸（mm）		
			长	宽	高
250	1.1	1.28	1330	650	1200
500	2.0	2.22	1500	760	1600
1000	3.8	4.14	2400	1360	2570
2000	4.7	5.31	2200	1450	2663
4000		8.88	2400	1340	2330

表 7-4 非晶变压器技术数据

容量（kVA）	油 式				干 式			
	总质量（kg）	外形尺寸（mm）			总质量（kg）	外形尺寸（mm）		
		长	宽	高		长	宽	高
250	750	1370	920	1100	880	1330	650	1200
500	1270	1390	1120	1195	1560	1500	760	1600
1000	2250	1885	1215	1470	2815	2400	1360	2570

二、工程量计算规则

（1）三相电力变压器安装分为油浸、干式、非晶变压器，按容量以"台"为单位计量，三相为"一台"。

（2）单相变压器安装，以"台"为计量单位，三相为"三台"。

（3）消弧线圈安装，按容量以"台"为计量单位。

三、注意事项

三相电力变压器安装的注意事项如下：

（1）油浸电力变压器安装定额同样适用于自耦变压器、带负荷调压变压器的安装。

（2）电炉变压器执行同容量电力变压器定额乘以系数 2.0。

（3）整流变压器执行同容量电力变压器定额乘以系数 1.6。

（4）干式变压器如果带有保护外罩时，其安装定额中的人工和机械乘以系数 1.2。

第二节　配　电　装　置

一、主要内容

《电气设备安装工程》定额配电装置内容包括断路器、隔离开关、负荷开关、互感器、避雷器、开闭所成套装置、高压成套配电柜、组合型成套箱式变电站、低压无功自动补偿成套装置、成套配电箱和低压配电柜的安装。

使用《电气设备安装工程》定额编制建设预算文件时，配电装置章节中未包括以下内容。

（1）配电设备安装的支架、抱箍及延长轴、轴套、间隔板等制作安装，按施工图设计的需要量，执行《铁构件制作安装》相应定额子目。

（2）柜的二次油漆或喷漆执行《铁构件制作安装》相应定额子目。

（3）基础槽钢或角钢的安装、埋设，执行《铁构件制作安装》相应定额子目。

（4）柜内母线配制，执行《母线、绝缘子》相应定额子目。

（5）柜内绝缘子的安装，执行《母线、绝缘子》相应定额子目。

（6）各种电气设备的烘干处理、电缆故障的查找，以及由于设备元件缺陷造成的更换、修理和修改。

（7）配电设备的端子板外部接线，执行《低压电器安装》相应定额子目。

（8）设备安装用的地脚螺栓按土建预埋考虑，不包括二次灌浆。

二、工程量计算规则

（1）断路器安装分真空断路器、SF₆ 断路器，按额定电流以"台"为计量单位，每台断路器包括三相。

（2）隔离开关、负荷开关安装，按额定电流以"组"为计量单位，每组按三相计算。

（3）电压互感器安装，以"台"为计量单位，三相为一台；电流互感器安装，按额定电流以"台"为计量单位，三相为三台。

（4）避雷器安装，以"组"为计量单位，每组按三相计算。

（5）110kV 开闭所成套装置安装，区分开关间隔单元数，以成套装置"座"为计量单位，一个集装箱体为"一座"。其中开关间隔单元数以进出线断路器数量计算。

（6）10kV 高压成套配电柜安装分油断路器柜、真空断路器柜、SF₆ 断路器柜、电压互感器或避雷器柜、电容器柜及其他电气柜六类子目，以柜"面"数为计量单位，一个柜体为"一面"。

（7）组合型成套箱式变电站安装分为美式和欧式箱式变压器，以"座"为计量单位，一个集装箱体为"一座"。

（8）低压无功自动补偿成套装置安装，按落地式编制，以装置的"台"数为计量单位。

（9）成套配电箱安装，分落地式和悬挂嵌入式两种，落地式不分大小均以"台"为计量单位；悬挂嵌入式按半周长（长＋宽）套用定额子目，以"台"为计量单位。

（10）低压成套配电柜安装，以配电柜"面"为计量单位，一个柜体为"一面"。

三、注意事项

（一）断路器

（1）断路器设备内填充的绝缘介质、如绝缘油、SF₆ 气体等，属于设备的组成部分，定额中所列是安装过程中的合理损耗量。

（2）断路器的施工方法考虑采用汽车起重机吊装；SF₆ 断路器抽、充气及净化按配备专用 SF₆ 气体回收净化装置考虑。

（3）断路器的操动机构按电动机构、液压机构、弹簧机构等进行综合考虑，使用时不能因机构不同而对定额进行调整。

（4）不包括端子箱的安装及二次灌浆工作。

（二）隔离开关、负荷开关

（1）开关的连杆按焊接和销子连接综合考虑，采用其他连接方式也不做调整。

（2）操动机构户内型按手动机构考虑，户外型按手动、电动、液压机构分别综合取定，不同的操动机构定额不做调整。

（3）《电气设备安装工程》定额中已包括联锁装置及信号触点的安装、检查，但不包括该项设备本身的费用。

（4）户内隔离开关传动装置需配延长轴时，定额人工费乘以系数 1.1。

（5）《电气设备安装工程》定额中不包括金属构件的配制和安装，如需要时执行第五章相应定额子目。

（三）10kV 高压成套配电柜

（1）开关柜的安装综合了固定式、手车式、开启式和封闭式的不同情况，使用时不做换算。

（2）开关柜的安装定额按单母线柜编制，若为双母线柜，相应定额乘以系数 1.15。

（3）成套高压开关柜的安装，采用机械搬运，室内用卷扬机滚杠拖运。

（4）与基础槽钢的固定连接采用焊接，柜与柜用螺栓连接。

（5）开关柜内的设备二次元器件按厂家已安装好，连接母线、二次线已配制，油漆已刷好来考虑，柜顶主母线以及母线与上隔离开关的引下线在现场的配制安装可另套相应定额计算。

（四）成套配电箱

悬挂嵌入式配电箱安装定额按明装和暗装综合考虑，使用时不做换算。

第三节　母线、绝缘子

一、主要内容

《电气设备安装工程》定额母线、绝缘子内容包括绝缘子串、穿墙套管及穿通板、引下线及设备连接线、带形母线、铜铝过渡板、绝缘热缩管和低压封闭式插接母线槽等的安装。

使用《电气设备安装工程》定额编制建设预算文件时，母线、绝缘子章节中未包括支架、铁构件的制作安装，需要时执行《铁构件制作安装》相应定额子目。

二、工程量计算规则

（1）绝缘子安装，悬垂绝缘子串以"串"数为计量单位，支持绝缘子安装以"柱"数为计量单位。

（2）穿墙套管安装，不分水平和垂直安装，均以"个"为计量单位。

（3）穿通板安装，分材质，以"块"为计量单位。

（4）引下线、设备连接线安装，按导线截面以"组"为计量单位，每三相为一组。

（5）带形母线区安装，分铜、铝材质，以不同截面和片数以"m"为计量单位，此处米为单相米。

（6）母线伸缩节安装，分每相片数，按伸缩节数量以"个"为计量单位，单相为一个。

（7）铜铝过渡板安装，以"块"数为计量单位。

（8）绝缘热缩管安装，按绝缘热缩管的长度"m"为计量单位。

（9）低压封闭式插接母线槽安装，分别按导体的额定电流大小以"m"为计量单位，长度按设计母线的轴线（水平及垂直）长度计算，不扣除弯头的长度。

（10）封闭母线槽分线箱安装，不分出口数量，综合以箱子"个"为计量单位。

三、注意事项

（一）引下线、设备连接线安装

（1）引下线是指由耐张线夹或并沟线夹从架空线引向设备的连线，每三相为一组，一般每组包括 3 根导线、6 个接线线夹。设备连接线是指两设备之间的连接线，可用软导线、带形或管形导体等各类型连接形式，这里专指用软导线连接的，其他连接方式应另套用相应定额。

（二）带形母线安装

（1）带形母线安装及带形母线引下线安装均执行带形母线安装定额，包括铜排和铝排，母线和固定母线的金具均按设计量加损耗率计算。

（2）带形母线安装不包括支持绝缘子安装。如需要安装热缩绝缘管时，另套绝缘热缩管安装有关定额。

（3）带形母线原材料长度按 6.5m 有效长度考虑，以手工与万能母线加工机配合施工，主母线连接采用氩弧焊接，引下线按螺栓连接考虑。

（4）设计图纸提供量已包括带形母线安装预留长度，如未考虑，可参考表 7-5 硬母线安装预留长度计算。

表 7-5　　　硬母线安装预留长度参考表

序 号	项 目	预留长度	说 明
1	带形母线终端	0.3m	从最后一个支点算起
2	带形母线与分支线连接	0.5m	从支线预留算起
3	带形母线与设备连接	0.5m	从设备端子接口算起

（三）低压封闭式插接母线槽安装

（1）封闭式插接母线槽在 10m 以上竖井内安装时，人工和机械定额均乘以系数 2.0。

（2）低压封闭式插接母线槽安装不分铜导体和铝导体，一律按其额定电流大小套用定额子目。

（3）每 10m 母线槽是按含有 3 个直线段和 1 个弯头考虑的，设计不同时不做调整。

（4）搬运方式采用人力搬运，手动葫芦配合吊装。

（5）每段母线槽之间的接地跨接线已含在定额内，不应另行计算，接地跨接线规格设计有要求与定额不符时可以换算。

第四节　控制及直流装置

一、主要内容

《电气设备安装工程》定额控制及直流装置内容包括控制屏、保护屏、站用电源屏安装，直流屏（柜）安装，高频开关电源安装，阀控式免维护蓄电池组安装，太阳能蓄电池安装。

使用《电气设备安装工程》定额编制建设预算文件时，控制及直流装置章节中未包括以下内容。

（1）屏、柜的二次油漆或喷漆，设备的干燥，设备试验。

（2）母线配制及绝缘子的安装。

（3）压接线端子、端子板外部（二次）接线。

（4）设备基础（包括支架、底座、槽钢等）制作及安装、扩建过程在原有屏上安装电气元件的开孔工作。发生时可执行《电气设备安装工程》定额。

二、工程量计算规则

（1）控制屏、继电保护屏、事故照明切换屏、电源屏安装均以屏的数量"台"为计量单位。

（2）模拟屏分马赛克和钢质，以"列"为计量单位，一面屏为一列。

（3）大屏幕投影屏以屏的数量"块"为计量单位。大屏幕投影屏按成套购置考虑，在安装时如需配套材料，根据设计图纸按实计列。

（4）投影仪按成套设备以"套"为计量单位。投影仪设备按成套购置考虑，在安装时如需配套材料，根据设计图纸按实计列。

（5）通信机柜、机架安装以"台"为计量单位，其抗震底座安装以底的座数量"个"为计量单位。

（6）直流屏（柜）安装，以屏的数量"台"为计量单位。

（7）高频开关电源安装，以"架"为计量单位。

（8）阀控式全密封免维护蓄电池安装，以"组件"为计量单位。含由制造厂配套提供的支架安装。

（9）太阳能电池安装，1500Wp以下按每组电池输出功率，以"组"计算，超过1500Wp时每增加500Wp按一组另加，不足500Wp按500Wp计算；方阵铁架区分基础底架上安装和铁塔上（不超过40m高）安装，以"m²"为计量单位；太阳能电池与控制屏联测按单方阵系统考虑，也以太阳能电池"组"数为单位计算。

三、注意事项

（一）控制屏、保护屏、站用电屏安装

（1）控制屏安装适用于变压器、线路、母联、旁路及中央信号等控制屏的安装。其中表计的数量、形式已做综合考虑，套用时不得再行增加或换算。

（2）继电保护屏安装适用于发电机、变压器、线路保护及中央信号等保护屏的安装，定额中对其保护装置的类型、套数均做了综合考虑，套用时不再换算或增减。

（二）直流屏（柜）安装

镉镍电池屏是指制造厂已将组装好并注入电解液的电池安装于屏上，导线已连接好，充电设备已安装接线的完整的成套产品，现场安装工作与一般屏柜相同，不包括蓄电池的拆除与安装，不包括电池组的充放电。镉镍电池直流屏安装参考技术数据见表7-6。

（三）阀控式全密封免维护蓄电池安装

（1）免维护蓄电池安装按设计容量选定制造厂配制好的"组件"为单位组成蓄电池组。蓄电池组的单元电池的极板已装配固定，电解液已注入。

表7-6   镉镍电池直流屏安装参考技术数据表

型　号	额定电流（A）	外形尺寸 宽×深×高（mm×mm×mm）
ZKA 系列	5～1000	
BZGN2 系列	10～40	800×550（600）×2360
GNZK 系列	20～300	920×550×2360

（2）免维护蓄电池的支架由制造厂配套提供，安装采用膨胀螺栓固定，其安装工作内容已包括在该蓄电池安装定额中。

（3）蓄电池电极连接条、紧固螺栓、绝缘垫均按设备供货带有考虑，但不包括蓄电池抽头连接用电缆及电缆保护管的安装，发生时应执行相应定额子目。

（四）太阳能电池安装

（1）太阳能电池输出功率 Wp 是标准太阳光照条件下，即欧洲委员会定义的 101 标准，辐射强度 1000W/m²，大气质量 AM1.5，电池温度 25℃条件下，太阳能电池的输出功率。

（2）太阳能电池按在基础底座上安装考虑，但不包括基础底座施工、预埋件及防雷接地施工。太阳能电池在铁塔上安装时，不论有无操作平台均执行《电气设备安装工程》定额。

第五节 铁构件制作安装

一、主要内容

《电气设备安装工程》定额铁构件制作安装内容包括铁构件的制作和安装、箱盒制作、网门、保护网制作安装、二次喷漆。

二、工程量计算规则

（1）铁构件制作安装，按施工图设计尺寸，以成品质量"t"为计量单位。

（2）箱盒制作以成品质量"kg"为计量单位。

（3）基础槽钢（角钢）安装是指盘柜基础用槽钢或角钢，以槽钢或角钢长度"m"为计量单位。

（4）网门、保护网制作安装设计图示的框外围尺寸，以"m²"为计量单位。

（5）二次喷漆以喷涂面积"m²"为计量单位。

三、注意事项

（1）轻型铁构件是指结构厚度在 3mm 以内的构件。

（2）铁构件制作、安装中的防腐处理按刷漆考虑，不包括镀锌、镀锡、镀铬、喷塑等其他金属防护费用，发生时应另行计算。

第六节 低压电器安装

一、主要内容

《电气设备安装工程》定额低压电器安装内容包括控制开关安装，熔断器、限位开关安装，仪表、小电器、小母线安装，盘柜配线，端子箱、端子板及端子板外部接线端子安装，压铜接线端子等安装。

使用《电气设备安装工程》定额编制建设预算文件时，低压电器安装章节中未包括以下内容。

（1）低压电器安装，除限位开关及水位电气信号装置外，其他均未包括支架制作、安装。发生时可执行《铁构件制作安装》相应定额子目。

（2）屏上辅助设备安装不包括屏上开孔工作。

二、工程量计算规则

（1）控制开关安装分为自动空气开关、刀开关、铁壳开关、胶盖闸刀开关、组合控制开关、万能转换开关、漏电保护开关，均以控制开关的数量"个"为计量单位。

（2）熔断器、限位开关、启动器、接触器安装，以设备的数量"个"为计量单位。

（3）测量表计、继电器、电铃、按钮、电磁锁、辅助电压互感器、盘柜照明罩、屏上辅助设备、其他小电器均以"个"为计量单位；

（4）小母线安装以小母线单根长度"m"为计量单位。

（5）盘内汇线槽安装、盘内汇流排制作安装均以长度"m"为计量单位。

（6）仪表盘开孔按开孔的数量"个"为计量单位，开孔尺寸为 80mm×160mm 以内。

（7）专用插头安装校线按插头数量"个"为计量单位。

（8）盘柜配线安装，分导线截面以配线长度"m"为计量单位。

（9）端子箱安装分户内式和户外式两种，以"台"为计量单位；变压器、断路器及电压互感器等端子箱均套用该子目。

（10）端子板安装，以"组"为计量单位。

（11）端子板外部接线，按设备盘、箱、柜、台间相互联系的外部接线图计算，以"个"为计量单位。电源接线与接地端子接线不属此内容。

（12）压铜接线端子，区分导线截面以"个"为计量单位，也适用于铜铝过渡端子。

三、注意事项

（一）盘柜配线安装

（1）盘、柜配线定额只适用于盘上小设备元件的少量现场配线，不适用于工厂的设备修、配、改工程。

（2）盘、箱、柜的外部进出线预留长度按表7-7计算。

表 7-7　　　　　　　　　　　　　　盘、箱、柜的外部进出线预留长度

序　号	项　目	预留长度（m）	说　明
1	各种箱、柜、盘、板、盒	高＋宽	盘面尺寸
2	单独安装的铁壳开关、自动开关、刀开关、启动器、箱式电阻器	0.5	从安装对象中心算起
3	继电器、控制开关、信号灯、按钮、熔断器等小电器	0.3	从安装对象中心算起
4	分支接头	0.2	各分支线均预留

（二）压铜接线端子

（1）GB/T 50062—2008《电力装置的继电保护和自动装置设计规范》第14.0.4条已对二次回路的控制电缆和绝缘导线做出规定，不再使用铝芯的控制电缆和绝缘导线，因此在编制过程中只考虑压铜接线端子。

（2）压接线端子定额只适用于导线；电缆终端头制作安装定额中已包括压接线端子，不得重复。

第七节　配管、配线

一、主要内容

《电气设备安装工程》定额配管、配线内容包括钢管敷设、硬塑料管敷设、金属软管敷设、管内穿线、混凝土地面刨沟、蝶式绝缘子配线。

配管、配线章节中未包括接线箱、盒及支架的制作、安装，编制建设预算文件时，执行《电气设备安装工程》定额相关子目。

二、工程量计算规则

（1）钢管、塑料管、金属软管敷设区分管径，以敷设管路的长度"m"为计量单位。不扣除管路中间的接线箱（盒）、灯头盒、开关盒等所占的长度。

（2）管内穿线，区别导线截面，以需要穿管的单线长度"100m"为计量单位。线路分接头线的长度综合在定额中，不得另行计算。

（3）混凝土地面刨沟，按管材直径，以管长"m"为计量单位计算；如地面基层为砖时按相应子目乘以系数0.7。

（4）蝶式绝缘子配线，按沿屋架、梁、柱蝶式绝缘子配线和跨屋架、梁、柱蝶式绝缘子配线两种敷设方式，区分不同截面，以单线长度"m"为计量单位。

三、注意事项

蝶式绝缘子配线注意事项：

（1）定额不含支架制作，另套其他章节相关定额。

（2）若配线需进入开关箱、柜、板时，预留线长度参照表7-7执行。

第八节 防 雷 接 地

一、主要内容

《电气设备安装工程》定额防雷接地内容包括接地极制作安装，接地母线敷设，降阻接地、避雷引下线安装，电子设备防雷接地装置安装。

使用《电气设备安装工程》定额编制建设预算文件时，防雷接地章节中未包括以下内容。

（1）采用爆破法敷设接地线、接地极的安装。

（2）接地电阻率高的土质换土。

（3）接地电阻的测定工作。

（4）设备接地。在电气设备安装定额内已包括变配电设备需两点接地的工作及材料用量。

二、工程量计算规则

（1）接地极制作安装，按钢管、角钢、圆钢、铜接地极，区分普通土和坚土以接地极的数量"根"为计量单位。

（2）接地模块安装，以接地模块数量"个"为计量单位。

（3）化学降阻剂铺设，以化学降阻剂质量"kg"为计量单位。

（4）电解质离子接地体安装以"套"为计量单位。

（5）接地母线敷设，区分接地母线（一般为扁钢）和铜接地绞线，均以母线长度"m"为计量单位。母线长度按设计长度计算，定额已综合考虑转弯、上下波动、避绕障碍物、搭接头所占长度。

（6）接地跨接线以"处"为计量单位，按规定凡需做接地跨接线的工程内容，每跨接一次按一处计算，电动机接地、配电箱、管子接地、桥架接地等均不在此列。

（7）避雷引下线安装，分别以利用金属架接地、沿建筑物、构筑物引下和沿墙支架敷设，按引下线长度"m"为计量单位。

（8）电子设备防雷接地装置安装，区分计算机信号避雷器、总电源避雷器、分电源避雷器、直流电源避雷器，以接地装置的数量"个"为计量单位。

三、注意事项

（一）接地极制作安装

接地极的长度每根按2.5m综合考虑，均在现场制作加工极尖和打入地下。接地极设计需要管帽时，其管帽费用另计。

（二）降阻接地

（1）接地极的引出连接线可按长度另套户外接地母线敷设定额。

（2）化学降阻剂安装包括接各项材料的调配、搅拌、铺设工作，主要用于土壤电阻率高的地区，按设计要求数量计算。降阻剂需均匀加在接地体的四周，埋深考虑80cm，回填土分层夯实。

（三）接地母线敷设

（1）电缆沟道内敷设接地扁钢（铜带），可执行户内接地母线敷设定额。

（2）户外接地母线敷设按自然地坪考虑，包括地沟的挖填土和夯实工作，地沟按沟底宽为400mm，上口宽500mm，沟深750mm，每米沟长的土方量为0.34m³，土质按普通土70％与坚土

30%进行综合考虑，如果设计要求深度不同或遇到石方、矿渣、积水、障碍物等特殊情况时可按实际土方量计算。

（3）户内接地母线敷设包括打洞、埋卡子、接头油漆等工作内容。卡子的水平间距为1m，垂直埋设间距为1.5m，采用焊接，每10m综合考虑设1套接地试验螺栓，穿墙时用直径50mm×500mm钢管保护，每10m内综合入一个保护管。

架 空 线 路 工 程

一、主要内容

《20kV 及以下配电网工程预算定额　第三册　架空线路工程》（以下简称《架空线路工程》定额）适用于 20kV 及以下架空配电线路工程及架空电缆线路工程，包括工地运输、土石方工程、基础工程、杆塔组立、导线架设、杆上变配电设备安装。

使用《架空线路工程》定额编制建设预算文件时，除应与工程实际情况相结合外，还应注意以下问题。

（1）《架空线路工程》定额不包括杆上变配电设备本身单体调试、系统调试和接地装置调试。使用时参见《20kV 及以下配电网工程预算定额　第五册　调试工程》。

（2）《架空线路工程》定额除各章节已说明的工序外，还包括工种间交叉配合的停歇时间，施工地点转移的时间（含上下班用车、材料看护），临时移动水、电源，配合质量检查和施工，施工地点范围内的材料（成品、半成品、构件等）、工器具和机具的运输，场地清理等。现场人员上下班用车在施工机械台班中均已考虑。

（3）除工地运输定额外，其他各章节中的施工机械台班均是按正常合理的机械配备和大多数施工企业的机械化程度综合取定，如实际与定额不一致时，除另有说明外，均不做调整。

二、定额水平的取定

1. 人工费

《架空线路工程》定额采用配电网工程基准工日单价，普通工为 34.0 元/工日、安装专业技术工 53.0 元/工日。

2. 材料费

（1）材料施工损耗率见表 8-1。

表 8-1　　　　　　　　　　　　　材料施工损耗率表

序号	材料名称		损耗率（%）	序号	材料名称		损耗率（%）
1	裸软导线	其他地区	1.3	11	商品混凝土		1.5
		山地、高山	1.5	12	水泥、石灰、降阻剂	山地、高山	7
2	绝缘导线		1.8			其他地区	5
3	专用跨接线和引线		2.5	13	钢筋、型钢（成品、半成品）		0.5
4	电力电缆		1	14	钢管		1.5
5	控制电缆		1.5	15	铝端夹		3
6	镀锌钢绞线（拉线，承力线）		2	16	塑料制品（管材、板材）		5
7	电缆终端头瓷套		0.5	17	金具		1
8	绝缘子、瓷横担（不包括出库前试验损耗）		2	18	螺栓、脚钉、垫片（不包括基础用地脚螺栓）		3
9	混凝土叉梁、盖板（方、矩形）		3.5	19	耐张压接线夹		2
10	砖		2.5	20	水泥压力管		2

续表

序号	材料名称	损耗率（%）	序号	材料名称		损耗率（%）
21	混凝土杆（包括底盘、拉盘、卡盘）	0.5	23	黄砂	山地、高山	18
22	石子	山地、高山　15			其他地区	15
		其他地区　10	24	钢筋（加工制作）		6

（2）裸软导线、绝缘导线按架空线路设计用量计算，其施工损耗率不包括线路弛度及跳线等长度。

（3）导线损耗率中不包括与电器连接应预留的长度。

（4）电力电缆和控制电缆损耗率中不包括备用预留的长度，以及因敷设有弯曲或有弧度而增加的长度。配电电缆线路工程（电源线路）电力电缆不计算施工损耗。

（5）拉线的计算长度应以拉线的展开长度（包括制作所需的预留长度）为准。

3．施工机械台班单价

（1）定额施工机械台班中均已考虑现场人员上下班用车。

（2）除工地运输定额外，其他各章节中的施工机械台班均是按正常合理的机械配备和大多数施工企业的机械化程度综合取定，如实际与定额不一致时，除章节另有说明外，均不做调整。

三、地形增加系数使用说明

（1）本定额均按平地施工考虑，如在其他地形条件下施工时，在无其他规定的情况下，其人工和机械按表 8-2 的系数予以调整。

（2）各种地形的定义。

表 8-2　　　　地形增加系数

地形类别	丘陵	一般山地、泥沼地带、沙漠	高山
增加系数（%）	15	60	120

1）平地：指地形比较平坦广阔，地面比较干燥的地带。

2）丘陵：指陆地上起伏和缓、连绵不断的矮岗、土丘，水平距离 1km 以内地形起伏在 50m 以下的地带。

3）一般山地：指一般山岭或沟谷等，水平距离 250m 以内，地形起伏在 50～150m 的地带。

4）泥沼地带：指经常积水的田地或泥水淤积的地带。

5）沙漠：指沙漠边缘地带。

6）高山：指人力、牲畜攀登困难，水平距离 250m 以内，地形起伏在 150～250m 的地带。

（3）地形系数计算规则。

1）编制预算时，工程地形按全线的不同地形划分为若干区段，分别以其工程量所占长度的百分比进行计算。

2）在确定运输地形时，应按运输路径的实际地形来划分。

3）西北高原台地沿线路平台长度 2km 以内的工程地形按"山地"论。工地运输地形则按运输路径的实际情况而定，上台运输按"山地"论，台上运输按"平地"论。

4）城市市区参考丘陵地形计算，城市市区界定由省（直辖市）级电力工程造价管理部门批准后方可执行。

四、工程案例

某 10kV 架空线路工程，工程沿线地形为山地 30%，丘陵 10%，平地 35%，泥沼 20%，高山 5%，则该工程地形增加系数见表 8-3。

表 8-3　　　　工程地形增加系数

定额地形调整系数 a（%）		工程地形比例 b（%）		计算过程	综合地形调整系数 c
丘陵	15	丘陵	10	$ab=c$	0.015
山地	60	山地	30	$ab=c$	0.180

续表

定额地形调整系数 a（%）		工程地形比例 b（%）		计算过程	综合地形调整系数 c
高山	120	高山	5	$ab=c$	0.060
泥沼	60	泥沼	20	$ab=c$	0.120
沙漠	60	沙漠	0	$ab=c$	0.000
地形增加系数					0.375

注 调整定额人工和机械系数为 1.375。

第一节 工 地 运 输

一、工地运输方式及适用条件

配电线路工程的工地运输分为人力运输、汽车运输、船舶运输三种运输方式。

（一）人力运输

人力运输是最原始的运输方式，即腰背肩扛、抬。

人力运输适用于其他机械运输方式不能运用时候的最后一种方式，是当前配电线路工程工地运输中应用最为普遍的二次运输方式。

（二）汽车运输

在发货地点和收货地点间具备可行驶汽车的道路时，可采用这种运输方式。

汽车运输适用于运输距离远，有公路或虽无正式公路，但可以供车辆通行的复杂地区及沙漠地区的配电线路工程。

（三）船舶运输

在发货地点和收货地点间具备可通航河流时，可采用这种运输方式。

船舶运输适用于有河流且可通航的地区。

二、工地运输相关术语

（一）工地运输

工地运输是指未计价材料自材料仓库运至沿线各杆、塔位的装卸、运输及空载回程等全部工作，与材料预算价格中所含的材料运杂费是截然不同的概念。

（二）按运输材料归类

（1）"混凝土杆"是指以离心式机制的整根及分节混凝土杆等。

（2）"混凝土预制品"是指以人工浇制、机械振捣的混凝土制成品或半成品，如底盘、拉盘、卡盘等。

（3）"木杆"是指用煤焦油浇制成品的木质杆。

（4）"线材"是指导线、拉线、光缆、电缆。

（5）"塔材"是指铁塔钢材。

（6）"钢管杆"是指以钢板压制、焊接形成的整根或分节钢管杆。

（7）"金具、绝缘子、零星钢材"是指金具、绝缘子、电杆用的横担及铁附件、金具等。

三、工程量计算

（一）工程量计算规则

工地运输的计量单位均为"t·km"，机械运输中装卸的计量单位均为"t"。因此需要两个工程量计算标准，吨和千米（公里），也就是运输质量和运输距离。

（二）工地运输平均运距的计算方法

1. 人力运距的计算方法

在确定运输地形时，应按运输路径的实际地形来划分，人力运输的路径可以参考工程地形。

按线路路径图计算

$$Y_j = \Sigma L_j R_j K / \Sigma L_j \qquad (8-1)$$

式中　Y_j——平均运距（km）；

L_j——各段线路长度（材料量）；

R_j——各段线路材料的人力运输直线距离；

K——弯曲系数。

其中，弯曲系数指受地理、地势和地面障碍物等影响，运输路径中发生的弯曲，包括上坡、下坡、盘山道路及一处卸料向数基杆塔分运等。弯曲系数不等同于地形增加系数，前者是指计算人力运输距离而增加的弯曲系数，后者是指增加了施工难度而调整的系数。

弯曲系数由有关部门规定，其参考系数见表8-4。

表 8-4　　　　　　　　　　弯曲参考系数表

地　形		系数（K）	说　明
平地		1.05～1.1	
泥沼、沙漠		1.1～1.2	泥沼地段已计地形增加系数，一般为1.1，如有河流阻碍可考虑1.1以上
丘陵		1.1～1.3	丘陵
山地		1.3～1.5	
高山	修盘山道	1.6～1.8	地形按山地
	不修盘山道	平均运距的确定以山坡垂直高差的平均计算斜长计列	不得按实际的运输距离计算

可根据运输路径的实际地形状况，按规定中所给范围确定具体的弯曲系数。

按不同运输地形控制运距加权平均进行计算。

2. 车船运距的计算式

$$Y_j = \Sigma L_j R_j / \Sigma L_j + C \qquad (8-2)$$

式中　Y_j——平均运距（km）；

L_j——各段线路材料量，预算中以各段线路长度为代表；

R_j——各段线路材料的车船运输距离，自工地仓库至各段材料的卸料点（其中道路或河流与线路平行的，则以该段的中心处为计算运距的卸料点）；

C——超过下站运距。

其中，超过下站运距，指火车站或码头至工地仓库的运距超过装材价格中下站运距部分。该段距离的运输，可通过调整未计价材料预算价格或计入工地运输距离两种方式解决，具体按当地规定执行。

（三）工地运输质量计算公式

运输质量＝预算质量（或预算量×单位质量）×毛重系数

（或＝预算质量＋盘重）　　　　　　　　　　　(8-3)

其中

预算质量＝设计质量＋损耗量＝设计质量×（1＋损耗率）　　　(8-4)

式（8-4）中损耗率见表8-1，单位质量与毛重系数见表8-5。

表 8-5 未计价材料的单位运输质量

材料名称		单 位	运输质量（kg）	备 注
混凝土制品	人工浇制	m³	2600	包括钢筋
	离心浇制	m³	2860	包括钢筋
线材	导线（有线盘）	kg	$W×1.15$	
	拉线（无线盘）	kg	$W×1.04$	
	光缆（有线盘）	kg	$W×1.20$	
	电缆	kg	$W+G$	G 为盘重
商品混凝土		m³	2560	
土方		m³	1500	实挖量
块石、碎石、卵石		m³	1600	
石灰		m³	1200	
黄砂（干中砂）		m³	1550	
水泥、降阻剂		kg	$W×1.01$	袋装
水		kg	$W×1.20$	
金具、绝缘子		kg	$W×1.07$	
螺栓、垫圈、脚钉		kg	$W×1.01$	

注 1. 表中未列入的其他未计价材料按净重计算。
    2. W 为理论质量。

四、工程案例

某架空线路工程路径长度 14km，沿线路工程地形：平地 4.3km，泥沼 2.4km，丘陵 3.7km，一般山地 2.3km，高山 1.3km。汽车运输道路均为平地。工地仓库设置在火车站（码头）至线路工程的中途，运距为 25km。装材价格中规定下站运距为 10km，超出 15km 部分可计入工地运输。运输方式为汽车和人力运输两种。汽车运输距离计算表和人力运输距离计算表分别见表 8-6 和表 8-7。

表 8-6 汽车运输距离计算表 单位：km

线路分段号	分段线路长度（L_i）	运输距离（R_i）	工作量
（1）	（2）	（3）	（4）＝（2）×（3）
	一	装置性材料及水泥运输	
①	1.6	$10.0+1.4+0.2+0.7+1.9+1.7/2=15.05$	24.08
②	2.0	$10.0+1.4+0.2+0.7+1.9/2=13.25$	26.50
③	0.7	$10.0+1.4+0.2+0.7/2=11.95$	8.37
④	1.6	$10.0+1.4=11.4$	18.26
⑤	0.8	$10.0+1.2+0.9/2=11.65$	9.32
⑥	2.2	$10.0+1.2+0.9+2.2/2=13.20$	29.04
⑦	1.1	$10.0+1.2+0.9+2.2+（0.8+0）/2=14.70$	16.17
⑧	1.3	$10.0+1.2+0.9+2.2+1.2=15.50$	20.15
⑨、⑩	2.7	$10.0+1.2+0.9+2.2+4=18.30$	49.41
合计	14.0		201.30
平均运距	14	工作量 201.3/14＋超出下站运距 15	30.00
	二	砂石等运输	
		由于砂石等材料不是从工地仓库运出而是从砂石场或建材公司堆场起运，运距可参照装材计算方法计算，或在装材的平均运距基础上增减调整	

| 表 8-7 | | | 人力运输距离计算表 | | | 单位：km |

线路分段号	分段线路长度（L_i）	地形	运输距离			工作量
			直线距离（R_i）	弯曲系数（K）	小计	
（1）	（2）	（3）	（4）	（5）	（6）＝（4）×（5）	（7）＝（2）×（6）
①	1.6	平地	（0.4＋1.1）/2＝0.75	1.1	0.825	1.320
②	2.0	平地	（1.1＋0.2）/2＝0.65	1.05	0.683	1.366
③	0.7	平地	（0.2＋0.2）/2＝0.2	1.05	0.21	0.147
④	1.6	泥沼	1.6/2＝0.8	1.3	1.04	1.664
⑤	0.8	泥沼	（0.9＋0.8）/2＝0.85	1.2	1.02	0.816
⑥	2.2	丘陵	（0.8＋0.8）/2＝0.8	1.4	1.12	2.464
⑦	1.1	山地	（0.8＋0.0）/2＝0.4	1.5	0.60	0.660
⑧	1.3	高山	1.3/2＝0.65	1.8	1.17	1.521
⑨	1.2	山地	（1.3＋0.4）/2＝0.85	1.4	1.19	1.428
⑩	1.5	丘陵	（0.4＋1.4）＝0.9	1.3	1.17	1.755
合计	14.0					13.141
平均运距	14		13.141/14			0.94

线路路径（示意）图如图 8-1 所示。

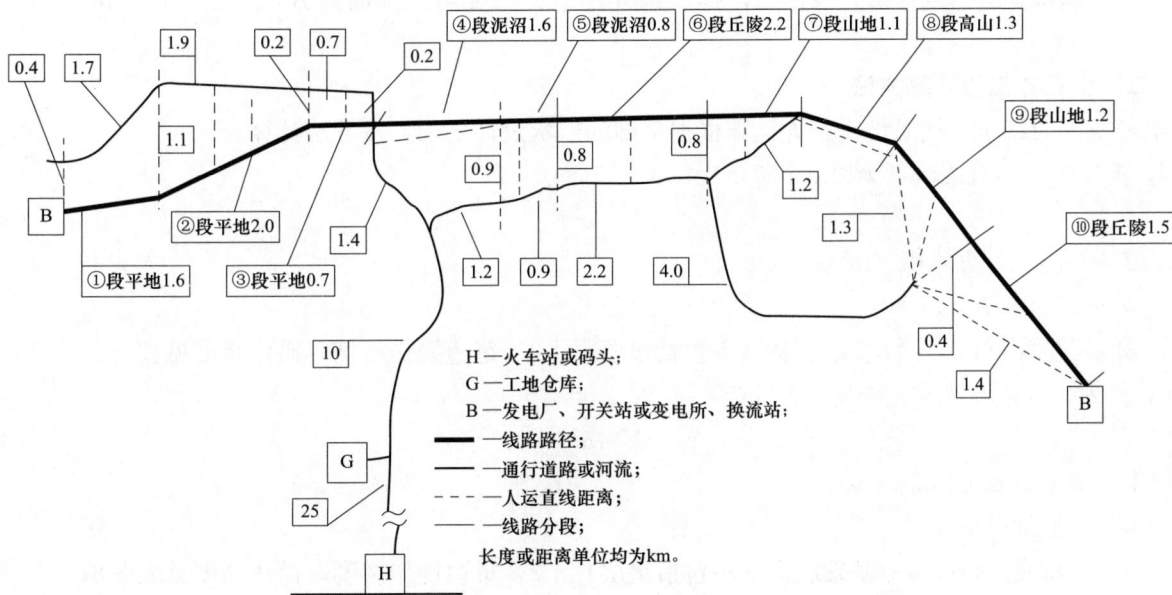

图 8-1　线路路径（示意）图

五、注意事项

（1）工地运输质量统计，区别不同的运输方式（人力运输、汽车运输、船舶运输）和材料种类（混凝土杆，钢管杆，混凝土预制品，线材、金具、绝缘子、零星钢材，塔材，砂、石、石灰、水泥、砖、土、水等），分别汇总。

（2）定额中已考虑了混凝土的洗石、搅拌、养护、洗模板等所需用水量的 100m 范围内的运输。如运水距离超过 100m 时，可按每立方米混凝土用水量 500kg（运输质量则为 600kg），按工地运输定额另行计算运费。

（3）黄砂、石子等材料一般采用地方预算价（或信息价），只计算人力运输，不计算汽车、船舶等机械运输。

（4）塔（钢管杆）材运输，为了实际操作的计算简便，塔材在计算运输装卸质量时，包括螺栓、脚钉、垫圈的质量。在实际计算中，直接按合计质量计入塔材运输中（包括 0.5% 损耗），不再另外把螺栓、脚钉、垫圈的质量计入"金具、绝缘子、零星钢材"子目数量中。

第二节　土石方工程

一、主要内容

《架空线路工程》定额土石方工程内容包括线路复测及分坑，电杆坑、拉线坑、自立式铁塔坑的挖方（或爆破）及回填，接地槽的挖方（或爆破）及回填，排水沟开挖，尖峰及施工基面挖方。

土石方工程施工往往具有工程量大、劳动繁重和施工条件复杂等特点，又受气候、水文、地质、地下障碍等因素的影响较大，不可确定的因素也较多，所以土石方施工必须结合施工规范的要求，采取增加施工操作裕度，按规定放边坡等方式。在计算土石方工程量时，这些因素都需要考虑。

二、工程量计算

（一）工程量计算规则

（1）线路复测及分坑，分直线、耐张杆（单杆、双杆）、塔以"基"为单位计算。

（2）电杆坑、拉线坑、铁塔坑挖方（或爆破）及回填，分土质和坑深以"m³"为单位计算。

（3）接地槽挖方（或爆破）及回填，排水沟开挖、尖峰及施工基面挖方，分土质以"m³"为单位计算。

（二）土石方工程计算方法

电杆坑、拉线坑、铁塔坑土石方计算根据基础的形状设计要求，按方法计算。

1. 正方体（不放边坡，如图 8-2 所示）

$$V = a^2 h \tag{8-5}$$

式中　V——土、石方体积（m³）；

　　　h——坑深（m）；

　　　a——坑宽（m），$a=$ 基础底宽（不包括垫层）$+2\times$ 每边操作裕度，操作裕度见表 8-8。

2. 长方体（不放边坡，如图 8-3 所示）

$$V = abh \tag{8-6}$$

式中　V——土、石方体积（m³）；

　　　h——坑深（m）；

　　　a——坑宽（m），$a=$ 基础底宽（不包括垫层）$+2\times$ 每边操作裕度，操作裕度见表 8-8；

　　　b——坑长（m），$b=$ 基础底长（不包括垫层）$+2\times$ 每边操作裕度，操作裕度见表 8-8。

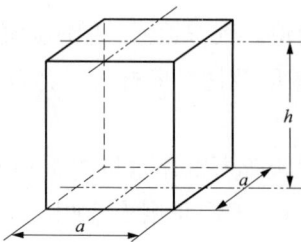

图 8-2　正方体（不放边坡）　　　　　图 8-3　长方体（不放边坡）

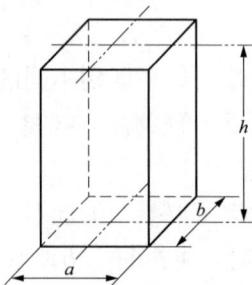

3. 平截方尖柱体（放边坡，如图 8-4 所示）

$$V=\frac{h}{3}\times(a^2+aa_1+a_1{}^2)\tag{8-7}$$

式中 V——土、石方体积（m^3）；

h——坑深（m）；

a——坑底宽（m），a＝基础底宽（不包括垫层）＋2×每边操作裕度，操作裕度见表 8-8；

a_1——坑口宽（m），$a_1＝a＋2h×$边坡系数。

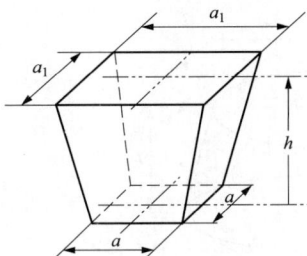

图 8-4 平截方尖柱体（放边坡）

表 8-8	施工操作裕度	
序 号	名 称	操作裕度（m）
1	普通土、坚土坑、水坑、松砂石坑	0.2
2	泥水坑、流沙坑、干沙坑	0.3
3	岩石坑有模板	0.2
4	岩石坑无模板	0.1

各类土（石）质的边坡系数见表 8-9。

表 8-9		各类土（石）质的边坡系数		
边坡系数　　土质 坑深（m）	坚土	普通土、水坑	松砂石	泥水、流沙、岩石
2.0 以下	1：0.10	1：0.17	1：0.22	不放边坡
3.0 以下	1：0.22	1：0.30	1：0.33	不放边坡
3.0 以上	1：0.30	1：0.45	1：0.60	不放边坡

注 挖孔桩基础的基坑开挖土石方量计算不放边坡。

4. 平截长方尖柱体（放边坡，如图 8-5 所示）

$$V=\frac{h}{6}\times[ab+(a+a_1)(b+b_1)+a_1b_1]\tag{8-8}$$

式中 V——土、石方体积（m^3）；

h——坑深（m）；

a——坑底宽（m），a＝基础底宽（不包括垫层）＋2×每边操作裕度，操作裕度见表 8-8；

b——坑底长（m），b＝基础底长（不包括垫层）＋2×每边操作裕度，操作裕度见表 8-8；

a_1——坑口宽（m），$a_1＝a＋2h×$边坡系数，边坡系数见表 8-9；

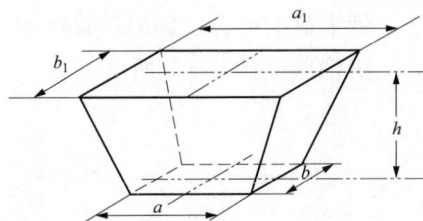

图 8-5 平截长方尖柱体（放边坡）

b_1——坑口长（m），$b_1＝b＋2h×$边坡系数，边坡系数见表 8-9。

5. 圆柱体（不放边坡，如图 8-6 所示）

$$V=\pi\times r^2\times h\tag{8-9}$$

式中 V——土、石方体积（m^3）；

h——坑深（m）；

r——坑半径（m），r＝基础半径（不包括垫层）＋操作裕度，操作裕度见表 8-8。

6. 平截圆锥体（不放边坡，如图 8-7 所示）

$$V = \pi h \left(r_1^2 + r_2^2 + r_1 r_2 \right) / 3 \qquad (8-10)$$

式中　V——土、石方体积（m^3）；

　　　h——坑深（m）；

　　　r_1——坑口半径（m）；

　　　r_2——坑底半径（m）。

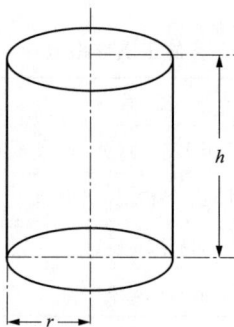

图 8-6　圆柱体（不放边坡）

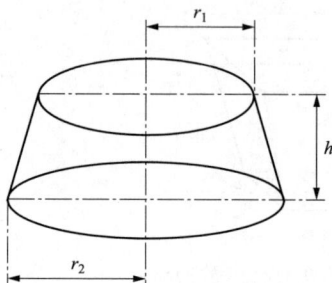

图 8-7　平截圆锥体（不放边坡）

7. 圆柱体连平截圆锥体（不放边坡，如图 8-8 所示）

$$V = \pi r_1^2 h_1 + \pi h_2 \left(r_1^2 + r_2^2 + r_1 r_2 \right) / 3 \qquad (8-11)$$

式中　V——土、石方体积（m^3）；

　　　h_1——圆柱体部分坑深（m）；

　　　h_2——平截圆锥体部分坑深（m）；

　　　r_1——坑口半径（m）；

　　　r_2——坑底半径（m）。

8. 无底盘、卡盘电杆坑的计算

$$V = 0.8 \times 0.8 h + 0.2 \qquad (8-12)$$

当 $h \geqslant 1.5m$ 时，按放坡计算。

电杆坑的土、石方量，未包括马道的土、石方量，需要时另行计算，电杆坑按每坑 $0.2m^3$。

带卡盘的电杆，如原计算坑的尺寸不能满足安装时，因卡盘超长而增加的土、石方量另计。

阶梯形坑如图 8-9 所示。

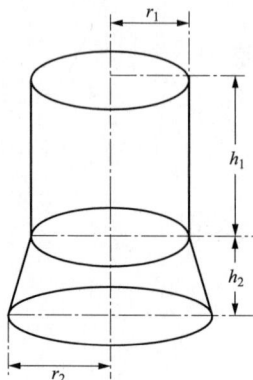

图 8-8　圆柱体连平截圆锥体（不放边坡）

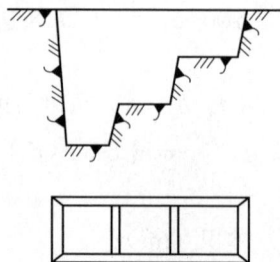

图 8-9　阶梯形坑

根据 DL/T 5220—2005《10kV 及以下架空配电线路设计技术规程》的规定，10kV 及以下架空配电线路电杆埋设深度应计算确定。单回路的配电线路电杆埋设深度宜采用表 8-10 所列数值。

表 8-10			单回路电杆埋设深度			单位：m
杆高	8.0	9.0	10.0	12.0	13.0	15.0
埋深	1.5	1.6	1.7	1.9	2.0	2.3

9. 接地槽土、石方量的计算

$$V = 槽宽 \times 长度 \times 槽深 \tag{8-13}$$

如设计没有规定，槽宽一般按 0.4m 计算，如遇接地装置需加降阻剂时，槽宽可按 0.6m 计算。

10. 尖峰及施工基面土、石方量计算

应按设计提供的基面标高，并按地形、地貌以实际情况进行计算。常见的计算方法如下：

(1) 塔位立于山坡的施工基面（如图 8-10 所示）。

1) 不放边坡部分的体积（ABCDFE 体积）

$$V_a = LSH \tag{8-14}$$

2) 放边坡部分体积由三个部分组成（μ 为放坡系数），即上坡方向体积（CDEFJK 体积）

$$V_2 = \mu XXS/2 = \mu X^2 S/2 \tag{8-15}$$

左右两侧（ADMJA＋BCKNB）体积

$$V_3 = 2(\mu XXL/6) = \mu X^2 L/3 \tag{8-16}$$

3) 基面总体积

$$V = V_a + V_2 + V_3 \tag{8-17}$$

(2) 塔位立于圆形山顶上的施工基面（如图 8-11 所示），可按近似椭圆球体积的一半计算

$$V = \pi LSH/6 \tag{8-18}$$

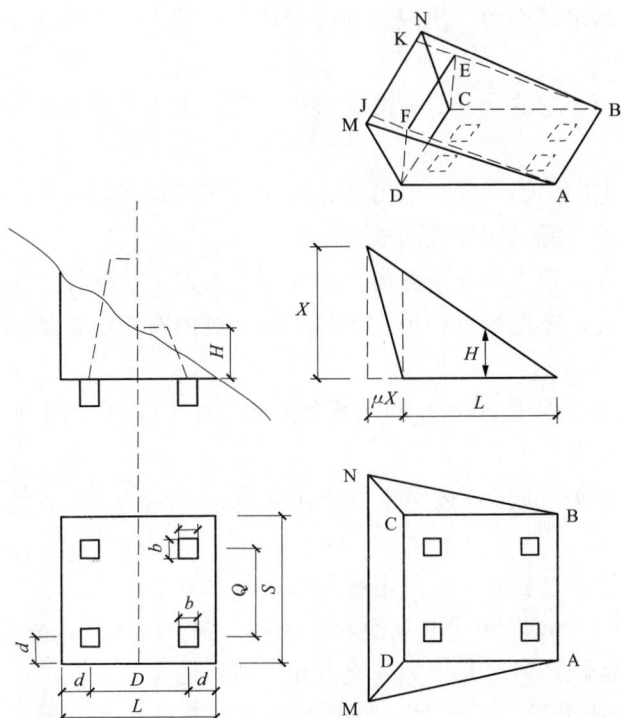

图 8-10 施工基面（山坡）   图 8-11 施工基面（圆形山顶）

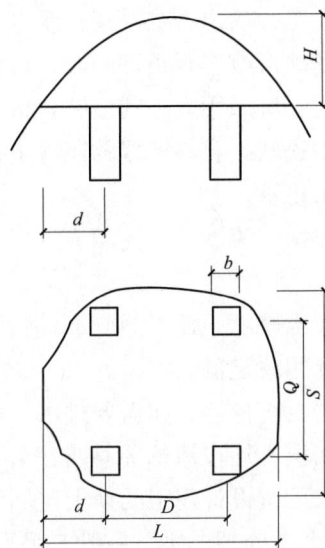

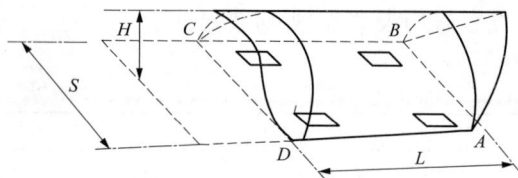

图 8-12　施工基面（山脊）

（3）塔位立于山脊上的施工基面（如图 8-12 所示）。由于山脊两侧坡度的陡缓不同，可按近似长方体体积计算，但应乘以小于 1 的修正系数 K，一般取 $0.4\sim0.6$。因而

$$V = KLSH + \mu HHS = KLSH + \mu H^2 S \quad (8-19)$$

式中　μ——边坡系数。

三、工程案例

某工程新立混凝土电杆 10 基，土质为坚土，基础如图 8-13 所示，计算本工程的电杆土方量。

按平截方尖柱体公式计算土方量，即

$$V = \frac{h}{3} \times (a^2 + aa_1 + a_1{}^2)$$

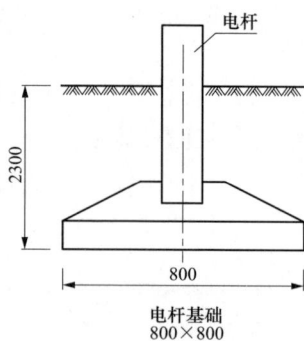

图 8-13　电杆基础

土方量计算表

序号	名称	计算公式	工程量
1	坑底宽 a	$0.8+0.2\times2$	1.2m
2	坑深 h		2.3m
3	坑口宽 a_1	$1.2+2.3\times0.22\times2$	2.212m
4	单基电杆土方量	$2.3/3\times(1.2^2+1.2\times2.212+2.212^2)$	6.89m³
5	总土方量	6.89×10	68.9m³

四、注意事项

（1）在线路复测分坑中遇到高低腿塔，按相应定额的人工乘以系数 1.5，三联杆定额乘以系数 1.5。

（2）各类土、石质按设计地质资料确定，不做分层计算。同一坑、槽、沟内出现两种或两种以上不同土（石）质时，一般选用含量较大的一种确定其类型。出现流沙层时，不论其上层土质占多少，全坑均按流沙坑计算。

（3）定额已包括挖掘过程中因少量坍塌而多挖的，或石方爆破过程中因人力不易控制而多爆破的土石方工作量。

（4）人工开凿岩石坑是指在变电站、发电厂、通信线、电力线、铁路、居民点及国家级的风景区等附近受现场地形或客观条件限制，按设计要求不能采用爆破的地方施工。

（5）岩石坑采用人工辅以钻岩机打眼，爆破施工。其余各类土质均用人力以锹、铲镐、条锄等方式开挖。土质松软，容易坍塌的流沙坑、泥水坑，在挖掘过程中使用挡土板。坑内有地下水涌出时，使用人力或机械排水。

（6）泥水、流沙坑的挖填方，已分别考虑必要的排水和挡土板的装拆工作量，套用定额时，不再另计。

（7）冻土厚度不低于 300mm 者，冻土层的挖方量，按坚土挖方定额乘以系数 2.5，其他土层仍按地质规定套用原定额。

（8）岩石坑挖填，如需要排水，可按挖填方（岩石）人工定额乘以系数 1.05。

（9）回填土均按原挖原填考虑，不包括 100m 以外的取（换）土回填。需要 100m 以外的取（换）土回填时，可按设计规定的换土比例和平均运距，另行套用尖峰挖方和工地运输定额。

（10）余土处理办法。一般工程不考虑余土处理，需要时，可考虑余土运至允许堆弃地，其运距超过 100m 以上部分可列入工地运输。余土运输量的计算如下：

1）灌注桩钻孔渣土。

余土运输量＝桩设计 0m 以下部分体积（m³）×1.7t/m³　　　　　　　　　　　(8-20)

其中，1.7t/m³ 中包括 0.2t/m³ 的含水量。

2）现浇和预制基础基坑余土。

余土运输量＝混凝土体积（m³）×1.5t/m³×80%

第三节　基　础　工　程

一、主要内容

《架空线路工程》定额基础工程内容包括预制基础，现浇基础，钢管桩基础，灌注桩基础，预制桩基础，桩基础护壁、护坡、挡土墙及排洪沟砌筑，拉线棒防腐。

由于桩基础检测的方法不同，费用差距非常大，因此在实际工程中，应根据设计、业主的要求，按照审定的桩基础检测方案来确定检测费用，另行计算。

二、工程量计算

（一）工程量计算规则

（1）底盘、卡盘、拉线盘安装，按每块重量以"块"数为单位计算。

（2）基础钢筋加工及制作，以"t"为单位计算，应为成品钢筋质量（不含加工制作过程中的损耗质量）。

（3）基础垫层，以垫层体积"m³"为单位计算。

（4）基础混凝土浇制，以每基混凝土量"m³"为单位计算。

（5）保护帽，以杆塔"基"为单位计算，按每基混凝土量确定套用定额子目。

（6）钢管桩基础，分桩径 600mm 以内，桩径 600mm 以上，桩深 6m 以内不分桩深均套用 6m 以内定额，以"根"为计算单位，超过 6m 按每增加 1m 为单位另加计算，不足 1m 按 1m 计算。

（7）灌注桩基础分人力推钻和机械推钻，按土质、孔径和孔深以深度"m"为单位计算。

（8）桩基础混凝土注灌，区分孔深以浇灌混凝土"m³"为单位，工程量计算应包括混凝土超灌量。

（9）预制桩基础，分桩长以桩体积"m³"为单位计算。

（10）桩基础护壁，以护壁体积"m³"为单位计算。

（11）护坡、挡土墙及排洪沟砌筑，以设计图示实砌体积"m³"为单位计算。

（二）工程量计算方法

（1）灰土垫层、铺石并灌浆基础垫层中石灰、砂浆的用量应按设计规定计算，如设计未做规定时，其石灰、砂浆的用量可以按垫层体积的 20% 计列。

（2）铺石并加浇混凝土基础垫层中混凝土的用量应按设计规定计算，如设计未做规定时，混凝土的用量可以按垫层体积的 30% 计列。

（3）灌注桩基础钻孔定额套用定额子目时，孔径不足 1m 按 1m 计取，孔径超过 1m 按实际尺寸根据相邻定额步距按插值法进行调整。

插值法公式

$$(B_2 - B)/(B - B_1) = (a_2 - a)/(a - a_1)$$

则有

$$B = [B_2(a - a_1) + B_1(a_2 - a)]/(a_2 - a_1) \qquad (8-21)$$

式中　a——实际孔径，介于定额步距孔径 a_1、a_2 之间；

a_1——小于 a 的孔径；

a_2——大于 a 的孔径；

B——实际应该套用的定额单价（人工、材料、机械和基价）；

B_1——对应 a_1 孔径的定额单价（人工、材料、机械和基价）；

B_2——对应 a_2 孔径的定额单价（人工、材料、机械和基价）。

（4）预制桩的体积，按设计全长乘以桩的截面面积，扣除桩尖的虚体体积。预制桩尺寸示意如图 8-14 所示，则

$$V = SL + Sb/3 \tag{8-22}$$

式中　V——预制桩体积；

　　　S——桩截面面积，$S = d^2$。

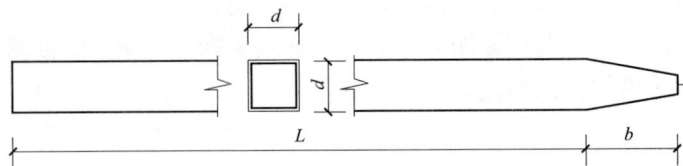

图 8-14　预制桩尺寸示意图

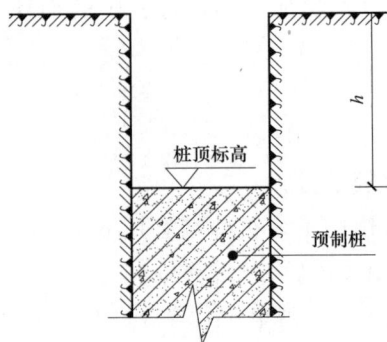

图 8-15　桩顶示意图

（5）送桩按桩截面面积乘以设计桩顶面标高至自然地坪另加 0.5m 长度计算。桩顶示意如图 8-15 所示，则

$$V = S(h + 0.5) \tag{8-23}$$

式中　V——送桩体积；

　　　S——桩截面面积。

（6）浆砌护坡和挡土墙砌筑中的砂浆用量，应按设计规定计算。如设计未做规定时，其砂浆用量可按护坡和挡土墙体积的 20％计列，条石或块石的体积按浆砌护坡和挡土墙的体积计算。

三、工程案例

某 10kV 线路工程地形为全线 100％丘陵，结构部分需组立耐张塔 1 基。基础形式选用板式柔性基础 1 基，材料用量及材料价格见下表。计算基础工程装置性材料费。

每基基础材料表

序　号	材料名称	单　位	工程量	单价（元）
1	地脚螺栓	kg	1363.2	7.8
2	钢筋	kg	8648.4	4.8
3	C20 基础混凝土	m³	117.44	
4	C10 保护帽混凝土	m³	0.8	
5	C10 垫层帽混凝土	m³	6.5	
6	水泥	t		650
7	中沙	t		90
8	碎石	t		60
9	水	t		6

现浇混凝土配合比表

单位：m³

序 号	混凝土强度	水泥强度等级	水泥 (t)	中砂 (m³)	碎石 (m³)	水 (t)	备 注
1	C10	32.5	0.250	0.550	0.830	0.180	
2	C15	32.5	0.310	0.490	0.840	0.180	
3	C20	32.5	0.344	0.460	0.850	0.180	碎石粒径为
4	C25	32.5	0.405	0.410	0.850	0.180	40mm 以内
5	C30	42.5	0.383	0.420	0.860	0.180	
6	C35	42.5	0.411	0.400	0.860	0.180	
7	C40	42.5	0.460	0.370	0.860	0.180	

答案

序 号	材料名称	计算公式	金额（元）
1	基础钢筋	8648.4/1000×（1+6.53%）	44 223
2	地脚螺栓	1363.2/1000×（1+0.5%）	10 686
3	C20 混凝土	117.44	
3.1	水泥	117.44×0.344×1.05×650	27 573
3.2	沙子	117.344×0.46×1.15×1.55×90	8667
3.3	碎石	117.44×0.85×1.1×1.60	10 541
3.4	水	117.44×0.18×6	127
4	C10 混凝土	6.5+0.8=7.3m³	
4.1	水泥	7.3×0.25×1.05×650	1246
4.2	沙子	7.3×0.55×1.15×1.55×90	644
4.3	碎石	7.3×0.83×1.1×1.6×60	640
4.4	水	7.3×0.18×6	8
	合计		104 354

注 以计算沙子装置性材料费为例。

沙子装置性材料费＝C20 混凝土设计量×C20 混凝土配合比沙子含量×（1＋丘陵地区的损耗率）×单位换算×单价

四、注意事项

（一）基础钢筋加工及制作

（1）材料施工损耗率表（见表 8-1）中钢筋有两个损耗率，钢筋、型钢（成品、半成品）的施工损耗率为 0.5％，钢筋（加工制作）损耗率为 6％。

（2）钢筋、型钢（成品、半成品）在购买、运输、存放过程中的损耗在材料单价里面，这里的损耗是指施工损耗。

（3）钢筋（加工制作）损耗率是指制作过程中的损耗。如钢筋为现场加工制作，制作质量为成品的设计质量，但计算材料费时可以按设计质量×（1＋损耗率）计算。

（二）基础混凝土浇制

（1）基础混凝土浇制定额是按照有筋基础计算的，若为无筋基础，定额乘以系数 0.95。

（2）混凝土现场浇制中，洗石、养护、浇模用水的平均运距按 100m 计算，运距超过部分可按每立方米混凝土 500kg 的用水量另套"工地运输"定额。

（三）桩基础

（1）钢管桩基础，定额只包括钢管桩桩深部分，混凝土及基础垫层另套现浇基础相应定额。

（2）灌注桩基础凡一孔中有不同土质时，应按设计提供的地质资料分层计算，定额子目按总深度套用，工程量分层按各层深度计算。

（3）桩基础混凝土浇灌中不包括基础承台和联梁的浇制工作，如有，另套现浇基础相应定额。

（4）人工挖孔桩基础套用桩基础混凝土浇灌定额。

（5）灌注桩基础超灌量为设计计算量的 17％；掏挖式基础、人工挖孔桩基础如不采用护壁施工时，超灌量为设计计算量的 7％。

（6）人工挖孔桩基础护壁分现浇和预制，均以设计混凝土量 m³ 为计量单位，现浇护壁混凝土超灌量为护壁设计计算量的 17%。

（四）护坡、挡土墙及排洪沟砌筑

（1）定额内未包括挖土工作，需要时另套用第二章中排水沟挖方定额；锥形护坡和挡土墙内侧如需要填土时，可套用第二章中 2.0m 以内普通土定额和相应的运输定额。

（2）锥形护坡和挡土墙内侧如需要填土时，可套用"土、石方工程"中 2.0m 以内普通土定额，如运距超过 100m 时，套用相应的运输定额。

第四节 杆 塔 组 立

一、主要内容

《架空线路工程》定额杆塔组立工程内容包括木杆组立、混凝土杆组立、撑杆及钢圈焊接、钢管杆组立、铁塔组立、横担及绝缘子安装、拉线制作及安装、接地安装。

使用《架空线路工程》定额编制建设预算文件时，除应与工程实际情况相结合外，还应注意以下问题。

（1）杆、塔上涂刷交通警示漆，警示标识安装未包括在《架空线路工程》定额中，发生时其费用另计。

（2）《架空线路工程》定额中不包括铁塔、钢管杆、混凝土电杆横担、拉线抱箍等组合构件、接地体及接地极的防腐处理。此项工作只是在特殊环境下使用，若设计有防腐要求，一般加工制作时按设计已做防腐处理，不再计列此项费用。接地体及接地极的防腐处理，设计有防腐要求，若在施工现场做防腐处理，其费用另计。

二、工程量计算

（一）工程量计算规则

（1）木杆组立，按木杆高度套用子目，以"基"为计量单位计算。

（2）混凝土杆组立，整根式按杆长 9m 以内、11m 以内、13m 以内及以上选用定额；分段式以单杆"每基质量"划分子目；混凝土方杆以杆长 15m 为基准划分子目。整根式、分段式、方杆定额均以"基"为计量单位计算。钢筋混凝土电杆装置示意图如图 8-16 所示。

（3）撑杆分木撑杆和混凝土撑杆，按高度划分子目，以"根"为单位计算。撑杆如图 8-17 所示。

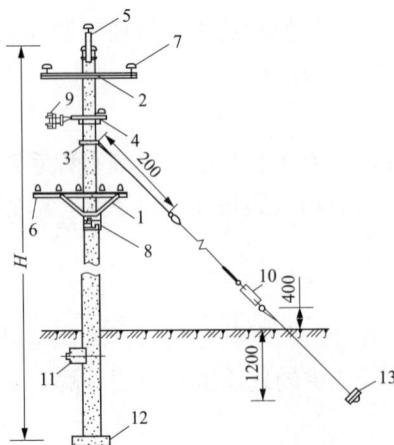

图 8-16 钢筋混凝土电杆装置示意图

图 8-17 撑杆

1—低压五线横担；2—高压二线横担；3—拉线抱箍；4—双横担；5—高压杆顶；
6—低压针式绝缘子；7—高压针式绝缘子；8—蝶式绝缘子；9—悬式绝缘子及高
压蝶式绝缘子；10—花篮螺丝；11—卡盘；12—底盘；13—拉线盘

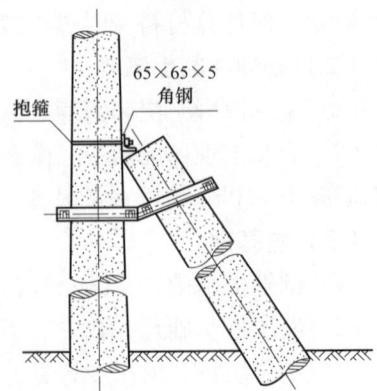

（4）钢环圈焊接分为气焊和电焊，包括钢环的连接与防锈处理，定额按钢环直径以"个"为单位计算。钢圈焊接如图 8-18 所示。

（5）钢管杆组立，分单杆整根式、单根分段式，定额按每基质量以"基"为单位计算，定额已对直线塔与耐张转角塔做了综合考虑。

（6）铁塔组立，按每基质量以"基"为单位计算。

（7）10kV 横担分材质，以"组"为单位计算；1kV 横担分二、四、六线，以"组"为单位计算。进户线横担以"根"为单位计算。

（8）绝缘子安装不分组合方式，耐张绝缘子以"片"为单位计算，普通、箍位绝缘子以"只"为单位计算。

图 8-18　钢圈焊接

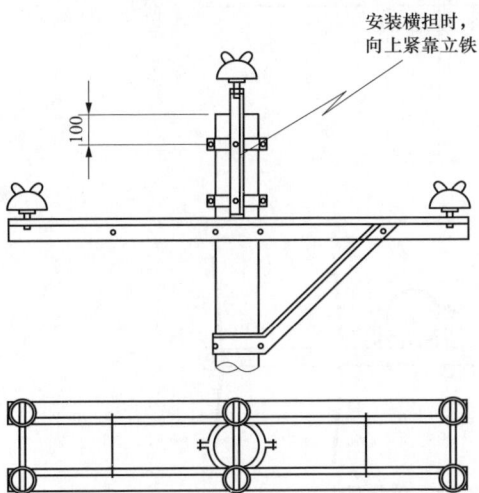

图 8-19　10kV 铁横担（双根）

横担及绝缘子安装示意图如图 8-19～图 8-26 所示。

（9）拉线制作及安装，分普通拉线、水平及弓形拉线，按拉线截面以"根"为单位计算。拉线保护管以"根"为单位计算；

拉线形式如图 8-27～图 8-30 所示。拉线保护套筒如图 8-31 所示。

（10）接地体加工及制作，以"t"为单位计算，为设计成品质量。

（11）接地极安装，分土质以接地极"根"数为单位计算。

（12）接地体敷设，分接地体每基敷设长度、是否加降阻剂以"基"为单位计算。

（13）混凝土杆高空接地引下线，不分长度，均以引下线"根"数计算。

（14）电阻测量，以杆塔"基"数为单位计算。

(a)

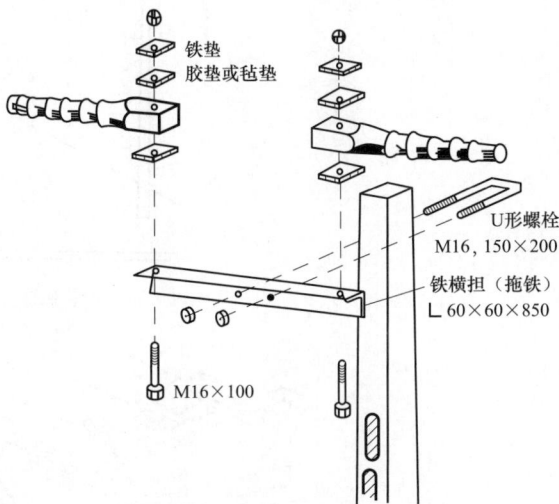

(b)

图 8-20　箍位绝缘子

（a）实物图；（b）安装示意图

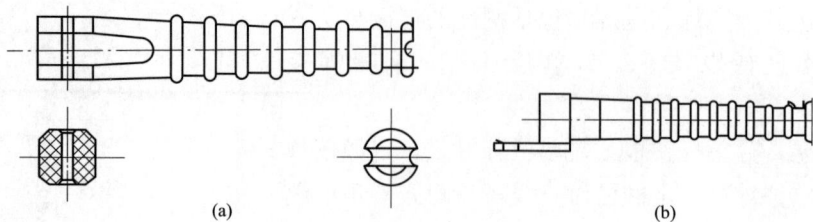

图 8-21 瓷横担绝缘子

（a）全瓷式横担绝缘子；（b）胶装式瓷横担绝缘子

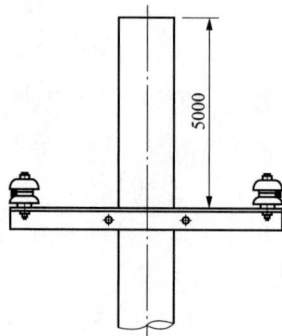

图 8-22 低压二线

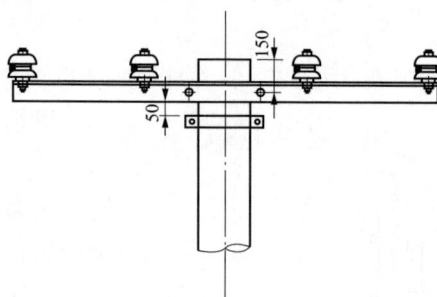

图 8-23 低压四线

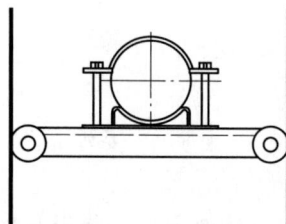

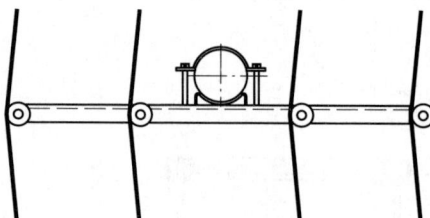

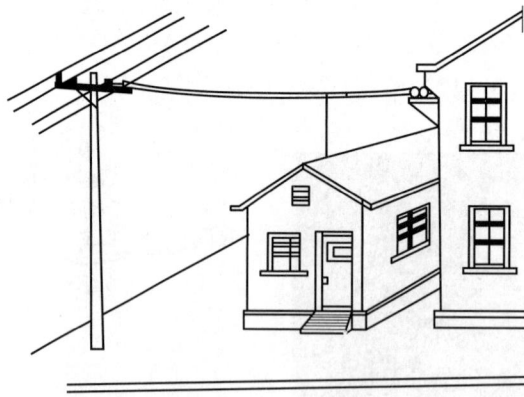

图 8-24 进户线示意图

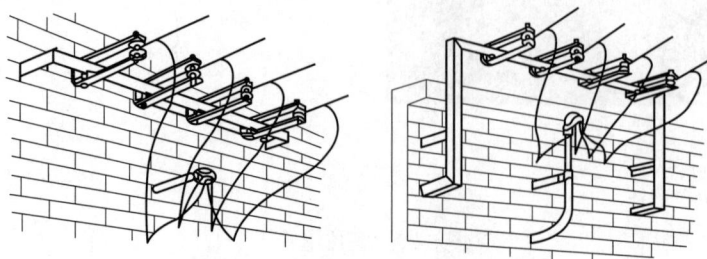

图 8-25 进户线示意图（两端埋设式）

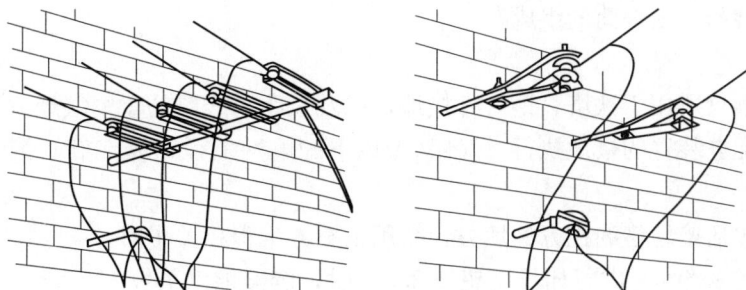

图 8-26　进户线示意图（一端埋设式）

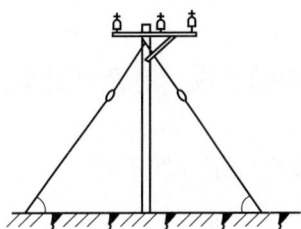

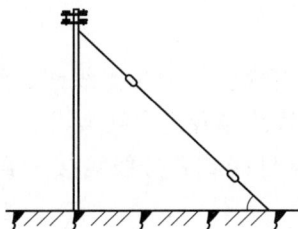

图 8-27　人字拉线　　图 8-28　普通拉线　　图 8-29　弓字拉线　　图 8-30　水平拉线

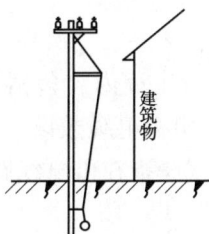

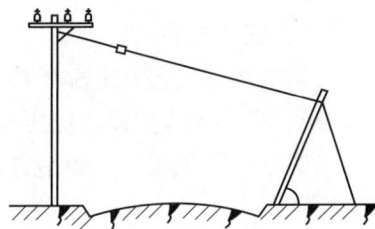

（二）工程量计算方法

（1）每基混凝土杆质量包括杆身自重、叉梁、脚钉（爬梯）、拉线抱箍等全部杆身组合构件的总质量，不包括底、拉、卡盘和横担的质量。

（2）每基钢杆质量是管杆杆身自重与螺栓、爬梯等全部杆身组合构件的总质量。

（3）每基铁塔质量是指铁塔总质量＝铁塔本身所有的型钢、联板、螺栓、脚钉、爬梯等的质量和。

三、注意事项

（一）混凝土杆组立

（1）整根式和分段式混凝土杆定额按单杆安装考虑。双杆按每根单杆质量套用相应单杆定额乘以系数 1.8；如出现三联杆组立，可按每根单杆质量套用相应单杆定额乘以系数 2.5。

（2）线路一次施工工程量按 5 基以上电杆考虑的，如 5 基以内者，其人工、机械定额乘以系数 1.3。

（二）钢管杆组立

（1）定额已综合考虑了各种结构形式、杆高和施工方法。使用时，不能由于施工方法的不同而调整定额。

图 8-31　拉线保护管筒

（2）定额是按螺栓连接考虑，插入式钢管杆人工、机械乘以系数 0.9。

（3）薄壁式混凝土杆组立套用钢管杆组立定额。

（三）双杆横担安装

双杆横担安装，基价乘以系数 2.0。

（四）拉线制作及安装

（1）拉线制作及安装定额对不同材质和规格已做了综合考虑，它适用于单根拉线的制作与安装。

（2）拉线保护管筒安装是按一根护管和一根护筒组成考虑的，未计价材料按实际使用情况计列（即

一根护管或者一根护管和一根护筒的组成）。

（五）接地安装

（1）接地安装定额只适用于铁塔、钢管杆接地，以及长距离线路的重复接地。

（2）柱上设备及配电装置的接地执行《20kV及以下配电网工程预算定额　第二册　电气设备安装工程》的相关子目。

（3）接地安装不包括接地槽的挖方的填方，套用土石方工程相关子目。

（4）接地极长度按 2.5m 考虑，如长度超过 2.5m 时，定额乘以系数 1.25。

第五节　导　线　架　设

一、主要内容

《架空线路工程》定额导线架设工程内容包括裸铝绞线、钢芯铝绞线、绝缘铜绞线、绝缘铝绞线、钢绞线、集束导线架设，低压架空电力电缆敷设，导线跨越及进户线架设。

《架空线路工程》定额中进户线是指在供电线路从杆线或者分线箱接出到各户计量表箱前的一段线叫进户线。

集束导线形式如图 8-32 所示。集束导线安装示意图如图 8-33 所示。

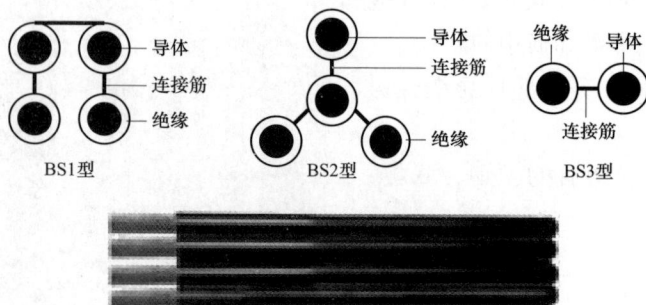

图 8-32　集束导线形式

图 8-33　集束导线安装示意图

二、工程量计算规则

（1）导线架设分截面，以线路亘长"100m"为计量单位，是指单根线长度。

（2）导线跨越，同跨越档内，跨越一种跨越物，按一"处"计列；有多种（或多次）跨越物时，应根据跨越物种类分别套用定额。跨越河流，区分导线截面、河宽，以跨越河流"处"数为计算单位。

（3）进户线架设区分截面，工程量计算按进户线长度"100m"为单位计算。

三、工程案例

（1）某 1kV 架空线路工程，路径长度 5km，导线采用四芯集束 35mm²，75 元/m，金具 0.1t，10 000 元/t。试计算相关费用。

解　安装工程费：定额套用 PX5-36，工程量为 5000÷100＝50（100m）。

未计价材料　集束导线 5×1000×（1＋1.8%）×75＝381 750（元）

金具费用 0.1×（1＋1%）×10 000＝1010（元）

（2）某架空线路工程，路径长度 5km，跨越 10kV 单回线路 3 处，10kV 双回线路 1 处，低压线路 2 处。试计算相关费用。

解 安装工程费：套用定额 PX5-40 子目 工程量为 3＋1＋2＝6（处）

其他费用：带电跨越措施费为 3×2500＋1×3800＝11 300（元）

四、注意事项

（一）导线架设

（1）"线路的亘长"即为施工图设计的线路长度，不应计算弛度的增长量。而在计算导线的材料用量时可按设计导线长度（已包括弛度的增长量及跳线等）加上施工损耗率。

（2）导线架设中钢绞线架设是指架空电缆承力线架设。

（3）低压架空电缆和集束导线架设按线缆芯数及截面划分。定额是按铜芯考虑的，若为铝芯时，定额人工、机械乘以系数 0.9。

（4）架设绝缘导线时，根据省（直辖市）电力主管部门的相关文件或规范规定，使用特殊（非常规）绝缘材料恢复导线绝缘的，其材料费可以定额中消耗量另计价差，消耗量不可以调整（定额中自黏性橡胶带材料费为 6 元/卷）。

（二）导线跨越

（1）跨越定额仅考虑因跨越而多耗的人工、机械台班和材料，在计算架线工程量时，其跨越档的长度不应扣除。

（2）跨越河流架线定额仅适用于有水的河流、湖泊（水库）的一般跨越。在架线期间，凡属人能涉水而过的河道，或正值干涸时的河流、湖泊（水库）均不作为跨越河流计。对于水面宽度虽然不大，但属通航河道，必须采取封港手段或水流湍急及施工难度较大的峡谷，其跨越架设可按审定的施工组织设计，由工程主审部门另行核定。

（3）跨越电力线定额是按停电考虑的，如需带电跨越，另计带电跨越措施费。被跨越电力线为 10kV 时，措施费按 2500 元/处计。如被跨越电力线为双回路、多回路时，措施费按 3800 元/处计，不参与取费。

（三）进户线安装

《架空线路工程》定额导线架设工程中进户线是按架空线引入户计量表箱的方式编制的；如需沿墙敷设导线后引入户计量表箱的，沿墙敷设部分内容套用《20kV 及以下配电网工程预算定额 第二册 电气设备安装工程》中配管配线的相关定额；如为电力电缆引入户计量表箱的，根据敷设方式套用《20kV 及以下配电网工程预算定额 第四册 电缆工程》中电缆敷设的相关定额。

第六节 杆上变配电设备安装

一、主要内容

《架空线路工程》定额杆上变配电设备安装内容包括杆上油浸式变压器、非晶式变压器、单相变压器安装；杆上配电装置安装；接地环及绝缘护罩等的安装。

使用《架空线路工程》定额编制建设预算文件时，除应与工程实际情况相结合外，还应注意以下问题。

（1）杆上设备单体调试、系统调试和接地装置调试，套用《20kV 及以下配电网工程预算定额 第五册 调试工程》相应内容。

（2）杆上变配电设备安装未包括变压器干燥、接地装置、检修平台、防护栏杆的安装。

（3）配电箱未包括焊（压）接线端子。

（4）带电搭接头按实际发生费用计入措施费。

（5）安装杆上设备、接地环、绝缘护罩时，所使用的恢复绝缘材料是按厂家成套产品提供考虑的，如实际厂家未提供，可按设计量另计材料费用。

（6）安装杆上设备时，设备引线是按厂家成套产品提供考虑的，如实际厂家未提供，可按设计量计算相关费用。

二、工程量计算

（1）杆上变压器安装分容量以变压器"台"为单位计算。杆上变压器安装图如图 8-34 所示。

（a）

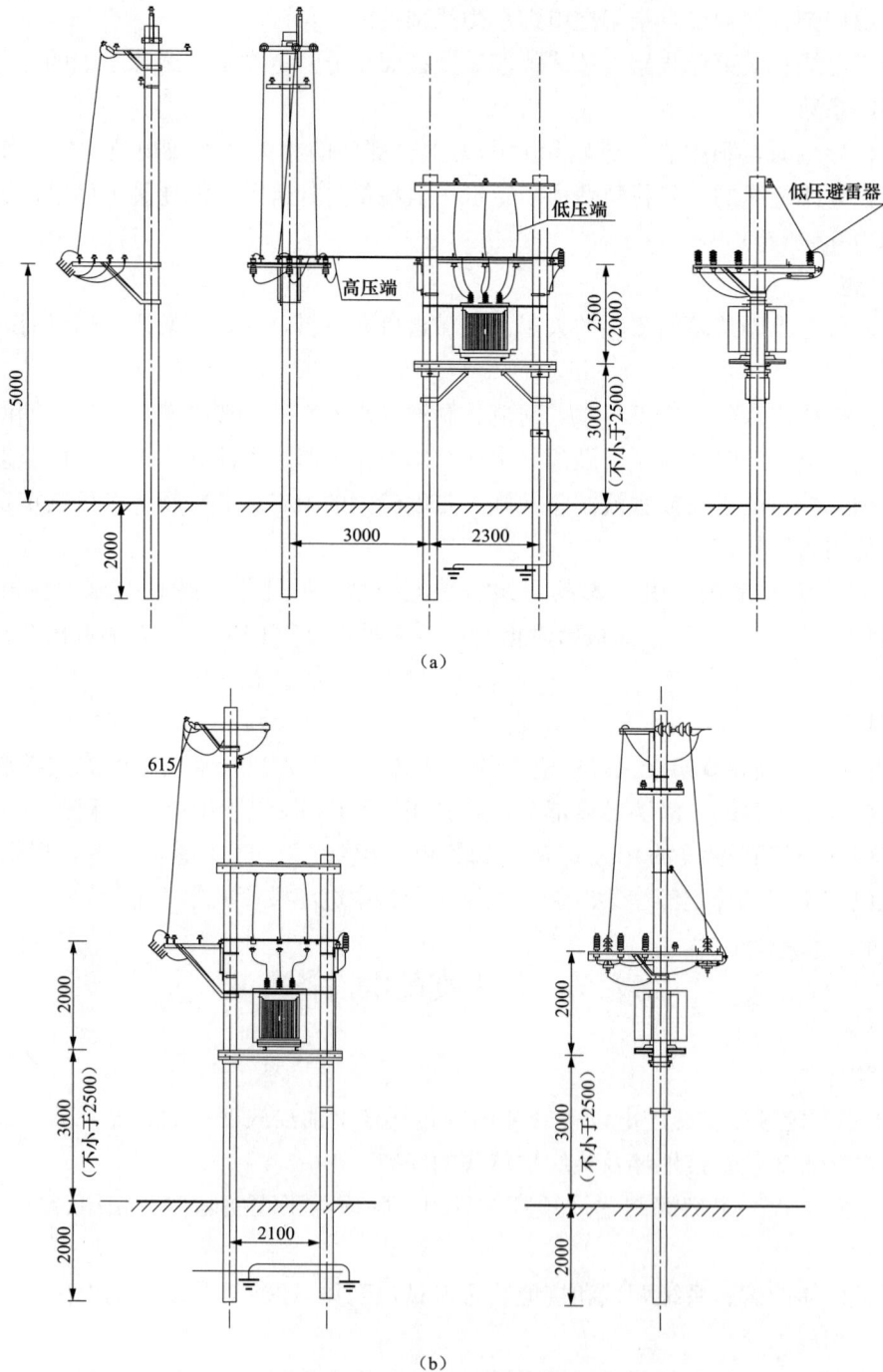

（b）

图 8-34　杆上变压器安装图

（a）Ⅰ型杆上变压器安装图；（b）Ⅱ型杆上变压器安装图

（2）跌落式熔断器、隔离开关、避雷器，以"组"为单位计算，三相为一组。跌落式熔断器如图 8-35

所示。杆上隔离开关安装图如图 8-36 所示。

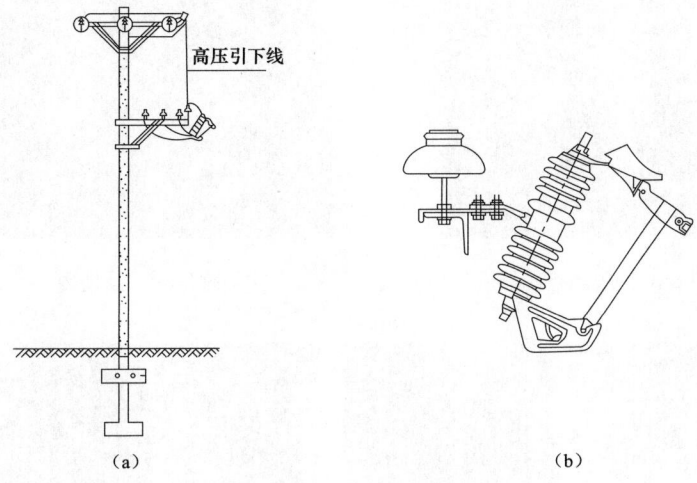

图 8-35　跌落式熔断器
(a) 熔断器杆侧面；(b) 跌落式熔断器安装图

（3）断路器、配电箱、负荷开关、变压器综合监测仪、低压无功补偿装置、10kV 户外计量箱、1kV 户外计量箱、电压（电流）互感器，以"台"为单位计算。杆上断路器安装图如图 8-37 所示。

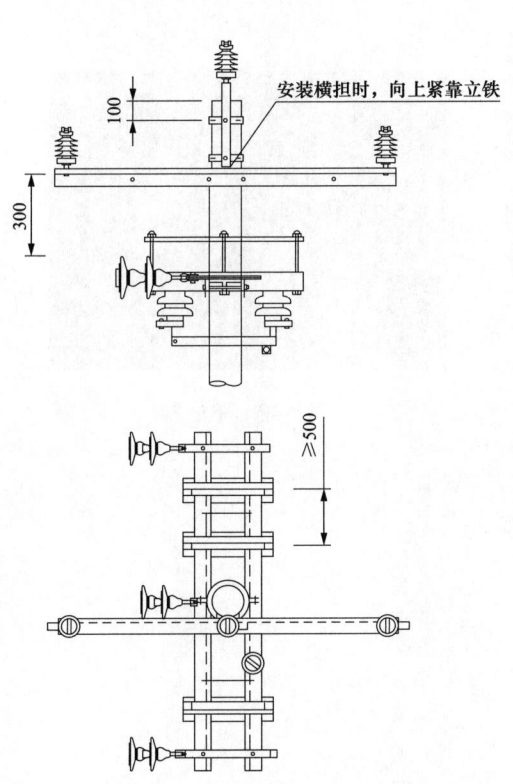

图 8-36　杆上隔离开关安装图

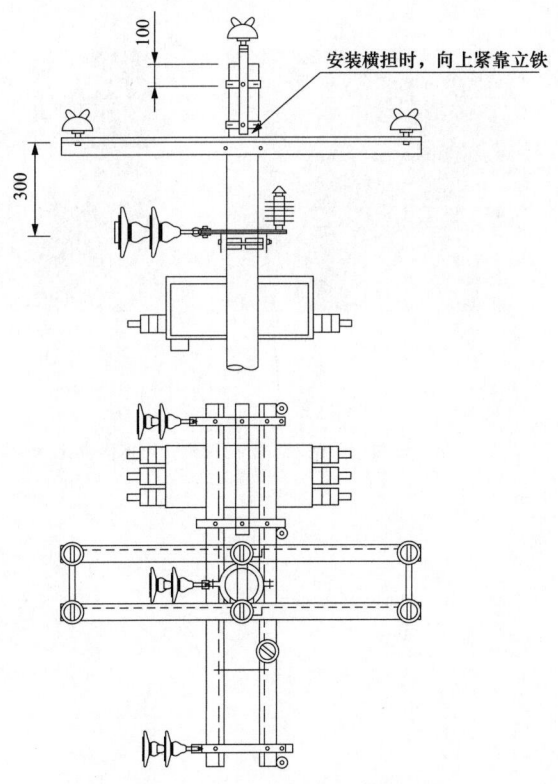

图 8-37　杆上断路器安装图

（4）线路故障指示器以"只"为单位计算。故障指示器如图 8-38 所示。

（5）接地环以"组"为单位计算，三相为一组。接地环如图 8-39 所示。

（6）电杆反光膜以"套"为单位计算。电杆反光膜如图 8-40 所示。

（7）设备绝缘护罩和驱鸟器以"个"为单位计算。设备绝缘护罩如图 8-41 所示。驱鸟器如图 8-42 所示。

图 8-38 故障指示器

图 8-39 接地环

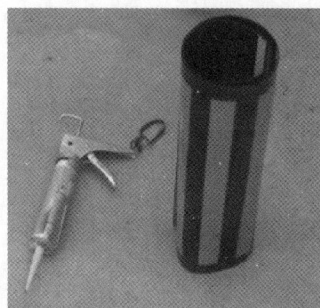

图 8-40 电杆反光膜

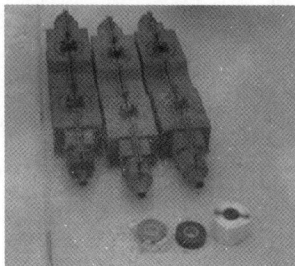

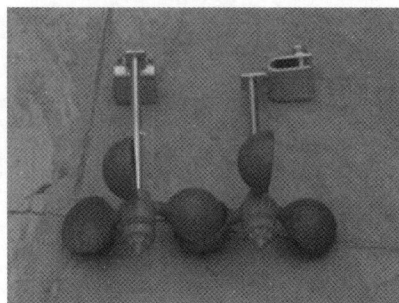

（a） （b）

图 8-41 设备绝缘护罩

（a）隔离开关绝缘护罩；（b）跌落保险器绝缘护罩

图 8-42 驱鸟器

电 缆 工 程

一、主要内容

《20kV 及以下配电网工程预算定额 第四册 电缆工程》（以下简称《电缆工程》定额）适用于 20kV 及以下配电室内和电缆配电线路工程，包括电缆沟槽及保护管敷设、电缆桥架安装、电力电缆敷设、电缆头制作安装、控制电缆敷设、电缆防火、电缆分支箱安装、电缆试验。

使用《电缆工程》定额编制建设预算文件时，除应与工程实际情况相结合外，还应注意以下问题。

（1）对同一子目出现两种及以上调整系数时，定额调整办法做了明确说明："除章节内有具体规定外一律按增加系数累加计算。章节内有规定的，按章节规定执行。"地形增加系数不属于此解释，单独进行计算。

（2）《电缆工程》定额电缆敷设子目只考虑了 100m 的人力运输费用，站内电缆敷设一般不再计算人力运输，电缆输电线路敷设时，如超过 100m 时可另计工地运输，套用《20kV 及以下配电网工程预算定额 第三册 架空线路工程》相应子目。

（3）电缆敷设定额按平地施工考虑，配电室、开关站施工不得计算地形系数，电缆配电线路一般情况下不考虑地形系数调整，遇特殊情况可按定额规定调整，具体办法可参考《20kV 及以下配电网工程预算定额 第三册 架空线路工程》相应规定执行。

（4）《电缆工程》定额只含电缆调试，但不包括接地装置调试，使用时套用《20kV 及以下配电网工程预算定额 第五册 调试工程》相应内容。

（5）在已有运行电缆的沟（隧）道内敷设时，降效增加费用可按人工费的 10% 计算。

二、定额水平的取定

1. 人工费

《电缆工程》定额采用配电网工程基准工日单价，普通工 34.0 元/工日、安装专业技术工 53.0 元/工日。

2. 材料费

（1）材料施工损耗率见表 9-1。

表 9-1 材料施工损耗率表

序号	材料名称		损耗率（%）	序号	材料名称	损耗率（%）
1	电力电缆		1.0	6	钢管	1.5
2	控制电缆		1.5	7	塑料制品（管材、板材）	5.0
3	电缆头及附件		2	8	钢筋（加工制作）	6.0
4	钢筋、型钢（成品、半成品）、桥架		0.5	9	混凝土叉梁、盖板（方、矩形）	3.5
5	水泥、石灰、降阻剂	山地、高山	7	10	商品混凝土	1.5
		其他地区	5.0	11	螺栓	3.0

续表

序号	材料名称		损耗率（%）	序号	材料名称		损耗率（%）
12	耐张压接线夹		2.0	14	黄砂	山地、高山	18.0
13	石子	山地、高山	15.0			其他地区	15.0
		其他地区	10.0				

（2）配电电缆线路工程（电源线路）电力电缆不计施工损耗。

（3）电力电缆和控制电缆损耗率中不包括备用预留的长度，以及因敷设有弯曲或有弧度而增加的长度。

三、地形增加系数使用说明

（1）《电缆工程》定额均按平地施工考虑，如在其他地形条件下施工时，在无其他规定的情况下，其人工和机械按表 9-2 的系数予以调整。

表 9-2　　地形增加系数

地形类别	丘　陵	一般山地、泥沼地带、沙漠	高　山
增加系数（%）	15	60	120

（2）各种地形的定义。

1）平地：指地形比较平坦广阔，地面比较干燥的地带。

2）丘陵：指陆地上起伏和缓、连绵不断的矮岗、土丘，水平距离 1km 以内，地形起伏在 50m 以下的地带。

3）一般山地：指一般山岭或沟谷等，水平距离 250m 以内，地形起伏在 50～150m 的地带。

4）泥沼地带：指经常积水的田地或泥水淤积的地带。

5）沙漠：指沙漠边缘地带。

6）高山：指人力、牲畜攀登困难，水平距离 250m 以内，地形起伏在 150～250m 的地带。

第一节　电缆沟槽及保护管敷设

一、主要内容

《电缆工程》定额电缆沟槽及保护管敷设内容包括破路面、直埋电缆沟槽挖填土及移动盖板、电缆保护管铺设、顶过路钢管。

《电缆工程》定额未包括顶管工作坑的开挖，电缆排管、沟（隧）道的开挖、砌筑、浇注，可套用《20kV 及以下配电网工程预算定额　第一册　建筑工程》相关定额。

二、工程量计算

（一）工程量计算规则

（1）破路面根据实际路面种类分别按路面厚度，以"m²"为单位计算。

（2）人行步道预制板路面和人行步道彩色预制板路面以"m²"为单位计算。其厚度均综合考虑，无论实际厚度是多是少，均不做调整。

（3）电缆沟槽挖、填土方，直埋电缆除特殊要求外，可按表 9-3 计算土方量。如需要砌筑沟槽时，相应土石方工程可套用《20kV 及以下配电网工程预算定额　第三册　架空线路工程》相关子目，砌筑工程套用《20kV 及以下配电网工程预算定额　第一册　建筑工程》相关子目。

（4）揭盖盖板按板长以沟长"100m"为单位计算，定额均按一揭一盖考虑。

表 9-3　　土方量计算表

项　目	电缆根数	
	1～2 根	每增 1 根
每米沟长挖方量（m³）	0.45	0.153

注　1. 两根以内的电缆沟是按上口宽度 600mm，下口宽度 400mm，深度 900mm 计算的常规土方量。

2. 每增加 1 根电缆，其宽度增加 170mm。

3. 以上土方量是按埋深从自然地坪起算，如设计埋深超过 900mm 时，多挖的土方量应另行计算。

（5）电缆沟槽铺砂盖砖，盖保护板，埋设电缆根数 2 根以内按沟长"100m"为单位计算，每增加 1 根电缆长度"100m"为单位另加费用。

（6）电缆过路保护管以设计管长度"100m"为单位计算。

（7）电缆上杆保护管以"根"计算，其长度按单根 2.5m 已综合考虑，无论实际长度是多是少，均不做调整。

（8）密封式电缆保护管分管径以"根"计算，其长度已综合考虑，无论实际长度是多是少，均不做调整。

（9）顶过路钢管以设计管长度"m"为单位计算，扣除各井室尺寸，定额中"10m 以外""10m 以内"是指同一点顶管总长度。

（二）工程量计算方法

（1）破路面定额，编制时文件未说明的，可按下列公式计算。

直埋电缆沟槽开挖路面计算规则：面积 $S = DL$

式中　D——开挖沟槽路面宽度，一般宽度 $D = 0.6 + 0.17(n - n_1)$；

　　　n——敷设电缆根数，当小于 2 根时不考虑电缆的增加宽度；

　　　n_1——定额规定电缆根数，一般按 2 根考虑；

　　　L——开挖沟槽路面长度。

（2）直埋电缆挖、填土方，如设计有特殊要求可按设计规定执行；如无特殊规定，一般两根以内的电缆沟，是按上口宽度 600mm，下口宽度 400mm，深度 900mm 计算，土方量为 $(0.6 + 0.4) \times 0.9 / 2 = 0.45 m^3$；每增加一根电缆，其宽度增加 170m，增加土方量 $0.170 \times 0.9 = 0.153 m^3$；以上土方量是按埋深从自然地坪起算，如设计埋深超过 900mm 时，多挖的土方量应另行计算。

三、工程案例

某电缆工程，路径长 1km，需同沟敷设 3 根 YJV_{22}-10kV-3×120mm² 电缆，土质全部为坚土。其中，100m 路面为钢筋混凝土路面，其余为沥青路面，厚度均为 150mm。过路口部位使用钢管进行电缆保护，其中，顶双根 ϕ200 过路钢管路径长 9m，直埋一根 ϕ200 镀锌钢管 100m；进建筑物安装 5 根 ϕ200 保护管。

单位工程预算表

定额	项目名称及规格	单位	数量	计算公式
PL1-1×1.18	破钢筋混凝土路面	m²	77	100×(0.6+0.17)
PL1-3	破沥青路面	m²	693	900×0.77

注：钢筋混凝土路面开挖按混凝土路面定额乘以系数 1.18。

定额	项目名称及规格	单位	数量	计算公式
PL1-10	直埋电缆沟槽挖填土坚土	m³	603	1000×(0.45+0.153)
材料	警示带	m	1000	

定额	项目名称及规格	单位	数量	计算公式
PL1-39	密封电缆保护管安装	根	5	
PL1-23	ϕ200 电缆保护管铺设	100m	1	100/100
材料	ϕ200 钢管	m	100	

注：过路电缆保护管设计时已考虑预留长度。电缆进建筑物时需使用密封电缆保护管进行保护。

定额	项目名称及规格	单位	数量	计算公式
PL1-43	顶 ϕ200 过路钢管 10m 以外	m	18	2×9
材料	ϕ200 钢管	m	18	

四、注意事项

（一）破路面

（1）人行步道预制板路面厚度按 60mm 考虑，人行步道彩色预制板路面厚度按 120mm 考虑，无论实际厚度是多是少，均不做调整。以开挖面积"m²"为单位计算。

（2）当市区人行步道预制板路面成"品"字形铺设，在开挖路面计算宽度时，可根据沟槽实际开挖平均宽度计算（包括交叉重叠部分）。

（3）钢筋混凝土路面开挖按混凝土路面定额乘以系数 1.18。

（4）路面修复工程另套其他子目或根据各地方标准计列。

（二）直埋电缆沟槽挖填土及移动盖板

（1）"揭（盖）盖板"子目中不含盖板材料费。

（2）土质的分类。

普通土：指种植土、黏沙土、黄土和盐碱土等，即利用锹、铲可挖掘的土质。

坚土：指土质坚硬的红土、板状黏土、重块土、高岭土等必须使用铁镐、条锄挖松，再用锹、铲挖出的土质。

松砂石：指碎石、卵石和土的混合体，各种不坚实砾岩、叶岩、风化岩，节理和裂缝较多的岩石等（不需要用爆破方法开采）需要镐、撬棍、大锤、楔子等工具配合才能挖掘者。

岩石：一般指花岗岩、白云岩、石英岩、大理石、石灰岩及石灰质胶结的砂岩等石质。即不能用普通挖掘工具进行挖掘，而必须采用打眼、爆破或打凿才能挖掘者。

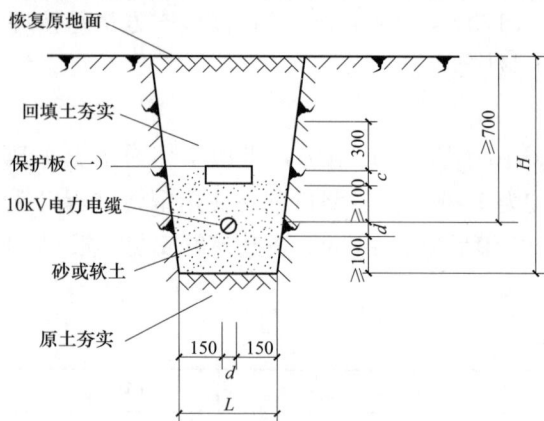

图 9-1 直埋电缆敷设示意图

说明：（1）L、H 为电缆壕沟的宽度和深度，应根据电缆根数和外径确定。（2）d 为电缆外径，c 为保护板厚度。（3）电缆穿越农田时的最小埋深为 1000mm。

（3）电缆埋深最小不应小于 0.7m（电缆表皮至地面的净距），因此挖沟深度应不小于 0.8～0.9m，即沟的深度应大于 0.7m 加电缆外径和垫层沙子的厚度。水平排列时 10～20kV（含 10kV）电缆间距为 0.25m，1kV 电缆及以下间距为 0.1m，电缆穿管时不做规定，电缆保护板宽度最少应超出电缆两侧各 0.05m。直埋电缆敷设示意图如图 9-1 所示。

（三）电缆保护管铺设

（1）电缆保护管敷设适用于局部电缆保护，全程电缆保护不能套用此定额子目。

（2）密封式电缆保护管是在保护管中全管填充油麻等材料，不使用此工艺的保护管不能套用此定额，定额是按每根 1.5m 编制的，无论实际长度是多是少，均不做调整。

（3）玻璃钢管、PVC 管、波纹管等电缆过路保护管敷设，均套用塑料管定额子目。

第二节 电缆桥架安装

一、主要内容

《电缆工程》定额电缆桥架安装内容包括钢制桥架、玻璃钢桥架、铝合金桥架的安装。

电缆沟（隧）道内的电缆支架制作安装，执行《20kV 及以下配电网工程预算定额 第二册 电气设备安装工程》铁构件制作安装的子目。

二、工程量计算规则

电缆梯架、托盘分规格（宽＋高）以设计长度"m"为单位计算，不扣除弯通、三通等附件的长度。

三、工程案例

某工程，使用不锈钢梯式桥架（400mm×200mm）150m，支臂3.75t。

单 位 工 程 预 算 表

定 额	项目名称及规格	单 位	数 量	计算公式
PL2-2×1.1	钢制桥架安装	m	150	
材料	不锈钢桥架	m	150	成品
PD5-1	一般铁构件制作	t	3.75	如成品可不计列
材料	型钢	t	3.75	或成品
PD5-2	一般铁构件安装	t	3.75	
材料	型钢	t	3.75	

注 不锈钢桥架执行钢制桥架安装相应子目，乘以系数1.1。

四、注意事项

（1）电缆桥架、梯架、托盘的安装定额均按生产厂家供应成套成品，现场安装考虑；电缆桥架、梯式桥架（如图9-2所示）、托盘式桥架（如图9-3所示）所需的支臂、吊架制作、安装如需现场制作安装执行《20kV及以下配电网工程预算定额 第二册 电气设备安装定额》铁构件制作、安装的相应子目。

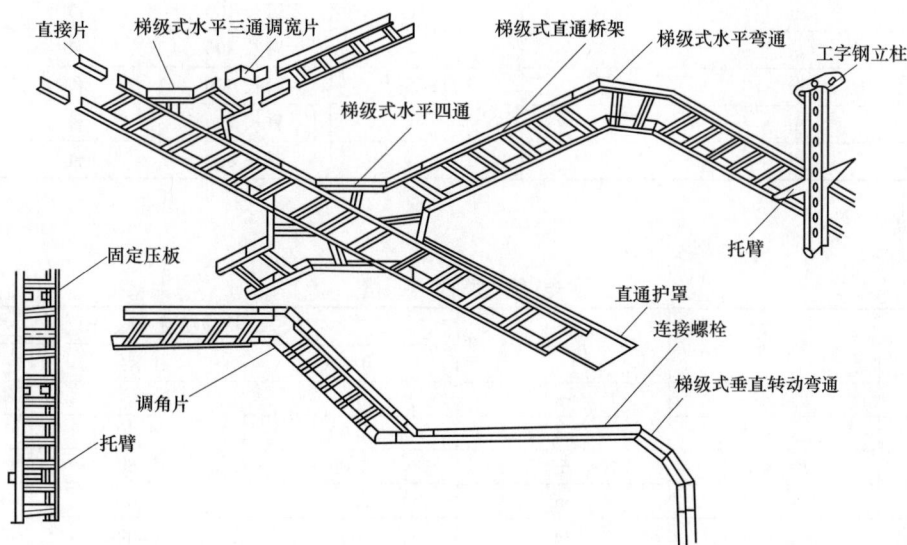

图9-2 梯式桥架

（2）钢制桥架主结构设计厚度大于3mm时，定额人工工日、机械台班用量乘以系数1.2。

（3）不锈钢桥架执行钢制桥架安装相应子目，乘以系数1.1。

（4）电缆桥架长度与质量换算按订货厂家规定参数执行，如没有规定，可参考下表换算。

1）立柱及托臂（包括底座质量）。

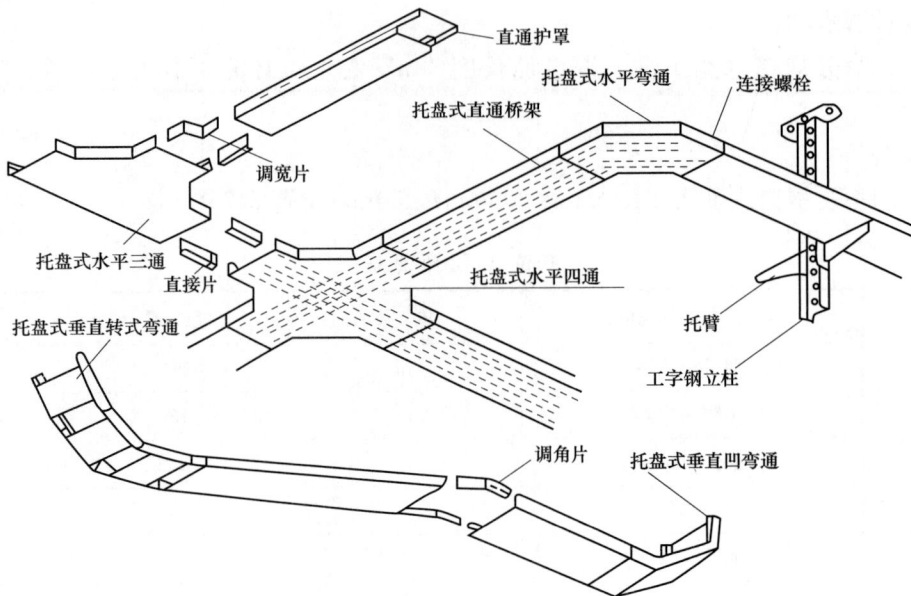

图 9-3 托盘式桥架

立 柱 及 托 臂 规 格

立 柱				托 臂		
规格	单位	质量（kg/件）		规格	单位	质量（kg/件）
		一般	轻型			
工字型 $h=120$	m	15.7	10.39	臂长 150	件	1.21
工字型 $h=100$	m	14.5	9.12	臂长 200	件	1.42
槽钢型 6 号	m	10.13	8.54	臂长 300	件	1.94
槽钢型 8 号	m	11.54	/	臂长 400	件	2.43
槽钢型 10 号	m	13.5	/	臂长 500	件	2.92
角钢型 60	m	9.02	6.38	臂长 600	件	3.41
角钢型 75	m	12.43	/	臂长 700	件	3.9
				臂长 800	件	4.4

2）电缆桥架。

电 缆 桥 架 规 格

序 号	规 格	单 位	桥架质量（kg/m）		
			梯 式	托盘式	槽 式
1	100×50	m	/	/	6.00
2	150×75	m	5.00	6.00	8.00
3	200×60	m	6.00	7.50	/
4	200×100	m	7.50	9.00	12.00
5	300×60	m	6.50	10.00	/
6	300×100	m	8.00	11.50	/
7	300×150	m	10.50	13.00	17.00
8	400×60	m	9.00	12.50	/
9	400×100	m	10.50	14.50	/
10	400×150	m	13.00	17.00	/
11	400×200	m	/	/	25.00
12	500×60	m	11.00	15.00	/
13	500×100	m	12.50	17.00	/
14	500×150	m	14.50	20.00	/

序 号	规 格	单 位	桥架质量（kg/m）		
			梯 式	托盘式	槽 式
15	500×200	m	/	/	30.00
16	600×60	m	12.50	18.00	/
17	600×100	m	14.00	20.00	/
18	600×150	m	16.00	23.00	/
19	600×200	m	/	/	35.00
20	800×100	m	16.00	26.00	/
21	800×150	m	18.00	29.00	/
22	800×200	m	/	/	43.00

注 根据设计图纸和电缆桥架的单位荷重（kg/m）选用立柱的规格和数量（立柱间的距离0.5～2m）。

第三节 电力电缆敷设

一、主要内容

《电缆工程》定额电力电缆敷设内容包括直埋式电力电缆敷设，电缆沟（隧）道内电力敷设，排管内电缆敷设，电力电缆沿支架、沿墙卡设。

使用《电缆工程》定额编制建设预算文件时，除应与工程实际情况相结合外，还应注意以下问题。

（1）架空电缆敷设套用《20k及以下配电网工程预算定额 第三册 架空线路工程》相关定额。

（2）电缆敷设定额是按平原地区工程的施工条件编制的，不适用在积水区、水底、井下等特殊条件下的电缆敷设。

（3）电力电缆敷设定额未包括以下工作内容。

1）冬季施工的电缆加温，按实际列入措施费用。

2）隔热层、保护层的制作、安装。

3）沿墙支架的制作安装，套用《20kV及以下配电网工程预算定额 第二册 电气设备安装工程》铁构件制作安装定额。

4）电缆敷设中，如隧（沟）道、井室内需排出积水，另行计算。

二、工程量计算规则

（1）10kV电力电缆敷设按设计长度以"100m/三相"为单位计算。定额按10kV三芯考虑，单芯电力电缆敷设按同等截面电缆定额乘以系数2。

（2）1kV电力电缆敷设按设计长度以"100m"为单位计算。定额按1kV五芯编制，少于四芯时不做调整，每增加一芯定额调整系数1.3。

三、注意事项

（1）电缆敷设定额按铜芯电缆考虑，如果实际采用铝芯可以参考同截面电缆，按相应定额人工、机械乘以系数0.9。

（2）竖直通道电缆敷设时，执行相应定额子目，但人工费基数乘以系数3.0。

（3）电缆沿桥架敷设时套用电缆沿支架、墙面卡设的相应子目。

（4）电缆敷设方法如图9-4～图9-6所示。

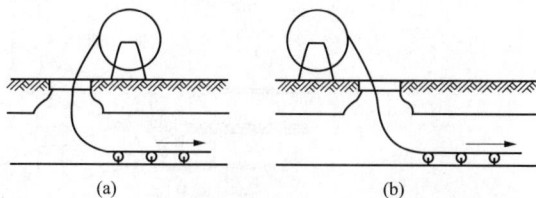

(a) (b)

图9-4 电缆在沟（隧）道内的敷设方法

（a）方式（一）；（b）方式（二）

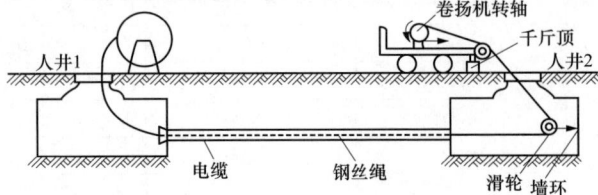

图 9-5 电缆在排管内的敷设方法

图 9-6 电缆沿墙面卡设

第四节 电缆头制作安装

一、主要内容

《电缆工程》定额电缆头制作安装内容包括电力电缆终端头、中间头的制作安装，以及肘型电力电缆终端头的制作安装。

二、工程量计算规则

（1）10kV 电力电缆头以"套/三相"为单位计算。

（2）1kV 电力电缆头以"个"为单位计算。

三、工程案例

某工程安装 YJV_{22}-10kV-3×185mm² 户外热缩式电缆终端头 6 个，终端支架 6 套。

单 位 工 程 预 算 表

定 额	项目名称及规格	单 位	数 量	计算公式
PL4-3	户外 10kV 热（冷）缩电力电缆终端头制作安装 240mm² 以内	套/三相	6	
材料	接线端子	个	18	6×3
	电缆头	套	6	
	终端支架	套	6	

四、注意事项

（1）预制式终端头执行热（冷）缩式终端头的相应子目。

（2）10kV 及以下电缆头结构图如图 9-7～图 9-10 所示。

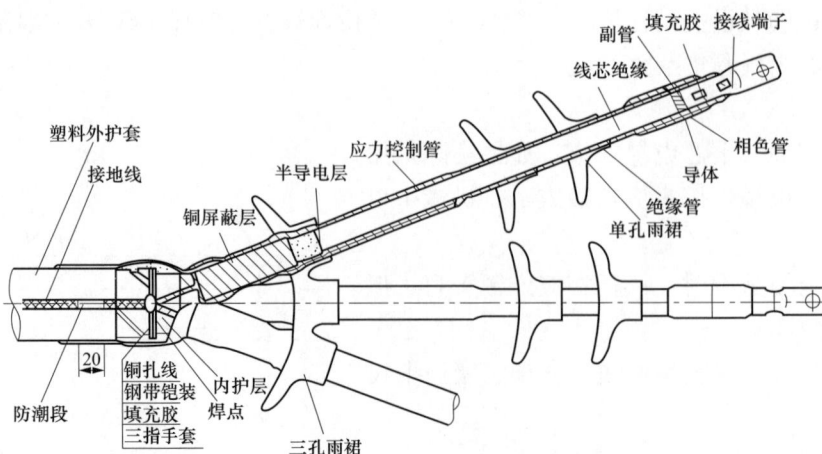

图 9-7 10kV 户外热缩式电力电缆终端头结构图

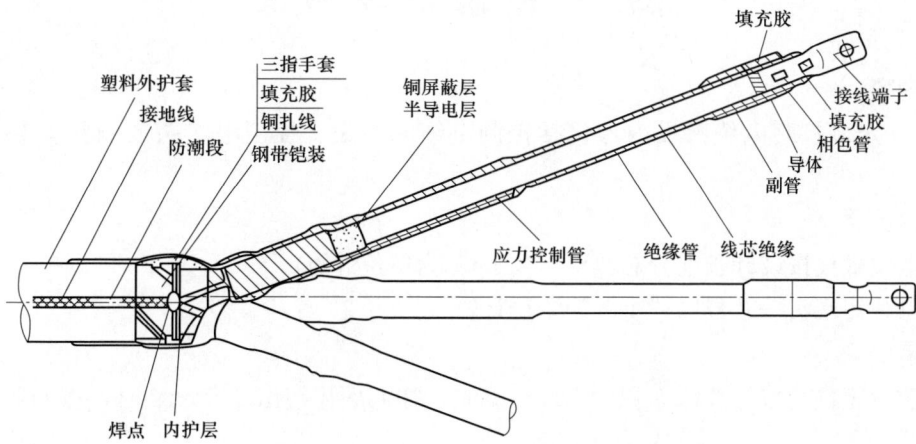

图 9-8　10kV 户内热缩式电力电缆终端头结构图

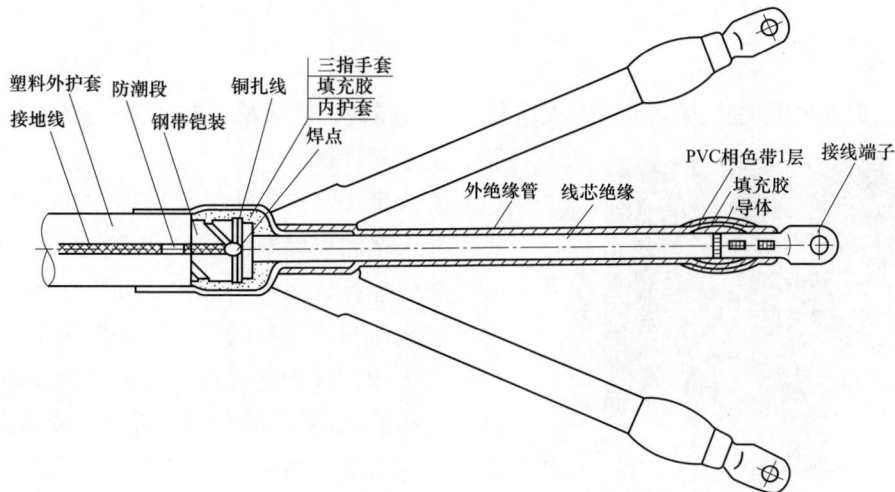

图 9-9　1kV 户内热缩式电力电缆终端头结构图

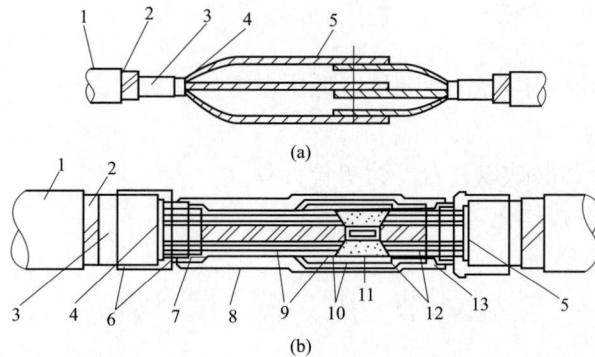

图 9-10　10kV 交联电缆热缩型中间接头结构图

1—铜屏蔽层；2—内护套；3—铠装；4—PVC 护套；5—半导体管；

6—应力管；7—线芯绝缘；8—填充胶；9—接线管；10—内绝缘管；

11—外绝缘管；12—半导电层；13—铜屏蔽层

第五节　控　制　电　缆　敷　设

一、主要内容

《电缆工程》定额控制电缆敷设内容包括控制电缆的敷设、控制电缆头的制作安装、感温电缆的敷设。

二、工程量计算

（1）控制电缆敷设按设计长度分芯数以"100m"为单位计算。

（2）控制电缆终端头按芯数以"个"为单位计算。

三、注意事项

控制电缆敷设定额均按导线截面积 2.5mm² 编制，如截面积超出 2.5mm² 时，按同等芯数定额乘以系数 1.06。

第六节　电　缆　防　火

一、主要内容

《电缆工程》定额电缆防火内容包括防火堵料、防火隔板、防火槽、防火带、防火墙的安装。

图 9-11　电缆防火墙

二、工程量计算

（1）防火带按防火带设计长度以"100m"为单位计算。

（2）防火堵料以堵料的质量"t"为单位计算。

（3）防火隔板以隔板的面积"m²"为单位计算。

（4）防火涂料以涂料的质量"kg"为单位计算。

（5）防火槽盒按槽盒设计长度以"100m"为单位计算。

（6）电缆防火墙（如图 9-11 所示）按墙面的垂直投影面积以"m²"为单位计算，不扣除孔洞面积。

第七节　电　缆　分　支　箱

一、主要内容

《电缆工程》定额电缆分支箱内容包括高压、低压电缆分支箱的安装。

二、工程量计算

（1）10kV 电缆分支箱分回路数以"台"为单位计算。

（2）1kV 电缆分支箱不分规格以"台"为单位计算。

第八节　电　缆　试　验

一、主要内容

《电缆工程》定额电缆试验内容包括电缆绝缘摇测、直流耐压试验、交流耐压试验、电阻比试验、电缆局部放电试验。

二、工程量计算

（1）电缆试验以"回路"为单位计算，在同一地点做两路及以上试验时，从第二回路起按 60％计算。

（2）绝缘遥测预试验以"盘"为计量单位，交接试验以"回路"为计量单位。

三、注意事项

（1）直流耐压试验是对纸绝缘、充油电缆线路进行的系统质量检验。

（2）交流耐压试验是对交联聚乙烯电缆线路进行的系统质量检验。定额是按最大试验长度5km编制的。

（3）电阻比试验是指电缆铜屏蔽层电阻和导体电阻比试验的费用。

（4）电缆局部放电试验为监测电缆状态的试验，定额是按最大试验长度3km编制的。

（5）由省级（直辖市）及以上电力公司文件或规程规定需要做电缆局部放电及交流耐压试验时才能计取这两项费用。

调 试 工 程

一、主要内容

《20kV 及以下配电网工程预算定额 第五册 调试工程》（以下简称《调试工程》定额），包括电气设备单体调试、电气设备分系统调试、成套电气设备单体及系统调试。

使用《调试工程》定额编制建设预算文件时，除应与工程实际情况相结合外，还应注意以下问题。

（1）调试工作内容除已注明外，还包括熟悉图纸及有关资料、核对设备、填写试验记录、保护整定值的整定和调试报告的整理工作。

（2）《调试工程》定额未包括大型试验设备、仪器的场外转移费用，发生时另行计算。

（3）电气设备单体调试中的高低配电柜和低压无功自动补偿成套装置的调试已经包含电气设备元件本体在内的整体试验，不得再单独计算电气设备元件本体调试。

（4）变压器系统调试与送配电系统调试的适用区别：变压器系统调试，以每个电压侧有一台断路器为准；超出一个断路器的按相应电压等级送配电设备系统调试的相应定额另行计算。

例：当有 2 回外电源（均由断路器或负荷开关控制）为同一台变压器供电且输出为一回低压电（由断路器或负荷开关控制）时，先计算断路器、变压器等本体设备单体调试，再计算其中一回高压断路器、变压器、低压断路器作为一个变压器分系统调试，而另一回高压断路器与相关可调元件构成一个10kV 送配电系统，另计一个送配电分系统调试。

（5）送配电系统调试中的 1kV 以下供电系统定额仅适用于带有仪表、继电器、电磁开关等可调元件（不包括隔离开关、空气断路器、熔断器）的供电系统。

（6）成套电气设备单体及系统调试包括箱体内所有设备的单体及分系统调试，不得重复套用相应设备的单体和分系统调试。

（7）《调试工程》定额按现行施工技术验收规范编制的，凡现行规范（指定额编制时的规范）未包括的新调试项目和调试内容，可根据省级以上电网公司主管部门的文件规定另行计算。

（8）《调试工程》定额中的调试对象除各项目另有规定外，均为安装就绪并符合国家施工及验收规范要求的电气装置。

（9）电气调试所需的电力消耗已包括在定额内，一般不另计算。

（10）安装与生产同时进行时的降效费用，可按人工费的 10% 计算。

二、定额水平的取定

人工费：《调试工程》定额采用配电网工程基准工日单价，安装专业技术工 53.0 元/工日。

三、调试工程相关定义

（1）单体调试是指电气设备在安装工作前或安装工作结束而未与系统连接时，按照电力建设施工及验收技术规范的要求，为确认其是否符合产品出厂标准和满足实际使用条件而进行的单一试运或单一调试工作。

（2）分系统调试是指工程的各系统在电气设备单机试运或单体调试合格后，为使系统达到整套启动所必须具备的条件而进行的调试工作。

第一节 电气设备单体调试

一、主要内容

《调试工程》定额电气设备单体调试内容包括 10kV 电力变压器调试，消弧线圈调试，断路器调试，隔离开关调试，电压互感器调试，电流互感器调试，避雷器调试、绝缘子调试、穿墙套管调试，绝缘油试验，10kV 高压成套配电柜调试，低压无功自动补偿成套装置调试，低压成套配电柜调试，以及蓄电池充放电试验。

二、工程量计算规则

（1）10kV 电力变压器调试，以"台"为计量单位。

（2）消弧线圈调试按形式不分容量套用相应定额子目，以"台"为计量单位。

（3）断路器调试以"台"为计量单位。断路器调试定额中已综合考虑各种形式，套用定额子目不做调整。

（4）隔离开关、负荷开关的调试，以"组"为计量单位，三相为一组，且已包括带接地开关的调试。

（5）电压互感器调试，以"台"为计量单位。电压互感器调试定额中已综合考虑各种形式，套用定额子目不做调整。

（6）电流互感器调试，按电压等级不分形式套用定额子目，以"台"为计量单位。

（7）避雷器调试，按电压等级不分形式套用定额子目，以"组"为计量单位，三相为一组，且已包括带接地开关的调试。

（8）绝缘子调试，以绝缘子数量"10 个"为计量单位。

（9）穿墙套管调试"个"为计量单位。

（10）绝缘油试验，按试验规程规定需要测试的油样数量计算，以"样"为计量单位。

（11）10kV 高压成套配电柜调试，以配电柜"面"数为计量单位，一个柜体为"一面"。

（12）低压无功自动补偿成套装置调试，以"套"为计量单位。

（13）低压成套配电柜调试，以"面"为计量单位，一个柜体为"一面"。

（14）蓄电池充放电试验，不同容量以"组"为计量单位。

三、注意事项

（1）电力变压器调试不分形式按容量套用相应定额子目不做调整，单相变压器按容量套用相应定额子目乘以系数 0.5。

（2）成套高低压配电柜的调试已经包括柜内设备相应单体调试，不得再拆分单独重复计算。

（3）蓄电池补充电及蓄电池容量试验仅适用于改造工程中局部更换电池的试验。

（4）蓄电池充放电试验适用于新建工程，不分种类按不同容量套用相应定额子目不做调整。

第二节 电气设备分系统调试

一、主要内容

《调试工程》定额电气设备分系统调试内容包括 10kV 电力变压器系统调试、送配电系统调试、母线系统调试、特殊保护装置调试、自动投入装置调试、UPS 系统调试、直流电源系统调试、接地装置调试等。

二、工程量计算规则

（1）10kV 电力变压器系统调试，以"系统"为计量单位。电力变压器系统调试，系统内包括变压器、每个电压等级内的一个断路器间隔内设备及相关二次设备的调试。以每个电压侧有一台断路器为准，超过一个断路器的按相应电压等级送配电设备系统调试定额另行计算。

（2）送配电系统调试，按其电压等级以"系统"为计量单位。

（3）母线系统调试，以"段"为计量单位。

（4）特殊保护装置调试，以"套"为计量单位，构成一个保护回路为一套，按设计规定所保护的送电线路断路器台数计算。特殊保护装置调试包括保护装置本体及二次回路的调试。

（5）备用电源自投装置调试，以"系统（套）"为计量单位，按连锁机构的个数确定备用电源自投装置系统数。装设自动投入装置的两条互为备用的线路或两台变压器，计算备用电源自动投入装置调试时，应为两个系统。

（6）自动重合闸调试系统，以"系统（套）"为计量单位，按自动重合闸装置的断路器数量计算，一台断路器为一系统。

（7）不间断电源装置 UPS 调试，已包括蓄电池充放电调试，不再套用单体调试定额，按容量以"系统"为计量单位。UPS 系统调试容量为一套 UPS 设备的总容量。

（8）直流盘监视系统调试，以"系统"为计量单位。

（9）事故照明切换系统调试，以"系统"为计量单位。按设计能完成交、直流切换的一套装置为一个调试系统计算。

（10）高频开关电源系统调试，以"系统"为计量单位。

（11）接地网接地电阻的测定，以"系统"为计量单位，按一个独立接地网为一个系统计算，如由接地断接卡连接的接地网可独立计算。

（12）独立的接地装置以"组"为单位计算。如一台柱上变压器有一个独立的接地装置，即按一组计算。

三、注意事项

（1）送配电系统调试。

1）母联系统调试，套用同电压等级的送配电设备系统调试定额。

2）母线分段或备用开关套用同电压等级的送配电设备系统调试定额乘以系数 0.50。

3）送配电系统调试适用于除变压器系统调试外的带断路器的进出线、母联、分段等系统调试。

（2）母线系统调试仅适用于装有电压互感器的母线段，如无电压互感器的母线段，则不得计列。

（3）直流盘监视系统调试定额是按通用型直流屏编的，对微机型直流屏调试应乘以系数 1.3。

（4）电气设备分系统调试定额不包括不间断电源蓄电池安装和配套的发电机组的相关费用。

第三节　成套电气设备单体及系统调试

一、主要内容

《调试工程》定额成套电气设备单体及系统调试内容包括 10kV 开闭所成套装置调试和组合型成套箱式变电站调试。

二、工程量计算规则

（1）10kV 开闭所成套装置调试，分断路器操作和负荷开关操作两种，以"座"为计量单位，一个集装箱体为"一座"。开关间隔数为进出线间隔数之和。

（2）组合型成套箱式变电站调试，按变压器容量套用相应子目，以"座"为计量单位，一个集装箱体为"一座"。

三、注意事项

成套电气设备单体及系统调试已包括箱体内所有设备的单体及分系统调试，不得重复套用相应设备的单体和分系统调试。

通信及自动化工程

一、主要内容

《20kV及以下配电网工程预算定额 第六册 通信及自动化工程》（以下简称《通信及自动化工程》定额）适用于20kV及以下配电网配电系统通信工程、配电自动化工程、电能表集中采集系统等新建、扩建的安装工程。

使用《通信及自动化工程》定额编制建设预算文件时，除应与工程实际情况相结合外，还应注意以下问题。

（1）除《通信及自动化工程》定额各章另有说明外，均包括施工准备、设备开箱检查、场内运搬、设备安装、现场清理、质量检验及配合检验等。

（2）场内搬运指设备、器材从施工组织设计规定的现场仓库（堆放地点）运至施工地点的水平搬运及垂直搬运（指无电梯楼房，人力从地面到机房楼层的垂直搬运或者从地面至山墙、电杆、变台等处）。

（3）《通信及自动化工程》定额中设备均包括本体的接地。

（4）《通信及自动化工程》定额未包括的工作内容。

1）表计修理和面板修改、翻新，以及设备修复、更换后的重新安装试验。

2）安全生产和施工所采取的措施费用。

3）设备电源电缆的敷设。

4）设备本体的现场整体喷漆。

（5）安装与生产同时进行时，降效增加费用可按人工费的10%计算。

二、定额水平的取定

1. 人工费

《通信及自动化工程》定额采用配电网工程基准工日单价，普通工为34.0元/工日、安装专业技术工53.0元/工日。

2. 材料费

（1）施工损耗率见表11-1。

表11-1 材料施工损耗率表

序号	材料名称		损耗率（%）	序号	材料名称	损耗率（%）
1	裸软导线	平地、丘陵	0.4	8	金属板材	4.0
		山地、高山	0.6	9	金属管材、管件	3.0
2	绝缘导线		0.6	10	型钢	5.0
3	电力电缆		1.0	11	压接式线夹、螺栓	2.0
4	控制电缆、通信电缆		1.5	12	金具	1.0
5	拉线材料（钢绞线、镀锌铁线等）		1.5	13	桥架	0.5
6	塑料制品（槽、板、管）		5.0	14	插座	2.0
7	电缆头套件		5.0			

（2）施工损耗率表中绝缘导线、电缆、硬母线、裸软导线，其损耗率中不包括连接电气设备、器具而预留的长度，也不包括各种弯曲（包括弧度）而增加的长度。

第一节 通 信 工 程

一、主要内容

《通信及自动化工程》定额通信工程内容包括双绞线敷设、光缆架（敷）设，以及通信设备的安装、调试。

通信工程中设备电源电缆（线）的敷设，可套用《20kV 及以下配电网工程预算定额　第四册　电缆工程》相关定额。

电缆沟内敷设光缆的揭（盖）电缆沟盖板，敷设直埋式光缆的破路面，挖沟，埋塑料管或钢管，顶管，沟内铺砖，铺沙、板等，可套用《20kV 及以下配电网工程预算定额　第四册　电缆工程》相关定额。

通信工程章节中未包括通信设备联调的相关内容。

《通信及自动化工程》定额架空光缆指电话通信光缆，不包括 OPGW。

二、工程量计算规则

（1）通信线综合了敷设方式分线芯对数以"100m"为计量单位。

（2）跳线制作，以"条"为计算单位。

（3）跳线卡接，以"对"为计量单位。

（4）模块插座、过线盒的安装，以"个"为计量单位。

（5）通信线测试，以"点"为计量单位。

（6）架空光缆、ADSS 自承式光缆架设，以"km"为计量单位，长度为架空线路的亘长，即水平投影距离。

（7）光缆敷设，以"km"为计量单位，按敷设方式是否含子管分别套用定额子目。

（8）线槽、桥架、支架、活动地板内明布放光缆，以"km"为计量单位，按芯数套用定额子目。

（9）穿放引上光缆，不分长度及芯数，均以"条"为计量单位。

（10）光缆终端盒（如图 11-1 所示）、余缆架以"只"为计量单位，光纤连接盘以"块"为计量单位。

（11）打穿墙洞，按打穿墙洞一处为"一个"计算。

（12）尾纤布放，以"根"为计量单位，按布放方式不分芯数套用定额子目。

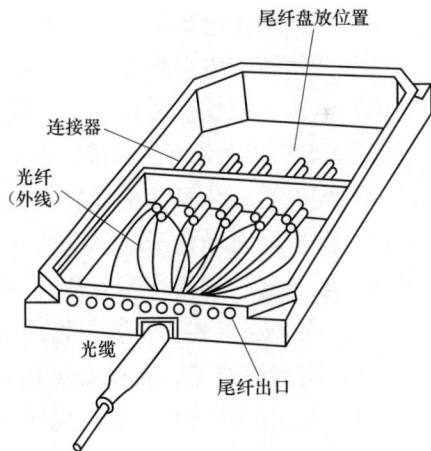

图 11-1　光缆终端盒

（13）光缆接续，按芯数以"个"为计量单位，这里的"个"指光缆头的个数。

（14）光缆成端，按芯数以"个"为计量单位，这里的"个"指光缆头的个数。

（15）光缆封堵，以封堵位置"处"为计量单位，每一个堵洞为"一处"。

（16）光缆单盘测试为敷设前，以"盘"为计量单位，分芯数套用定额；光缆全程调测为敷设后，以"段"为计量单位，分芯数套用定额。

（17）通信设备安装调试，分设备类型以"台"为计量单位。

三、注意事项

（1）除光缆之外的通信线缆（包括 2M 线、用户电缆、音频电缆等）敷设套用通信线敷设定额子目，音频电缆的敷设套用 4 对以下通信线敷设定额子目。

（2）跳线的作用，即用来实现某种功能的跨接线，通信跳线作为配线架或设备连接线缆，常用于配线架上交接各种链路，以达到连通通信线路的作用。

（3）余缆架无论是角钢，还是铝型材等材质，定额均不做调整。

表 11-2　地 形 增 加 系 数

地形类别	丘陵	一般山地、泥沼地带、沙漠
增加系数	15%	60%

（4）架空式、直埋式光缆是按平地地形考虑的，如在其他地形条件下施工，在无其他规定的情况下，其人工、机械费定额可按表 11-2 地形增加系数予以调整。

（5）光缆接续、成端适用于含铜导线的光缆。

（6）通信设备安装调试定额，不分长途和市话传输，均执行同一定额标准。使用中不因场地或厂家不同而调整定额。

（7）安装各种配线架不分国产、进口均执行同一定额标准。

第二节　配 电 自 动 化

一、主要内容

《通信及自动化工程》定额配电自动化内容包括自动化设备安装调试和自动化分系统调试。

二、工程量计算规则

（一）自动化设备安装调试

（1）配电自动化终端设备安装，均按采集器数量以"台"数为计量单位。

（2）配电变压器采集器、柱上配电变压器采集器调试，按变压器台数以"台"为计量单位。

（3）环网柜配电采集器调试不论其安装方式如何，一律按环网柜数量以"台"为计量单位。

（4）开闭所配电采集器调试，以"间隔"为计量单位，一台断路器为一个间隔。

（5）电压监控切换装置安装、调试，以监控切换装置数量"台"为计量单位。

（6）GPS 时钟安装、调试，以 GPS 时钟"套"为计量单位，含天线，一般每站一套 GPS 系统。

（7）配电自动化子站柜安装（也称中压监控单元），以柜体数量"台"为计量单位。

（8）配电网自动化子站（本体）调试，以"系统"为计量单位，一个站点为一个系统。

（9）服务器、工作站等主站设备安装调试，以"系统"为计量单位。

（10）安全隔离装置安装、物理防火墙安装、调试，以"系统"为计量单位。

（11）调制解调器、路由器安装调试，均以设备本身"台"数计列。

（12）双机切换装置设备、局域网交换机，均以设备本身"台"数计列。

（13）配电自动化主站系统本体调试，以"系统"为计量单位，一个主站为一个系统。

（二）自动化分系统调试

（1）主（子）站与各终端设备联调，以"系统"为计量单位，一般以一个主站或一个子站为一个系统，子目按主站或子站出线间隔数量划分。

（2）主站与子站设备联调，以一个主站为一个"系统"计算，子目步距的间隔数为主站的出线数量。

三、注意事项

（一）自动化设备安装调试

（1）开闭所配电采集器安装按分散分布式考虑，若实际采用集中组屏分散式定额乘以系数 0.9。若为集中式配电终端安装，可套用环网柜配电终端（柜式）安装子目"PZ2-5"乘以系数 1.2；单独安装屏可执行《20kV 及以下配电网工程预算定额　第二册　电气设备安装工程》通信机柜定额。

（2）开闭所配电采集器调试按综合考虑安装方式，对应用综合自动化系统新技术的开闭所，其测控系统单体调试可套用"PZ2-4"乘以系数 0.8，其常规微机保护调试已包含在断路器系统调试内。

（3）环网柜配电终端安装按集中式配电终端考虑，若采用分散式配电终端，安装套用开闭所配电终端的安装子目"PZ2-3"乘以系数 0.85。

（二）自动化分系统调试

（1）一个柱上配电终端若接入主（子）站可套用两个以下间隔的分系统调试定额，若就地保护则不能套用。当终端信息通过分站上传到主站时，系统联调分别套用主（分）站与终端联调、主站与分站联调各一次，若终端信息只上传到子站层，则只套用主（分）站与终端联调子目。

（2）分系统及单体调试中只考虑了目前实际使用的三遥（遥控、遥信、遥测）功能，若实际工作中增加遥调的内容时则相应定额乘以系数 1.2。

第三节　电能表集中采集系统

一、主要内容

《通信及自动化工程》定额电能表集中采集系统内容包括基表安装调试、抄表采集系统安装调试、系统调试。

使用《通信及自动化工程》定额编制建设预算文件时，除应与工程实际情况相结合外，还应注意以下问题。

（1）箱体及固定支架的制作、安装，套用《20kV 及以下配电网工程预算定额　第二册　电气设备安装工程》相关子目。

（2）箱体内需增加的端子板、汇线槽和电气设备元件安装，套用《20kV 及以下配电网工程预算定额　第二册　电气设备安装工程》相关子目。

（3）485 通信线敷设执行通信工程章节相关定额，保护管敷设套用《20kV 及以下配电网工程预算定额　第二册　电气设备安装工程》相关子目。

（4）通信线缆线路测试，执行通信工程章节相关定额。

（5）设备电源安装测试，执行《20kV 及以下配电网工程预算定额　第二册　电气设备安装工程》相关子目。

（6）《通信及自动化工程》定额未包括系统试运行及设计或开发单位的现场服务。

二、工程量计算规则

（1）基表安装调试，分单相和三相电能表，以基表"块"数为计量单位。

（2）中间继电器安装、调试，以继电器"块"数为计量单位。

（3）电能表采集器、数据集中器、通信前置机、服务器、工作站安装、调试，均以相关设备数量"台"为计量单位。

（4）中间继电器的调试，以继电器数量"块"为计量单位。

（5）电能表与电表采集器、数据集中器与电表采集器调试，以"系统"为计量单位。电能表与采集器调试，按采集器划分，以"系统"为计量单位，无论其下连接的电能表数量多少，均不做调整；电表采集器与数据集中器调试，按数据集中器划分，以"系统"为计量单位，无论其下连接的采集器数量多少，均不做调整。

（6）主站与数据集中器调试，以"系统"为计量单位，一个主站为一个系统。

三、注意事项

电能表调试定额适合于现场测试，不包含实验室测试。

附 录 工 程 案 例

一、建筑工程案例（详见图纸）

某二类城市地区，新建一座 2m×2m 现浇钢筋混凝土直线井。

编制初步设计概算。

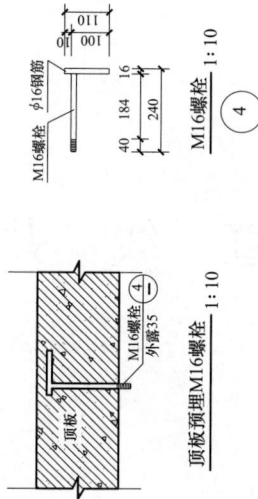

M16螺栓 1:10
④

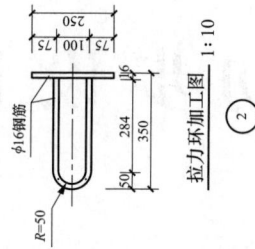

顶板预埋M16螺栓 1:10

编号	名称	规格
①	混凝土	C30
②	钢筋	φ12、φ14-HRB335
③	拉力环	L50×5×1600
③	电缆吊架	M16
④	预埋螺栓	M16
⑤	人行步道	C15
⑥	垫层	C15

材 料 表

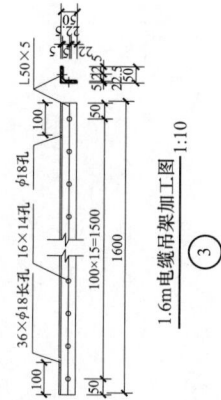

1.6m电缆吊架加工图 1:10
③

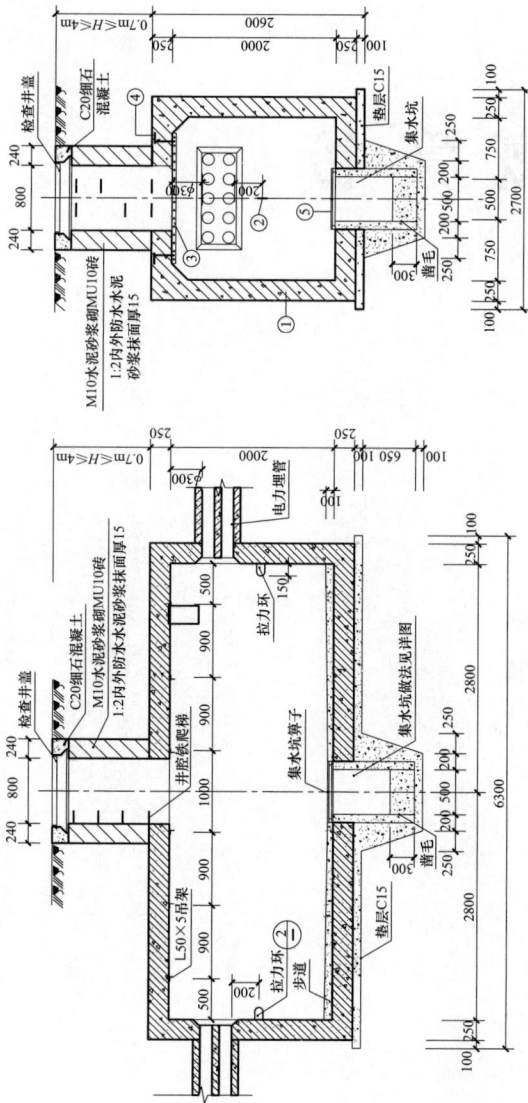

2-2 1:40

拉力环加工图 1:10
②

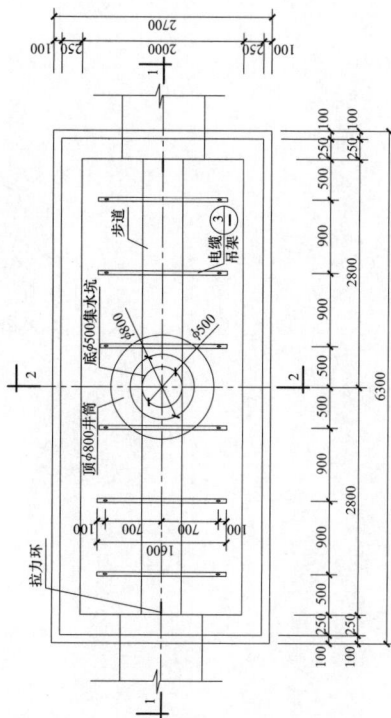

1-1 1:40

平面图 1:40
（吊架定位以吊架中心线为准）

埋管2.0m×2.0m现浇钢筋混凝土直线井

直 线 井

初 步 设 计 概 算 书

××××单位编制

××××年××月××日

直 线 井

批准：

审定：

校核：

编制：

编 制 说 明

1. 编制依据

(1) 2009 年版《20kV 及以下配电网工程建设预算编制与计算标准》。

(2) 2009 年版《20kV 及以下配电网工程预算定额 第一册 建筑工程》。

(3) 2009 年版《20kV 及以下配电网工程预算定额 第二册 电气设备安装工程》。

(4) 2009 年版《20kV 及以下配电网工程预算定额 第三册 架空线路工程》。

(5) 2009 年版《20kV 及以下配电网工程预算定额 第四册 电缆工程》。

(6) 2009 年版《20kV 及以下配电网工程预算定额 第五册 调试工程》。

(7) 2009 年版《20kV 及以下配电网工程预算定额 第六册 通信及自动化工程》。

(8) 定额调整执行电力工程造价与定额管理总站文件《关于发布 20kV 及以下配电网工程预算定额 2013 年下半年价格水平调整系数的通知》(定额〔2014〕5 号)。

(9) 设备及材料信息价格执行电力工程造价与定额管理总站《20kV 及以下配电网工程设备材料价格信息》。

(10) 社会保险费用计算标准执行北京市人民政府令第 158 号《北京市基本医疗保险规定》、北京市人民政府令第 183 号《北京市基本养老保险规定》、北京市人民政府令第 190 号《北京市失业保险规定》。

(11) 住房公积金计算标准执行北京住房公积金管理委员会文件《关于 2013 住房公积金年度住房公积金缴存有关问题的通知》(京房公积金管委会〔2013〕1 号)。

2. 相关数据表

表一　　　　　　　　　　　　　　　　　　总 概 算 表　　　　　　　　　　　　　　　　金额单位：元

序号	工程或费用名称	建筑工程费	设备购置费	安装工程费	其他费用	合计	各项占静态投资比例（%）	单位投资工程量	单位投资工程量单位	单位投资
一	配电站（开关站）工程								kVA	
二	架空线路工程								km	
三	电缆线路工程	33 120				33 120	75.05		km	
四	通信及调度自动化									
五	工程相关单项工程									
	小计	33 120				33 120	75.05			
六	编制年价差	3408				3408	7.72			
七	其他费用				7603	7603	17.23			
（一）	建设场地征用及清理费									
（二）	项目建设管理费				1468	1468	3.33			
（三）	项目建设技术服务费				4886	4886	11.07			
（四）	工程建设监督检测费				110	110	0.25			
（五）	生产准备费				274	274	0.62			
（六）	基本预备费				865	865	1.96			

序号	工程或费用名称	建筑工程费	设备购置费	安装工程费	其他费用	合计	各项占静态投资比例（%）	单位投资工程量	单位投资工程量单位	单位投资
	小计	36 527			7603	44 130	100.00			
八	特殊项目									
	工程静态投资	36 527			7603	44 130	100.00			
	各项占静态投资比例（%）	83			17	100				
九	建设期贷款利息									
	工程动态投资	36 527			7603	44 130				
	各项占动态投资的比例（%）	83			17	100				

表三乙 建筑工程单位工程概算表 金额单位：元

序号	编制依据	项目名称	单位	数量	计算公式	定额基价			费用合计		
						金额	其中工资	其中主要材料	金额	其中人工费	其中主要材料费
		整个工程							33 120	4877	17 597
三		电缆线路工程							33 120	4877	17 597
3		直线井							33 120	4877	17 597
	换 PT1-25＋PT1-26×29	机械土方机械挖土配合机械运土运距1km以内实际：30	100m³	0.286	$((((6.3+2×0.3)×(2.7+2×0.3)+(6.3+2×0.3+2×0.75×3.8)×(2.7+2×0.3+2×0.75×3.8)+4×(6.3+2×0.3+0.75×3.8)×(2.7+2×0.3+0.75×3.8))/6×3.6)×1)-197)/100$	5374.77	17.34		1537	5	
	PT1-24	机械土方机械挖土	100m³	1.970	$(((((6.3+2×0.3)×(2.7+2×0.3)+(6.3+2×0.3+2×0.75×3.8)×(2.7+2×0.3+2×0.75×3.8)+4×(6.3+2×0.3+0.75×3.8)×(2.7+2×0.3+0.75×3.8))/6×3.8)×1)-1.701+6.1×2.5×2.5×3.14×0.64×0.64×1))/100$	155.73	17.34		307	34	
	PT1-11	回填土、夯实、场地平整 回填土夯填	100m³	1.970	$(((((6.3+2×0.3)×(2.7+2×0.3)+(6.3+2×0.3+2×0.75×3.8)×(2.7+2×0.3+2×0.75×3.8)+4×(6.3+2×0.3+0.75×3.8)×(2.7+2×0.3+0.75×3.8))/6×3.8)×1)-(1.701+6.1×2.5×2.5×3.14×0.64×0.64×1))/100$	630.14	553.52		1241	1090	

序号	编制依据	项目名称	单位	数量	计算公式	定额基价			费用合计		
						金额	其中工资	其中主要材料	金额	其中人工费	其中主要材料费
PT2-2		砌砖、块 实心砖 墙	m³	0.940	1.04×3.14×0.24 ×1.2	87.03	83.44		82	78	
	C4201102	硅酸盐水泥 32.5	t	0.044	0.94×0.224×0.21			320.00			14
	C4301101	中砂	m³	0.249	0.94×0.224×1.18			50.54			13
	C8320101	水	t	0.046	0.94×0.224×0.22			2.20			0
	C4307101	实心砖 240mm× 115mm× 53mm	千块	0.508	0.94×0.54			306.00			155
PT2—7		砌砖、块 铸铁井盖	套	1.000		30.34	20.35		30	20	
	C3303501	铸铁井盖 （连座）	套	1.000				1600.00			1600
	C4201102	硅酸盐水泥 32.5	t	0.024	1×0.61×0.397			320.00			8
	C4301101	中砂	m³	0.028	1×0.61×0.46			50.54			1
	C4302102	碎石15mm	m³	0.048	1×0.61×0.79			59.00			3
	C8320101	水	t	0.013	1×0.61×0.215			2.20			0
PT6-14		防潮、防水 防水砂浆 立面	100m²	0.078	（（（1.04×3.14×2 ×1.2）））/100	736.87	533.02		57	42	
	C4201102	硅酸盐水泥 32.5	t	0.089	0.078 × 2.04 × 0.557			320.00			28
	C4301101	中砂	m³	0.167	0.078×2.04×1.05			50.54			8
	C8320101	水	t	0.048	0.078×2.04×0.3			2.20			0
PT3-28		沟、隧道、 排管浇、 制、检查井 检查井	m³	17.230	6.3×2.7×0.1+ 6.1×2.5×0.25×2 +（5.85+2.25）×2 ×2×0.25－3.14× 0.4×0.4×0.25－ 3.14×0.3×0.3× 0.25	337.55	173.63		5816	2992	
BC-01		商品混凝土 C15	m³	1.701	6.3×2.7×0.1			345.00			587
BC-02		商品混凝土 C30	m³	16.029	6.1×2.5×0.25×2 +（5.85+2.75） ×2×2×0.25－ 3.14×0.4×0.4× 0.25－3.14×0.3× 0.3×0.25			395.00			6331

序号	编制依据	项目名称	单位	数量	计算公式	定额基价			费用合计		
						金额	其中工资	其中主要材料	金额	其中人工费	其中主要材料费
PT3-30		钢筋制作、绑扎及铁件安装 现浇混凝土钢筋 φ10 以外	t	2.106		364.27	238.37		767	502	
C3107102		圆钢 φ10 以上	kg	2106.000				3.67			7729
PT3-35		钢筋制作、绑扎及铁件安装（预埋铁件）	t	0.040		1157.71	506.53		46	20	
C3802501		预埋铁件（综合）	kg	40.000				4.10			164
PT4-8		金属构件制作安装、小型零星钢构件制作	t	0.030		2884.44	1790.47		87	54	
C3104103		等边角钢边长 63mm 以下	kg	18.000	0.03×600			3.48			63
C3107102		圆钢 φ10 以上	kg	6.000	0.03×200			3.67			22
C3112302		中厚钢板 20mm 以下	kg	6.000	0.03×200			3.76			23
PT4-9		金属构件制作安装、小型零星钢构件安装	t	0.030		360.84	203.82		11	6	
		镀锌费	t	0.030				1928.00			58
0001		四项安全警示标识牌	块	1.000				30.00			30
		集水坑	座	1.000				500.00			500
PT9-6		其他脚手架 里脚手架层高 3.6m	100m²	0.304		168.02	108.23		51	33	

序号	编制依据	项目名称	单位	数量	计算公式	定额基价			费用合计		
						金额	其中工资	其中主要材料	金额	其中人工费	其中主要材料费
		主材损耗费									259
		主材费小计									17 597
		小计							10 033	4877	17 597
（一）		直接费	元			28 571.07			28 571		
1		直接工程费	元			27 629.41			27 629		
1.1		人工费	元			4876.56			4877		
1.2		材料费	元			18 394.51			18 395		
1.2.1		定额材料费	元			797.96			798		
1.2.2		主要材料费	元			17 596.55			17 597		
1.3		施工机械使用费	元			4358.34			4358		
2		措施费	元			941.66			942		
2.1		临时设施费	％	8.830		4876.56			431		
2.2		安全文明施工措施费	％	3.250		4876.56			158		
2.3		施工工具用具使用费	％	2.280		4876.56			111		
2.4		冬雨季施工增加费	％	4.950		4876.56			241		
（二）		间接费	元			2703.87			2704		
1		规费	元			1587.14			1587		
1.1		社会保障费	％	25.925		4145.07			1075		
1.2		住房公积金	％	10.200		4145.07			423		
1.3		危险作业意外伤害保险费	％	1.840		4876.56			90		

续表

序号	编制依据	项目名称	单位	数量	计算公式	定额基价			费用合计		
						金额	其中工资	其中主要材料	金额	其中人工费	其中主要材料费
2		企业管理费	％	22.900		4876.56			1117		
（三）		利润	％	15.000		4876.56			731		
（四）		税金	％	3.480		32 006.42			1114		
		合计	元			33 120.25			33 120		

表四　　　　　　　　　　　其 他 费 用 表　　　　　　　　　　金额单位：元

序　号	工程或费用项目名称	编制依据及计算说明	合　价
2	项目建设管理费		1468
2.1	项目管理经费	（建筑工程费＋安装工程费＋编制年价差）×1.15％	420
2.2	招标费	（建筑工程费＋安装工程费＋设备购置费＋编制年价差）×0.32％	117
2.3	工程监理费	（建筑工程费＋安装工程费＋编制年价差）×2.55％	931
3	项目建设技术服务费		4886
3.1	工程勘察费	（建筑工程费＋建筑编制年价差）×4.5％	1644
3.2	工程设计费	设计费×100％	2922
3.3	设计文件评审费	设计费×2.2％	64
3.4	项目后评价费	（建筑工程费＋安装工程费＋编制年价差）×0.5％	183
3.5	技术经济标准编制管理费	（建筑工程费＋安装工程费＋编制年价差）×0.2％	73
4	工程建设监督检测费	（建筑工程费＋安装工程费＋编制年价差）×0.3％	110
5	生产准备费	（建筑工程费＋安装工程费＋编制年价差）×0.75％	274
6	基本预备费	（建筑工程费＋安装工程费＋设备购置费＋编制年价差＋建设场地征用及清理费＋项目建设管理费＋项目建设技术服务费＋工程建设监督检测费＋生产准备费）×2％	865
	合计	（建设场地征用及清理费＋项目建设管理费＋项目建设技术服务费＋工程建设监督检测费＋生产准备费＋基本预备费）×100％	7603

主材汇总表

金额单位：元

编号	名称	单位	数量	价格		重量	
				单价	合价	单重	合重
	建筑主材						
三	电缆线路工程						
C4201102	硅酸盐水泥 32.5	t	0.157	320.00	50	1000.00	157.00
C4301101	中砂	m³	0.444	50.54	22	1550.00	688.20
C8320101	水	t	0.107	2.20	0	1000.00	107.00
C4307101	实心砖 240mm ×115mm×53mm	千块	0.508	306.00	155	1754.00	891.03
C3303501	铸铁井盖（连座）	套	1.000	1600.00	1600		
C4302102	碎石 15mm	m³	0.048	59.00	3	1600.00	76.80
BC-01	商品混凝土 C15	m³	1.727	345.00	596		
BC-02	商品混凝土 C30	m³	16.269	395.00	6426		
C3107102	圆钢 φ10 以上	kg	2148.120	3.67	7884	1.00	2148.12
C3802501	预埋铁件（综合）	kg	40.000	4.10	164	1.00	40.00
C3104103	等边角钢（边长 63mm 以下）	kg	18.180	3.48	63	1.00	18.18
C3107102	圆钢 φ10 以上	kg	6.000	3.67	22	1.00	6.00
C3112302	中厚钢板（20mm 以下）	kg	6.000	3.76	23	1.00	6.00
	镀锌费	t	0.030	1928.00	58		
0001	四项安全警示标识牌	块	1.000	30.00	30		
	集水坑	座	1.000	500.00	500		
	主材费小计				17 597		4138.33
	小计				17 597		4138.33
	建筑主材费合计				17 597		4138.33
	建筑合计				17 597		4138.33
	总计				17 597		4138.33

编制年价差明细表

金额单位：元

序 号	费用名称	金 额
一	建筑工程	
1	人工费调整	2031
2	材料费调整	195
3	机械费调整	1067
	税金	115

续表

序　号	费用名称	金　额
	小计	3408
二	安装工程	
1	人工费调整	
2	材料费调整	
3	机械费调整	
	税金	
	小计	
	合计	3408

人工费调整明细表　　　　　　　　　　　　　金额单位：元

序号	项目名称	绝对值法						调整系数法		合价
		人工工日（工日）			人工费差价			人工费	调整系数（%）	
		普通工	技术工（建筑）	技术工（安装）	普通工	技术工（建筑）	技术工（安装）			
一	建筑工程									
1	配电站（开关站）工程								41.64	
2	架空线路工程								41.64	
3	电缆线路工程							4876.56	41.64	2031
4	通信及调度自动化								41.64	
5	工程相关单项工程								41.64	
	小计									2031
二	安装工程									
1	配电站（开关站）工程								37.71	
2	架空线路工程								37.71	
3	电缆线路工程								37.71	
4	通信及调度自动化								37.71	
	小计									

序号	项目名称	绝对值法						调整系数法		合价
		人工工日（工日）			人工费差价			人工费	调整系数（%）	
		普通工	技术工（建筑）	技术工（安装）	普通工	技术工（建筑）	技术工（安装）			
	税金								3.48	71
	合计									2101

材料系数调整价差明细表　　　　　　　　　金额单位：元

序　号	项　目　名　称	单　位	数　量	单　价	合　价
	整个工程				
一	建筑工程				
1	配电站（开关站）工程	%	21.900		
2	架空线路工程	%	16.560		
3	电缆线路工程	%	24.480	798	195
4	通信及调度自动化	%			
5	工程相关单项工程	%			
	小计				195
二	安装工程				
1	配电站（开关站）工程	%	34.770		
2	架空线路工程	%	21.530		
3	电缆线路工程	%	32.610		
4	通信及调度自动化	%	16.570		
	小计				
	税金	%	3.480	195	7
	合计				202

机械系数调整价差明细表　　　　　　　　　金额单位：元

序　号	项　目　名　称	单　位	数　量	单　价	合　价
	整个工程				
一	建筑工程				
1	配电站（开关站）工程	%	21.900		
2	架空线路工程	%	16.560		
3	电缆线路工程	%	24.480	4358	1067

续表

序 号	项 目 名 称	单 位	数 量	单 价	合 价
4	通信及调度自动化	%			
5	工程相关单项工程	%			
	小计				1067
二	安装工程				
1	配电站（开关站）工程	%	34.770		
2	架空线路工程	%	21.530		
3	电缆线路工程	%	32.610		
4	通信及调度自动化	%	16.570		
	小计				
	税金	%	3.480	1067	37
	合计				1104

二、配电室案例（详见图纸）

1. 工程概况

本配电室位于北京市五环内，设备层设在大厦地下一层，净高3.50m，设备间下设电缆夹层（层高2.10m）。配电室电压等级为10/0.4kV，10kV电源由周边开闭所内10kV不同侧母线各引一路10kV电缆供电，双路电源同时运行。配电室10kV配电装置为两条独立的单母线接线；380V为单母线分段接线，分段柜设自投装置。10kV进出线为下进下出，低压进出线为上进下出。10kV环网柜与变压器通过夹层电缆联络。利用无机堵料、有机堵料进行电缆防火封堵。

2. 主要设备情况

配电室安装10kV SF₆环网柜8面（二进六出），安装SCB10-1000kVA干式变压器2台，GFB2型低压配电屏11面（其中，电容器柜2面，每屏容量300kvar）。计算本工程的静态投资。（设备运输距离按40km考虑）

工 程 材 料 表

序 号	名 称	型号及规格	单 位	数 量	备 注
1	变压器	SCB10-1000kVA	台	2	附温控器
		冷却方式：AF，带外壳，标准封闭母线			
2	10kV 环网柜	进线单元	面	2	
3	10kV 环网柜	变压器单元	面	2	
4	10kV 环网柜	出线单元	面	4	
5	0.4kV 开关柜（进线、母联柜）	GFB2-2008 型柜	面	3	
6	0.4kV 开关柜（出线柜）	GFB2-2008 型柜	面	6	本期按一条出线考虑
7	0.4kV 开关柜（电容器柜）	GFB2-2008 型柜	面	2	每屏容量300kvar
8	配电避雷器	HY1.5WS2-0.3/1.3	只	6	
9	电力电缆	YJY22-8.7/15-3×150mm	m	60	
		附4套户内电缆终端，12副铜端子			10kV出线柜至变压器
10	封闭母线筒	水平约2m L_N＝2000A	座	2	变压器至低压柜
11	热镀锌扁钢	—50mm×5mm	m	250	
12	防火堵料		kg	600	

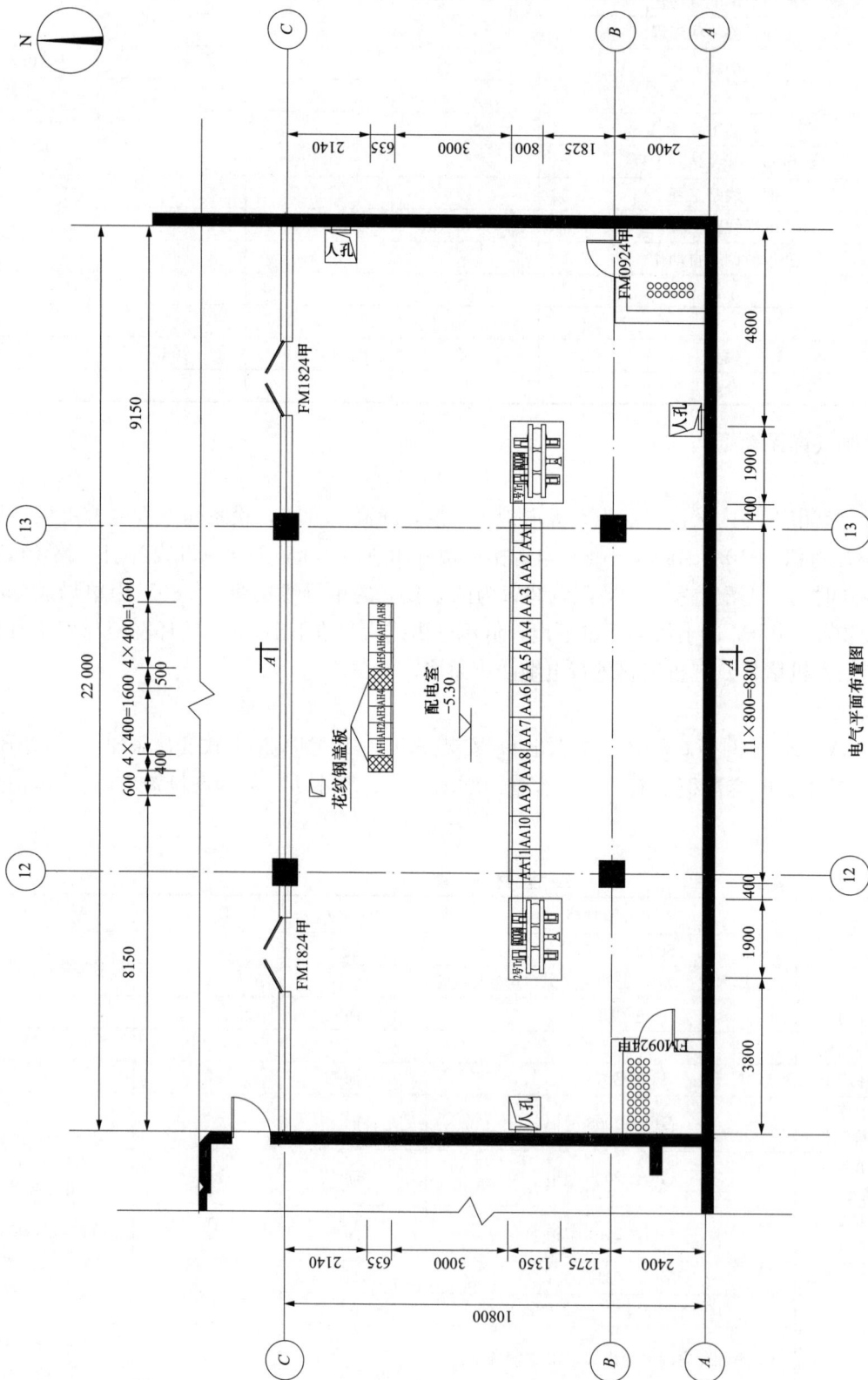

电气平面布置图

说明：
1.本配电室布置在地下一层，设备层净高3.5m，设备间下设电缆夹层（层高2.10m）。
2.主要电气设备：
SCB10-1000kVA干式变压器2台，10kV SF₆环网柜8面，GFB2-2008型低压配电柜11面
（包括300kvar电容器屏2面）。
3.10kV环网柜为下进下出线，380V低压柜为上进下出线。

工程案例

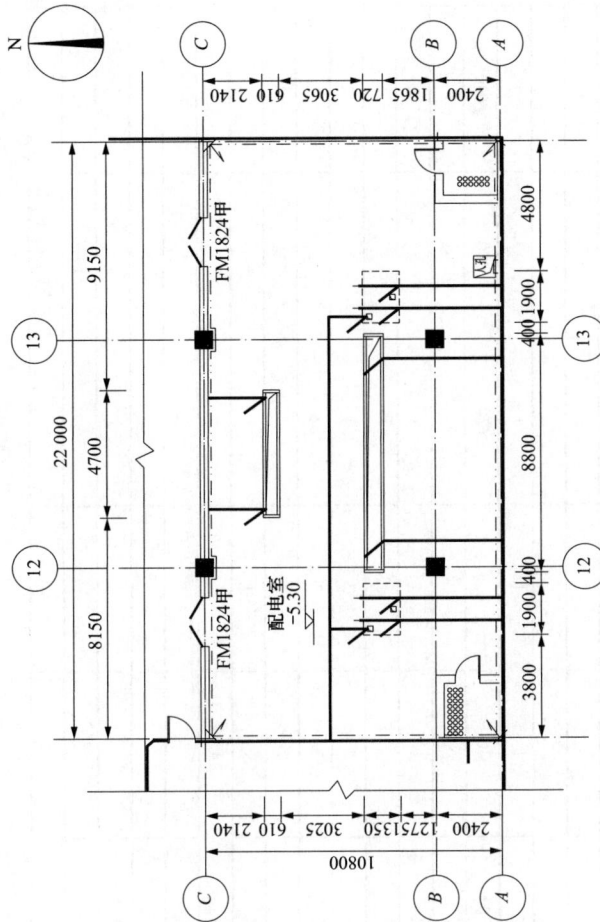

接地装置施工图

材料表

图例	名称	型号规格	单位	数量	敷设方式及施工要求
✗	接地引出点	接地螺栓	块	4	一端为土建柱子预留接地端子，另一端连接接地网干线
↗	接地引出线	-50mm×5mm热镀锌扁钢	m	30	一端与接地网干线焊牢，另一端引至图示位置或设备埋铁并焊牢
----	接地网干线	-50mm×5mm热镀锌扁钢	m	70	明敷于夹层内，并与电缆架逐个焊接
-----	接地网干线	-50mm×5mm热镀锌扁钢	m	150	明敷于夹层，与墙壁间距为10mm，距夹层顶板300mm

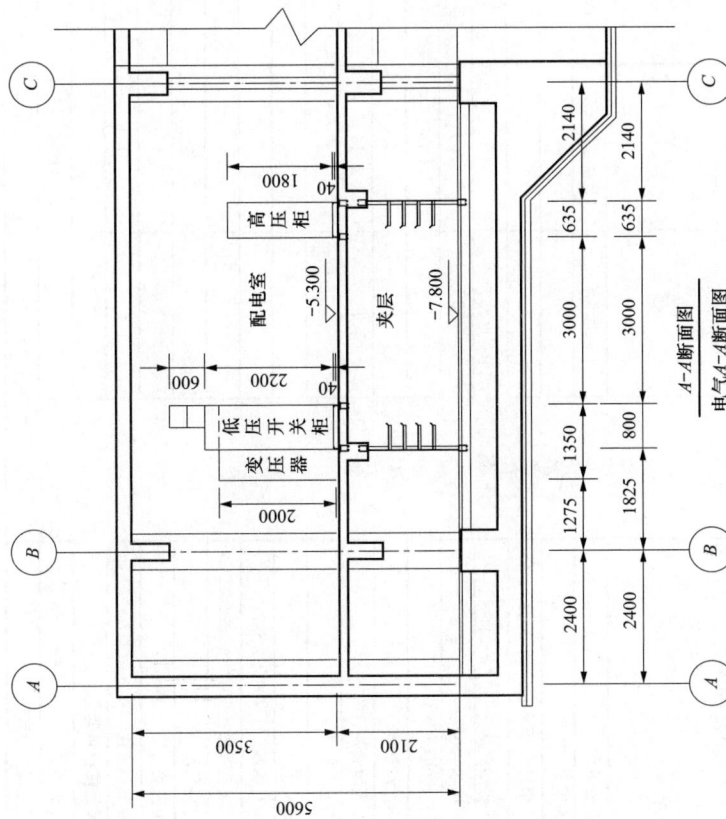

电气A-A断面图
A-A断面图

247

高压开关柜编号		AH1	AH2	AH3	AH4	AH5	AH6	AH7	AH8
主母线 630A									
10kV 电气系统图		4号 201 (M)	211 (M) 211-7	212 (M)	4号 213 (M)	5号 223 (M)	222 (M)	221 (M) 211-7	5号 202 (M)
开关柜名称		1号进线单元	1号变压器单元	馈线单元	馈线单元	馈线单元	馈线单元	2号变压器单元	2号进线单元
开关柜型号	注1								
开关柜尺寸 宽×深×高	注2								
三工位负荷开关 12kV 20kA/3S		1	1	1	1	1	1	1	1
额定电流（A）		630	200	630	630	630	630	200	630
熔断器 100A			3					3	
配网自动化终端 DTU 位置		1	1	1	1	1	1	1	1
电动操动机构		1		1	1	1	1		1
远方当地转换开关		2	2	2	2	2	2	2	2
跳合闸按钮		2	2	2	2	2	2	2	2
指示灯		2		2	2	2	2		2
电流互感器 400/5A 5VA		1		1	1	1	1		1
零序电流互感器 100/5A 10P5 2.5VA									
带电显示器		1	1	1	1	1	1	1	1
接地开关 25kA/4S			1					1	
过温脱扣装置			1					1	
电缆故障指示器		1		1	1	1	1		1
变压器容量 （kVA）			1000					1000	
出线电缆型号规格			YJY22-3×150mm²					YJY22-3×150mm²	

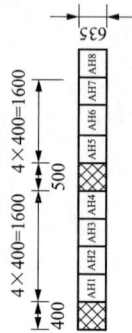

10kV配电装置布置接线图

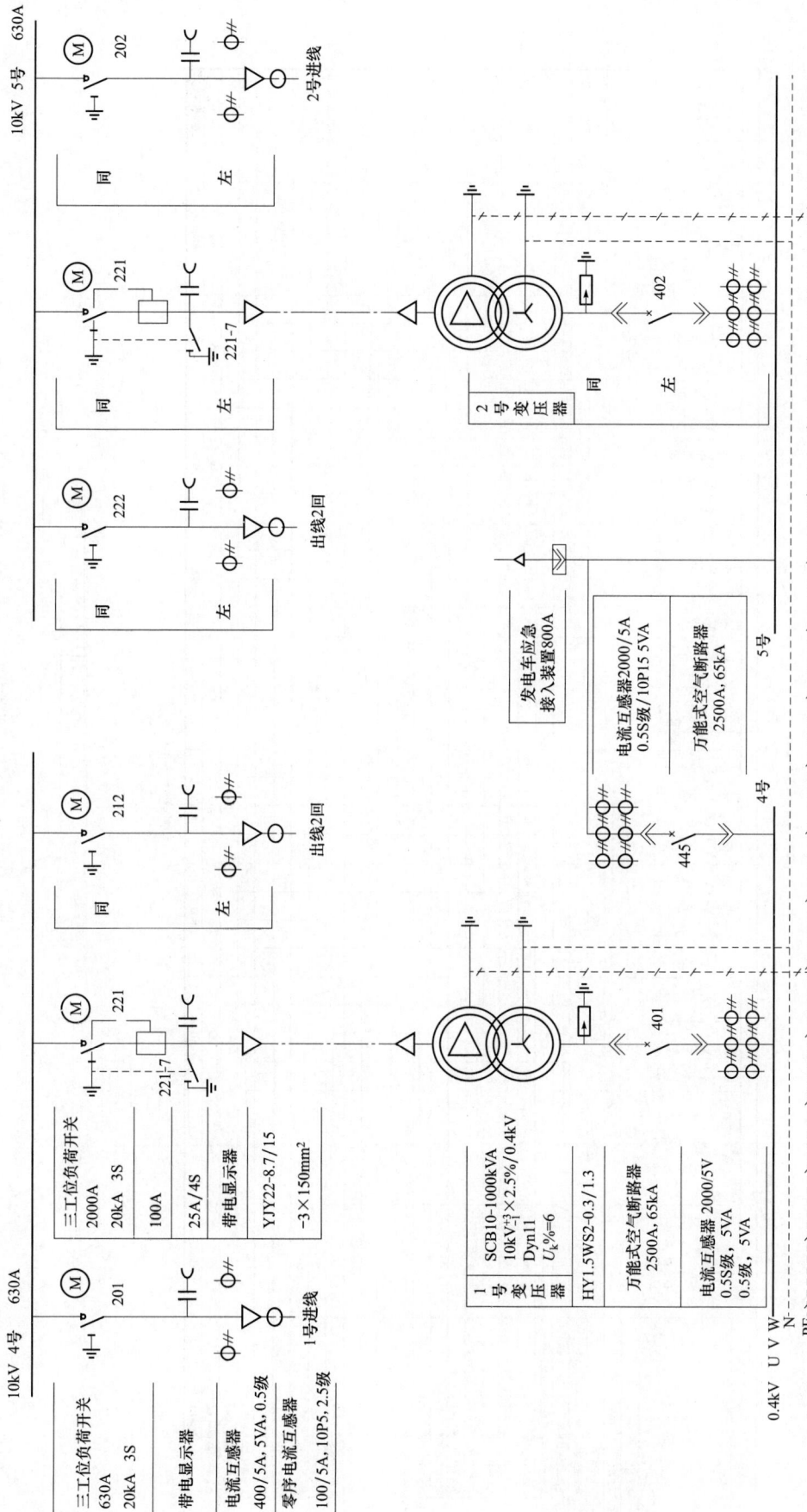

电气主接线图

一次接线图

380V配电装置布置接线图

××××配电室工程

初 步 设 计 概 算 书

××××单位编制

××××年××月××日

××××配电室工程

批准：

审定：

校核：

编制：

编　制　说　明

1. 编制依据

（1）2009 年版《20kV 及以下配电网工程建设预算编制与计算标准》。

（2）2009 年版《20kV 及以下配电网工程预算定额　第一册　建筑工程》。

（3）2009 年版《20kV 及以下配电网工程预算定额　第二册　电气设备安装工程》。

（4）2009 年版《20kV 及以下配电网工程预算定额　第三册　架空线路工程》。

（5）2009 年版《20kV 及以下配电网工程预算定额　第四册　电缆工程》。

（6）2009 年版《20kV 及以下配电网工程预算定额　第五册　调试工程》。

（7）2009 年版《20kV 及以下配电网工程预算定额　第六册　通信及自动化工程》。

（8）定额调整执行电力工程造价与定额管理总站文件《关于发布 20kV 及以下配电网工程预算定额 2013 年下半年价格水平调整系数的通知》（定额〔2014〕5 号）。

（9）设备及材料信息价格执行电力工程造价与定额管理总站《20kV 及以下配电网工程设备材料价格信息》。

（10）社会保险费用计算标准执行北京市人民政府令第 158 号《北京市基本医疗保险规定》、北京市人民政府令第 183 号《北京市基本养老保险规定》、北京市人民政府令第 190 号《北京市失业保险规定》。

（11）住房公积金计算标准执行北京住房公积金管理委员会文件《关于 2013 住房公积金年度住房公积金缴存有关问题的通知》（京房公积金管委会〔2013〕1 号）。

2. 相关数据表

表一　　　　　　　　　　　　　　　　　　　　总　预　算　表　　　　　　　　　　　　　　　　　金额单位：元

序号	工程或费用名称	建筑工程费	设备购置费	安装工程费	其他费用	合计	各项占静态投资比例（%）	单位投资工程量	单位投资工程量单位	单位投资
一	配电站（开关站）工程		1 236 877	111 306		1 348 183	95.61	1000	kVA	1348.18
二	架空线路工程								km	
三	电缆线路工程				.				km	
四	通信及调度自动化									
五	工程相关单项工程									
	小　计		1236877	111 306		1348183	95.61			
六	编制年价差			16 070		16 070	1.14			
七	其他费用				45 763	45 763	3.25			
（一）	建设场地征用及清理费									
（二）	项目建设管理费				9079	9079	0.64			

续表

序号	工程或费用名称	建筑工程费	设备购置费	安装工程费	其他费用	合计	各项占静态投资比例（%）	单位投资工程量	单位投资工程量单位	单位投资
（三）	项目建设技术服务费				7700	7700	0.55			
（四）	工程建设监督检测费				382	382	0.03			
（五）	生产准备费				955	955	0.07			
（六）	基本预备费				27 647	27 647	1.96			
	小　计	1 236 877	127 376		45 763	1 410 016	100.00			
八	特殊项目									
	工程静态投资	1 236 877	127 376		45 763	1 410 016	100.00			
	各项占静态投资比例（%）	88	9		3	100				
九	建设期贷款利息				17 740	17 740				
	工程动态投资	1 236 877	127 376		63 503	1 427 756				
	各项占动态投资的比例（%）	87	9		4	100				

表二甲　　　　　　　　　　　　　安装工程部分汇总表　　　　　　　　　　金额单位：元

序号	工程项目名称	设备购置费	安装工程费 金额	其中 主要材料费	其中 人工费	合计	技术经济指标 单位	技术经济指标 数量	技术经济指标 指标
	整个工程	1 236 877	111 306	33 725	24 900	1 348 183			
一	配电站（开关站）工程	1 236 876	111 306	33 723	24 900	1 348 183			
1	变压器安装	547 560	3781		1213	551 341	元/kVA		
2	配电装置安装	689 317	12 782		3777	702 100	元/kVA		
2.1	10kV（20kV）配电装置	358 956	4728		1413	363 684			
2.2	1kV 以下配电装置	330 361	8054		2364	338 415			
7	站用电缆		33 916	27 556	2026	33 916			
7.1	动力电缆		21 529	18 484	835	21 529	元/m		
7.4	电缆防火		12 387	9072	1191	12 387			
8	全站接地		9870	6169	1100	9870	元/站		
9	分系统调试与试验		50 957		16 784	50 957	元/站		
9.1	系统调试		50 957		16 784	50 957	元/站		
	合计	1 236 877	111 306	33 726	24 900	1 348 183			

表二甲 　　　　　　　　　　　　安装工程部分汇总表（取费）　　　　　　　　　金额单位：元

序号	工程或费用名称	直接费									
		直接工程费				措施费					
		人工费	材料费		施工机械使用费	临时设施费(13.14%)	安全文明施工措施费(6.56%)	施工工具用具使用费(4.13%)	冬雨季施工增加费(6.63%)	夜间施工增加费(0%)	特殊地区施工增加费(0%)
			定额材料费	主要材料费							
	整个工程	24 900	3988	33 725	13 669	3272	1633	1028	1651		
一	配电站（开关站）工程	24 900	3988	33 725	13 669	3272	1633	1028	1651		
1	变压器安装	1213	244		672	159	80	50	80		
2	配电装置安装	3777	1719		2113	496	248	156	250		
2.1	10kV（20kV）配电装置	1413	575		806	186	93	58	94		
2.2	1kV以下配电装置	2364	1144		1307	311	155	98	157		
7	站用电缆	2026	507	27 556	142	266	133	84	134		
7.1	动力电缆	835	296	18 484	142	110	55	34	55		
7.4	电缆防火	1191	211	9072		157	78	49	79		
8	全站接地	1100	735	6169	153	145	72	45	73		
9	分系统调试与试验	16 784	784		10 590	2205	1101	693	1113		
9.1	系统调试	16 784	784		10 590	2205	1101	693	1113		

序号	间接费			业管理费(35.2%)	利润(22%)	税金(3.48%)	合计
	规费						
	社会保障费(25.925%)	住房公积金(10.2%)	危险作业意外伤害保险费(1.84%)				
	6455	2540	458	8765	5478	3743	111 306
一	6455	2540	458	8765	5478	3743	111 306
1	315	124	22	427	267	127	3781
2	979	385	69	1329	831	430	12 782
2.1	366	144	26	497	311	159	4728
2.2	611	241	43	832	520	271	8054
7	525	207	37	713	446	1141	33 916
7.1	216	85	15	294	184	724	21 529
7.4	309	122	22	419	262	417	12 387
8	285	112	20	387	242	332	9870
9	4351	1712	309	5908	3693	1714	50 957
9.1	4351	1712	309	5908	3693	1714	50 957

表三甲 安装工程单位工程预算表 金额单位：元

序号	编制依据	项目名称	单位	计算式	数量	单价				合价			
						设备	主要材料	定额基价	其中工资	设备	主要材料	安装费	其中工资
		整个工程								1 236 877	33 725	111 307	24900
一		配电站（开关站）工程								1 236 877	33 725	111 307	24 900
1		变压器安装								547 560		3781	1213
	调 PD1-8R×1.2J×1.2	10kV 干式变压器安装容量（kVA 以下）1000	台	2	2.000			1065.01	606.68			2130	1213
	S010 3036	干式电力变压器 SCB10-1000kVA/10	台	2	2.000	270 000.00				540 000			
		设备运杂费	%	1.1+2×0.15	1.400	540 000.00				7560			
		设备购置费小计								547 560			
		小计								547 560		2130	1213
2		配电装置安装								689 317		12 782	3777
2.1		10kV（20kV）配电装置								358 956		4728	1413
	PD2-20	10kV 高压成套配电柜安装 附真空断路器柜	面	8	8.000			349.23	176.61			2794	1413
	S050 5001	10kV 高压成套配电柜 进线柜	台	2	2.000	52 000.00				104 000			
	S050 5002	10kV 高压成套配电柜 出线柜	台	4	4.000	25 000.00				100 000			
	S050 5004	10kV 高压成套配电柜 变压器柜	台	2	2.000	75 000.00				150 000			
		设备运杂费	%		1.400	354 000.00				4956			
		设备购置费小计								358 956			
		小计								358 956		2794	1413
2.2		1kV 以下配电装置								330 361		8055	2364
	PD2-45	低压成套配电柜安装 低压成套配电柜	面	11	11.000			368.05	201.67			4049	2218

续表

序号	编制依据	项目名称	单位	计算式	数量	单价 设备	主要材料	定额基价	其中工资	合价 设备	主要材料	安装费	其中工资
	S050 8003	低压成套配电柜进线柜2000A	面	2	2.000	45 000.00				90000			
	S050 8001	低压成套配电柜出线柜630A	面	6	6.000	22 000.00				132000			
	S050 8005	低压成套配电柜电容器柜	面	2	2.000	17 000.00				34000			
	S050 8006	低压成套配电柜母线联络柜	面	1	1.000	25 000.00				25000			
	PD3-41	低压封闭式插接母线槽安装 电流（A以下）2000	m	2×2+0.6×2×2	6.400			119.67	22.71			766	145
	S050 9001	低压封闭母线桥	m	2×2+0.6×2×2	6.400	7000.00				44 800			
		设备运杂费	%		1.400	325 800.00				4561			
		设备购置费小计								330 361			
		小计								330 361		4814	2364
7		站用电缆								27 556	33 917		2026
7.1		动力电缆								18 484	21 529		835
	PL3-22	电力电缆沿支架、墙面卡设（10kV）截面积（mm²以内）240	100m/三相	60	0.600			967.96	689.35			581	414
	ZC030 3017	交联聚乙烯绝缘钢带铠装电力电缆 YJV22 8.7/15kV 3×150	m	60×1.01	60.600		200.00				12120		
	PL4-7	户内热（冷）缩式电力电缆终端头制作安装（10kV）截面积（mm²以内）240	套/三相	4	4.000			172.90	105.25			692	421
	ZC031 5006	热缩式电缆终端10kV户内型 3×95～240	套	4×1.02	4.080		1500.00				6120		

序号	编制依据	项目名称	单位	计算式	数量	单价 设备	主要材料	定额基价	其中工资	合价 设备	主要材料	安装费	其中工资
		主材损耗费									244		
		主材费小计									18 484		
		小计									18 484	1272	835
7.4		电缆防火								9072	12 387	1191	
	PL6-1	电缆防火 防火堵料	t	0.6	0.600			2337.15	1985.53			1402	1191
	ZC032 4001	防火堵料	t	0.6	0.600		15 120.00				9072		
		主材费小计									9072		
		小计									9072	1402	1191
8		全站接地								6169	9870	1100	
	PD8-11	接地母线敷设 户内	m	30＋70 ＋150	250.000			7.95	4.40			1988	1100
	ZC080 2001	镀锌扁钢	t	250× 3.77× 1.05/ 1000	0.990		6200.00				6138		
		主材损耗费									31		
		主材费小计									6169		
		小计									6169	1988	1100
9		分系统调试 与试验									50 957	16 784	
9.1		系统调试									50 957	16 784	
	PS1-2	10kV 电力 变压器调试 容量（kVA以下） 2000	台	2	2.000			1262.71	721.86			2525	1444
	PS1-18	10kV 高压成套 配电柜调试 断路器柜	面	8	8.000			979.38	834.75			7835	6678
	PS1-23	低压成套 配电柜调试 低压成套配电柜	面	11	11.000			276.95	228.96			3046	2519
	PS2-2	10kV 电力变压器 系统调试 容量 （kVA以下）2000	系统	2	2.000			1601.32	795.00			3203	1590

序号	编制依据	项目名称	单位	计算式	数量	单价				合价			
						设备	主要材料	定额基价	其中工资	设备	主要材料	安装费	其中工资
	PS2-6	送配电系统调试 电压等级（kV）以下 10 负荷开关	系统	8−2	6.000			405.23	279.84			2431	1679
	PS2-5	送配电系统调试 电压等级（kV 以下）1	系统	2+6−2	6.000			198.73	135.68			1192	814
	PS2-11	自动投入装置调试 备用电源自投装置	系统	1	1.000			553.21	212.00			553	212
	PS2-8	母线系统调试 电压等级（kV 以下）1	段	1	1.000			212.13	68.90			212	69
	PS2-21	接地装置调试 接地网	系统	1	1.000			273.00	265.00			273	265
	PL8-1	电缆试验 绝缘摇测	盘	1	1.000			35.10	27.03			35	27
	PL8-1	电缆试验 绝缘摇测	回路	2	2.000			35.10	27.03			70	54
	PL8-3	电缆试验 10kV 电缆试验 交流耐压试验	回路	1+0.6	1.600			4037.72	737.19			6460	1180
	PL8-4	电缆试验 10kV 电缆试验 电阻比试验	回路	1+0.6	1.600			200.18	159.00			320	254
		小计										28 158	16 784

表四　　　　　　　　　　**其 他 费 用 表**　　　　　　　　　金额单位：元

序号	工程或费用项目名称	编制依据及计算说明	合价
2	项目建设管理费		9079
2.1	项目管理经费	（建筑工程费＋安装工程费＋编制年价差）×1.15%	1465
2.2	招标费	（建筑工程费＋安装工程费＋设备购置费＋编制年价差）×0.32%	4366
2.3	工程监理费	（建筑工程费＋安装工程费＋编制年价差）×2.55%	3248
3	项目建设技术服务费		7700
3.2	工程设计费	设计费×100%	6662
3.3	设计文件评审费	设计费×2.2%	147
3.4	项目后评价费	（建筑工程费＋安装工程费＋编制年价差）×0.5%	637

续表

序号	工程或费用项目名称	编制依据及计算说明	合价
3.5	技术经济标准编制管理费	(建筑工程费＋安装工程费＋编制年价差)×0.2%	255
4	工程建设监督检测费	(建筑工程费＋安装工程费＋编制年价差)×0.3%	382
5	生产准备费	(建筑工程费＋安装工程费＋编制年价差)×0.75%	955
6	基本预备费	(建筑工程费＋安装工程费＋设备购置费＋编制年价差＋建设场地征用及清理费＋项目建设管理费＋项目建设技术服务费＋工程建设监督检测费＋生产准备费)×2%	27 647
	合计	(建设场地征用及清理费＋项目建设管理费＋项目建设技术服务费＋工程建设监督检测费＋生产准备费＋基本预备费)×100%	45 763

编 制 年 价 差 明 细 表 金额单位：元

序　号	费 用 名 称	金　额
一	建筑工程	
1	人工费调整	
2	材料费调整	
3	机械费调整	
	税金	
	小计	
二	安装工程	
1	人工费调整	9390
2	材料费调整	1387
3	机械费调整	4753
	税金	540
	小计	16070
	合计	16070

材料系数调整价差明细表 金额单位：元

序　号	项 目 名 称	单 位	数 量	单 价	合 价
	整个工程				
一	建筑工程				
1	配电站（开关站）工程	%	21.900		
2	架空线路工程	%	16.560		
3	电缆线路工程	%	24.480		
4	通信及调度自动化	%			
5	工程相关单项工程	%			
	小计				

续表

序 号	项 目 名 称	单 位	数 量	单 价	合 价
二	安装工程				
1	配电站（开关站）工程	％	34.770	3988	1387
2	架空线路工程	％	21.530		
3	电缆线路工程	％	32.610		
4	通信及调度自动化	％	16.570		
	小计				1387
	税金	％	3.480	1387	48
	合计				1435

机械系数调整价差明细表　　　　　　　　　　　　金额单位：元

序 号	项 目 名 称	单 位	数 量	单 价	合 价
	整个工程				
一	建筑工程				
1	配电站（开关站）工程	％	21.900		
2	架空线路工程	％	16.560		
3	电缆线路工程	％	24.480		
4	通信及调度自动化	％			
5	工程相关单项工程	％			
	小计				
二	安装工程				
1	配电站（开关站）工程	％	34.770	13 669	4753
2	架空线路工程	％	21.530		
3	电缆线路工程	％	32.610		
4	通信及调度自动化	％	16.570		
	小计				4753
	税金	％	3.480	4753	165
	合计				4918

人 工 费 调 整 明 细 表　　　　　　　　　　　　金额单位：元

序号	项目名称	绝对值法						调整系数法		合价
		人工工日（工日）			人工费差价					
		普通工	技术工（建筑）	技术工（安装）	普通工	技术工（建筑）	技术工（安装）	人工费	调整系数（％）	
一	建筑工程									
1	配电站（开关站）工程								41.64	
2	架空线路工程								41.64	
3	电缆线路工程								41.64	
4	通信及调度自动化								41.64	
5	工程相关单项工程								41.64	

序号	项目名称	绝对值法						调整系数法		合价
		人工工日（工日）			人工费差价			人工费	调整系数（%）	
		普通工	技术工（建筑）	技术工（安装）	普通工	技术工（建筑）	技术工（安装）			
	小计									
二	安装工程									
1	配电站（开关站）工程							24 900.18	37.71	9390
2	架空线路工程								37.71	
3	电缆线路工程								37.71	
4	通信及调度自动化								37.71	
	小计									9390
	税金								3.48	327
	合计									9717

三、架空线路案例

工程概况：某二类地区县城区域内架设一条 10kV 线路，路径长 983m，编制初步设计概算书；已知工程数据如下表。

工 程 数 据 表

序号	设备材料名称	单位	数量	备注
一	架空线路			
1	导线 LJ－185mm²	m	3008	含弛度及跳线 单重 0.5kg
2	跨越道路	处	2	
3	跨越 0.4kV 线路	处	3	停电跨越
二	横担及绝缘子			
1	单横担 三角排列	组	12	
2	棱形担	组	9	
3	双横担 水平排列	组	1	
4	盘形悬式瓷绝缘子	片	78	每串 2 片 单重 3.6kg/片

序号	设备材料名称	单位	数量	备注
5	耐张线夹	个	39	单重 7.2kg/片
6	针式绝缘子 P-20	个	36	单重 6.2kg
三	杆塔			
1	混凝土电杆 φ190-10m	基	3	无底盘；其中，台区 2 基，拉桩 1 基。单重 870kg
2	混凝土电杆 φ190-15m	基	19	无底盘；其中，耐张杆 4 基，转角杆 3 基。单重 1780kg
3	普通拉线 100mm² （钢绞线）10m 杆	组	1	400×800（204kg）
4	水平拉线 100mm² （钢绞线）10m 杆	组	1	400×800（204kg）
5	普通拉线 100mm² （钢绞线）15m 杆	组	9	400×800（204kg）
6	镀锌钢绞线	m	190	单重 0.26kg
7	拉线护筒	组	11	单重 17kg
四	配电装置（台区）			
1	油浸电力变压器 250kVA	台	1	
2	高压跌落式熔断器户外式	组	1	
3	10kV 避雷器	组	1	
4	1kV 避雷器	组	1	
5	低压隔离开关	组	1	
6	杆上计量控制箱	组	1	
7	电力电缆 YJV22-1kV-4×185mm²	m	15	单重 9.023kg
8	低压电缆终端头 4×185mm²	套	2	单重 0.2kg
9	上杆保护管 镀锌钢管 φ150	根	1	
10	针式绝缘子 P-20	个	6	单重 6.2kg
11	针式绝缘子 P-15	个	18	单重 3.9kg
12	镀锌金具	T	1.7	
五	配电装置			
1	10kV 避雷器	组	2	
2	真空负荷开关（无自动化）	组	1	
3	高压隔离开关	组	1	
4	验电接地环	只	18	单重 0.8kg
5	驱鸟器	套	6	单重 0.5kg
6	电杆反光膜	套	22	
六	接地装置（变台）			
1	镀锌圆钢 φ19×2m	根	9	每组 3 根圆钢 单重 2.23kg/m
33	镀锌扁钢－40×4	m	45	单重 1.26kg

其他已知条件：

（1）全线地形：100％平地，地下水深 4m，土质为坚土；拉线盘挖方按普土，埋深 2m 考虑；人力运输 100m，汽车运输 20km。

（2）当地规定的税金为 3.48%。

（3）基础材料表。

基 础 材 料 表

序 号	名称	基础挖深（m）
1	混凝土电杆 10m	1.7
2	混凝土电杆 15m	2.3

（4）设备材料价格表。

设 备 材 料 价 格 表

序 号	名 称	单位	预算价格
1	油浸电力变压器 S11-10/0.4-250kVA	元/台	32 000
2	10kV 避雷器	元/组	580
3	10kV 隔离开关	元/组	1000
4	真空负荷开关（无自动化）	元/台	18 000
5	杆上计量控制箱	元/台	4100
6	铝芯架空线 LJ-185m²	元/m	9.78
7	耐张线夹 10kV 185mm²	元/个	82
8	镀锌钢绞线—100mm²	元/m	7.6
9	混凝土电杆 10m	元/基	733
10	混凝土电杆 15m	元/基	1752
11	验电接地环	元/个	150
12	电杆反光膜	元/个	45
13	驱鸟器	元/个	50
14	拉线保护管	元/个	28
15	拉线保护筒	元/个	40
16	悬式瓷绝缘子	元/片	45
17	针式绝缘子 P-20	元/只	5.2
18	针式绝缘子 P-15	元/只	3.8
19	拉盘	元/块	48
20	高压跌落式熔断器户外式	元/只	48
21	1kV 避雷器	元/组	52
22	低压隔离开关	元/组	580
23	电力电缆 YJV22-1kV-4×185mm²	元/m	82
24	低压电缆终端头 4mm×185mm²	元/套	200
25	镀锌圆钢 φ19×2m	元/根	16.8
26	镀锌扁钢—40mm×4	元/t	3480
27	镀锌金具	元/t	7200

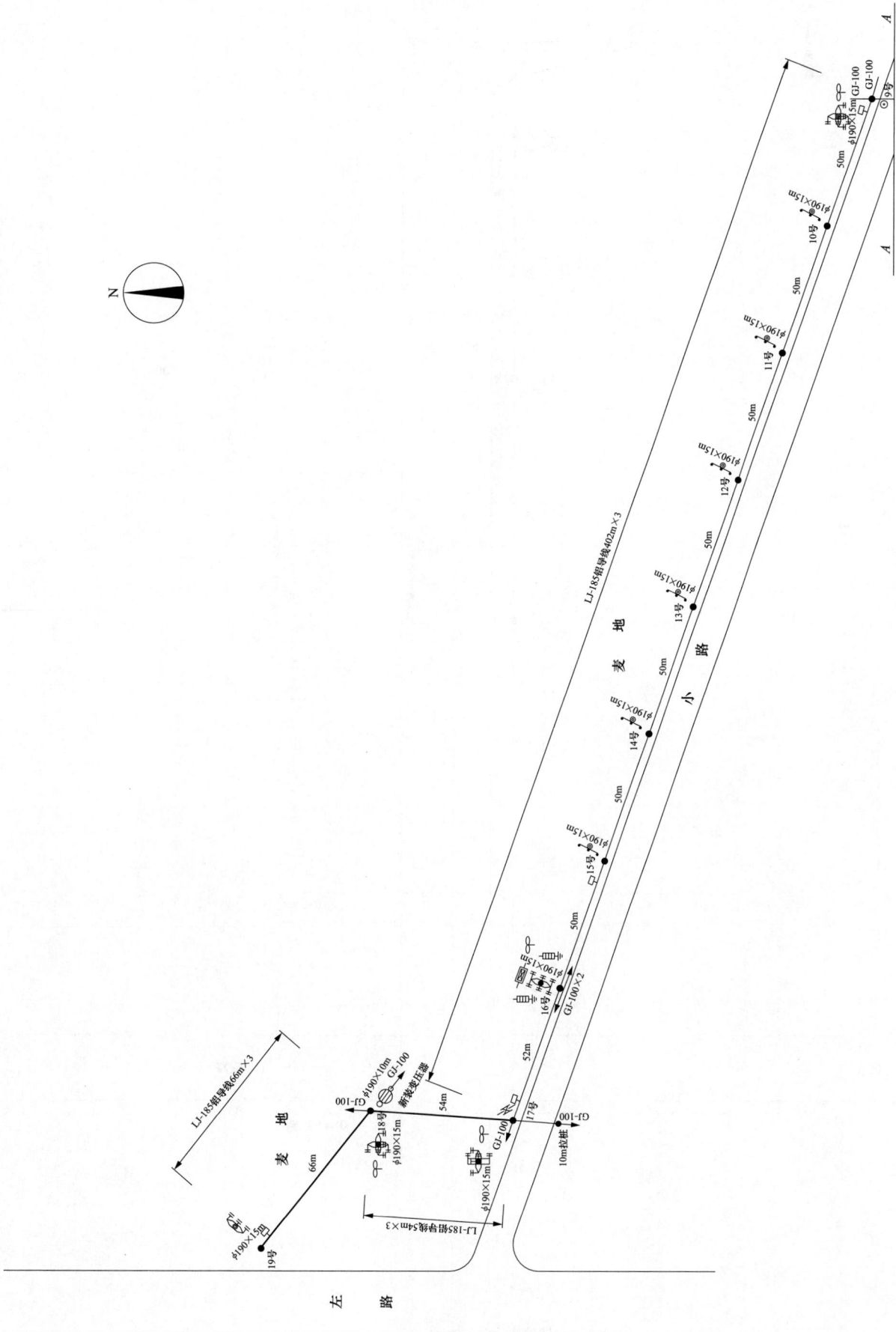

架空线路路径图（一）

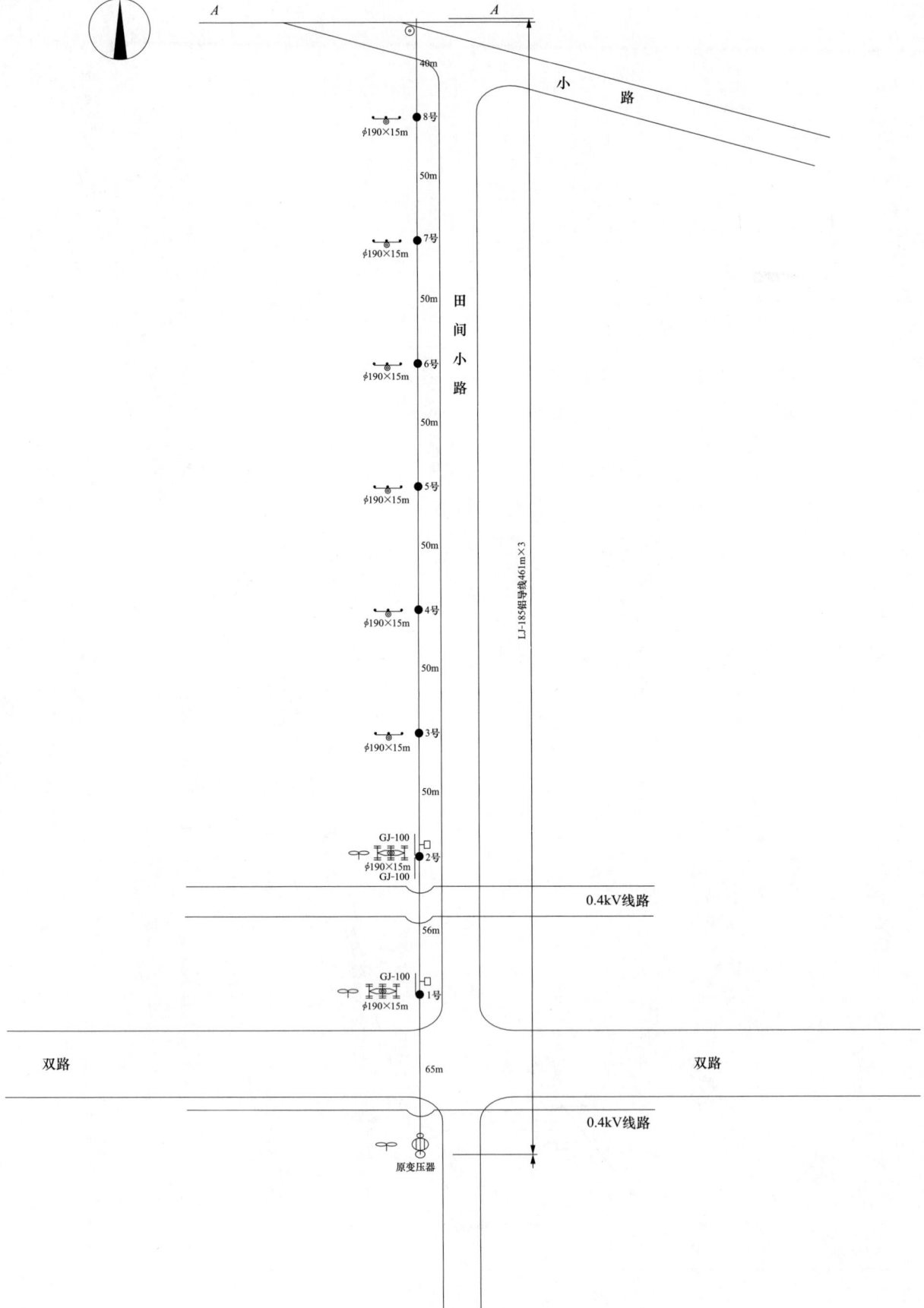

架空线路路径图（二）

×××××架空线路工程

初 步 设 计 概 算 书

×××× 单位编制

××××年××月××日

××××架空线路工程

批准：

审定：

校核：

编制：

编 制 说 明

1. 编制依据

(1) 2009 年版《20kV 及以下配电网工程建设预算编制与计算标准》。

(2) 2009 年版《20kV 及以下配电网工程预算定额第一册 建筑工程》。

(3) 2009 年版《20kV 及以下配电网工程预算定额第二册 电气设备安装工程》。

(4) 2009 年版《20kV 及以下配电网工程预算定额第三册 架空线路工程》。

(5) 2009 年版《20kV 及以下配电网工程预算定额第四册 电缆工程》。

(6) 2009 年版《20kV 及以下配电网工程预算定额第五册 调试工程》。

(7) 2009 年版《20kV 及以下配电网工程预算定额第六册 通信及自动化工程》。

(8) 定额调整执行电力工程造价与定额管理总站文件《关于发布 20kV 及以下配电网工程预算定额 2013 年下半年价格水平调整系数的通知》（定额〔2014〕5 号）。

(9) 设备及材料信息价格执行电力工程造价与定额管理总站《20kV 及以下配电网工程设备材料价格信息》。

(10) 社会保险费用计算标准执行北京市人民政府令第 158 号《北京市基本医疗保险规定》、北京市人民政府令第 183 号《北京市基本养老保险规定》、北京市人民政府令第 190 号《北京市失业保险规定》。

(11) 住房公积金计算标准执行北京住房公积金管理委员会文件《关于 2013 住房公积金年度住房公积金缴存有关问题的通知》（京房公积金管委会〔2013〕1 号）。

2. 相关数据表

表一   **总 预 算 表**   金额单位：元

序号	工程或费用名称	建筑工程费	设备购置费	安装工程费	其他费用	合计	各项占静态投资比例（%）	单位投资工程量	单位投资工程量单位	单位投资
一	配电站（开关站）工程								kVA	
二	架空线路工程	5359	56 292	128 915		190 566	81.92	983	km	193.86
三	电缆线路工程		1957	8615		10 572	4.55		km	
四	通信及调度自动化									
五	工程相关单项工程									
	小 计	5359	58 249	137 530		201 138	86.47			
六	编制年价差	845		4924		5769	2.48			
七	其他费用				25 713	25 713	11.05			
（一）	建设场地征用及清理费									
（二）	项目建设管理费				6162	6162	2.65			
（三）	项目建设技术服务费				13 429	13 429	5.77			
（四）	工程建设监督检测费				446	446	0.19			
（五）	生产准备费				1115	1115	0.48			
（六）	基本预备费				4561	4561	1.96			
	小 计	6204	58 249	142 454	25 713	232 620	100.00			
八	特殊项目									
	工程静态投资	6204	58 249	142 454	25 713	232 620	100.00			
	各项占静态投资比例（%）	3	25	61	11	100				
九	建设期贷款利息									
	工程动态投资	6204	58 249	142 454	25 713	232 620				
	各项占动态投资的比例（%）	3	25	61	11	100				

表二甲　　　　　　　　　　　　　**安装工程部分汇总表**　　　　　　　　　　　　金额单位：元

序号	工程项目名称	设备购置费	安装工程费			合计	技术经济指标		
			金额	其中			单位	数量	指标
				主要材料费	人工费				
	整个工程	58 249	137 530	93 374	12 627	195 779			
二	架空线路工程	56 292	128 915	93 023	9720	185 207			
1	杆塔工程		75 308	57 575	3901	75 308	元/基		
2	架线工程		41 883	29 654	4108	41 883	元/km		
3	杆上变配电装置	56 292	11 724	5795	1710	68 016	元/套		
三	电缆线路工程	1957	8615	351	2908	10 572			
4	避雷及接地工程	1957	3047	351	948	5004			
4.1	避雷器安装	1957	976		290	2933			
4.2	接地装置安装		2071	351	658	2071			、
5	调试与试验		5568		1960	5568			
	合计	58 249	137 530	93 374	12 627	195 779			

表二乙　　　　　　　　　　　　　**建筑工程部分汇总表**　　　　　　　　　　　　金额单位：元

序号	工程项目名称	建筑工程费				合计	技术经济指标		
		金额	其中				单位	数量	指标
			设备费	主要材料费	人工费				
	整个工程	5359		533	1961	5359			
二	架空线路工程	5359		533	1961	5359	元/km		
1	土石方工程	4278			1794	4278	元/m³		
2	基础工程	1081		533	167	1081	元/m³		
	合计	5359		533	1961	5359			

表二甲　　　　　　　　　　　　**安装工程部分汇总表（取费）**　　　　　　　　　金额单位：元

序号	工程或费用名称	直接费							
		直接工程费				措施费			
		人工费	材料费		施工机械使用费	临时设施费（11.61%）	安全文明施工措施费（6.56%）	施工工具用具使用费（4.13%）	冬雨季施工增加费（6.63%）
			定额材料费	主要材料费					
	整个工程	12 627	2670	93 374	8564	1466	828	522	837
二	架空线路工程	9720	2290	93 023	7484	1128	638	401	644
1	杆塔工程	3901	514	57 575	5944	453	256	161	259
2	架线工程	4108	1030	29 654	584	477	270	170	272
3	杆上变配电装置	1710	746	5795	957	199	112	71	113
三	电缆线路工程	2908	380	351	1080	338	191	120	193
4	避雷及接地工程	948	339	351	132	110	62	39	63
4.1	避雷器安装	290	265		29	34	19		
4.2	接地装置安装	658	74	351	103	76	43	27	44
5	调试与试验	1960	41		948	228	129	81	130

续表

序号	间接费			业管理费(35.2%)	利润(22%)	税金(3.48%)	合计
	规费						
	社会保障费(25.925%)	住房公积金(10.2%)	危险作业意外伤害保险费(1.84%)				
	3274	1288	232	4445	2778	4625	137 531
二	2520	991	179	3421	2138	4335	128 915
1	1011	398	72	1373	858	2533	75 308
2	1065	419	76	1446	904	1409	41 883
3	443	174	31	602	376	394	11 724
三	754	297	53	1023	640	290	8616
4	246	97	17	334	208	103	3048
4.1	75	30	5	102	64	33	976
4.2	171	67	12	232	145	70	2071
5	508	200	36	690	431	187	5568

表二乙　　　　　　　　　　建筑工程部分汇总表（取费）　　　　　　金额单位：元

序号	工程或费用名称	直接费							
		直接工程费				措施费			
		人工费	材料费		施工机械使用费	临时设施费(7.65%)	安全文明施工措施费(3.25%)	施工工具用具使用费(2.28%)	冬雨季施工增加费(4.95%)
			定额材料费	主要材料费					
	整个工程	1961	449	533	391	150	64	45	97
二	架空线路工程	1961	449	533	391	150	64	45	97
1	土石方工程	1794	448		205	137	58	41	89
2	基础工程	167	1	533	186	13	5	4	8

序号	间接费			业管理费(22.9%)	利润(15%)	税金(3.48%)	合计
	规费						
	社会保障费(25.925%)	住房公积金(10.2%)	危险作业意外伤害保险费(1.84%)				
	509	200	36	449	294	180	5359
二	509	200	36	449	294	180	5359
1	465	183	33	411	269	144	4278
2	43	17	3	38	25	36	1081

表三甲　　　　　　　　　　　　　　安装工程单位工程预算表　　　　　　　　　金额单位：元

序号	编制依据	项目名称	单位	计算式	数量	单价				合价			
						设备	主要材料	定额基价	其中工资	设备	主要材料	安装费	其中工资
		整个工程								58 250	93 374	137 531	12 627
二		架空线路工程								56 292	93 023	128 915	9720
1		杆塔工程								57 575	75 308	3901
	PX4-B2	混凝土杆组立整根式 11m 以内	基	3	3.000			150.04	55.22			450	166
	ZC060 4005	混凝土电杆 φ190×10m	根	3× 1.005	3.015		733.00				2210		
	PX4-5	混凝土杆组立整根式 13m 以上	基	19	19.000			184.79	66.95			3511	1272
	ZC060 4007	混凝土电杆 φ190×15m	根	19× 1.005	19.095		1752.00				33454		
	PX4-54	拉线制作安装 普通拉线（截面积 mm² 以内）120	根	1+9	10.000			34.20	31.22			342	312
	PX4-57	拉线制作安装 （水平及弓型拉线，截面积 120mm²）	根	1	1.000			73.93	70.95			74	71
	ZC020 5001	镀锌钢绞线	m	190 ×1.02	193.800		7.60				1473		
	PX4-58	拉线制作安装 （拉线保护管筒）	根	11	11.000			4.07	4.07			45	45
	ZC06 10001	拉线保护筒	根	11	11.000		40.00				440		
	ZC06 10001	拉线标识管	根	11	11.000		28.00				308		
	PX4-33	横担（10kV 以下横担，铁、木横担，单根）	组	12	12.000			20.60	16.86			247	202
	PX4-34	横担（10kV 以下横担，铁、木横担，双根）	组	9+1	10.000			31.67	26.57			317	266
	PX4-49	绝缘子 耐张	片	78	78.000			2.27	1.89			177	147
		盘形悬式瓷绝缘子	片	78× 1.02	79.560		45.00				3580		
	ZC040 1004	耐张线夹	个	78/2× 1.01	39.390		82.00				3230		
	PX4-50	绝缘子 普通	只	36	36.000			2.07	1.69			75	61
	ZC040 5001	针式瓷绝缘子 P-20T	只	36× 1.02	36.720		5.20				191		
		金具	t	1.7	1.700		7200.00				12240		

序号	编制依据	项目名称	单位	计算式	数量	单价				合价			
						设备	主要材料	定额基价	其中工资	设备	主要材料	安装费	其中工资
	PX1-1	人力运输（平均运距500m以内，混凝土杆）	t·km		3.680			224.05	202.13			825	744
	PX1-22	汽车运输（混凝土杆，装卸）	t		36.795			81.42	7.89			2996	290
	PX1-23	汽车运输（混凝土杆，运输）	t·km		735.904			1.45	0.34			1067	250
	PX1-5	人力运输（平均运距500m以内，线材）	t·km		0.005			285.03	255.61			1	1
	PX1-32	汽车运输（线材，装卸）	t		0.053			81.18	8.77			4	0
	PX1-33	汽车运输（线材，运输）	t·km		1.069			1.62	0.44			2	0
	PX1-6	人力运输 平均运距500m以内 金具、绝缘子、零星钢材	t·km		0.290			102.76	93.23			30	27
	PX1-34	汽车运输（金具、绝缘子、零星钢材 装卸）	t		2.894			38.50	9.04			111	26
	PX1-35	汽车运输（金具、绝缘子、零星钢材 运输）	t·km		57.891			1.48	0.34			86	20
		主材损耗费									448		
		主材费小计									57 575		
		小计									57 575	10 359	3901
2		架线工程								29654	41883	4108	
	PX5-4	裸铝绞线（裸铝绞线，截面240mm²以内）	100m	983×3	29.490			92.80	77.40			2737	2283
	ZC0204002	裸铝绞线 LJ-185mm²	m	3008×1.004	3020.032		9.78				29 536		
	PX5-40	导线跨越 电力、公路、通信	处	2+3	5.000			547.57	350.15			2738	1751
	PX1-5	人力运输（平均运距500m以内，线材）	t·km		0.174			285.03	255.61			50	44
	PX1-32	汽车运输（线材，装卸）	t		1.743			81.18	8.77			141	15
	PX1-33	汽车运输（线材，运输）	t·km		34.869			1.62	0.44			56	15
		主材损耗费									118		
		主材费小计									29 654		
		小计									29 654	5722	4108

续表

序号	编制依据	项目名称	单位	计算式	数量	单价				合价			
						设备	主要材料	定额基价	其中工资	设备	主要材料	安装费	其中工资
3		杆上变配电装置								56292	5795	11724	1710
	PX6-4	油浸式变压器安装（变压器容量315kVA以下）	台	1	1.000			1114.66	570.44			1115	570
	S010 1008	油浸电力变压器 S11-10/0.4-250kVA	台	1	1.000	32 000.00				32 000			
	PX6-13	配电装置 隔离开关	组	1+1	2.000			198.29	126.94			397	254
	S030 3001	高压隔离开关	组	1	1.000	1000.00				1000			
	S030 9001	低压隔离开关	组	1	1.000	580.00				580			
	PX6-21	配电装置户外计量箱（kV）10	台	1	1.000			392.15	123.00			392	123
	S051 0001	杆上计量 控制箱	只	1	1.000	4100.00				4100			
	PX6-18	配电装置 负荷开关	台	1	1.000			375.04	110.70			375	111
	S030 4004	真空负荷开关	台	1	1.000	18000.00				18000			
	PL3-43	电力电缆沿支架、墙面卡设（1kV）截面积（mm² 以内）240	100m	15	0.150			967.96	689.35			145	103
	ZC030 3009	交联聚乙烯绝缘钢带铠装电力电缆 YJV22 0.6/1kV 4×185mm	m	15×1.01	15.150		82.00				1242		
	PL4-17	电力电缆终端头制作安装（1kV）截面（mm² 以内）240	个	2	2.000			243.88	180.11			488	360
	ZC03 22009	低压电缆头 4×185mm²	套	2×1.02	2.040		200.00				408		
	换 PL1-32	电缆保护管沿电杆敷设 沿电杆钢管	根	1	1.000			304.48	37.44			304	37
	PX4-50	绝缘子（普通绝缘子）	只	6+18	24.000			2.07	1.69			50	41
	ZC040 5001	针式瓷绝缘子（P-20T）	只	6×1.02	6.120		5.20				32		
	ZC040 5002	针式瓷绝缘子（P-15T）	只	18×1.02	18.360		3.80				70		
	PX6-26	接地环及绝缘护罩等（接地环）	组	18/3	6.000			11.46	9.84			69	59
		接地环	个	18	18.000	150.00					2700		

续表

序号	编制依据	项目名称	单位	计算式	数量	单价 设备	单价 主要材料	单价 定额基价	单价 其中工资	合价 设备	合价 主要材料	合价 安装费	合价 其中工资
	PX6-28	接地环及绝缘护罩等（驱鸟器）	个	6	6.000			2.95	2.46			18	15
		驱鸟器	套	6	6.000	50.00				300			
	PX6-27	接地环及绝缘护罩等（电杆反光膜）	套	22	22.000			1.41	1.23			31	27
		电杆反光膜	套	22	22.000	45.00				990			
	PX1-5	人力运输（平均运距500m以内，线材）	t·km		0.014			285.03	255.61			4	4
	PX1-32	汽车运输（线材，装卸）	t		0.138			81.18	8.77			11	1
	PX1-33	汽车运输（线材，运输）	t·km		2.760			1.62	0.44			4	1
	PX1-6	人力运输（平均运距500m以内，金具、绝缘子、零星钢材）	t·km		0.014			102.76	93.23			1	1
	PX1-34	汽车运输（金具、绝缘子、零星钢材 装卸）	t		0.138			38.50	9.04			5	1
	PX1-35	汽车运输（金具、绝缘子、零星钢材 运输）	t·km		2.775			1.48	0.34			4	1
		设备运杂费	%		1.100	55 680.00				612			
		设备购置费小计								56 292			
		主材损耗费									53		
		主材费小计									5795		
		小计								56 292	5795	3414	1710
三		电缆线路工程								1957	351	8616	2908
4		避雷及接地工程								1957	351	3048	948
4.1		避雷器安装								1957		976	290
	PX6-16	配电装置（避雷器，10kV）	组	1+2	3.000			132.61	65.93			398	198
	S040 1002	10kV避雷器	组	1+2	3.000	580.00				1740			
	PX6-12	配电装置跌落式熔断器	组	1	1.000			119.61	60.52			120	61
	S040 2001	避雷器熔断器	个	3	3.000	48.00				144			
	PX6-17	配电装置（避雷器，1kV）	组	1	1.000			66.44	31.60			66	32
	S040 4001	低压避雷器	组	1	1.000	52.00				52			
		设备运杂费	%		1.100	1936.00				21			

序号	编制依据	项目名称	单位	计算式	数量	单价				合价			
						设备	主要材料	定额基价	其中工资	设备	主要材料	安装费	其中工资
		设备购置费小计								1957			
		小计								1957		584	290
4.2		接地装置安装									351	2071	658
	PD8-6	圆钢接地极（圆钢接地极，坚土）	根	9	9.000			32.11	22.09			289	199
		镀锌圆钢 φ19×2m	根	9×1.005	9.045		16.80				152		
	PD8-12	接地母线敷设户外 以内截面（mm²）200	m	45	45.000			12.01	10.16			540	457
	ZC08 02001	镀锌扁钢	t	45×1.26×1.005/1000	0.057		3480.00				198		
	PX1-6	人力运输（平均运距500m以内，金具、绝缘子、零星钢材）	t·km		0.007			102.76	93.23			1	1
	PX1-34	汽车运输（金具、绝缘子、零星钢材，装卸）	t		0.065			38.50	9.04			3	1
	PX1-35	汽车运输（金具、绝缘子、零星钢材，运输）	t·km		1.305			1.48	0.34			2	0
		主材损耗费									1		
		主材费小计									351		
		小计									351	835	658
5		调试与试验										5568	1960
	PS1-1	10kV电力变压器调试（容量560kVA以下）	台	1	1.000			540.27	318.00			540	318
	PS2-1	10kV电力变压器系统调试（容量560kVA以下）	系统	1	1.000			639.64	371.00			640	371
	PS1-8	隔离开关调试（负荷开关）	组	1	1.000			281.96	228.96			282	229
	PS1-9	隔离开关调试（隔离开关）	组	1	1.000			188.57	137.80			189	138
	PS1-13	避雷器调试 额定电压（kV以下）1	组	1	1.000			57.57	26.50			58	27
	PS1-14	避雷器调试 额定电压（kV以下）10	组	1+2	3.000			219.50	137.80			659	413

序号	编制依据	项目名称	单位	计算式	数量	单价				合价			
						设备	主要材料	定额基价	其中工资	设备	主要材料	安装费	其中工资
	PS1-15	绝缘子调试 绝缘子	10个	(78+36+6+18)/10	13.800			18.70	10.60			258	146
	PS2-20	接地装置调试 独立接地装置	组	9/3	3.000			108.00	106.00			324	318
		小计										2949	1960

表三乙 　　　　　　　建筑工程单位工程预算表　　　　　　　金额单位：元

序号	编制依据	项目名称	单位	计算式	数量	定额基价			费用合计		
						金额	其中工资	其中主要材料	金额	其中人工费	其中主要材料费
		整个工程							5359	1961	533
二		架空线路工程							5359	1961	533
1		土石方工程							4278	1794	
	PX2-1	线路复测及分坑 单杆	基	3+19	22.000	35.76	14.19		787	312	
	PX2-10	电杆坑、拉线坑、铁塔坑挖方（或爆破）及回填（坚土，坑深2.0m以内）	m³	(0.8×0.8+0.8×(1.7×0.1×2+0.8)+1.14×1.14)×1.7/3×3	4.848	14.41	12.89		70	62	
	PX2-11	电杆坑、拉线坑、铁塔坑挖方（或爆破）及回填（坚土，坑深3.0m以内）	m³	(0.8×0.8+0.8×(0.8+2.3×0.22×2)+1.812×1.812)×2.3/3×19	78.266	17.38	15.47		1360	1211	
	PX2-7	电杆坑、拉线坑、铁塔坑挖方（或爆破）及回填（普通土，坑深2.0m以内）	m³	(((0.8+2×0.2)×(0.4+2×0.2)+(0.8+2×0.2+2×0.17×2)×(0.4+2×0.2+2×0.17×2)+(0.8+2×0.2+0.17×2)×(0.4+2×0.2+0.17×2))/6×2)×11	20.159	11.46	10.37		231	209	
		小计							2448	1794	
2		基础工程							1081	167	533
	PX3-9	预制基础拉线盘安装（每块重量300kg以内）	块	11	11.000	12.53	8.50		138	94	
	ZC0607002	拉盘 800mm×400mm×150mm	块	11×1.005	11.055			48.00			531
	PX1-2	人力运输（平均运距500m以内，混凝土预制品）	t·km	0.204×11×1.005×0.1	0.227	191.29	173.98		43	39	
	PX1-24	汽车运输（混凝土预制品，装卸）	t	0.204×11×1.005	2.266	50.62	10.20		115	23	
	PX1-25	汽车运输（混凝土预制品，运输）	t·km	0.204×11×1.005×20	45.330	1.28	0.24		58	11	
		主材损耗费									3
		主材费小计									533
		小计							354	167	533

表四 其他费用表 金额单位：元

序号	工程或费用项目名称	编制依据及计算说明	合　价
2	项目建设管理费		6162
2.1	项目管理经费	（建筑工程费＋安装工程费＋编制年价差）×1.15％	1710
2.2	招标费	（建筑工程费＋安装工程费＋设备购置费＋编制年价差）×0.32％	662
2.3	工程监理费	（建筑工程费＋安装工程费＋编制年价差）×2.55％	3791
3	项目建设技术服务费		13429
3.1	工程勘察费	（建筑工程费＋建筑编制年价差）×4.5％	279
3.2	工程设计费	设计费×100％	11848
3.3	设计文件评审费	设计费×2.2％	261
3.4	项目后评价费	（建筑工程费＋安装工程费＋编制年价差）×0.5％	743
3.5	技术经济标准编制管理费	（建筑工程费＋安装工程费＋编制年价差）×0.2％	297
4	工程建设监督检测费	（建筑工程费＋安装工程费＋编制年价差）×0.3％	446
5	生产准备费	（建筑工程费＋安装工程费＋编制年价差）×0.75％	1115
6	基本预备费	（建筑工程费＋安装工程费＋设备购置费＋编制年价差＋建设场地征用及清理费＋项目建设管理费＋项目建设技术服务费＋工程建设监督检测费＋生产准备费）×2％	4561
	合计	（建设场地征用及清理费＋项目建设管理费＋项目建设技术服务费＋工程建设监督检测费＋生产准备费＋基本预备费）×100％	25713

编制年价差明细表 金额单位：元

序号	费用名称	金额
一	建筑工程	
1	人工费调整	817
2	材料费调整	
3	机械费调整	
	税金	28
	小计	845
二	安装工程	
1	人工费调整	4762
2	材料费调整	
3	机械费调整	
	税金	162
	小计	4924
	合计	5769

材料系数调整价差明细表 金额单位：元

序号	项目名称	单位	数量	单价	合价
	整个工程				
一	建筑工程				
1	配电站（开关站）工程	％			
2	架空线路工程	％		449	

续表

序号	项目名称	单位	数量	单价	合价
3	电缆线路工程	%			
4	通信及调度自动化	%			
5	工程相关单项工程	%			
	小计				
二	安装工程				
1	配电站（开关站）工程	%			
2	架空线路工程	%		2290	
3	电缆线路工程	%		380	
4	通信及调度自动化	%			
	小计				
	合计				

机械系数调整价差明细表   金额单位：元

序号	项目名称	单位	数量	单价	合价
	整个工程				
一	建筑工程				
1	配电站（开关站）工程	%			
2	架空线路工程	%		391	
3	电缆线路工程	%			
4	通信及调度自动化	%			
5	工程相关单项工程	%			
	小计				
二	安装工程				
1	配电站（开关站）工程	%			
2	架空线路工程	%		7484	
3	电缆线路工程	%		1080	
4	通信及调度自动化	%			
	小计				
	合计				

人工费调整明细表   金额单位：元

序号	项目名称	绝对值法						调整系数法		合价
		人工工日（工日）			人工费差价			人工费	调整系数（%）	
		普通工	技术工（建筑）	技术工（安装）	普通工	技术工（建筑）	技术工（安装）			
一	建筑工程									
1	配电站（开关站）工程								41.64	

序号	项目名称	绝对值法						调整系数法		合价
		人工工日（工日）			人工费差价			人工费	调整系数（%）	
		普通工	技术工（建筑）	技术工（安装）	普通工	技术工（建筑）	技术工（安装）			
2	架空线路工程							1961.48	41.64	817
3	电缆线路工程								41.64	
4	通信及调度自动化								41.64	
5	工程相关单项工程								41.64	
	小计									817
二	安装工程									
1	配电站（开关站）工程								37.71	
2	架空线路工程							9719.75	37.71	3665
3	电缆线路工程							2907.54	37.71	1096
4	通信及调度自动化								37.71	
	小计									4762
	税金								3.48	190
	合计									5769

参 考 文 献

[1] 中国电力企业联合会电力工程造价与定额管理总站，中国电力企业联合会电力建设技术经济咨询中心. 电力工程造价执业教育丛书：电网工程 配电网. 北京：中国电力出版社，2012.

[2] 电力工程造价与定额管理总站. 20kV 及以下配电网工程预算定额使用指南. 北京：中国电力出版社，2009.

[3] 刘振亚. 国家电网公司配电网工程典型设计：10kV 架空线路分册（2013 年版）. 北京：中国电力出版社，2014.